독자의 1초를
아껴주는 정성을
만나보세요!

세상이 아무리 바쁘게 돌아가더라도 책까지 아무렇게나 빨리 만들 수는 없습니다.
인스턴트 식품 같은 책보다 오래 익힌 술이나 장맛이 밴 책을 만들고 싶습니다.
땀 흘리며 일하는 당신을 위해 한 권 한 권 마음을 다해 만들겠습니다.
마지막 페이지에서 만날 새로운 당신을 위해 더 나은 길을 준비하겠습니다.

KB072478

알고리즘 퍼즐
Algorithmic Puzzles

초판 발행 · 2022년 4월 29일

지은이 · 아나니 레비틴, 마리아 레비틴
옮긴이 · 서환수
발행인 · 이종원
발행처 · (주)도서출판 길벗
출판사 등록일 · 1990년 12월 24일
주소 · 서울시 마포구 월드컵로 10길 56(서교동)
대표 전화 · 02)332-0931 | **팩스** · 02)323-0586
홈페이지 · www.gilbut.co.kr | **이메일** · gilbut@gilbut.co.kr

기획 및 책임편집 · 한동훈(monaca@gilbut.co.kr) | **디자인** · [서-랍] 이유나 | **제작** · 이준호, 손일순, 이진혁
영업마케팅 · 임태호, 전선하, 차명환, 박민영, 지운집, 박성용 | **영업관리** · 김명자 | **독자지원** · 윤정아

교정교열 · 박진영 | **전산편집** · 여동일 | **출력 및 인쇄** · 북솔루션 | **제본** · 북솔루션

▶ 잘못 만든 책은 구입한 서점에서 바꿔 드립니다.
▶ 이 책은 저작권법에 따라 보호받는 저작물이므로 무단전재와 무단복제를 금합니다. 이 책의 전부 또는 일부를 이용하려면 반드시 사전에 저작권자와 (주)도서출판 길벗의 서면 동의를 받아야 합니다.

ISBN 979-11-6521-958-1   93000
(길벗 도서번호 007015)

정가 28,000원

독자의 1초를 아껴주는 정성 길벗출판사

길벗 | IT단행본, IT교육서, 교양&실용서, 경제경영서
길벗스쿨 | 어린이학습, 어린이어학

페이스북 · www.facebook.com/gbitbook

ALGORITHMIC
PUZZLES

알고리즘
퍼즐

아나니 레비틴, 마리아 레비틴 지음
서환수 옮김

사랑을 담아 맥스에게

이 책은 무슨 책인가?

이 책은 알고리즘 퍼즐을 모아놓은 책이다. 알고리즘 퍼즐이란 명시적으로든 암묵적으로든 "어떤 문제를 풀기 위해 분명하게 정의된 절차로 해결할 수 있는" 퍼즐이다. 이 책에는 오래된 고전이라고 할 수 있는 문제도 들어 있는데 이 문제들은 수학과 전산학 분야에서 전래동화와 같은 존재라고 할 수 있다. 최근에 만들어진 퍼즐도 있는데 그중에는 몇몇 기업의 취업 면접에서 출제된 문제도 있다.

이 책의 목적은 크게 두 가지로 나눌 수 있다.

- 퍼즐을 좋아하는 다양한 독자에게 재미를 선사하는 것
- 엄선된 알고리즘 설계 전략과 분석 기법을 바탕으로 (컴퓨터 프로그래밍 없이) 높은 수준의 알고리즘 사고력 개발을 증진하는 것

알고리즘은 분명히 전산학의 주춧돌이라고 할 수 있고 알고리즘이 없으면 제대로 된 컴퓨터 프로그래밍이 불가능하지만 알고리즘과 전산학을 동일시하는 것은 심각한 오해라고 할 수 있다. 알고리즘 퍼즐 중에는 전산학이 만들어지기 수천 년 전에 만들어진 것도 있다. 물론 컴퓨터의 확산으로 자연과학, 공학부터 사회과학, 예술, 연예 분야에 이르기까지 현대의 삶 전반에서 알고리즘 문제 해결법의 중요성이 크게 부각된 것이 사실이다. 알고리즘 퍼즐을 풀다 보면 재미있게 알고리즘적인 사고력을 개발하고 증진시킬 수 있을 것이다.

이 책은 누구를 위한 책인가?

이 책은 다음과 같은 사람을 위한 책이다.

- 퍼즐 애호가
- 교사, 학생 등 알고리즘 사고력 개발에 관심 있는 사람들
- 퍼즐 문제를 풀어야 하는 면접을 준비하는 지원자들과 그런 면접을 해야 하는 면접관

일반 퍼즐 애호가라면 여기에 있는 퍼즐도 특정 주제나 유형에 국한되지 않는 퍼즐 모음과 마찬가지로 재미있게 즐길 수 있을 것이라고 말할 수 있을 것이다. 그중에는 고전이라고 할 만한 퍼즐도 있지만 흔히 볼 수 없는 숨은 보석과 같은 퍼즐도 있다. 컴퓨터 관련 배경 지식이나 컴퓨터에 흥미가 전혀 없어도 괜찮다. 그런 독자라면 풀이에 제시된 특정 알고리즘 설계 전략이나 분석 기법 내용은 건너뛰면 된다.

최근 컴퓨터 교육 분야에서 알고리즘 사고력이 큰 주목을 받는데 분명히 그럴 만한 이유가 있다. 요즘은 어딜 가나 컴퓨터를 쓸 수밖에 없기 때문에 어떤 학생에게든 알고리즘 사고력은 중요한 역량이다. 퍼즐은 두 가지 면에서 이런 역량을 기르는 이상적인 연습 방법이다. 첫째, 퍼즐은 재미있기 때문에 보통 사람이라면 판에 박힌 연습문제를 푸는 것보다 퍼즐을 더 열심히 풀게 마련이다. 둘째, 알고리즘 퍼즐을 풀다 보면 더 추상적인 수준에서 사고하는 능력이 길러진다. 컴퓨터 전공생들도 알고리즘 문제를 풀 때 일반화된 설계 및 분석 전략을 적용하기보다 자신이 잘 아는 컴퓨터 언어로 코딩하는 방법 위주로 생각하는 경향이 강하다. 퍼즐을 풀면 이런 문제를 피할 수 있다.

이 책에 있는 퍼즐들은 알고리즘 개념 자습용으로도 유용하다. 튜토리얼을 공부한 후 퍼즐을 풀다 보면 분명히 주요 알고리즘 개념을 익힐 수 있을 것이다. 대학이나 중·고등학교 수준의 컴퓨터 수업에서 보조 연습문제나 프로젝트 주제로 삼기에도 좋다. 문제해결 능력 수업, 특히 퍼즐 위주의 문제해결 능력 수업에서도 유용할 것이다.

이 책은 면접 준비생들에게 두 가지 이유에서 도움이 될 것이다. 첫째, 면접 시험에 출제될 만한 퍼즐 예제와 풀이 및 추가 설명이 수록되어 있다. 둘째, 알고리즘 설계 전략이나 분석 기법에 대한 간략한 튜토리얼도 제공한다. 면접에서 퍼즐 문제를 출제하는 면접관들은 대부분 정답보다 문제해결 과정을 중시하므로 일반적인 설계 전략과 분석 기법을 능숙하게 활용하는 모습을 보여준다면 면접관들에게 좋은 인상을 남길 수 있을 것이다.

이 책에는 어떤 퍼즐이 들어 있나?

알고리즘 퍼즐은 지금까지 만들어진 수많은 수학 퍼즐 중 극히 일부에 불과하다. 이 책에 수록할 퍼즐을 고르면서 다음과 같은 조건을 따져봤다.

첫째, 알고리즘을 설계하거나 분석하기 위한 일반적인 원리를 보여줄 만한 퍼즐을 골랐다.

둘째, 아름답고 우아한 퍼즐을 골랐다.

셋째, 다양한 난이도의 퍼즐을 골랐다. 퍼즐의 난이도를 정확히 따지기란 쉽지 않다. 중학생이 쉽게 푸는 퍼즐을 대학 수학과 교수들이 쉽게 풀지 못 하는 경우도 종종 있다. 그럼에도 불구하고 이 책에서는 독자의 편의를 위해 퍼즐의 난이도를 크게 세 가지 – 초급 퍼즐, 중급 퍼즐, 고급 퍼즐 – 로 나눴다. 각 범주 안에서 점점 어려운 순서대로 퍼즐을 배치했다. 초급 퍼즐 섹션의 퍼즐은 중학교 수준의 수학만 알아도 풀 수 있다. 중급 퍼즐과 고급 퍼즐에서는 수학적 귀납법을 이용하는 증명을 써야 풀 수 있는 것도 있지만 고등학교 수준의 수학만 알아도 웬만한 문제는 풀 수 있다. 추가로 이진수나 간단한 점화 관계에 대해서는 두 번째 튜토리얼에서 간략하게 소개한다. 물론 그렇다고 이 책에 있는 퍼즐들이 모두 쉬운 것은 아니다. 그중에는 정말 어려운 퍼즐도 있으며 특히 마지막 섹션 끝에 있는 퍼즐은 특히 그렇다. 하지만 복잡한 수학 때문에 어려운 것은 아니니 너무 겁먹을 필요는 없다.

넷째, 역사적 중요성을 감안해 포함시킨 퍼즐도 있다. 마지막으로 일부러 모호한 부분이나 말장난을 집어넣어 꼼수로 풀 수 있는 문제는 배제하고 분명하게 정의할 수 있는 퍼즐만 골랐다.

마지막으로 한 가지 중요한 점을 짚고 넘어가야겠다. 이 책에 있는 많은 퍼즐은 완전 검색이나 역추적으로 풀 수 있다(이 전략들은 이 책의 첫 번째 튜토리얼에서 설명할 것이다). 하지만 별다른 언급이 없다면 이 방식으로 퍼즐을 푸는 것을 권하진 않는다. 완전 검색이나 역추적, 또는 퍼즐에서 주어진 특정 데이터에 대한 기발한 통찰을 통해 풀 수 있는 스도쿠나 숫자 퍼즐과 같은 문제는 배제했다. 지면에서 설명하기 까다로운 물건과 연관된 중국인의 고리나 루빅스 큐브 관련 문제도 제외했다.

힌트, 풀이 및 추가 설명

이 책에서는 모든 퍼즐에 대한 힌트, 풀이법, 추가 설명을 담았다. 보통 퍼즐 책에서는 힌트를 거의 제공하지 않지만 이 책에서는 힌트가 꽤 중요한 역할을 한다. 독자에게 퍼즐을 푸는 방향을 잡아주는 역할을 할 수 있기 때문이다.

모든 퍼즐의 풀이도 함께 담았다. 풀이를 구성할 때 일단 정답부터 적었다. 독자 스스로 문제를 풀 기회를 마지막으로 주기 위해 그렇게 했다. 찾아낸 답이 정답과 다르다면 정답을 더 읽어보지 않고 퍼즐을 다시 풀 수 있을 테니 말이다.

알고리즘은 특별한 형식이나 유사 코드 대신 평이한 문장으로 풀어놓았다. 별로 중요하지 않은 자질구레한 부분보다 핵심 개념이 중요하기 때문이다. 형식을 제대로 갖춰 풀이를 다시 쓰는 것도 나름 유용한 연습문제가 되리라 생각한다.

추가 설명은 그 퍼즐 및 풀이에서 보여야 할 일반적인 알고리즘 개념 중심으로 구성했다. 이 책이나 다른 책에 실린 참고할 만한 유사 퍼즐에 대한 설명도 담았다.

퍼즐 책 중에는 각 퍼즐의 원래 출처를 분명하게 밝히지 않은 것도 많다. 출처를 분명하게 밝히지 않는 것은 퍼즐 출처를 찾아내는 것이 개그나 농담의 출처를 알아내는 것만큼 어렵기 때문이다. 퍼즐 출처를 찾아내는 것은 분명히 까다로운 일이지만 최대한 원래 출처에 가깝다고 할 만한 것을 기록하기 위해 노력했다. 그럼에도 불구하고 퍼즐의 원래 출처를 분명하게 찾아내지 못했을 수도 있다는 점에 대해 독자의 양해를 부탁드린다.

튜토리얼에 대하여

이 책에는 알고리즘 설계를 위한 일반적인 전략과 알고리즘 분석 기법에 대한 두 개의 튜토리얼이 퍼즐 예제와 함께 수록되어 있다. 튜토리얼에서 논의하는 주제를 모르더라도 이 책에 있는 퍼즐을 대부분 풀 수 있지만 튜토리얼을 익히면 퍼즐을 풀기가 훨씬 쉽고 퍼즐에서 더 많은 것을 배울 수 있을 것이다. 그리고 풀이, 추가 설명, 힌트에서는 튜토리얼에서 소개한 전문용어를 사용하기도 한다.

튜토리얼은 다양한 독자가 쉽게 이해할 수 있도록 최대한 기초적인 수준을 염두에 두고 만들었다. 아마도 컴퓨터 전공자라면 퍼즐 예제를 제외하면 처음 배우는 내용은 거의 없을 것이다. 그런 독자라면 튜토리얼을 훑어보면서 알고리즘 설계 및 분석의 기본 개념을 간단하게 정리하는 것도 좋을 것이다.

찾아보기가 두 개 있는 이유

이 책에는 표준적인 찾아보기 외에 특정 설계 전략이나 분석 유형별 퍼즐을 정리해 둔 찾아보기를 추가했다. 이런 찾아보기는 특정 전략이나 기법 관련 문제를 찾는 데도 도움이 될 것이고 추가 힌트 목록처럼 사용할 수도 있다.

마지막으로 이 책이 독자에게 재미있고 유용하길 바란다. 퍼즐 뒤에 숨은 인간의 창의성의 아름다움과 위대함을 찾아내면서 우리가 경험한 즐거움을 독자도 느낄 수 있기를 바란다.

2011년 5월

아나니 레비틴
마리아 레비틴

algorithmicpuzzles.book@gmail.com

이 책을 읽고 검토해 준 팀 샤티에(데이빗슨대학), 스티븐 루카스(제임스 매디슨대학), 로라 톨만(제임스 매디슨대학)에게 감사드린다. 이 책의 전반적인 구성은 물론 상세한 내용에 대한 다양한 조언이 이 책을 만드는 데 큰 도움이 되었다.

원고를 읽어보고 퍼즐 주제에 대해 의견을 제공해 준 조지 워싱턴대학 사이먼 버코비치에게도 감사드린다.

이 책을 만들어 준 옥스퍼드대학 출판부 및 관계자에게 감사드린다. 특히 끊임없이 더 나은 책을 만들기 위해 노력한 편집자 필리스 코헨에게 감사드린다. 부편집자 헤일리 스테빈스, 표지 디자이너 나탈리아 발노바, 마케팅 매니저 미셸 켈리에게도 감사드린다. 교열을 맡아준 리처드 캠프와 이 책의 제작을 총괄한 제니퍼 코윙, 키란 쿠마에게도 감사드린다.

알고리즘을 말할 때 반사적으로 코딩이나 컴퓨터 프로그래밍을 떠올리는 사람이 많다. 하지만 알고리즘은 코딩이나 컴퓨터 프로그래밍과 완전히 분리할 수 있는 개념이다. 이 책은 각종 퍼즐을 모아놓은 책이다. 그중에서도 문제해결을 위한 분명하게 정의된 절차, 즉 "알고리즘"을 써서 풀 수 있는 퍼즐을 공부하기 위한 책이다.

이 책의 1장은 튜토리얼로, 알고리즘을 설계하고 적용하는 데 필요한 일반적인 전략을 담고 있다. 알고리즘 교과서 수준의 심화 내용을 제공하지는 않지만 비전공자에게는 "아, 이런 게 있구나!"라고 알려주는 수준으로, 전공자에게는 "아, 이런 걸 배웠었지!"라고 되새겨볼 기회를 주는 수준으로 몇 가지 예제와 함께 핵심을 빠르게 짚어주는 부분이다.

2장에는 초급 퍼즐 50개, 중급 퍼즐 60개, 고급 퍼즐 40개, 총 150개 퍼즐이 담겨 있다. 영문판에는 문제, 힌트, 풀이와 참고사항이 서로 다른 장으로 나뉘어 편집되어 있지만 한국어판에서는 앞뒤로 오가는 번거로움을 없애기 위해 문제, 힌트, 풀이, 참고사항을 연속적으로 배치했다.

생각하는 힘과 문제해결 능력을 키우려면 많이 생각하고 많은 문제를 해결해봐야 한다. 이 책은 그런 연습을 원하는 이들에게 훌륭한 운동장과 도전과제 역할을 해준다. 프로그래밍 면접을 준비 중이라면 여기에 실린 문제를 풀어보면서 문제를 제대로 분석하고 논리적으로 올바르고 효과적인 알고리즘을 구상하는 능력을 기를 수 있을 것이다. 코딩과는 별개로 논리적 기반 마련을 위한 훈련을 할 수 있어 기본기를 다듬을 좋은 기회가 될 것이다. 퍼즐 덕후라면 여러 가지 퍼즐을 푸는 것 자체에서도 큰 즐거움을 느낄 뿐만 아니라 퍼즐의 뿌리를 찾아가는 여러 참고문헌으로부터 또 다른 덕질의 기쁨을 만끽할 수 있을 것이다.

좋은 책을 발굴하고 한국어판 출판을 결정해주신 길벗출판사 식구들, 그중에도 특히 한동훈 부장님께 감사드린다. 한동훈 부장님의 인내와 관심이야말로 이 한국어판을 만들어낸 자양분이다.

2022년 3월

서환수

튜토리얼 퍼즐

다음은 두 개의 튜토리얼에 들어 있는 모든 퍼즐의 목록이다. 퍼즐은 수록된 순서대로 정리했다. 페이지 번호는 퍼즐이 실린 페이지 번호이며 풀이는 퍼즐 문제 뒤에 바로 이어서 나온다.

메인 섹션 퍼즐

다음은 이 책의 메인 섹션에 담긴 150개 퍼즐 목록이다.

격언 퍼즐

아래에 있는 각 격언이 누가 남긴 격언인지 적어보시오(격언을 남긴 사람들의 목록은 맨 아래에 있다).

– 망치를 든 사람에게는 모든 문제가 못으로 보인다. 우리 시대의 위대한 망치가 바로 알고리즘이다.

– 문제해결 능력은 수영과 같은 실용적인 기술이다. 모든 실용적인 기술은 모방과 연습을 통해 습득된다.

– 지루함을 피하는 가장 좋은 방법은 즐길 만한 주제, 놀이, 유머, 아름다움, 놀라움 등의 요소가 담긴 주제를 적당히 집어넣는 것이다.

– 가장 큰 기쁨은 지식이 아니라 배우는 과정, 소유가 아니라 도달하는 길 안에서 찾는 것이다.

해답

있었다면 좋았을 것이나 있어야 했던 것을 혹시 빼먹었다면 용서하기 바란다. 모든 일에서 흠잡을 데 없이 완벽한 인간은 없기 때문이다.

– William Poundstone, 〈후지산을 어떻게 옮길까? 마이크로소프트의 서바이벌 면접〉의 저자

– George Polya(1887–1985) 문제해결 능력에 대한 고전이라고 할 수 있는 〈어떻게 문제를 풀 것인가(How to Solve It)〉(교우사, 2008)를 쓴 헝가리 수학자

- Martin Gardner(1914-2010) 오랫동안 사이언티픽 아메리칸에 기고한 "수학 게임"과 여러 수학 퍼즐 책으로 유명한 미국 작가

- Carl Friedrich Gauss(1777-1855) 독일의 위대한 수학자

- 피사의 레오나르도, Fibonacci(1170-1250) 역사상 가장 영향력 있는 수학책 중 하나인 〈산술 교본(Liber Abaci)〉을 쓴 유명한 이탈리아 수학자

1^장

튜토리얼

1.1 알고리즘 설계를 위한 일반 전략

이 튜토리얼은 알고리즘을 설계하기 위한 몇 가지 일반 전략을 간단하게 살펴볼 수 있도록 만들었다. 이 전략을 모든 퍼즐에 적용할 수는 없겠지만 여러 전략을 전반적으로 익혀 두면 오랫동안 요긴하게 써먹을 수 있다. 여기에 나온 전략들은 컴퓨터 공학 분야의 문제를 푸는 데도 활용될 수 있다. 따라서 이 전략들을 퍼즐에 적용하는 법을 배우다 보면 컴퓨터 공학 분야의 문제 해결법도 익힐 수 있을 것이다.

하지만 주요 알고리즘 설계 전략을 살펴보기 전에 알고리즘 퍼즐의 두 가지 유형을 짚고 넘어가야겠다. 모든 알고리즘 퍼즐에는 입력이 있다. 입력은 퍼즐의 인스턴스를 정의하는 역할을 한다. 인스턴스는 ("저울로 여덟 개 동전 중 가짜 동전을 찾아내라"와 같은 문제에서처럼) 구체적으로 주어지거나 ("저울로 n개 동전 중 가짜 동전 하나를 찾아내라"와 같은 식으로) 일반적으로 주어질 수 있다. 특정 퍼즐의 특정 인스턴스만 푸는 경우라면 주어진 인스턴스만 풀면 된다. 사실 같은 퍼즐도 다른 인스턴스에 대해서는 풀이법이 다르거나 아예 없을 수도 있다. 반대로 퍼즐에서 주어진 특정 숫자가 별 의미가 없는 경우도 있다. 이럴 때는 일반적인 경우에 대해 퍼즐을 풀어내는 것이 더 보람 있을 뿐만 아니라 때로는 더 쉬울 수도 있다. 하지만 퍼즐이 특정 인스턴스 형식으로 주어졌든 일반화된 형식으로 주어졌든 처음에는 몇 가지 간단한 인스턴스를 먼저 풀어보는 것이 바람직하다. 그 과정에서 엉뚱한 길로 샐 가능성도 있지만 보통 주어진 퍼즐을 더 잘 파악하는 데 도움이 된다.

1.2 완전 검색

이론적으로만 보면 많은 문제를 완전 검색(exhaustive search – 답이 나올 때까지 가능한 모든 답을 대입해 보는 문제풀이 전략)으로 풀 수 있다. 완전 검색을 적용하는 데 창의성은 거의 필요없다. 따라서 (컴퓨터와 달리) 사람에게는 완전 검색으로 답을 구할 것을 기대하고 문제를 내는 경우는 거의 없다. 완전 검색의 가장 큰 단점은 느리다는 것이다. 대체로 대입해봐야 할 답의 개수는 문제의 크기에 대해 지수함수보다 빠르게 증가하므로 완전 검색 전략은 사람뿐만 아니라 컴퓨터가 문제를 풀 때도 바람직한 방법이 아니다. 3차 마방진을 만드는 다음과 같은 문제를 생각해보자.

마방진 3×3 표에 1부터 9까지의 서로 다른 정수를 채운다. 이때 각 행, 열, 대각선 방향의 합이 모두 같도록 만든다(그림 1-1).

▼ 그림 1-1 마방진을 이루는 3×3 표. 1부터 9까지의 정수가 채워진다.

?	?	?
?	?	?
?	?	?

이 표를 채우는 방법은 총 몇 가지일까? 어딘가에 1을 처음 채우는 것으로 시작해 1씩 증가시키면서 9까지 표에 채워 넣는 과정을 생각해보자. 1은 아홉 곳, 2는 여덟 곳에 넣을 수 있고 이런 식으로 채워 넣다 보면 9는 마지막으로 빈 한 칸에 집어넣을 수 있다. 따라서 3×3 표에 1부터 9까지의 정수를 채우는 방법은 총 9! = 9 · 8 · ... · 1 = 362880가지가 된다(여기서 사용한 느낌표는 팩토리얼 표기법인데 $n!$은 'n 팩토리얼'이라고 읽고 1부터 n까지 모두 곱한 값을 뜻한다).

따라서 이 문제를 완전 검색으로 풀려면 이 표에 362880가지 방법으로 1부터 9까지의 숫자를 채운 후 각 행, 열, 대각선 방향으로 더한 값이 똑같은지 확인해봐야 한다. 분명히 이런 작업은 손으로 직접 할 수 없다.

행, 열, 대각선 방향의 합이 15이고 5가 중앙에 있는 칸에 들어가야 한다는 사실을 증명한 다음 이 문제를 푸는 것은 별로 어렵지 않다(이 책 본문에 있는 마방진을 다시 만나다 (2.029) 참조). 또는 3차 이상의 마방진을 구축하는 알고리즘을 적용할 수도 있다. 이런 알고리즘은 홀수 차 마방진에 더 효율적이다(예 [Pic02]). 물론 이런 알고리즘은 완전 검색을 바탕으로 한 것은 아니다. 완전 검색 알고리즘을 쓰려면 n이 5만 되어도 컴퓨터로 돌리기 쉽지 않다. $(5^2)! \cong 1.5 \cdot 10^{25}$이므로 초당 1조 번씩 작업할 수 있는 컴퓨터에서도 약 49000년이 걸린다.

1.3 역추적

완전 검색을 적용하는 데는 크게 두 가지 문제가 있다. 첫째, 모든 가능한 풀이 후보를 생성하는 과정이다. 문제에 따라 풀이 후보가 잘 짜인 집합으로 만들어질 수도 있다. 예를 들어 (위에 있는 마방진 예제에서처럼) 3 × 3 표를 1부터 9까지의 정수로 채우는 풀이 후보는 이 아홉 개 정수의 순열(permutation)로 구할 수 있다. 하지만 풀이 후보가 그렇게 규칙적인 구조를 가진 집합으로 만들어지지 않는다는 문제점도 많다. 둘째, 더 근본적인 문제점은 생성해 처리해야 할 풀이 후보의 수다. 일반적으로 풀이 후보의 집합 크기는 문제의 크기에 대해 최소한 지수함수적으로 커진다. 따라서 완전 검색은 그런 문제의 매우 작은 인스턴스에 관해서만 쓸 수 있다.

역추적(backtracking)은 완전 검색의 주먹구구식 접근법에 비하면 상당히 발전된 방식이다. 역추적은 불필요한 후보는 생성하지 않으면서 적절한 풀이 후보를 생성하도록 해주는 편리한 방법이다. 기본 개념은 풀이를 한 번에 하나씩 구축하면서 부분적으로 구축된 후보를 다음과 같은 식으로 평가하는 것이다. 부분적으로 구축된 풀이가 문제의 제약 조건을 위반하지 않으면서 앞으로 나갈 수 있다면 우선 다음 구성 요소를 위한 첫 번째 합당한 옵션을 취하는 것부터 시작한다. 다음 구성 요소에 맞는 합당한 옵션이 없다면 그 뒤로 이어지는 나머지 구성 요소는 따져볼 필요도 없다. 이런 경우, 부분적으로 구축된 풀이의 마지막 구성 요소를 대체할 만한 다른 옵션으로 역추적해 돌아간다.

보통 역추적할 때는 일련의 잘못된 선택을 취소하는 방식으로 작업한다. 취소 횟수가 적을수록 더 빠르게 풀이를 찾아낼 수 있다. 최악의 시나리오에서는 역추적 알고리즘에서도 완전 검색의 경우와 마찬가지로 모든 가능한 풀이를 생성해야 할 수도 있지만 그런 경우는 흔치 않다.

역추적 알고리즘은 결정을 내리는 상황을 반영하는 트리를 구축하는 절차라고 생각하면 이해하기 쉽다. 전산학에서는 가계도나 조직도와 같은 계층 구조를 트리(tree)라고 부른다. 트리는 보통 뿌리(부모가 없는 유일한 노드)가 맨 위에, 잎(자식이 없는 노드)이 맨 아래쪽에 있는 형태로 그린다. 하지만 이런 표시 방식은 편의상 쓰이는 방법일 뿐이다. 역추적 알고리즘에서는 이런 트리를 상태 공간 트리(state–space tree)라고 부른다. 상태 공간 트리의 뿌리는 풀이 구축 절차의 시작점에 대응된다. 뿌리는 트리의 0번째 층이라고 생각할 수 있다. 뿌리의 자식 – 트리의 첫 번째 층 – 은 풀이의 첫 번째 구성 요소로 꼽을 수 있는 선택지(예를 들어 마방진을 구축할 때 1이 들어갈 자리)에 대응된다. 그리고 그 자식 – 두 번째 층에 있는 노드 – 은 풀이의 두 번째 선택지에 대응된다고 할 수 있다. 잎에는 두 가지 유형이 있다. 첫 번째 유형은 제대로 된 풀이로 이어질 수 없는 풀이에 대응되는 것으로 가망 없는 노드, 또는 막다른 골목이라고 부른다. 어떤 노드가 가망 없는 노드로 판단되면 역추적 알고리즘에서는 그 노드를 끝내고 ('가지치기한다'라고 부른다) 해당 풀이 후보의 마지막 구성 요소와 관련된 결정을 모두 취소시키면서 가망 없는 노드의 부모 노드로 역추적해 올라가 그 구성 요소에 대한 다른 선택지를 시도해본다. 두 번째 유형의 잎은 정답 노드다. 풀이를 찾아내기만 하는 경우라면 거기서 끝내면 된다. 다른 풀이도 찾아야 한다면 그 잎의 부모로 역추적해 올라가 검색을 계속 수행한다.

역추적을 적용하는 알고리즘의 한 가지 예를 살펴보자.

n-퀸 문제 $n \times n$ 체스판에 n개의 퀸을 배치하되 두 퀸이 서로 공격할 수 없도록 배치하라. 퀸은 같은 행, 같은 열, 또는 대각선 방향에 있으면 공격할 수 있다.

$n = 1$일 때는 그냥 하나뿐인 자리에 퀸을 배치하면 된다. $n = 2$, $n = 3$일 때는 해가 없다. 이제 $n = 4$인 경우에 대해 풀어야 하는데 역추적 방법으로 풀어보자. 네 개의 퀸은 서로 다른 열에 배치해야 할 텐데 그림 1-2에 있는 것과 같은 체스판에 네 개의 퀸을 각각 어느 열에 배치해야 할지 따져보자.

❤ 그림 1-2 4-퀸 문제에 해당하는 체스판

일단 비어 있는 체스판에서 시작해 첫 번째 퀸을 첫 번째 위치, 1행 1열에 놓는 것부터 시작해보자. 그다음에 두 번째 퀸을 놓을 자리를 따져보면 2열의 1행이나 2행에는 놓을 수 없으므로 맨 먼저 시도해볼 만한 위치는 3행 2열, 즉 (3, 2) 위치다. 하지만 이렇게 놓고 나면 3열에 세 번째 퀸을 놓을 자리가 없다. 이제 역추적해 돌아가 두 번째 퀸을 가능한 다음 위치인 (4, 2)에 배치해보자. 그러면 세 번째 퀸을 (2, 3)에 놓을 수밖에 없는데 여기도 막다른 골목이다. 결국 첫 번째 퀸을 놓는 단계까지 역추적해 돌아가 첫 번째 퀸을 (2, 1)에 놓아야 한다. 그러면 두 번째 퀸은 (4, 2) 위치로, 세 번째 퀸은 (1, 3) 위치로, 네 번째 퀸은 (3, 4) 위치로 갈 수 있고 이것은 정답이 된다. 지금까지 거쳐온 검색 과정에 대한 상태 공간 트리는 그림 1-3과 같이 그릴 수 있다.

❤ 그림 1-3 역추적 알고리즘으로 4-퀸 문제를 푸는 과정에 대한 상태 공간 트리. X는 주어진 행에 퀸을 놓을 수 없는 경우를 나타낸다. 노드 위에 적힌 알파벳은 노드가 생성된 순서를 뜻한다.

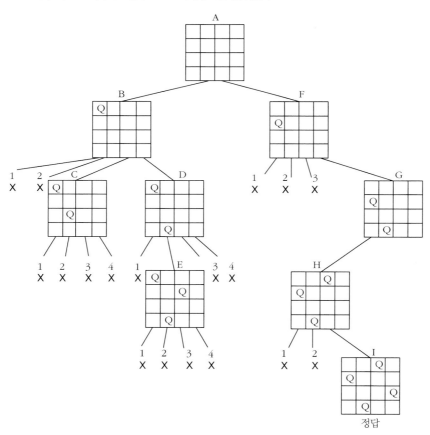

다른 풀이도 찾아야 한다면 (4-퀸 문제에는 풀이가 하나뿐이다) 마지막 잎에서부터 작업을 다시 속개하면 된다. 또는 체스판의 대칭성을 이용할 수도 있다.

이런 역추적은 완전 검색보다 얼마나 빠를까? 4×4 체스판에 있는 16개의 칸에 네 개의 퀸을 배치하는 모든 경우의 수는 다음과 같다.

$$\frac{16!}{4!(16-4)!} = \frac{16 \cdot 15 \cdot 14 \cdot 13}{4 \cdot 3 \cdot 2} = 1820$$

(n개의 서로 다른 객체의 집합이 주어졌을 때 순서를 따지지 않고 k개의 서로 다른 객체를 선택하는 경우의 수를 수학에서는 n개 중 k개의 조합이라고 부르는데 $\binom{n}{k}$ 또는 C(n, k)라고 쓰며 그 공식은 $\frac{n!}{k!(n-k)!}$ 이다). 퀸 네 개를 한 열에 하나씩 배치하는 경우의 수는 4^4 = 256이다. 각 퀸이 서로 다른 행에 배치되어야 한다는 조건을 더하면 경우의 수는 4! = 24로 줄어든다. 이 정도면 그래도 해볼 만한 숫자이지만 문제가 커지면 이 값도 매우 크다. 예를 들어 8×8 체스판에서는 모든 퀸을 각기 다른 행과 열에 배치하는 경우의 수만 해도 8! = 40320이나 된다.

8-퀸 문제의 풀이 수는 총 92개이며 그중에서 근본적으로 다른 것은 12개이고 나머지 80개는 기본이 되는 12개를 회전하고 반사해 얻을 수 있다. 일반적인 n-퀸 문제에 대해서는 $n \geq 4$인 경우, 모두 풀이가 존재하지만 임의의 n에 대해 풀이 개수를 구하는 간단한 공식은 아직 알려지지 않았다. n이 커지면 풀이 개수가 매우 빠르게 증가한다는 것만 알려졌을 뿐이다. 예를 들어 n = 10이면 풀이 개수는 724개인데 그중 92개가 근본적으로 다른 풀이이고 n = 12이면 풀이 개수는 14200개, 근본적으로 다른 풀이 개수는 1787개다.

이 책에 있는 많은 퍼즐은 역추적으로 풀 수 있다. 하지만 모든 문제를 더 효율적인 알고리즘으로 풀 수 있으며 그런 알고리즘을 찾아내는 것이 우리의 목표다. 특히 n-퀸 문제 다시 보기(2.140)에서는 n-퀸 문제를 훨씬 더 빠르게 푸는 방법을 찾아내야 한다.

1.4 감소 정복

감소 정복(decrease-and-conquer)은 주어진 문제에 대한 풀이와 더 작은 문제에 대한 풀이의 관계를 찾아내는 것을 바탕으로 하는 전략이다. 일단 그 관계를 찾아내면 큰 문제를 작은 문제로 환원시키는 재귀 알고리즘을 유도할 수 있으며 그 과정을 반복하다 보면 직접 풀 수 있을 정도의 작은 문제에 다다르게 된다.[1] 예를 들면 이렇다.

유명 인사 문제 n명이 있을 때 어떤 사람이 다른 사람을 아무도 모르지만 다른 사람들이 모두 그를 안다면 그 사람을 유명 인사라고 부르자. "이 사람을 압니까?"라는 질문만으로 유명 인사를 알아내는 방법을 제시하라.

편의상 n명 중에 유명 인사가 존재한다고 가정하자. 그러면 이 문제는 한 번에 1씩 줄이는 알고리즘으로 해결할 수 있다. $n = 1$이면 그냥 당연히 그는 유명 인사다. $n > 1$이면 그중 두 명을 뽑고 각각 A, B라고 부르자. 그리고 B를 아는지 A에게 물어본다. A가 B를 알면 유명 인사 후보군에서 A는 제외할 수 있다. A가 B를 모른다면 B를 유명 인사 후보군에서 제외하면 된다. 그리고 유명 인사가 될 수 있는 나머지 $n - 1$명의 사람에 대해 이 문제를 재귀적으로 (즉, 같은 방법으로) 풀 수 있다.

간단히 연습 삼아 강 건너기 퍼즐(2.004)을 풀어보면 어떤 방법인지 알 수 있을 것이다.

일반적으로 감소 정복 패러다임에서 더 작은 문제의 크기가 반드시 $n - 1$일 필요는 없다. 보통 하나씩 줄이는 방법이 가장 흔하지만 문제의 크기가 더 크게 줄어들기도 한다. 만약 매번 반복할 때마다 1/2 같은 식으로 상수 배율만큼씩 문제의 크기를 줄일 수 있다면 매우 빠른 알고리즘을 얻을 수 있다. 다음과 같은 게임이 그 대표적인 예라고 할 수 있다.

숫자 맞히기(스무고개) 1 이상, n 이하의 어떤 정해진 구간 안에 있는 어떤 정수에 대해 "예/아니오"로 답할 수 있는 질문으로 그 정수를 알아내라.

---

1 재귀함수는 전산학에서 가장 중요한 개념 중 하나다. 재귀함수에 대해 잘 모른다면 위키피디아에서 재귀함수 항목(https://en.wikipedia.org/wiki/Recursion_(computer_science))을 찾아보자.

이 문제의 답을 가장 빠르게 알아내는 알고리즘은 매번 답이 들어 있는 구간을 절반씩으로 줄일 수 있게 질문하는 것이다. 예를 들어 첫 번째 질문에서 정답이 $\lceil n/2 \rceil$($n/2$을 가장 가까운 정수로 올림한 값)보다 큰지 물어본다.[2]

이 알고리즘은 단계마다 인스턴스의 크기(정답이 들어 있을 수 있는 수의 구간)를 절반씩으로 줄일 수 있기 때문에 엄청나게 빠르게 돌아간다. 예를 들어 $n = 1000000$이더라도 동전 여덟 개 중에서 가짜 동전 찾아내기(2.010) 퍼즐도 감소 정복 전략의 한 예로, 상수 배율씩 줄이는 방법을 보여주는 대표적인 문제다.

큰 인스턴스와 작은 인스턴스의 관계를 작은 인스턴스에서 시작해 적용하는 것이 더 쉬울 수도 있다. 먼저 가장 작은 인스턴스에 대해 퍼즐을 푼 후 큰 문제, 다시 그 다음으로 큰 문제 순으로 문제를 키워가는 식이다. 이런 방법을 점증적 접근법(incremental approach)이라고 부른다. 직사각형 분할 퍼즐(2.003)이 대표적인 예라고 할 수 있다. 스무 번 안에 정답을 맞힐 수 있다. 단계별로 인스턴스 크기를 최대 1/3까지 줄여 정답을 더 빠르게 맞힐 수도 있다.

1.5 분할 정복

분할 정복(divide-and-conquer)은 문제를 더 작은 (보통 같은, 또는 관련성 있는 유형이며 각각의 크기가 거의 같은) 부분 문제로 나눈 후 각각을 풀고 필요하면 각각의 풀이를 합쳐 원래 문제에 대한 풀이를 구하는 전략이다. 이 전략은 전산학의 여러 중요 문제를 해결하는 핵심적인 알고리즘의 바탕이다. 하지만 놀랍게도 분할 정복으로 풀 수 있는 문제가 많지는 않다. 분할 정복 전략을 완벽히 보여주는 한 가지 예를 살펴보자.

---

2   어떤 실수 x의 "올림" 값인 $\lceil x \rceil$는 x 이상인 가장 작은 정수를 나타낸다. 예를 들어 $\lceil 2.3 \rceil = 3$이고 $\lceil 2 \rceil = 2$다. $\lfloor x \rfloor$는 "내림"이라고 부르는데 x 이하인 가장 큰 정수다. 예를 들어 $\lfloor 2.3 \rfloor = 2$이고 $\lfloor 2 \rfloor = 2$다.

트로미노[3] 퍼즐 한 칸이 빠져 있는 $2^n \times 2^n$판을 직각 트로미노로 채워라. 직각 트로미노는 세 개의 맞닿은 정사각형으로 이루어지는 ㄱ 모양 타일이다. 빠지는 한 칸은 판의 어디에 있든 상관없다. 빠져 있는 칸을 제외한 모든 칸을 트로미노로 덮어야 하며 트로미노끼리 겹치면 안 된다.

이 문제는 재귀적인 분할 정복 알고리즘으로 풀 수 있다. 우선 판 중앙에 트로미노를 배치해 크기가 n인 문제 인스턴스를 크기가 $n - 1$인 문제 인스턴스 네 개로 분할한다(그림 1-4 참조). 이 알고리즘은 모든 2×2 영역이 한 개의 트로미노와 한 개의 빈칸으로 덮이면 종료된다.

▼ 그림 1-4 한 칸이 빠진 $2^n \times 2^n$판을 트로미노로 채우는 문제를 분할 정복 알고리즘으로 푸는 첫 번째 단계

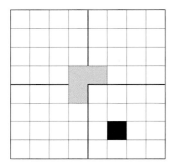

간단히 연습 삼아 그림 1-4에 나온 8×8판을 트로미노로 채우는 문제를 풀어보자.

대부분의 분할 정복 알고리즘에서는 더 작은 부분 문제를 재귀적으로 푼다. 위의 예제에서처럼 부분 문제는 같은 문제의 더 작은 인스턴스를 나타내기 때문이다. 하지만 반드시 그래야만 하는 것은 아니다. 특히 이렇게 판과 관련된 문제의 경우, 주어진 판보다 작은 버전의 부분 판으로 판을 반드시 나눠야 하는 것은 아니다. 대표적인 예로 $2n$ - 카운터 문제(2.037)와 직선 트로미노 채우기(2.078)와 같은 문제를 들 수 있다.

분할 정복 전략과 관련해 하나 더 짚고 넘어갈 것이 있다. 앞에서 배운 감소 정복을 분할 정복의 특수 케이스로 생각하는 사람이 있는데 둘은 전혀 다른 설계 전략으로 보는 것이 낫다. 둘의 가장 큰 차이점은 단계별로 풀어야 하는 부분 문제의 수다. 단계별로 만들어지는 부분 문제의 수가 분할 정복에서는 몇 개씩이지만 감소 정복에서는 한 개씩이다.

---

3 **역주** 합동인 정사각형들이 서로 최소한 한 개의 변을 공유해 만들어지는 다각형을 폴리오미노(polyomino)라고 부른다. 정사각형이 두 개이면 도미노(domino), 세 개이면 트로미노(tromino)라고 부른다.

1.6 변환 정복

변환 정복(transform-and-conquer)은 잘 알려진 문제 해결 접근법으로 변환이라는 개념에 바탕을 둔 방법이다. 변환 정복에서는 문제를 두 단계에 걸쳐 푼다. 첫 번째는 변환 단계로, 주어진 문제를 어떤 이유로든 더 풀기 쉬운 다른 문제로 변형하거나 변환한다. 두 번째는 정복 단계로, 이 단계에서 실제로 문제를 해결한다. 알고리즘 문제 풀이에서는 변환 정복 전략을 크게 세 가지 변종으로 나눌 수 있다. 첫 번째 변종은 **인스턴스 단순화**(instance simplification)로, 주어진 문제를 좀 더 풀기 쉬운, 어떤 특별한 특성을 가지는 같은 문제로 변환하는 방식이다. 두 번째 변종은 **표현 변경**(representation change)이라고 부르는데 문제의 입력을 더 효율적인 알고리즘 풀이로 만들어줄 수 있도록 다른 방식으로 표현하는 전략이다. 세 번째 변종은 **문제 환원**(problem reduction)이라고 부르는데 주어진 문제 인스턴스를 전혀 다른 문제의 인스턴스로 변환하는 방법이다.

첫 번째 예로 John Bentley가 쓴 〈Programming Pearls〉[Ben00, pp.15-16][4]라는 책에 나와 있는 퍼즐 문제를 생각해보자.

애너그램 감지 같은 글자들을 가지고 순서만 바꿔 만든 다른 단어들을 애너그램(anagram)이라고 부른다. "eat", "ate", "tea" 같은 것이 애너그램이다. 매우 많은 영어 단어가 들어 있는 파일에서 애너그램을 모두 찾아내는 알고리즘을 고안하라.

두 단계로 돌아가는 알고리즘으로 이 문제를 효율적으로 풀 수 있다. 첫 번째 단계는 표현 변경 단계로, 단어를 이루는 글자들을 정렬해 단어마다 "서명"을 할당한다. 그 다음은 인스턴스 단순화 단계로, 파일을 서명의 알파벳 순서로 정렬한다(데이터 정렬은 인스턴스 단순화의 특별 케이스다). 그러면 애너그램들은 연속된 순서로 자리한다.

연습 삼아 같은 개념을 활용하는 수 배치 퍼즐(2.043)을 풀어보는 것도 좋겠다.

또 다른 표현 변경의 예로 문제의 입력을 이진수 또는 삼진수로 표현하는 방식이 있다. 진법 개념을 잘 모르는 사람을 위해 간단히 설명하면 이렇다. 지난 800여년 동안

---

4 〈생각하는 프로그래밍〉(인사이트, 2014), pp. 48-49

대부분의 사람들이 사용해온 십진법에서는 정수를 10의 거듭제곱을 결합한 형태로 표현한다. 예를 들어 $1069 = 1 \cdot 10^3 + 0 \cdot 10^2 + 6 \cdot 10^1 + 9 \cdot 10^0$이다. 이진법, 삼진법에서는 정수를 각각 2와 3의 거듭제곱을 결합한 형태로 표현한다. 예를 들어 $1069_{10} = 10000101101_2$이다. $1069 = 1 \cdot 2^{10} + 0 \cdot 2^9 + 0 \cdot 2^8 + 0 \cdot 2^7 + 0 \cdot 2^6 + 1 \cdot 2^5 + 0 \cdot 2^4 + 1 \cdot 2^3 + 1 \cdot 2^2 + 0 \cdot 2^1 + 1 \cdot 2^0$이기 때문이다. 그리고 $1069_{10} = 1110121_3$인데 $1069 = 1 \cdot 3^6 + 1 \cdot 3^5 + 1 \cdot 3^4 + 0 \cdot 3^3 + 1 \cdot 3^2 + 2 \cdot 3^1 + 1 \cdot 3^0$이기 때문이다. 십진법에서는 열 개(0부터 9까지)의 숫자를 사용하지만 이진법에서는 두 개(0과 1), 삼진법에서는 세 개(0, 1, 2)만 사용한다. 모든 십진 정수를 이진법과 삼진법에서 각각 유일한 수로 표현할 수 있는데 그 수는 각각 2와 3으로 반복해 나눠 구할 수 있다. 특히 이진법은 컴퓨터로 구현할 때 가장 간편한 방법이므로 매우 중요하다.

이진법을 활용하는 퍼즐의 예로 William Poundstone의 책[Pou03, p.84]에 언급된 문제를 들 수 있다.

현금 봉투 1달러 지폐 천 장이 있다. 이 돈을 모두 열 개의 봉투에 나눠 담는데 봉투들을 조합해 1달러부터 1000달러까지 어떤 금액이든 줄 수 있도록 담을 수 있을까? 물론 거스름돈은 없다.

첫 번째부터 아홉 번째 봉투에 각각 1, 2, 2^2, ···, 2^8개의 1달러 지폐를 집어넣고 마지막 열 번째 봉투에는 $1000 - (1 + 2 + \cdots + 2^8) = 489$개의 1달러 지폐를 넣는다. 489보다 작은 어떤 금액을 A라고 할 때 그 금액은 모두 2의 거듭제곱을 조합해 구할 수 있다. b_8, b_7, ···, b_0가 0 또는 1이라고 할 때 $b_8 \cdot 2^8 + b_7 \cdot 2^7 + \cdots + b_0 \cdot 1$로 표현할 수 있기 때문이다(계수 b_8, b_7, ···, b_0은 A를 이진수로 표기한 것과 같다. 아홉 자리 이진수로 표현할 수 있는 가장 큰 수는 $2^8 + 2^7 + \cdots + 1 = 2^9 - 1 = 511$이다). A가 489 이상, 1000 이하라면 $489 + A'$으로 표현할 수 있다($0 \le A' \le 511$). 따라서 열 번째 봉투에 나머지 아홉 개 봉투의 조합(A'을 이진수로 표기한 것)을 더하면 된다. A값에 따라 퍼즐 풀이가 여러 개일 수 있다.

이와 유사한 문제로 Bachet의 저울추 퍼즐(2.115)이 있는데 이진법과 변형된 삼진법을 활용해 풀 수 있다.

마지막으로 그래프에 대한 것으로 변환해 풀 수 있는 문제가 꽤 많이 있다. 그래프는 평면 위의 점과 점을 연결하는 선의 모음이라고 생각할 수 있다. 그래프에서 점과 선을 각각 꼭짓점(vertex)과 변(edge)이라고 부른다. 변에는 방향이 있거나 없을 수 있다. 변에 방향이 있으면 유향 그래프, 방향이 없으면 무향 그래프라고 부른다. 퍼즐이나 게임에서 꼭짓점은 문제의 특정 상태를 나타내고 변은 상태 사이에서 넘어갈 수 있는 경로를 나타낸다. 문제의 초기 상태에 해당하는 꼭짓점과 최종 목표에 해당하는 꼭짓점이 있는 그래프도 있다(최종 목표에 해당하는 여러 개의 꼭짓점이 있을 수도 있다). 이런 그래프를 상태 공간 그래프라고 부른다. 앞에서 설명한 변환은 방금 설명한 변환을 통해 문제를 초기 상태 꼭짓점에서 목표 상태 꼭짓점으로 이어지는 경로를 찾아내는 작업으로 바꿀 수 있다.

매우 오래되고 유명한 퍼즐 하나를 살펴보자.[5]

질투심 많은 두 남편 부부 두 쌍이 강을 건넌다. 배에는 최대 두 명까지만 탈 수 있다. 남편 둘 다 질투심이 강해 자기가 없을 때 아내가 다른 남자와 함께 있는 것을 참지 못한다. 이런 상황에서 네 명이 강을 건널 수 있을까?

이 퍼즐에 대한 상태 공간 그래프를 그림 1-5에 그려봤다. H_i, W_i는 각각 i번째 부부(i = 1, 2)의 남편과 아내를 나타낸다. 막대 두 개는 강, 회색 타원은 보트 위치를 나타내며 다음 이동 방향은 현재 위치로부터 알 수 있다(지면관계상 첫 번째 부부 H_1W_1이 강을 건너는 대신 두 번째 부부 H_2W_2가 강을 건너는 식으로 차이가 나는 부분은 그래프에 포함하지 않았다). 초기 상태와 최종 상태에 해당하는 꼭짓점은 굵게 표시했다.

이 그래프에서 초기 상태 꼭짓점에서 최종 상태 꼭짓점으로 이어지는 최단 경로는 네 가지로, 모두 네 개의 변으로 이어진다. 각 변으로 이어지는 네 경로는 다음과 같은 식으로 표현할 수 있다.

W_1W_2	W_1	H_1H_2	H_1	H_1W_1
W_1W_2	W_1	H_1H_2	W_2	W_1W_2
H_2W_2	H_2	H_1H_2	H_1	H_1W_1
H_2W_2	H_2	H_1H_2	W_2	W_1W_2

5 저명한 중세 학자인 요크의 앨퀸(약 735~804)이 남긴 〈젊은이들을 예리하게 만들어줄 문제들〉(Prepositiones ad Acuenados Juvenes)이라는 제목의 라틴어 수학 문제집에도 이와 비슷한 문제가 실려 있다. 이 책에는 부부 세 쌍에 대한 퍼즐이 담겨 있다.

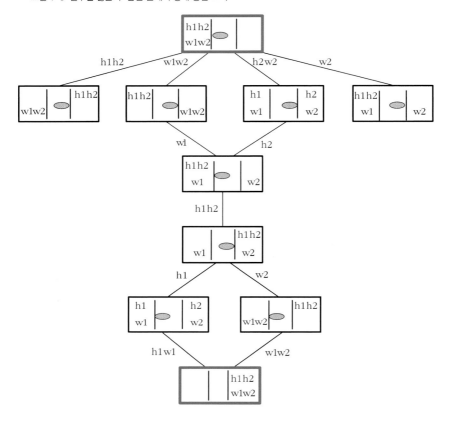

이렇게 이 문제의 최적 풀이는 네 가지가 있으며(물론 대칭적으로 치환할 수도 있다) 모든 경우에 강을 건너는 횟수는 다섯 번이다.

선교사와 식인종 퍼즐(2.049)도 이 문제와 비슷하다.

그래프 표현으로 퍼즐을 푸는 것과 관련해 두 가지를 짚고 넘어가겠다. 첫째, 더 복잡한 퍼즐을 풀기 위해 상태 공간 그래프를 만드는 경우, 그래프를 만드는 것 자체가 알고리즘 면에서 중요한 문제가 될 수 있다. 사실 상태와 변의 수가 너무 많아 그래프를 만들 수 없을 수도 있다. 예를 들어 루빅스 큐브 퍼즐의 상태를 그래프로 표현하면 꼭짓점 수가 10^{19}개가 넘어간다. 둘째, 그래프의 꼭짓점을 나타내는 점의 구체적인 위치는 이론적으로 중요하지는 않지만 평면 위에 꼭짓점을 잘 배치하면 퍼즐을 훨씬 쉽게 풀 수 있다. 다음과 같은 퍼즐을 생각해보자. 이 문제는 1512년 Paulo Guarini가 만든 것으로 알려졌지만 실제로는 840년경에 만들어진 아랍의 체스 관련 문헌에서도 발견된 적이 있다.

구아리니 퍼즐 3×3 체스판에 나이트 네 개가 있다. 흰색 나이트 두 개는 아랫줄 양 끝에, 검은색 나이트 두 개는 윗줄 양 끝에 있다(그림 1-6). 흰색 나이트는 윗줄 양 끝으로 가고 검은색 나이트는 아랫줄 양 끝으로 가도록 맞바꿀 수 있는 방법 중 이동 횟수가 최소인 방법을 구하라.

❤ 그림 1-6 구아리니 퍼즐

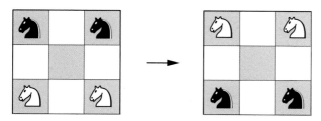

체스판에 있는 정사각형(편의상 그림 1-7 (a)에 나와 있는 것처럼 1부터 9까지의 정수를 붙여주자)을 그래프의 꼭짓점으로 표시하고 나이트가 이동할 수 있는 정사각형들을 변으로 서로 이어주는 방법을 자연스럽게 떠올릴 수 있다. 꼭짓점들을 체스판에 있는 사각형의 위치와 비슷하게 배치하면 그림 1-7 (b)의 그래프를 만들 수 있다(체스판 중앙에 있는 5번 정사각형에는 어떤 나이트도 갈 수 없으므로 생략했다). 그림 1-7 (b)에 있는 그래프는 문제를 푸는 데 별 도움이 안 돼 보인다. 하지만 1번 꼭짓점에서 시작해 나이트를 움직여 갈 수 있는 정사각형들을 그림 1-7 (c)에 나와 있는 것처럼 배치하고 나면 문제를 풀기가 훨씬 쉽다.[6] 그림 1-7 (c)를 보면 나이트를 움직일 때마다 그래프에서 시계 방향이나 반시계 방향으로 움직인다는 것을 알 수 있다. 따라서 퍼즐을 최소한의 행마[7] 횟수로 풀 수 있는 방법은 두 가지뿐이다. 나이트를 각 나이트가 대각선 방향 맞은편에 처음 다다를 때까지 시계 방향이나 반시계 방향으로 움직이는 것이다. 이 두 가지 대칭적인 옵션에는 말을 총 16번 옮기는 작업이 필요하다.

---

6 Dudeney[Dud58, p.230]는 그런 변환을 "단추와 실 방법(buttons and strings method)"이라고 불렀다. 그래프의 꼭짓점과 변을 각각 단추와 실이라고 생각하면 그림 1-7 (b)의 그래프에서 서로 마주하는 2-8, 4-6번 "단추"를 서로 반대편으로 옮겨주면 엇갈린 실을 풀어 그림 1-7 (c)에 있는 모양으로 만들 수 있다.

7 행마: 말을 쓰는 것

✔ 그림 1-7 (a) 구아리니 퍼즐에서 체스판의 정사각형에 번호를 매기는 방법. (b) 퍼즐의 그래프를 가장 단순하게 표현하는 방법. (c) 퍼즐의 그래프를 표현하는 더 바람직한 방법

(a)　　　　　　　　　　(b)　　　　　　　　　　(c)

그래프를 펼치는 방법을 익히고 싶다면 **별 위의 동전** 퍼즐(2.034)을 풀어보자.

방정식을 풀거나 어떤 함수의 최댓값 또는 최솟값을 구하는 수학 문제로 환원해 풀 수 있는 퍼즐도 있다. 다음과 같은 퍼즐을 예로 들 수 있다.

파이 자르기 최적화 직사각형 파이를 직선 모양으로 n번 잘라 만들 수 있는 최대 조각 수는? 이때 자르는 방향은 반드시 파이의 수직 또는 수평 방향과 평행해야 한다.

파이를 수평 방향으로 h번, 수직 방향으로 v번 자르면 조각 수는 $(h + 1)(v + 1)$개가 된다. 파이를 자른 횟수 $h + v$는 n과 같으므로 이 문제는 다음 식의 최댓값을 구하는 문제로 환원할 수 있다.

$$(h + 1)(v + 1) = hv + (h + v) + 1 = hv + n + 1 = h(n - h) + n + 1$$

이때 $0 \leq h \leq n$이다. $h(n - h)$는 h에 대한 2차식이므로 n이 짝수이면 $h = n/2$일 때, n이 홀수이면 $h = n/2$에서 내린 값($\lfloor n/2 \rfloor$로 표기), 또는 올린 값($\lceil n/2 \rceil$로 표기)일 때 최댓값이 나온다. 따라서 n이 짝수이면 해는 $n/2$ 하나뿐이고 n이 홀수이면 해는 $h = \lfloor n/2 \rfloor$, $v = \lceil n/2 \rceil$, 또는 $h = \lceil n/2 \rceil$, $v = \lfloor n/2 \rfloor$로 두 개가 된다.

1.7 탐욕 접근법

탐욕 접근법(greedy approach)은 최적화 문제를 푸는 방법 중 하나로, 완전한 풀이가 만들어질 때까지 부분적으로 구축된 풀이를 확장해가며 일련의 단계를 밟아가는 접근법이다. 단계마다 문제에서 주어진 제약 조건 안에서 가장 유리한 것을 선택하는 것이 이 전략의 핵심이다. 이렇게 매 단계에서 최선의 방안을 "탐욕적으로" 고르는 방식의 밑바탕에는 국소적으로 최적화된 모든 선택을 모으면 전체 문제에 대한 (전역적인) 최선의 해가 만들어지리라는 바람이 깔려 있다. 이런 단세포적 접근법이 먹힐 수도 있지만 그렇지 않을 수도 있다.

탐욕 접근법으로 풀 수 있는 퍼즐은 별로 좋은 퍼즐이라고 할 수 없다. 좋은 퍼즐은 대체로 그런 직선적인 방법으로 풀기에는 까다로운 편이다. 그런데도 탐욕 알고리즘으로 풀 수 있는 퍼즐도 있다. 그런 경우, 알고리즘을 설계하는 것은 별로 어렵지 않다. 탐욕 접근법으로 진정 최적화된 풀이를 구할 수 있다는 것을 증명하는 것이 오히려 더 어렵다. 다음과 같은 퍼즐을 예로 풀어보자.

공격하지 않는 킹 8×8 체스판에 어떤 킹도 다른 킹을 공격할 수 없도록 – 수평, 수직, 대각선 방향으로 옆 칸에 있지 않도록 – 킹을 최대한 많이 배치할 방법을 구하라.

탐욕 전략의 기본을 따른다고 할 때 체스판 첫째 열에 (네 개의) 킹을 서로 인접하지 않도록 배치할 수 있다. 그러면 다음 열은 첫 번째 열에 있는 킹의 공격을 받을 수 있어 건너뛰어야 하므로 세 번째 열에 킹 네 개를 배치할 수 있다. 똑같은 방식으로 네 번째 열은 건너뛰고 다음 열에 네 개를 배치한다. 이런 식으로 킹을 배치하다 보면 그림 1-8 (a)에 나와 있는 것처럼 총 16개의 킹을 배치할 수 있다.

체스판에 킹끼리 서로 인접하지 않도록 배치할 수 있는 최대 개수가 16개라는 것을 보여주기 위해 그림 1-8 (b)에 나와 있는 것처럼 체스판을 가로세로 각각 네 칸씩, 총 16개의 정사각형으로 나눠보자. 각 정사각형 안에는 킹을 최대 한 개만 배치할 수 있고 서로 인접하지 않은 킹의 개수는 16을 넘을 수 없다.

▼ 그림 1-8 (a) 서로 공격할 수 없도록 킹 16개를 배치하는 방법. (b) 이렇게 체스판을 나누면 킹끼리 서로 공격할 수 없도록 배치할 방법이 16개를 넘지 않는다는 것을 알 수 있다.

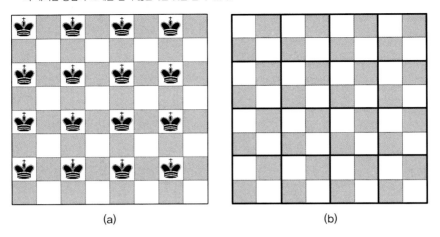

(a)   (b)

두 번째 예로, 마이크로소프트 입사 면접시험에 출제되어 유명해진 문제를 풀어보자.

밤중에 다리 건너기 네 명이 다리를 건너야 하는데 그 다리는 언제 무너질지 모를 정도로 상태가 좋지 않다. 전등은 한 개뿐이다. 다리는 한 번에 최대 두 명만 건널 수 있고 다리를 건널 때는 (한 명이든 두 명이든) 전등을 가지고 건너야 한다. 전등은 반드시 다리를 건너는 사람이 들고 건너야 하며 반대편으로 던지는 것은 불가능하다. A, B, C, D 네 명이 다리를 건너는 데 각각 1, 2, 5, 10분씩 걸린다. 두 명이 다리를 건널 때는 더 느린 쪽에 맞춰 건너야 한다. 네 명이 다리를 건너는 가장 빠른 방법은?

탐욕 알고리즘으로 풀어보자. 그림 1-9에 나와 있는 것처럼 우선 가장 빠른 두 사람 A, B가 반대편으로 가고(2분) 둘 중에서 더 빠른 A가 전등을 들고 돌아온다(1분). 그 다음으로 남아있는 사람 중에서 가장 빠른 두 명인 A와 C가 반대편으로 가고(5분) 다시 반대편에 있는 사람 중 가장 빠른 A가 손전등을 들고 돌아온다(1분). 마지막으로 이쪽에 남아있는 두 명이 모두 건너간다(10분). 이렇게 하면 총 (2 + 1) + (5 + 1) + 10 = 19분이 걸리는데 이보다 더 빨리 건너가는 방법이 있다(본문에서 이 문제를 다시 풀어볼 것이다. 2.007 참조).

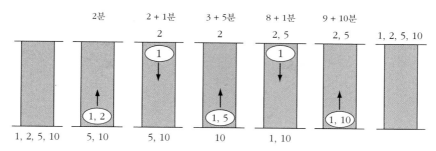

▼ 그림 1-9 밤중에 다리 건너기 문제 탐욕 알고리즘 풀이법

혹시 관심이 있다면 연습 삼아 **별 위의 동전** 퍼즐(2.034)을 그래프 펼치기 방법을 쓰지 않고 탐욕 접근법으로 풀어보자.

1.8 반복 향상

탐욕 알고리즘에서는 풀이를 한 조각씩 덧붙여 만들어가는 반면, 반복 향상(iterative improvement) 알고리즘에서는 쉽게 구할 수 있는 근사적인 해에서 시작해 몇 가지 단순한 단계를 반복적으로 적용함으로써 풀이를 개선한다. 이런 알고리즘이 유효한지 확인하기 위해서는 그 알고리즘은 유한한 단계 안에 종료되는지, 최종적으로 구한 근사적인 풀이가 문제의 진짜 풀이인지 분명히 알 수 있어야 한다. 다음 문제는 Martin Gardner의 aha!Insight[Gar78, pp.131-132]에 실려 있던 문제를 현시대에 맞게 바꾼 버전이다.

레모네이드 가판대 배치 방법 다섯 친구 – 알렉스, 브렌다, 케이시, 댄, 얼 – 가 레모네이드 가판대를 설치하려고 한다. 이 다섯 친구는 그림 1-10 (a)에 있는 지도에 각각 A, B, C, D, E로 표시된 지점에서 살고 있다. 각 집에서의 거리를 최소화하고 싶다면 어느 위치에 레모네이드 가판대를 설치해야 할까? 가판대까지의 거리는 집으로부터 총 블록 수 – 가로세로로 모두 더함 – 로 따진다.

처음에는 맨 왼쪽에 있는 A와 맨 오른쪽에 있는 B를 기준으로 수평 방향으로 중간 지점이면서 맨 위에 있는 A와 맨 아래에 있는 E를 기준으로 수직 방향으로 중간 지점인 1번 사거리(그림 1-10 (b))에 가판대를 설치하기로 했다. 그런데 누군가 따져보니 그곳은 가장 좋은 자리가 아니었다. 그래서 다음과 같이 반복 향상 알고리즘을 따르기로 했다. 원래 후보 지점에서 시작해 한 블록 떨어진 지점을 (위(북), 오른쪽(동), 아래쪽(남), 왼쪽(서) 같은 식으로) 정해진 순서대로 따져본다. 모든 친구의 집까지의 거리가 새 위치에서 더 가까우면 기존 위치를 새 후보 지점으로 바꾼 후 똑같은 확인 절차를 반복한다. 한 칸 떨어진 네 지점 중에서 더 가까운 곳이 없다면 현재 위치를 최적으로 간주하고 알고리즘을 중단시킨다. 이 알고리즘이 돌아가는 과정은 그림 1-10 (b), 계산한 거리는 그림 1-10 (c)에 정리했다.

▼ 그림 1-10 (a) 레모네이드 가판대 배치 방법 퍼즐의 예. (b) 알고리즘 작동 단계. (c) 알고리즘에서 계산한 거리

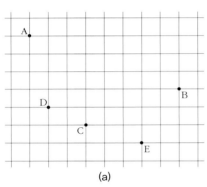

(a)

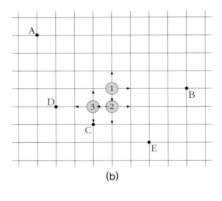

(b)

	①	① ↑	① →	① = ② ↓
A	4 + 3	4 + 2	5 + 3	4 + 4
B	4 + 0	4 + 1	3 + 0	4 + 1
C	1 + 2	1 + 3	2 + 2	1 + 1
D	3 + 1	3 + 2	4 + 1	3 + 0
E	2 + 3	2 + 4	1 + 3	2 + 2
합계	23	26	24	22

	② = ①	② →	② ↓	← ② = ③
A		5 + 4	4 + 5	3 + 4
B		3 + 1	4 + 2	5 + 1
C		2 + 1	1 + 0	0 + 1
D		4 + 0	3 + 1	2 + 0
E		1 + 2	2 + 1	3 + 2
합계	23	23	23	21

	③	③ → = ②	③ ↓	← ③
A	3 + 3		3 + 5	2 + 4
B	5 + 0		5 + 2	6 + 1
C	0 + 2		0 + 0	1 + 1
D	2 + 1		2 + 1	1 + 0
E	3 + 3		3 + 1	4 + 2
합계	22		22	22

(c)

그림 1-10 (b)에서 3번으로 표시한 위치가 올바른 위치처럼 보이지만 이 알고리즘에서는 그 위치가 전역 최적 지점인지는 증명되지 않는다. 즉, 그 지점이 한 칸 떨어진 네 개의 교차로에 비하면 나은 지점인 것은 맞지만 여러 블록 떨어진 다른 교차로보다 나은 위치인지는 분명하지 않다. 다행히 이렇게 구한 위치는 최선의 위치는 맞는데 이 퍼즐을 일반화시킨 위치 선택 퍼즐(2.074)을 풀고 나면 이 방법으로 구한 위치가 전역 최적 지점이라는 것을 알 수 있을 것이다.

다음 퍼즐도 반복 향상으로 풀 수 있다.

양수로 바꾸기 실수가 적힌 $m \times n$ 표가 주어져 있다고 가정하자. 특정 행이나 열에 있는 값들의 모든 부호를 반대로 바꾸는 연산만 할 수 있다고 할 때 각 행의 합과 각 열의 합이 모두 음이 아니도록 만들 수 있는 알고리즘이 있을까?

각 단계마다 합이 음수가 아닌 줄(행과 열) 수가 증가하는 알고리즘을 찾아보는 것이 가장 자연적인 방법일 것이다. 하지만 합이 음수인 행(열)의 모든 수의 부호를 뒤집다 보면 다른 열(행)의 합이 음수로 바뀔 수 있다. 표에 있는 수의 총합을 따져보는 식으로 이 문제를 깔끔히 해결할 수 있다. 모든 수의 총합은 각 행의 합을 모두 더하거나 각 열의 합을 모두 더해 계산할 수 있는데 합이 음수인 줄에 있는 수의 부호를 모두 바꿔주면 표에 있는 모든 수의 합은 당연히 증가하게 되어 있다. 따라서 합이 음수인 줄을 계속 찾아주면 된다. 그런 줄이 있으면 그 줄에 있는 모든 수의 부호를 뒤집어준다. 그런 줄이 없으면 목표가 달성된 것이므로 멈춘다.

이것으로 끝난 걸까? 아니다. 이 알고리즘이 끝없이 계속 돌아가지 않는다는 것을 보여줘야 한다. 실제 일 알고리즘은 언젠가는 멈춰야 한다. 알고리즘을 아무리 많이 반복하더라도 만들어질 수 있는 표의 개수에 한계가 있기 때문이다(표에 들어 있는 mn개의 각각의 항목이 가질 수 있는 상태의 수는 두 개뿐이다). 그러므로 모든 원소의 합의 경우의 수도 유한하다. 이 알고리즘에서는 합이 증가하는 순으로 일련의 표들을 만들어내기 때문에 유한한 단계 안에 완료될 수밖에 없다.

위에서 살펴본 두 예에서 모두 다음과 같은 성질을 가지는 어떤 양을 활용했다.

- 정해진 방향으로만 값이 바뀔 수 있다(첫 번째 문제에서는 줄어드는 쪽으로, 두 번째 문제에서는 늘어나는 쪽으로).

- 가질 수 있는 값의 개수가 유한하므로 유한한 단계 안에 완료될 수밖에 없다.

- 최종값에 다다르면 문제 풀이가 끝난다.

이런 양을 일변량(monovariant)이라고 부른다. 하나의 변인에 의해 변하는 양이라는 뜻이다. 적절한 일변량을 찾기는 쉽지 않다. 이런 이유로 일변량과 관련된 퍼즐이 수학 경시대회에서 자주 눈에 띄곤 한다. 위에 있는 두 번째 예제는 1961년 러시아 수학 올림피아드 연습문제로 출제된 문제다.[Win04, p.77] 하지만 반복 향상이 일변량 문제나 간단한 퍼즐에서만 쓰이는 것이라고 할 수는 없다. 전산학 분야에서 가장 중요한 알고리즘 중 하나로 꼽히는 단체법(simplex method)도 이런 접근법을 바탕으로 한다. 이쪽에 관심이 있다면 이 책 후반부에 있는 다른 일변량 퍼즐을 찾아보자.

1.9 동적 프로그래밍

동적 프로그래밍(dynamic programming)은 부분 문제가 중복되는 문제를 풀기 위한 전산학 기법이다. 중복되는 부분 문제를 계속 다시 푸는 대신 한 번만 풀고 그 결과를 표에 저장한 후 그 값으로부터 원래 문제에 대한 답을 구하는 방식이다. 동적 프로그래밍은 미국의 저명한 수학자 Richard Ernest Bellman이 1950년대에 발명한 것으로 다단계 의사결정 절차를 최적화하기 위한 일반화된 방법론으로 만들어진 것이다. 어떤 최적화 문제를 이 기법으로 풀기 위해서는 최적화된 부분 구조가 있어야 하며 부분 문제에 대한 최적해로부터 전체 문제에 대한 최적해를 효율적으로 구성할 수 있어야 한다.

최단 경로 개수를 찾아내는 문제를 예로 생각해보자.

최단 경로 개수 그림 1–11 (a)에 나와 있는 것처럼 모든 도로가 완전히 수평 또는 수직 방향으로만 나 있을 때 A 교차로에서 B 교차로로 이어지는 최단 경로 개수를 구하라.

❤ 그림 1-11 (a) 동적 프로그래밍으로 (i, j) 교차로까지 가는 최단 경로 개수를 구하는 방법. (b) A 교차로에서 각 교차로로 갈 수 있는 최단 경로 개수

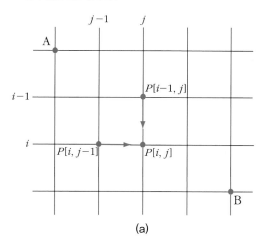

(a)

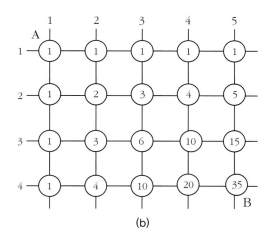

(b)

A 교차로에서 i행$(1 \leq i \leq 4)$, j열$(1 \leq j \leq 5)$ 교차로까지 갈 수 있는 최단 경로 개수를 $P[i, j]$라고 하자. 여기서 모든 최단 경로는 수평 방향으로는 오른쪽으로, 수직 방향으로는 아래로 이동하는 식으로 만들어진다. 따라서 A 교차로에서 시작해 i행, j열로 갈 수 있는 최단 경로 개수는 A에서 $i - 1$행, j열로 가는 최단 경로 개수($P[i - 1, j]$)와 A에서 i행, $j - 1$열로 가는 최단 경로 개수($P[i, j - 1]$)를 더한 값이 된다.

$1 < i \leq 4$, $1 < j \leq 5$에 대해 $P[i, j] = P[i - 1, j] + P[i, j - 1]$

그리고 맨 윗 줄과 맨 왼쪽 열에 대해서는 다음과 같이 된다.

$1 \le j \le 5$에 대해 $P[1, j] = 1$, $1 \le i \le 4$에 대해 $P[i, 1] = 1$

위의 식을 이용하면 첫째 줄에서 시작해 각 줄 안에서 오른쪽으로 가면서 줄 단위로 또는 첫 번째 열에서 시작해 각 열 안에서 아래로 가면서 열 단위로 P[i, j]를 계산할 수 있다.

이 문제는 조합을 활용해 풀 수도 있다. 모든 최단 경로는 수평 선분 네 개와 수직 선분 세 개로 이루어진다. 따라서 일곱 개의 선분 중에서 수직 선분 세 개를 뽑아내는 방법에 의해 서로 다른 경로가 결정된다. 따라서 최단 경로의 총 개수는 일곱 개 중에서 세 개를 뽑아내는 경우의 수, 즉 $C(7, 3) = \dfrac{7!}{3!4!} = 35$다.[8] 이렇게 간단한 예제에서는 조합론을 이용한 풀이법이 동적 프로그래밍을 이용한 것보다 빠르지만 규칙성이 떨어지는 그리드에서 최단 경로 개수를 셀 때는 얘기가 달라진다. 막힌 경로 퍼즐(2.013)을 예로 풀어보자.

동적 프로그래밍을 적용하기 까다로울 때가 많지만 최대 합 내려가기(2.020), 동전 줍기 (2.062)와 같은 비교적 간단한 예제를 풀어보자.

1.10 분석 기술

이 책에 나와 있는 퍼즐은 대부분 알고리즘 설계 위주이지만 알고리즘 분석이 필요한 퍼즐도 있다. 이 튜토리얼에서는 퍼즐 몇 개를 풀어보면서 표준적인 알고리즘 분석 기술을 검토해보겠다. 여기서는 최대한 간단한 수준으로만 살펴볼 것이므로 더 자세한 내용은 [Lev06], [Kle05], [Cor09]와 같은 교과서(뒤로 갈수록 어렵다)에서 알아보자.

8　기본 조합론을 잘 안다면 아마도 $P[i, j]$의 값은 A 지점에서 시작해 남서쪽에서 북동쪽으로 대각선 방향으로 계산할 수도 있다는 것을 알 수 있을 것이다. 이 값들은 그 유명한 파스칼의 삼각형이라는 조합 구조를 그대로 따른다([Ros07] 및 Section 5.4 참조).

알고리즘을 분석할 때는 보통 알고리즘의 시간 복잡도를 따진다. 보통 알고리즘의 기본 작업 단계를 실행하는 횟수를 세는 방식을 사용한다. 대부분의 알고리즘 문제에서 문제의 크기가 커지면 실행 횟수도 커진다. 알고리즘 분석의 주요 목표는 실행 횟수가 얼마나 빠르게 증가하는지 알아내는 것이다. 당연히 이렇게 횟수를 따지는 데도 수학이 필요하다. 우선 알고리즘을 분석할 때 반드시 필요한 주요 수학 공식을 알아보자.

1.10.1 합 공식과 알고리즘의 효율성

사실 여부는 불분명하지만 역사상 가장 위대한 수학자 중 한 명인 Carl Friedrich Gauss (1777–1855)에 대한 유명한 일화로 이런 것이 있다. 가우스가 10살이던 무렵, 학교 선생님이 1부터 100까지 모든 정수의 합을 구하라는 문제를 냈다.

$$1 + 2 + \cdots + 99 + 100$$

잠시만이라도 학생들을 조용히 시키고 싶었던 것 같다. 하지만 학생 중에 수학 천재가 있을 줄은 선생님도 몰랐을 것이다. 가우스는 합이 101인 50개 쌍으로 모든 수를 묶어 단 몇 분 만에 답을 구했다.

$$(1 + 100) + (2 + 99) + \cdots + (50 + 51) = 101 \cdot 50 = 5050$$

1부터 n까지 모든 정수의 합으로 일반화시키면 다음과 같다.

$$1 + 2 + \cdots + (n - 1) + n = \frac{(n + 1)n}{2} \tag{1}$$

연습 삼아 이 공식과 그 유도 과정을 활용하는 암산 퍼즐(2.009)을 풀어보는 것도 좋다.

(1)번 식은 알고리즘 분석의 필수 공식 중 하나다. 이 식에서 시작해 또 다른 공식을 만들 수도 있다. 예를 들어 첫 n개의 양의 짝수는 다음과 같은 식으로 구할 수 있다.

$$2 + 4 + \cdots + 2n = 2(1 + 2 + \cdots + n) = n(n + 1)$$

첫 n개의 양의 홀수는 다음과 같은 식으로 구할 수 있다.

$$1 + 3 + \cdots + (2n - 1)$$

$$= (1 + 2 + 3 + 4 + \cdots + (2n - 1) + 2n) - (2 + 4 + \cdots + 2n)$$

$$= \frac{2n(2n + 1)}{2} - n(n + 1) = n^2$$

또 다른 중요한 공식으로 2의 거듭제곱의 합 공식이 있다. 이 공식은 첫 번째 튜토리얼에서 이미 사용한 적이 있다.

$$1 + 2 + 2^2 + \cdots + 2^n = 2^{n+1} - 1 \tag{2}$$

이제 알고리즘 분석과 관련된 첫 번째 예제를 살펴보자.

체스의 발명 체스는 수백년 전, 인도 북서부의 샤시라는 성현이 발명한 것으로 알려져 있다. 자신이 발명한 체스를 임금님에게 가져갔을 때 임금님은 체스 게임을 너무 좋아해 샤시가 원하는 것은 뭐든지 들어주겠다고 했다. 샤시는 밀을 다음과 같은 식으로 받고 싶다고 말했다. 첫째 날에는 체스판의 첫째 칸에 밀 한 톨, 둘째 날에는 둘째 칸에 두 톨, 셋째 날에는 네 톨, 넷째 날에는 여덟 톨을 받는 식으로 64개 칸을 모두 채울 때까지 받는 식이다. 이런 요구는 좋은 것이었을까?

(2)번 식에 따르면 샤시가 요구한 밀알 개수는 다음 식으로 계산할 수 있다.

$$1 + 2 + \cdots + 2^{63} = 2^{64} - 1$$

밀알을 1초에 한 톨씩 셀 수 있다면 밀알을 모두 세는 데 약 5850억 년이 걸린다. 지구 나이의 100배가 넘는 시간이다. 기하급수의 무서움을 보여주는 대표적인 예다. 문제가 커지면서 계산 시간도 기하급수적으로 증가하는 알고리즘은 문제의 크기가 매우 작은 경우를 제외하면 실용성이 없다고 할 수 있다.

밀알 개수를 체스판의 칸마다 두 배씩 늘리는 대신 두 알씩 늘려달라고 요구했다면 몇 알을 받게 될까? 그런 경우, 밀알 개수는 다음과 같이 된다.

$$1 + 3 + \cdots + (2 \cdot 64 - 1) = 64^2$$

이번에도 밀알을 1초에 한 톨씩 셀 수 있다면 1시간 14분 만에 밀알을 모두 셀 수 있다. 알고리즘 실행시간 면에서 보면 2차함수적인 증가율이 훨씬 더 받아들일 만한 수준이라고 할 수 있다.

2차함수적인 알고리즘보다 훨씬 빠른 선형 알고리즘도 있다. 실행시간이 입력 크기에 비례하는 알고리즘이다. 로그 실행시간 알고리즘은 이보다 더 빠르다. 로그 실행시간 알고리즘은 보통 문제의 크기를 상수 배율(예를 들어 1/2)만큼씩 줄이는 방식으로 돌아간다(알고리즘 설계 전략 관련 튜토리얼 참조). 기하급수적인 증가와 반대로 문제의 크기를 기하급수적으로 줄이는 방식이다. 첫 번째 튜토리얼에서 살펴본 숫자 맞히기를 풀 때 사용한 알고리즘이 이 부류에 속한다.

1.10.2 비재귀 알고리즘 분석

우선 비재귀 알고리즘은 말 그대로 재귀적이지 않은 알고리즘이다. 재귀 알고리즘은 해를 당연하게 알 수 있는 자명한 인스턴스가 나올 때까지 같은 문제의 더 작은 인스턴스에 대해 알고리즘 자체를 반복해 적용하는 방식으로 돌아간다. 비재귀 알고리즘 분석은 기본 단계가 실행되는 횟수의 총합을 구하는 데서 시작된다. 이 합을 간략히 정리해 실행 횟수를 정확히 나타내는 공식이나 증가율을 보여줄 수 있는 근사 공식을 만들어낸다. 다음과 같은 퍼즐 문제를 예로 생각해보자.[Gar99, p.88]

정사각형 덧붙이기 이 알고리즘은 정사각형 한 개에서 시작한다. 다음 단계에서는 바깥쪽 모든 변에 새로운 정사각형을 하나씩 덧붙인다. 이 알고리즘을 n번 반복하면 단위 정사각형은 총 몇 개가 될까? 초기 몇 단계의 결과는 그림 1-12와 같다.

▼ 그림 1-12 정사각형 덧붙이기 알고리즘의 첫 세 단계

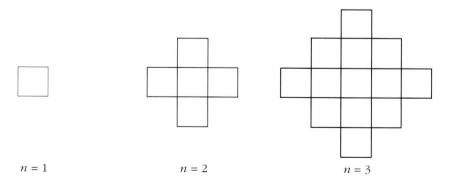

$n = 1$ $n = 2$ $n = 3$

이 알고리즘에서 가장 기본적인 단계는 단위 정사각형 하나를 덧붙이는 작업이다. 따라서 기본 단계 실행 횟수를 세는 것은 단위 정사각형 개수를 세는 것과 같다. 이 알고리즘을 n번 돌리고 나면 수평 방향으로 가장 긴 쪽에는 단위 정사각형이 총 $(2n - 1)$개 들어간다. 그 위아래로는 한 개에서 $2n - 3$개까지 홀수 개의 단위 정사각형들이 놓인다. 1에서 시작해 $n - 1$번째 홀수까지의 합은 $(n - 1)^2$이므로 단위 정사각형 개수는 다음과 같이 구할 수 있다.

$$2(1 + 3 + \cdots + (2n - 3)) + (2n - 1)$$
$$= 2(n - 1)^2 + (2n - 1) = 2n^2 - 2n + 1$$

또는 i번째$(1 \leq i \leq n)$ 반복 단계에서 새로 덧붙이는 단위 정사각형 개수가 $4(i - 1)$이라는 점을 활용할 수도 있다. 이 알고리즘을 n번 반복한 후 단위 정사각형의 총 개수는 다음과 같이 계산할 수 있다.

$$1 + 4 \cdot 1 + 4 \cdot 2 + \cdots + 4(n - 1) = 1 + 4(1 + 2 + \cdots + (n - 1))$$
$$= 1 + 4(n - 1)n/2 = 2n^2 - 2n + 1$$

이렇게 표준적인 기법을 이용하는 것도 좋지만 이 문제에만 적용할 수 있는 특별한 성질은 없는지도 따져보면 좋다. 여기서는 n번째 반복 후에 만들어지는 도형의 대각선을 활용해 단위 정사각형 개수를 셀 수도 있다. 그림을 잘 보면 단위 정사각형 n개로 이루어지는 대각선 n개와 단위 정사각형 $n - 1$개로 이루어지는 대각선 $n - 1$개가 서로 번갈아 배치되어 있다. 따라서 단위 정사각형의 총 개수는 $n^2 + (n - 1)^2 = 2n^2 - 2n + 1$개가 된다.

비슷한 문제로 삼각형 개수 퍼즐(2.052)을 들 수 있다.

1.10.3 재귀 알고리즘 분석

재귀호출의 고전이라고 할 수 있는 하노이의 탑 문제를 가지고 재귀 알고리즘 분석 기법을 알아보자.

하노이의 탑 이 퍼즐에서는 서로 크기가 다른 원판 n개, 기둥 세 개가 주어진다. 처음에는 원판이 모두 첫 번째 기둥에 꽂혀 있으며 가장 큰 것이 맨 밑에, 가장 작은 것이 맨 위에 크기 순서대로 꽂혀 있다. 이 퍼즐의 목적은 모든 원판을 다른 기둥으로 옮기는 것이다. 한 번에 하나씩만 옮길 수 있고 큰 원판을 작은 원판 위에 놓을 수는 없다.

이 문제는 그림 1-13에 나온 식으로 재귀적으로 풀 수 있다. n이 1보다 클 때 n개의 원판을 1번 기둥에서 3번 기둥으로 옮기려면 우선 $n - 1$개의 원판을 (3번 기둥을 보조 기둥으로 활용해) 1번 기둥에서 2번 기둥으로 옮기고 가장 큰 원판을 1번 기둥에서 3번 기둥으로 옮긴 후 2번 기둥에 있는 $n - 1$개의 기둥을 (1번 기둥을 보조 기둥으로 활용해) 3번 기둥으로 옮기면 된다. 물론 n이 1일 때는 그냥 원판 한 개를 1번 기둥에서 3번 기둥으로 옮기면 끝난다.

❤ 그림 1-13 하노이의 탑 퍼즐을 재귀적으로 푸는 방법

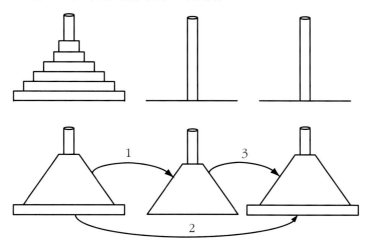

이 알고리즘의 기본 연산은 원판 한 개를 한 기둥에서 다른 기둥으로 옮기는 작업이다. 원판이 n개인 퍼즐을 풀기 위해 알고리즘에서 원판을 옮기는 횟수를 $M(n)$이라고 하자. 앞에서 설명한 알고리즘(그림 1-13 참조)에 따르면 $M(n)$에 대해 다음과 같은 식을 세울 수 있다.

$n > 1$에 대해 $M(n) = M(n - 1) + 1 + M(n - 1)$

식을 더 간단히 바꾸면 다음과 같다.

$$n > 1 \text{에 대해 } M(n) = 2M(n - 1) + 1$$

이렇게 어떤 수열의 n번째 항과 이전 항들 사이의 관계를 보여주는 식을 점화식이라고 부른다. 이런 경우, 수열의 n번째 항인 $M(n)$이 직전 항 $M(n - 1)$의 두 배에 1을 더한 값이 된다. 하지만 이 식만으로는 수열이 유일하게 정해지지 않는다. 수열의 첫 번째 항에 대한 내용이 없기 때문이다. 원판이 하나일 때는 한 번만 옮기면 되므로 점화식에 $M(1) = 1$이라는 조건을 더해주면 된다. 이 조건을 초기 조건이라고 부른다. 정리하면 원판이 n개인 하노이의 탑 퍼즐을 풀기 위한 재귀 알고리즘에서 이동 횟수는 다음과 같은 초기 조건과 점화식으로 정해진다.

$$n > 1 \text{에 대해 } M(n) = 2M(n - 1) + 1$$
$$M(1) = 1$$

이런 유형의 점화식은 이 튜토리얼 맨 앞에서 언급한 교과서에 잘 나와 있지만 여기서는 귀납적인 방법을 이용해보자. 위의 점화식으로 첫 몇 항을 계산한 후 패턴을 찾아 그 패턴이 모든 양의 정수 n에 적용된다는 것을 증명하면 된다.

n	$M(n)$
1	1
2	3
3	7
4	15

$M(n)$의 첫 몇 항을 살펴보면 $M(n) = 2^n - 1$인 것 같다. 우선 $n = 1$일 때는 당연히 $M(1) = 2^1 - 1 = 1$이다. $n > 1$에 대해 이 식이 성립한다는 것을 증명하는 가장 쉬운 방법은 이 공식을 점화식에 대입한 후 1보다 큰 모든 정수에 대해 식이 성립한다는 것을 보여주는 것이다. 다음과 같이 해보면 실제로 식이 성립한다는 것을 알 수 있다.

$$M(n) = 2^n - 1 \text{ 그리고 } 2M(n - 1) + 1 = 2(2^{n-1} - 1) + 1 = 2^n - 1$$

이 식에서 알 수 있듯이 이 알고리즘은 지수함수적인 알고리즘이므로 n이 별로 크지 않더라도 오랫동안 돌아간다. 그렇다고 이 알고리즘이 나쁘다는 뜻은 아니다. 사실 이 문제에 대해 이 알고리즘이 가장 효율적이라는 것도 쉽게 증명할 수 있다. 이 문제를 푸는 속도가 이렇게 느린 것은 문제 자체가 원래 어렵기 때문이다. 어쩌면 다행인데 프랑스 수학자 Edouard Lucas가 1880년대에 이 문제를 처음 발표했을 때 그 문제에서는 신비로운 브라마의 탑에 있는 수도승들이 원판 64개를 옮기고 나면 세상이 멸망할 것이라고 했다. 수도승들이 잠도 안 자고 먹지도 않고 죽지도 않은 채 원판을 1분에 하나씩 옮긴다면 이 세상은 $3 \cdot 10^{13}$년 후에 멸망할 텐데 우주의 나이로 추정되는 시간의 천 배가 넘는다.

비슷한 문제로 원래 문제를 변형한 제한된 하노이의 탑 퍼즐(2.083)이 있다. 이 문제에서는 최소 이동 횟수가 다음과 같은 점화식으로 주어진다. 연습 삼아 이 점화식의 일반항도 구해보자.

$n > 1$에 대해 $M(n) = 3M(n-1) + 2$

$$M(1) = 2$$

1.10.4 불변량

튜토리얼을 마무리하면서 불변량 개념을 간단히 알아보고 넘어가자. 문제를 풀 때 어떤 알고리즘을 사용하든 바뀌지 않는 속성을 불변량이라고 한다. 퍼즐형 문제에서는 어떤 불변 속성이 퍼즐의 초기 상태에 대해서는 성립하지만 최종 상태에서는 성립하지 않으므로 그 문제의 답이 존재하지 않는다는 것을 보여줄 때 불변량을 많이 사용한다. 몇 가지 예를 살펴보자.

이 빠진 체스판 도미노로 채우기 a. 귀퉁이 한 칸이 빠진 8×8 체스판(그림 1–14 (a))을 도미노로 채울 수 있을까? b. 대각선 방향으로 마주하는 두 귀퉁이가 빠진 8×8 체스판(그림 1–14 (b))을 도미노로 채울 수 있을까?

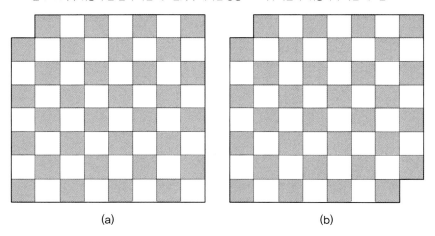

❤ 그림 1-14 (a) 귀퉁이 한 칸이 빠진 체스판. (b) 대각선 방향으로 마주하는 두 귀퉁이가 빠진 체스판

(a)　　　　　　　　　　　　　(b)

첫 번째 질문의 답은 "아니오"다. 도미노를 어떤 식으로 배치하든 도미노로 채운 칸 수는 반드시 짝수이지만 (여기서는 도미노로 채운 정사각형 개수가 짝수라는 것이 불변량이다) 체스판에 있는 정사각형 칸의 개수는 홀수다.

두 번째 질문에서는 체스판에 있는 정사각형 개수가 짝수인데도 답은 "아니오"다. 여기서는 불변량이 다르다. 도미노 한 개는 흰 칸 한 개, 검은 칸 한 개를 덮으므로 도미노를 어떤 식으로 배치하든 검은 칸과 흰 칸의 수는 같아야 한다. 이 두 귀퉁이가 빠진 판에서는 흰 칸과 검은 칸의 개수 차가 2이므로 도미노로 판 전체를 덮을 방법이 없다.

일반적으로 짝홀 특성과 색 채우기는 불변량 개념을 활용하는 가장 대표적인 예다. 이와 비슷한 퍼즐로 마지막 공(2.050), 끝에서 끝까지(2.018)와 같은 문제를 들 수 있다.

불변량의 중요성을 보여주는 또 다른 예로 프로이센의 옛 도시 쾨니히스베르크의 다리 퍼즐이 있다.

쾨니히스베르크의 다리 문제 쾨니히스베르크에 있는 일곱 개 다리를 모두 한 번씩만 건너고 시작점으로 돌아오는 방법이 있을까? 강 안에 있는 두 섬과 일곱 개 다리는 그림 1-15와 같은 식으로 연결되어 있다.

그림 1-15 쾨니히스베르크의 강가와 두 섬을 연결하는 일곱 개 다리의 연결 상태를 보여주는 그림

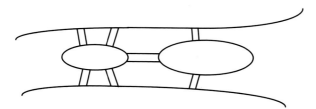

이 퍼즐은 스위스 태생의 위대한 수학자 Leonhard Euler(1707-1783)가 풀었다. 우선 오일러는 땅에서 걸어다니는 부분은 문제와 무관하다는 사실을 깨달았다. 중요한 정보는 다리로 연결되는 관계뿐이었다. 근대적인 개념을 사용해 말하면 이 깨달음 덕분에 오일러는 이 문제를 그림 1-16에 나와 있는 그래프 문제로 바꿀 수 있었다(정확히 꼭짓점 사이를 연결하는 변이 여러 개 있는 부분도 있으니 다중 그래프(multigraph)라고 해야 한다).

그림 1-16 쾨니히스베르크의 다리 문제를 정리한 다중 그래프

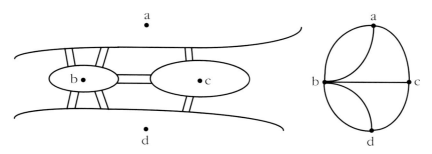

그러면 그림 1-16에 있는 다중 그래프에 오일러 회로가 있는지 따져보기만 하면 된다. 이때 오일러 회로란 한 꼭짓점에서 출발해 모든 변을 정확히 한 번씩 지나 출발점으로 돌아오는 꼭짓점의 수열을 가리킨다. 오일러는 그런 회로에서는 꼭짓점에 들어간 횟수와 꼭짓점에서 나온 횟수가 똑같아야 한다는 것을 깨달았다. 따라서 오일러 회로는 꼭짓점에 연결되는 변의 개수 – 차수라고 부른다 – 가 모두 짝수인 다중 그래프에만 존재할 수 있다. 이 불변량으로부터 쾨니히스베르크의 다리 문제에는 해답이 없다는 것을 알 수 있다. 그림 1-16에 있는 다중 그래프의 꼭짓점은 모두 차수가 홀수이기 때문이다. 게다가 그 조건으로 좀 더 생각해보면 시작점과 종착점이 다르더라도 모든 다리를 한 번씩 건너는 경로가 없다는 것을 알 수 있다. 이런 경로를 오일러 경로라고 부르는데 오일러 경로가 존재하기 위해서는 시작점과 종착점을 제외한 모든 꼭짓점의 차수가 짝수여야 한다.

이 두 조건은 연결 다중 그래프에 오일러 회로와 오일러 경로가 존재하기 위한 필요조건이자 충분조건이다(모든 꼭짓점 쌍 사이에 경로가 있으면 그 다중 그래프는 연결 다중 그래프다. 물론 연결 다중 그래프가 아니라면 오일러 회로나 오일러 경로 둘 다 존재할 수 없다). 이런 사실은 오일러도 이미 알고 있었지만 증명한 것은 후대의 다른 수학자였다. 뒤에 나오는 한붓그리기 퍼즐(2.028)을 풀 때도 이 성질을 활용할 수 있다.

쾨니히스베르크의 다리 문제는 그래프 이론의 발판이 되었다고 할 수 있는데 그래프 이론은 수학의 한 분야로 자리 잡았고 컴퓨팅과 운용 과학(operations research) 분야에서 널리 응용된다. 이 퍼즐은 퍼즐이라는 것이 진지한 과학, 교육, 실용적인 분야로 이어질 수 있는 대표적인 예로 꼽힌다.

불변량이 풀이가 존재하지 않는다는 것을 보여주는 것 이외의 분야에도 쓰일 수 있다는 것을 보여주는 예로 다음과 같은 문제가 있다.

초코바 쪼개기 쪼개는 횟수를 최소로 하면서 $n \times m$ 크기의 초코바를 nm개의 정사각형 조각으로 쪼개는 방법을 구하라. 초코바는 직선으로만 쪼갤 수 있고 한 번에 한 개씩만 쪼갤 수 있다.

이 문제는 수학자와 전산학자 사이에서 꽤 유명한 문제다. 가능하면 여기에 나와 있는 답을 보기 전에 스스로 문제를 풀어보자. 한 번에 한 조각씩만 쪼갤 수 있으므로 매번 쪼갤 때마다 조각 개수는 1씩 늘어난다. 따라서 $n \times m$짜리 조각 하나를 1×1짜리 조각 nm개로 쪼개려면 $nm - 1$번 쪼개야 하며 어떤 방법으로 쪼개든 상관없다.

마지막으로 알고리즘을 적용할 방향을 제시하는 건설적인 역할을 하는 불변량의 예를 살펴보자. 아래 퍼즐은 역사상 가장 유명한 퍼즐 제작자라고 할 수 있는 Henry Ernest Dudeney[Dud02, p.95]와 Sam Loyd[Loy59, p.8][9]가 만든 퍼즐이다(판 크기와 일부 표현은 수정했다).

옥수수밭의 닭 이 게임은 옥수수밭을 나타내는 5×8판에서 진행되며 농부와 부인을 나타내는 한 색의 두 말과 수탉과 암탉을 나타내는 다른 한 색의 두 말이 있다. 매 순서마다 사람과 닭이 옆에 있는 정사각형으로 이동하는데 위, 아래, 왼쪽, 오른쪽으로 움직일 수 있지만 대각선 방향으로는 움직이지 못

---

9 듀드니와 로이드는 몇 년 동안 함께 일했지만 듀드니가 연락을 끊고 로이드가 자신의 퍼즐을 훔쳤다고 주장하면서 관계가 끝났다. 그 후로 듀드니 혼자 퍼즐을 발표했다.

한다. 그림 1-17 (a)에 표시된 위치에서 시작해 남편(M)과 아내(W)가 한 칸씩 움직인 후 수탉(r)과 암탉
(h)이 한 칸씩 움직인다. 닭 두 마리를 모두 잡을 때까지 게임은 계속된다. 남편이나 아내가 닭이 들어
있는 칸으로 움직일 수 있으면 닭을 잡게 된다. 목표는 이동 횟수를 최소로 하면서 닭을 모두 잡는 것
이다.

▼ 그림 1-17 (a) 옥수수밭의 닭 퍼즐 판. (b) 체스판처럼 색칠한 판

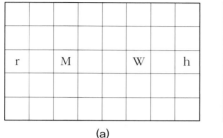

(a)

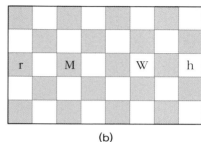

(b)

조금만 생각해보면 남편은 수탉을 잡을 수 없고 아내는 암탉을 잡을 수 없다는 것을 알 수
있다. 닭을 잡으려면 사람과 닭이 바로 옆 칸에 있어야 하는데 게임판을 체스판처럼 칠해
놓고 나면(그림 1-17 (b)) 바로 옆 칸은 서로 색이 다르다. 남편과 수탉은 같은 색의 칸에
서 출발하는데 각각 한 칸씩 이동하고 나도 칸의 색은 똑같으므로 몇 번 이동하든 남편과
수탉은 같은 색의 칸에 있을 수밖에 없다. 아내와 암탉에 대해서도 마찬가지다. 닭이 아무
리 열심히 도망가도 둘 중 하나는 여덟 번 이동한 후, 나머지 하나는 아홉 번 이동한 후 잡
힌다.

이 정도로 튜토리얼을 마치겠다. '어떤 퍼즐에 어떤 전략을 써야 하는가?'라는 질문에 대한
정답은 없다(정답이 있었다면 사람들은 애당초 퍼즐에 흥미를 느끼지도 않았을 것이다).
전략은 일반적인 도구에 불과하며 특정 문제에 잘 들어맞을 수 있지만 그렇지 않을 수도
있다. 문제를 많이 풀다 보면 어떤 도구가 잘 들어맞을지 알아채는 직관이 생길 수 있지만
그 직관이 항상 맞지 않을 수도 있다.

그렇더라도 지금까지 살펴본 전략과 기법은 알고리즘 문제를 푸는 유용한 도구로 써먹을
수 있다. 수학자들이 갖춘 도구보다 더 구체적이라는 장점도 있다. George Polya의 〈어
떻게 문제를 풀 것인가(How to Solve It)〉(교우사, 2008)[Pol57]라는 책도 있지만 말이다.

물론 어떤 전략을 적용해야 할지 알더라도 일이 간단하지 않을 수 있다. 예를 들어 어떤 퍼즐에 해가 없다는 것을 증명할 때는 불변량을 활용하는 경우가 많다. 하지만 짝홀 특성을 활용하거나 판에 색을 적당히 칠하면 되겠다는 것을 알더라도 그 문제에 딱 맞는 불변량을 찾아내기 어려울 수 있다. 문제를 많이 풀다 보면 더 쉽게 찾아낼 수 있을지도 모르지만 원래 쉽지 않은 일이다.

2^장

퍼즐,
힌트와 풀이

초급 퍼즐

중급 퍼즐

고급 퍼즐

초급 퍼즐

2.001 늑대, 염소, 양배추

어떤 사람이 늑대 한 마리, 염소 한 마리, 양배추 한 통을 가지고 강둑에 서 있다. 이 셋을 모두 배로 반대편으로 옮겨야 한다. 하지만 배에는 이 사람 외에는 (늑대, 염소, 양배추 중) 하나만 실을 수 있다. 그가 없으면 늑대는 염소를 먹어버리고 염소는 양배추를 먹어버린다. 이 세 승객을 모두 반대편으로 옮기는 방법을 구하라.

2.1.1 힌트

사소한 예외 하나를 빼면 이 퍼즐은 각 상황에서 옮길 수 있는 유일한 것을 열거하는 방식으로 풀 수 있다.

2.1.2 풀이

사람, 늑대, 염소, 양배추를 각각 M, w, g, c로 표기하자(배는 항상 사람과 같은 쪽 강둑에 있으니 따로 표기하지 않는다). 그림 2-1에 이 문제를 풀 두 가지 방법이 나와 있다.

▼ 그림 2-1 늑대, 염소, 양배추 퍼즐의 두 가지 풀이법

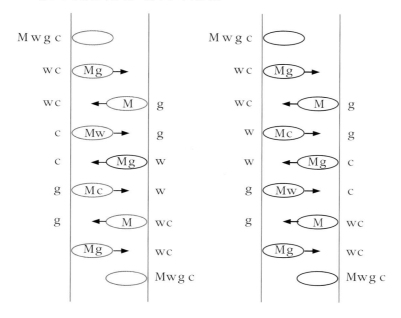

2.1.3 참고사항

이렇게 답이 간단한 퍼즐은 흔치 않다. 세 번째 이동할 때를 제외하면 이 사람에게는 선택의 여지가 없다. 이 문제는 알고리즘 설계를 위한 일반 전략에 대한 튜토리얼에서 소개했던 질투심 많은 두 남편 퍼즐에서 소개했던 풀이와 비슷하게 상태 공간 그래프([Lev06, Section 6.6] 참조)를 이용해 풀 수도 있다. 이 퍼즐의 상태를 직육면체의 꼭짓점으로 표현할 수도 있다([Ste09, p.256] 등 참조). 이런 표현 방법을 써보면 강을 일곱 번 건너는 것이 최선이라는 것을 분명히 알 수 있다.

이 고전적인 퍼즐은 첫 번째 튜토리얼에서도 언급한 적이 있는 앨퀸의 문제집 – 라틴어로 된 가장 오래된 수학 문제집 – 에도 들어 있다. 이 퍼즐이 다른 지역에서 어떤 식으로 등장하는지 궁금하다면 [Ash90]을 참조하자. 근대 이후 퍼즐 모음에 반드시 들어가는 문제로 자리잡았다([Bal87, p.118], [Kor72, Problem 11] 등). 놀랍게도 이 퍼즐은 여전히 여러 수학자와 전산학자의 주목을 받고 있다([Cso08] 참조).

2.002 장갑 고르기

서랍에 장갑 20개가 있다. 다섯 쌍은 검은색, 세 쌍은 갈색, 두 쌍은 회색이다. 어두운 방에서 장갑을 고르는데 색상은 장갑을 다 고른 후에 확인할 수 있다. 다음 조건을 만족하려면 장갑을 최소 몇 개 골라야 할까?

a. 최소 한 쌍이 짝이 맞는 경우
b. 색상별로 최소 한 쌍이 짝이 맞는 경우

2.2.1 힌트

조건에 맞는 장갑을 꺼내기 위해 장갑을 최대한 많이 꺼내고 싶어하는 나쁜 놈이 있다고 가정해보자. 양말과 달리 장갑은 왼쪽과 오른쪽이 다르다는 점에 주의하자.

2.2.2 풀이

a는 11, b는 19가 정답이다.

최악의 경우로 짝이 맞는 한 쌍을 찾을 때까지 일단 그중 한 짝을 찾기 위해 검은색 장갑 다섯 개, 갈색 장갑 세 개, 회색 장갑 두 개를 고르는 경우를 생각해볼 수 있다. 이런 상황에서는 어떤 장갑을 꺼내든 짝이 맞는 한 쌍이 나온다. 따라서 정답은 11이다.

최악의 경우로 색상별로 짝이 맞는 한 쌍씩 찾을 때까지 검은색 장갑 열 개 모두, 갈색 장갑 여섯 개 모두, 회색 장갑 (같은 쪽) 두 개를 고르는 경우를 생각해볼 수 있다. 그런 후 회색 장갑 하나를 고르면 색상별로 한 쌍씩 짝이 맞다. 따라서 정답은 19다.

2.2.3 참고사항

이 퍼즐은 알고리즘의 최악의 경우를 분석하는 예를 보여준다.

색이 서로 다른 공이 섞인 경우의 문제를 종종 볼 수 있다(예 [Gar89, pp.4–5]). 그런 문제를 한 번 더 꼰 장갑 문제는 [Mos01, Problem 18]에 등장한 적이 있다.

2.003 / 직사각형 분할

어떤 직사각형을 n개의 직각 삼각형으로 자를 수 있는, 1보다 큰 모든 n값을 구하고 그렇게 자르기 위한 알고리즘을 설명하라.

2.3.1 힌트

직각 삼각형의 크기가 모두 같을 필요는 없다.

2.3.2 풀이

어떤 직사각형이든 1보다 큰 어떤 정수 n에 대해서도 n개의 직각 삼각형으로 자를 수 있다.

$n = 2$인 경우, 직사각형을 (그림 2-2 (a)와 같이) 대각선 방향으로 반으로 자르면 된다. $n > 2$인 경우에는 우선 직사각형을 대각선 방향으로 반으로 자른 후 직각 삼각형을 $n - 2$번 더 잘라주면 된다. 직각 삼각형을 두 개의 직각 삼각형으로 자르고 싶다면 직각인 꼭짓점에서 빗변에 수직선을 그어주면 된다. 그림 2-2 (b)에서 그 예를 볼 수 있다.

▼ 그림 2-2 직사각형을 직각 삼각형으로 나누는 방법. 첫 번째 방법으로 (a) $n = 2$, (b) $n = 7$인 경우에 분할한 결과. 두 번째 방법으로 (c) $n = 6$, (d) $n = 7$인 경우에 분할한 결과

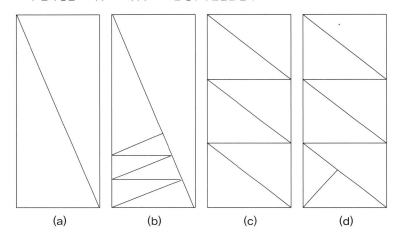

(a)   (b)   (c)   (d)

n이 짝수인 경우를 먼저 따지는 식으로 문제를 풀 수 있다. 직사각형을 (예를 들어 직사각형의 한 변에 평행한 방향으로 $n/2 - 1$번 잘라) $n/2$개의 직사각형으로 자른 후 각 직사각형을 대각선 방향으로 잘라 두 개씩의 직각 삼각형으로 자르면 된다(그림 2-2 (c)). n이 홀수라면 우선 짝수 개로 자르는 방식으로 $(n - 1)$개의 직각 삼각형을 만든 후 그중 한 직각 삼각형을 직각인 꼭짓점에서 빗변에 수직선을 그어 잘라주면 된다(그림 2-2 (d)).

2.3.3 참고사항

첫 번째 풀이 방법은 맨 밑에서부터 1씩 올리는 점증적인 접근법이다. 두 번째 풀이 방법은 분할 정복법의 한 예라고 할 수 있는데 홀수의 경우를 더 단순한 짝수의 경우로 변환하는 식이다.

2.004 / 강 건너기

군인 25명으로 구성된 부대가 넓고 깊은 강을 건너야 하는데 근처에 다리는 보이지 않는다. 강가에서 12살짜리 두 소년이 노 젓는 배를 타고 있는 것을 발견했다. 하지만 그 배는 너무 작아 소년 두 명이나 군인 한 명만 탈 수 있다. 군인이 모두 강을 건너면서 배를 두 소년에게 어떻게 돌려줄 수 있을까? 이 알고리즘을 이용한다면 강을 배로 몇 번 건너야 할까?

2.4.1 힌트

우선 군인 한 명을 강 건너편으로 보내는 방법을 생각해보자.

2.4.2 풀이

우선 두 소년이 배를 타고 반대편으로 건너간 후 한 명만 배를 타고 돌아온다. 그리고 군인 한 명이 배를 타고 반대편으로 건너가 그곳에 남고 그곳에 있던 소년이 배를 타고 돌아온다. 이런 식으로 강을 네 번 건너면 – 강을 건너야 할 군인 수를 문제의 크기라고 할 때 – 문제의 크기가 1 줄어든다. 이렇게 강을 네 번 건너는 작업을 25번 반복해 총 100번 건너면 문제가 해결된다(군인이 n명이라면 $4n$번 건너야 한다).

2.4.3 참고사항

이 퍼즐은 알고리즘 설계 방법 중 감소 정복 전략을 보여주는 좋은 예다. 감소 정복은 첫 번째 튜토리얼에서 소개했다.

이 퍼즐은 오래된 유명한 퍼즐이다. 1913년 Henry Ernest Dudeney가 스트랜드 매거진 (Strand Magazine)에서 발표했고([Dud67, Problem 450]) 1908년 출간된 러시아 퍼즐 문제집([Ign78, Problem 43])에도 들어 있다.

2.005 행과 열 맞바꾸기

행과 열을 맞바꿔 그림 2-3의 왼쪽 표를 오른쪽 표로 변환할 수 있을까?

▼ 그림 2-3 행과 열 맞바꾸기 퍼즐의 변환 전과 후의 표

1	2	3	4
5	6	7	8
9	10	11	12
13	14	15	16

→

12	10	11	9
16	14	5	13
8	6	7	15
4	2	3	1

2.5.1 힌트

정답은 "아니오"다. 왜 그런지 따져보자.

2.5.2 풀이

정답은 "아니오"다.

행을 맞바꿀 때는 행에 있는 수들이 보존되고 열을 맞바꿀 때는 열에 있는 수들이 보존된다. 하지만 그림 2-3에 있는 표에서는 이 조건이 성립되지 않는다. 예를 들어 5와 6은 변환 전의 표에서는 같은 행에 들어 있지만 변환 후의 표에서는 다른 행에 들어 있다.

2.5.3 참고사항

이 퍼즐은 더 흔히 볼 수 있는 홀짝이나 색상 입히기 불변성과는 다른 불변성을 사용하는 좋은 예다.

이 퍼즐은 A. Spivak의 문제 모음([Spi02, Problem 713])과 비슷하다.

2.006 손가락으로 숫자 세기

한 소녀가 다음과 같은 방식으로 왼손 손가락으로 1부터 1000까지 숫자를 센다. 엄지로 1, 검지로 2, 중지로 3, 약지로 4, 소지로 5를 센다. 그런 후 방향을 바꿔 약지로 6, 중지로 7, 검지로 8, 엄지로 9, 다시 검지로 10을 센다. 이런 식으로 계속 세면 어느 손가락에서 1000이 끝날까?

2.6.1 힌트

소녀와 같은 방식으로 숫자를 계속 세보면서 규칙성을 찾아보자.

2.6.2 풀이

마지막 수 1000은 검지에서 끝난다.

손가락으로 숫자 세기는 다음과 같은 식으로 돌아간다.

손가락	엄지	검지	중지	약지	소지	약지	중지	검지
숫자	1	2	3	4	5	6	7	8
숫자	9	10	11	12	13	14	15	16
숫자	17	18	19	20	21	22	23	24
숫자	25	26	27	28	29	30	31	32

8씩 넘어갈 때마다 같은 손가락으로 숫자를 센다는 것을 알 수 있다. 따라서 1000을 8로 나눈 나머지를 따져보면 답을 알 수 있다. 그 나머지는 0이다. 따라서 소녀는 검지로 1000을 센다(바로 앞인 999는 중지로 센다). 8로 나눠 떨어지는 수도 모두 검지로 센다.

2.6.3 참고사항

이 퍼즐은 주어진 입력(여기서는 1000)에 대해 주어진 알고리즘(여기서는 손가락으로 숫자를 세는 과정)의 출력을 알아내는 것이 목표인, 흔치 않은 알고리즘 퍼즐 유형에 속한다.

이 퍼즐은 Martin Gardner의 〈Colossal Book of Short Puzzles and Problems〉[Gar06, Problem 3.11]에 있는 문제다. Henry Ernest Dudeney의 〈536 Puzzles & Curious Problems〉[Dud67, Problem 164]에도 비슷한 문제가 들어 있다.

2.007 밤에 다리 건너기

네 명이 곧 끊어질 것 같은 인도교를 건너가야 한다. 모두 같은 쪽에서 출발한다. 날은 어둡고 손전등은 한 개뿐이다. 한 번에 최대 두 명이 다리를 건널 수 있다. 한 명이 건너든 두 명이 건너든 반드시 손전등을 가지고 움직여야 한다. 손전등을 반드시 누군가가 들고 건너야 한다. 건너편으로 던지면 안 된다. 다리를 건너는 데 1번은 1분, 2번은 2분, 3번은 5분, 4번은 10분이 걸린다. 두 명이 함께 건넌다면 둘 중 더 늦은 사람의 속도에 맞춰 건너야 한다. 예를 들어 1번과 4번이 함께 걸어간다면 반대편까지 가는 데 10분이 걸린다. 그런 후 4번이 손전등을 가지고 반대편으로 다시 돌아가면 총 20분이 걸리게 된다. 네 명은 17분 안에 다리를 건널 수 있을까?

2.7.1 힌트

정답은 "그렇다"다. 특별한 꼼수가 필요하지는 않다.

2.7.2 풀이

그림 2-4에 나온 식으로 건너면 된다.

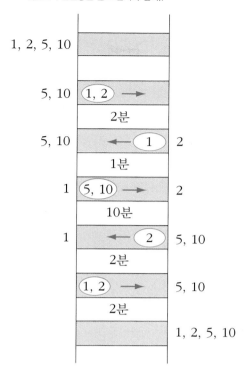

물론 첫 번째 이동한 후 2번이 손전등을 들고 돌아오고 다음 번에 1번이 손전등을 들고 돌아와도 결과는 똑같다.

사실 이 문제에서 17분은 최단시간이다. 최적의 풀이에서 두 명이 다리를 건너고 한 명이 손전등을 들고 돌아가야 하는 것은 자명하다(그리고 형식을 갖춰 증명할 수도 있다). 반대편으로 전원이 건너가지 않은 상황이라면 그럴 수밖에 없다. 따라서 네 명이 최단시간에 모두 다리를 건너려면 두 명이 건너가기를 세 번, 한 명이 건너 돌아오기를 두 번 해야 한다. 손전등을 들고 돌아오는 것을 가장 빠른 사람이 두 번 모두 한다면 총 소요시간은 (10 + 1) + (5 + 1) + 2 = 19분이다. 만약 두 번 돌아오는 일 중 한 번은 두 번째로 빠른 사람이 한다면 돌아오는 데 걸리는 시간은 2 + 1 = 3분으로 늘어나지만 반대편으로 건너가는 데 걸리는 시간은 10 + 2 + 2 = 14분으로 줄어든다. 적어도 한 번은 가장 느린 사람이 움직여야 하므로 다리를 건너는 데 10분이 걸리지만 나머지 두 번 건널 때는 각각 2분씩 걸리기 때문이다. 따라서 다리를 건너는 데 걸리는 시간은 적어도 17분 이상이어야 한다.

2.7.3 참고사항

첫 번째 튜토리얼에서 논의한 바와 같이 이 퍼즐은 탐욕 접근법을 단순히 적용해서는 제대로 풀 수 없다. 그래서 많은 사람이 이 문제를 보기보다 어렵게 느낀다.

이 퍼즐은 다리와 횃불 문제로도 불리는데 몇 년 전 인터넷에서 화제를 모았다. William Poundstone이 쓴 마이크로소프트 면접 퍼즐[Pou03, p.86] 책에도 들어 있다. Torsten Sillke의 웹 페이지[Sillke]에는 Levmore와 Cook의 책[Lev81]에 있는 문제를 언급하면서 위 문제와 같은 제약 조건 하에서 n명이 다리를 건너는데 각자 다리를 건너는 시간은 임의로 주어지는 경우에 문제를 풀기 위한 알고리즘을 포함해 이 퍼즐과 관련된 몇 가지 흥미로운 자료가 소개되어 있다. 이 알고리즘의 최적성에 대한 증명은 2002년 Günter Rote[Rot02]가 발표한 바 있다. Moshe Sniedovich의 웹 사이트[Sni02]와 Roland Backhouse의 논문[Bac08]에서 더 확대된 내용을 찾아볼 수 있다.

2.008   /   조각 그림 맞추기

500조각짜리 조각 그림 맞추기 퍼즐이 있다. 서로 연결된 한 개 이상의 퍼즐 조각 묶음을 "섹션"이라고 부른다. 두 섹션을 연결하는 것을 "이동"이라고 부른다. 퍼즐을 완성할 수 있는 최소 이동 횟수를 구하라.

2.8.1 힌트

튜토리얼에서 알고리즘 분석 기법을 설명할 때 비슷한 문제를 다룬 적이 있다.

2.8.2 풀이

정답은 499번이다.

이동할 때마다 남은 섹션 개수는 1씩 줄어든다. 따라서 k번 이동하면 섹션을 조립하는 순서와 무관하게 남은 섹션 수는 총 $500 - k$개가 된다. 따라서 퍼즐을 완성할 때까지 499번 이동해야 한다.

2.8.3 참고사항

이 풀이는 더 유명한 초코바 쪼개기 퍼즐(튜토리얼 두 번째 문제 참조)에서 쓰인 불변량 개념을 바탕으로 한다.

이 퍼즐은 Leo Moser가 만든 것으로 〈Mathematics Magazine〉 1953년 1월호(p.169)에 발표되었고 나중에 [Ave00, Problem 9.22]에도 실렸다.

2.009 / 암산

10 × 10 표가 그림 2-5에 나와 있는 것처럼 대각선 방향으로 같은 숫자가 채워져 있다. 표에 있는 모든 수의 합을 암산으로 구하라.

▼ 그림 2-5 암산 퍼즐에서 총합을 구할 수표

1	2	3			⋯			9	10
2	3						9	10	11
3						9	10	11	
					9	10	11		
				9	10	11			
⋮			9	10	11				⋮
		9	10	11					
	9	10	11						17
9	10	11						17	18
10	11				⋯		17	18	19

2.9.1 힌트

합을 구하는 방법은 최소 두 가지가 있다. 둘 다 튜토리얼에서 알고리즘 분석 기법을 설명할 때 논의했던 방법을 사용한다.

2.9.2 풀이

정답은 1000이다.

그림 2-5에 있는 표에 들어 있는 모든 수의 총합을 암산으로 구해야 한다.

첫 번째 방법은 왼쪽 아래에서 오른쪽 위로 향하는 대각선을 기준으로 대칭인 위치에 있는 칸에 있는 수를 더하면 항상 20이 나온다는 점을 이용하는 것이다. 1 + 19, 2 + 18 같은 식으로 말이다. 그렇게 합이 20인 칸이 총 $(10 \cdot 10-10)/2 = 45$쌍이기 때문에(대각선 위에 있는 칸의 개수를 전체 칸의 개수에서 뺐다) 대각선 위를 제외한 나머지 칸에 있는 수의 총합은 $20 \cdot 45 = 900$이다. 대각선 위에 있는 수의 합은 $10 \cdot 10 = 100$이므로 모든 수의 합은 $900 + 100 = 1000$이다.

두 번째 방법은 각 행의 수의 합(또는 각 열의 수의 합)을 모두 더하는 것이다. 첫 번째 행의 수의 합은 두 번째 튜토리얼에서 논의했던 것처럼 $10 \cdot \dfrac{11}{2} = 55$다. 두 번째 행에서는 각 수가 그 윗줄에 있는 수보다 1씩 크기 때문에 열의 합은 55 + 10이다. 한 줄씩 내려갈 때마다 마찬가지로 합을 구할 수 있다. 따라서 각 열에 있는 수의 합을 모두 더하면 55 + (55 + 10) + (55 + 20) + ⋯ + (55 + 90) = $55 \cdot 10 + (10 + 20 + ⋯ + 90) = 55 \cdot 10 + 10 \cdot (1 + 2 + ⋯ + 9) = 55 \cdot 10 + 10 \cdot 45 = 1000$이라는 것을 알 수 있다.

2.9.3 참고사항

첫 번째 방법에서는 Carl Friedrich Gauss가 1부터 100까지의 합을 구할 때 쓴 것으로 알려진, 첫 번째 튜토리얼에서 설명한 방법을 사용한다. 거기서 소개한 공식은 알고리즘 분석에서도 매우 유용하다는 점도 말했다. 이 문제의 두 번째 풀이 방법에서도 합을 더 단순한 합으로 환원시키는 과정에서 이 공식을 두 번 썼다.

이 문제는 월스트리트 면접 문제집[Cra07, Problem 1.33]에 수록된 문제와 비슷하다.

2.010 동전 여덟 개 중에서 가짜 동전 찾아내기

똑같이 생긴 동전 여덟 개가 있다. 그중 하나는 위조화폐이고 진짜 동전보다 가볍다고 한다. 무게 추 없이 양팔 저울만으로 가짜 동전을 가려내려면 저울을 최소 몇 번 사용해야 할까?

2.10.1 힌트

3은 정답이 아니다.

2.10.2 풀이

정답은 두 번이다.

동전 중에서 세 개씩 두 무더기를 저울의 양쪽 그릇에 올려놓는다. 무게가 같다면 남은 두 동전 중 하나가 가짜이므로 둘의 무게를 저울로 비교하면 가짜를 알아낼 수 있다. 처음에 저울을 썼을 때 둘의 무게가 다르다면 둘 중 더 가벼운 쪽에 가짜 동전이 있다는 것을 알 수 있다. 그 세 개 동전 중 두 개를 양팔 저울에 올린다. 두 동전의 무게가 같다면 나머지 하나가 가짜 동전이다. 무게가 다르면 가벼운 것이 가짜 동전이다. 저울을 한 번만 써 가짜 동전을 찾을 수는 없으므로 이와 같이 두 번만 쓰면 가짜 동전을 찾을 수 있는 알고리즘이 최적 알고리즘이다.

2.10.3 참고사항

$8 = 2^3$이고 문제의 크기를 절반씩으로 줄이는 방법은 대체로 매우 효율적인 알고리즘에 속하기 때문에 이 문제를 봤을 때 많은 사람이 두 번이 아닌 세 번이라고 답하는 것도 이상하지는 않다. 하지만 이 문제는 1/2보다 작은 배율로 문제의 크기를 줄이는 몇 안 되는 문제 중 하나다. 이 퍼즐은 특정 숫자가 주어지는 문제의 딜레마를 보여주는 문제다. 때로는 문제에 주어진 데이터의 특별한 속성이 도움이 되지만 (이 문제에서처럼) 방해가 되는 경우도 있다.

두 번째 저울질을 첫 번째 저울질과 무관하게 하는 풀이 방법도 있다. 동전에 A, B, C, D, E, F, G, H라는 숫자를 붙여보자. 첫 번째 저울질에서는 한쪽에 A, B, C, 반대쪽에 F, G, H를 올린다. 두 번째 저울질에서는 한쪽에 A, D, F, 반대쪽에 C, E, H를 올린다. 첫 번째 저울질에서 ABC = FGH이면 이 여섯 개 동전은 모두 진짜이므로 두 번째 저울질은 D와 E를 비교하는 셈이 된다. ABC < FGH이면 A, B, C 중 하나가 가짜다. 따라서 두 번째 저울질에서 ADF = CEH이면 B가 가짜이고 ADF < CEH이면 A가 가짜, ADF > CEH이면 C가 가짜다. ABC > FGH인 경우에는 방금 설명한 것과 대칭적으로 가짜 동전을 판별할 수 있다.

이 퍼즐은 임의의 개수의 동전으로 일반화할 수도 있지만 세 부분으로 나누는 것이 최적화된 방법이라는 것을 증명할 때는 보통 결정 트리(decision tree, **CH** [Lev06, Section 11.2])와 같은 고급 기술을 사용한다.

T. H. O'Beirne([Obe65, p.20])에 의하면 이 퍼즐은 제1차 세계대전 당시부터 있었다고 한다. 최근 미국 기업의 면접시험에 종종 나오는 문제로 알려져 있다. 훨씬 더 어려운 동전 무게 재기 문제를 원한다면 동전 12개 퍼즐(2.142)을 풀어보자.

2.011 가짜 동전 무더기

똑같이 생긴 동전 10개씩으로 구성된 동전 무더기 10개가 있다. 그중 한 무더기의 동전은 모두 가짜이고 다른 무더기의 동전은 모두 진짜다. 진짜 동전은 10g이고 가짜 동전은 11g이다. 동전을 몇 개 올려놓든 무게를 정확히 측정하는 저울이 있다. 가짜 동전이 든 무더기를 찾아내려면 저울을 최소 몇 번 사용해야 할까?

2.11.1 힌트

정답은 1이다. 이 저울에서 정확한 무게를 수치로 알려준다는 점을 이용하자.

2.11.2 풀이

한 번 만에 찾을 수 있다.

동전 무더기에 1부터 10까지 번호를 붙인다. 첫 번째 무더기에서 한 개, 두 번째 무더기에서 두 개, 이런 식으로 각 무더기에서 동전을 뺀다. 열 번째 무더기에서는 열 개를 뺀다. 이렇게 뺀 동전을 모두 저울에 올린다. 이 무게와 진짜 동전 55개($1 + 2 + \cdots + 10 = 55$)의 무게인 550의 차이를 구하면 그중 가짜 동전이 몇 개인지 알 수 있고 이는 가짜 동전이 든 무더기 번호와 같다. 예를 들어 저울로 잰 동전의 무게가 553g이라면 가짜 동전 세 개가 있는 것이므로 세 번째 무더기가 가짜 동전 무더기라는 것을 알 수 있다.

2.11.3 참고사항

표현 변경 개념을 바탕으로 하는 풀이법이다.

이 퍼즐은 여러 번 소개했는데 Martin Gardner의 Scientific American 칼럼[Gar88a, p.26], Averbach와 Chein의 Problem Solving Through Recreational Mathematics [Ave00, Problem 9.11]에도 들어 있다.

2.012 / 타일 채우기

8×8판에 도미노(2×1 타일)를 채우되 어떤 도미노도 2×2 정사각형을 이루지 않도록 할 수 있을까?

2.12.1 힌트

정답은 "아니오"다.

2.12.2 풀이

조건을 만족하는 타일 채우기 방법은 존재하지 않는다.

이 문제는 귀류법으로 증명할 수 있다. 조건을 만족하는 타일 채우기 방법이 존재한다고
가정해보자. 판의 대칭성을 고려할 때 그림 2-6에 있는 것처럼 맨 왼쪽 위 칸에 수평 방향
으로 도미노가 덮여 있다고 가정해도 되고 그 도미노를 1번이라고 부르자. 그러면 두 번째
행, 첫 번째 열에 있는 칸에는 수직 방향으로 도미노가 놓여야 할 것이고 그 행의 두 번째
열에 있는 칸에는 수평 방향으로 도미노가 놓여야 할 것이다. 이렇게 계속 반복하면 그림
2-6과 같은 식으로 타일이 덮인다. 그러면 13번 타일 아래쪽 자리에는 도미노를 수평 방
향으로 놓을 수밖에 없는데 이는 어떤 도미노도 2×2 정사각형을 이루지 않는다는 가정에
어긋난다.

▼ 그림 2-6 타일 채우기 퍼즐 풀이

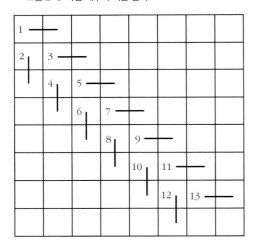

2.12.3 참고사항

뭔가가 존재하지 않는다는 것을 증명하는 문제 중에서 튜토리얼 두 번째 문제에서 논의했
던 불변량 개념을 사용하지 않는, 몇 안 되는 예다.

이 퍼즐은 [Fom96, p.74, Problem 102]다.

2.013 막힌 경로

어느 도시의 모든 도로가 그림 2-7에 있는 것처럼 완벽히 수평 또는 수직이라고 가정할 때 A 지점에서 B 지점으로 갈 수 있는 최단 경로 개수를 구하라. 그림에서 회색으로 표시된 영역은 담장에 막혀 지나갈 수 없다.

▼ 그림 2-7 담장으로 막힌 영역(회색으로 표시한 부분)이 있는 도로망

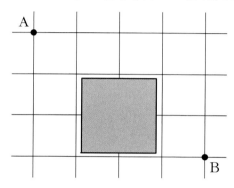

2.13.1 힌트

알고리즘 설계 전략에 대한 튜토리얼에서 설명한 동적 프로그래밍을 이용하자.

2.13.2 풀이

정답은 17개다.

정답을 구하는 가장 쉬운 방법은 첫 번째 튜토리얼에서 논의한 알고리즘 설계 전략 중 하나인 동적 프로그래밍을 적용하는 것이다. A 지점으로부터 담장으로 막힌 영역 밖에 있는 모든 교차점으로 갈 수 있는 최단 경로 개수를 찾아내는 방식이다(그림 2-8 참조). A 교차점에 1을 대입해 시작하고 행마다 그리고 같은 행에서는 왼쪽에서 오른쪽으로 가면서 계산할 수 있다. 어떤 교차로의 위쪽과 왼쪽에 모두 교차로가 있으면 위쪽, 왼쪽에 있는 수의 합을 구하면 되고 둘 중 한 곳에만 교차로가 있다면 그 교차로에 해당하는 값을 그대로 대입하면 된다.

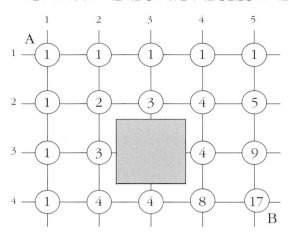

2.13.3 참고사항

알고리즘 설계 전략을 설명하는 튜토리얼에서도 비슷한 문제를 살펴봤다. 경로 개수를 구하는 문제는 동적 프로그래밍으로 푸는 대표적인 예로 잘 알려져 있다([Gar78, pp.9-11] 등 참조). 동적 프로그래밍을 응용하는 다른 예는 이것보다 복잡하다.

ALGORITHMIC PUZZLES

2.014 체스판 다시 조립하기

8×8 체스판의 칸이 그림 2-9와 같이 잘못 칠해져 있다. 이 체스판을 행과 열을 나누는 줄 몇 개를 따라 자르고 잘린 조각들을 다시 조립해 일반적인 체스판과 같은 모양으로 만들려고 한다. 체스판은 최소 몇 조각으로 자르고 다시 어떻게 조립해야 할까?

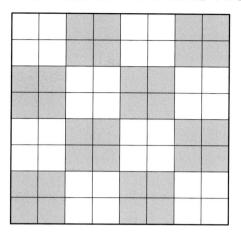

2.14.1 힌트

퍼즐을 풀려면 판의 어느 부분을 잘라야 할까?

2.14.2 풀이

정답은 25조각이다.

표준 체스판에는 2×1이나 1×2칸의 색이 같은 경우가 없으므로 문제에 나온 판의 각 4×4 영역은 수평과 수직으로 잘라야 한다. 그림 2-10에 나와 있는 것처럼 수평과 수직 방향으로 각각 네 번 잘라주면 체스판을 25조각으로 자를 수 있다. 이것이 최소한으로 자르는 방법이다. 이렇게 하면 표준 체스판과 같이 칠해진 1×1 정사각형 조각 네 개, 1×2 직사각형 조각 12개, 2×2 정사각형 조각 아홉 개가 만들어진다. 이 조각들로 다양한 방법으로 표준 체스판을 만들 수 있다. 예를 들어 테두리에 있는 1×2 직사각형 여덟 개를 $180°$ 돌리고 2×2 정사각형 네 개를 $90°$ 돌리면 표준 체스판을 만들 수 있다.

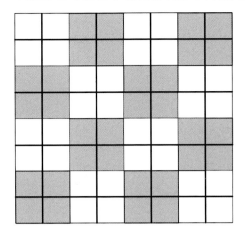

2.14.3 참고사항

이 퍼즐은 Serhiy Grabarchuk의 The New Puzzle Classics[Gra05, p.31]에 나와 있다.

2.015 트로미노 타일 채우기

아래 각각의 경우에 0보다 큰 모든 양의 정수 n에 대해 해당 크기의 판을 직각 트로미노 타일로 채울 수 있음 또는 없음을 증명하라.

a. $3^n \times 3^n$

b. $5^n \times 5^n$

c. $6^n \times 6^n$

직각 트로미노란 세 개의 정사각형 칸이 ㄱ자 모양으로 붙어 있는 도형이다(튜토리얼의 알고리즘 설계 전략 부분 참조). 타일을 채울 때는 트로미노를 여러 방향으로 배치할 수 있지만 트로미노끼리 겹치지 않으면서 판의 모든 칸을 덮어야 한다.

2.15.1 힌트

세 개 중 하나만 판을 채울 수 있다.

2.15.2 풀이

a와 b는 불가능하고 c만 가능하다.

a. 3 × 3판을 직각 트로미노로 채울 수 없으므로 a는 불가능하다. 예를 들어 판의 왼쪽 아래 구석을 채우는 방법은 총 세 가지인데 어느 방향으로 채우든 직각 트로미노를 하나만 더 깔면 더 이상 빈칸을 채울 수 없다(그림 2–11 참조).

▼ 그림 2–11 왼쪽 아래 구석을 채우면서 3 × 3판에 직각 트로미노를 배치하는 세 가지 방법

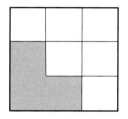 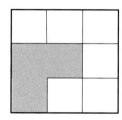 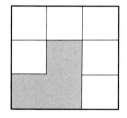

b. 5″ × 5″판에 있는 정사각형 개수는 절대로 3으로 나눠 떨어지지 않으므로 불가능하다.

c. 가능하다. 판을 2 × 3 직사각형 단위로 나누고 각 직사각형을 트로미노 두 개로 채우면 문제가 간단히 해결된다(그림 2–12 참조).

▼ 그림 2–12 6 × 6판을 트로미노로 채우는 방법

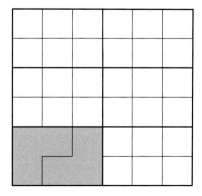

2.15.3 참고사항

첫 번째 문제의 답은 가장 작은 인스턴스를 모두 따져보는 식으로 구할 수 있다(사실 가장 작은 인스턴스만 불가능한데 n이 1보다 크면 모든 $3^n \times 3^n$판을 직각 트로미노로 채울 수 있다.[Mar96, p.31]) 두 번째 문제의 답은 불변량 개념을 바탕으로 얻을 수 있고 세 번째 문제의 답은 분할 정복을 활용한 것으로 생각할 수 있다.

이 퍼즐은 Ian Parberry의 Problems on Algorithms[Par95, Problem 50]과 비슷하다.

2.016 팬케이크 만들기

팬케이크를 한 번에 두 개만 구울 수 있는 팬으로 1 이상의 n개의 팬케이크를 만들어야 한다. 모든 팬케이크는 양쪽을 모두 구워야 하며 한쪽 면을 굽는 데 1분이 걸리는데 한 장을 굽든 두 장을 굽든 시간은 똑같이 걸린다. 최단시간에 팬케이크를 모두 굽는 알고리즘을 설계하라. 최단시간은 n의 함수로 어떻게 될까?

2.16.1 힌트

팬케이크 세 장을 가장 빠르게 만드는 방법은? 사실 $n = 1$이 이 문제에서는 특별 케이스다.

2.16.2 풀이

팬케이크를 모두 굽는 최단시간은 $n = 1$일 때는 2분, $n > 1$일 때는 n분이다.

n이 짝수일 때는 금방 답을 알 수 있다. 매번 두 장씩 동시에, 한쪽 면당 1분씩 구우면 된다.

$n = 1$일 때는 팬케이크 양쪽을 모두 구우려면 2분이 걸린다. $n = 3$일 때는 다음과 같은 식으로 3분 만에 모두 구울 수 있다. 우선 첫 번째와 두 번째 팬케이크의 한쪽 면을 굽는다. 그 다음 첫 번째 팬케이크의 두 번째 면과 세 번째 팬케이크의 첫 번째 면을 굽는다. 마

지막으로 두 번째와 세 번째 팬케이크의 두 번째 면을 굽는다. n이 3보다 큰 홀수이면 처음 세 개를 방금 설명한 식으로 굽고 나머지 $n - 3$개는 짝수 개이므로 위에서 설명한 짝수 개를 굽는 방법으로 구우면 된다.

따라서 1보다 큰 모든 n에 대해 모두 굽는 데 n분이 걸린다. 팬케이크 n개를 구우려면 $2n$개의 면을 구워야 하고 어떤 알고리즘을 적용하든 1분에 최대 두 면만 구울 수 있으므로 더 짧은 시간 안에 굽는 것은 불가능하다.

2.16.3 참고사항

위의 알고리즘은 한 번에 두 개씩 감소시키는 알고리즘으로 생각할 수 있지만 이 퍼즐의 핵심은 무엇보다 세 장의 팬케이크를 최단시간에 굽는 방법이다.

이 퍼즐이 소개된 최초의 문헌은 1943년 David Singmaster가 썼던 참고문헌이지만 [Sin10, Section 5.W] 그도 그 이전부터 있었던 퍼즐일 것이라는 말을 남겼다. 그후 다양한 퍼즐 책에 같은 문제가 수록되었다(한 [Gar61, p.96]; [Bos07, p.9, Problem 38]).

2.017 / 킹이 갈 수 있는 곳

체스에서 킹은 수평, 수직, 대각선 방향의 옆 칸으로 이동할 수 있다. 킹이 무한한 체스판에 있는 어떤 칸에서 시작했다고 할 때 n번 이동해 갈 수 있는 칸의 개수는?

킹이 대각선 방향으로 움직일 수 없는 경우에는 어떻게 될까?

2.17.1 힌트

문제에 같은 칸을 여러 번 재방문할 수 없다는 조건은 없다. 또한, 1 이상의 모든 n에 대해 답이 맞는지 확인해보자.

2.17.2 풀이

a. 정답은 $n > 1$인 경우에는 $(2n + 1)^2$이고 $n = 1$인 경우에는 8이다.

킹은 한 번 움직일 때 시작한 칸에 붙어 있는 여덟 개 칸 어디든지 갈 수 있다. 두 번 움직일 때는 시작한 칸(인접한 칸으로 갔다가 다시 제자리로 돌아오는 경우), 시작한 칸에 인접한 여덟 개 칸(출발한 칸에서 인접한 칸으로 갔다가 다시 원래 출발점에 인접한 칸으로 옮기는 경우), 그리고 그림 2-13 (a)에서 중간에 있는 정사각형 선 위에 있는 16개 칸까지 움직일 수 있다. 따라서 두 번 움직이면 그 중간 정사각형 안에 있는 모든 칸으로 이동할 수 있다. 일반적으로 킹을 두 번 이상 움직이면 시작점을 중심으로 $(2n + 1) \times (2n + 1)$ 크기의 정사각형 안에 있는 모든 칸으로 움직일 수 있고 그 밖으로는 갈 수 없다($n = 3$인 경우에 대해서는 그림 2-13 (a) 참조). 따라서 킹이 갈 수 있는 칸의 개수는 $(2n + 1)^2$이다. $n = 1$일 때는 시작점으로 돌아올 수 없으므로 시작하는 칸에 인접한 여덟 칸으로만 움직일 수 있다.

b. 정답은 $(n + 1)^2$이다.

킹이 수직이나 수평 방향으로만 움직일 수 있다면 n번 움직인 후 n이 짝수인 경우에는 시작한 칸과 같은 색의 칸에만, 홀수인 경우에는 시작한 칸과 다른 색의 칸에만 있을 수 있다. n번 움직여 가장 멀리 갈 수 있는 칸을 생각해보자. 그 칸들을 연결해 경계선을 만들어보면 그 경계선 위, 그리고 그 안에 있으면서 출발한 칸과 같은 색의 칸은 모두 킹이 n번 움직여 갈 수 있는 칸이다(그림 2-13 (b) 참조). 그런 칸은 총 $(n + 1)^2$개 있다.

▼ 그림 2-13 (a) 킹이 세 번 움직여 갈 수 있는 칸(검은색 동그라미 + 시작점), (b) 수직이나 수평으로만 움직일 수 있을 때 세 번(흰색 동그라미), 네 번(시작 지점과 검은색 동그라미) 만에 갈 수 있는 칸

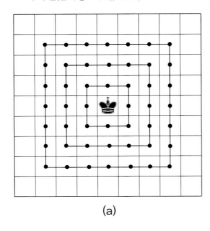

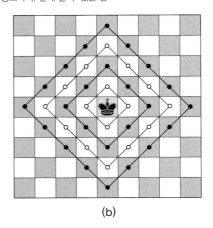

(a)　　　　　　　　　　　　　(b)

2.17.3 참고사항

이 풀이가 정답인지 엄격히 증명하고 싶다면 수학적 귀납법을 쓰면 된다. 킹 대신 나이트의 움직임에 대한 문제로 나이트가 갈 수 있는 곳 퍼즐(2.100)이 있다.

2.018 끝에서 끝까지

8×8 체스판에서 나이트로 왼쪽 아래 끝에서 출발해 모든 칸을 단 한 번씩만 지나 오른쪽 위 끝까지 가는 방법이 있을까? (나이트는 L자 모양으로 뛰어다닌다. 수평 방향으로 두 칸 이동한 후 수직 방향으로 한 칸, 또는 수직 방향으로 두 칸 이동한 후 수평 방향으로 한 칸 움직이는 식이다)

2.18.1 힌트

나이트가 건너뛰어 지나가는 칸의 색을 잘 따져보자.

2.18.2 풀이

문제에 나와 있는 방식으로 이동하는 것은 불가능하다.

나이트가 출발하는 칸과 도착하는 칸의 색은 항상 반대다. 체스판의 모든 칸을 방문하려면 총 63번, 즉 홀수번 움직여야 하는데 그러면 처음에 출발하는 칸과 마지막에 도착하는 칸의 색은 반대여야 한다. 하지만 체스칸의 왼쪽 아래칸과 오른쪽 위칸은 같은 색이므로 문제에서 주어진 방식으로 이동하는 것은 불가능하다.

2.18.3 참고사항

이 퍼즐은 칸에 색칠하는 문제에 불변량 개념을 활용하는 표준적인 연습문제다. 나이트로 8×8 기본 체스판의 모든 칸을 돌아다니는 "나이트의 여행" 문제(2.127)는 체스판의 한 귀퉁이에서 시작해 대각선 반대쪽 귀퉁이에서 끝나야 한다는 조건이 없다면 해법이 존재한다.

2.019 / 쪽번호 붙이기

1부터 시작해 순차적으로 쪽번호를 어떤 책에 매기고 있다고 가정하자. 쪽번호를 붙이는데 (십진법) 숫자를 총 1578개 썼다면 그 책은 몇 쪽짜리 책인가?

2.19.1 힌트

책의 쪽수에 따라 숫자의 총 개수를 나타내는 식을 유도해보자.

2.19.2 풀이

정답은 562쪽이다.

1부터 시작해 n까지의 양의 정수(책의 쪽번호)에 들어 있는 모든 숫자의 개수를 $D(n)$이라고 하자. 첫 아홉 개 수는 한 자리 수이므로 $1 \leq n \leq 9$에 대해서는 $D(n) = n$이다. 그 다음으로 10부터 99까지의 수는 두 자리 수다. 따라서

$$D(n) = 9 + 2(n - 9), \ 10 \leq n \leq 99$$

이다. 이 구간에서 $D(n)$의 최댓값은 $D(99) = 189$이므로 퍼즐에서 주어진 1578까지 가려면 세 자리 수도 필요하다. 세 자리 수는 900개이므로 다음과 같은 공식을 만들 수 있다.

$$D(n) = 189 + 3(n - 99), \ 100 \leq n \leq 999$$

이 퍼즐의 정답은 아래 방정식을 풀어 구할 수 있다.

$$189 + 3(n - 99) = 1578$$

이 방정식의 해는 $n = 562$이므로 정답은 562쪽이다.

2.19.3 참고사항

이 문제는 간단한 알고리즘 분석의 예로 이 책에 수록했다.

기초적인 수학 퍼즐 책에서 이와 비슷한 문제들을 볼 수 있다.

2.020 / 최대 합 내려가기

양의 정수가 그림 2-14에 나와 있는 것처럼 삼각형 모양으로 배치되어 있다. 맨 위에서 맨 아래까지, 한 층에 숫자 하나씩, 인접한 숫자를 거쳐 내려가는 경로 중에 합이 최대인 경로를 찾아내는 알고리즘을 설계하라. 물론 완전 검색보다 더 효율적인 방법이어야 한다.

▼ 그림 2-14 삼각형 모양으로 배치된 양의 정수. 합이 최대가 되는 경로는 동그라미 쳐 표시했다.

```
              ②
          5       ④
       3     4       ⑦
    1     6     ⑨       6
```

2.20.1 힌트

동적 프로그래밍 전략을 이용해보자.

2.20.2 풀이

첫 번째 튜토리얼에서 다뤘던 표준적인 동적 프로그래밍 기법을 이용해 꼭대기로부터 삼각형에 있는 각 수까지 내려가는 최대 합을 계산한다. 시작점인 맨 꼭대기에서는 그 수 자체가 총합이다. 그 밑으로는 한 칸씩 내려가며 그 줄에 있는 모든 수를 하나씩 (예를 들어 왼쪽에서 오른쪽으로) 훑어가며 합을 계산한다. 그 행의 첫 번째 또는 마지막 수에 대해서는 해당 수에 윗줄의 인접한 수까지 계산한 합을 더한다. 중간에 있는 수에 대해서는 해당 수에 윗줄의 인접한 두 수까지의 합 중 더 큰 값을 더한다. 삼각형 맨 아래에 있는 모든 수에 대해 최대 합을 다 구하면 그중에서 가장 큰 값을 찾으면 된다.

그림 2–15에 앞의 그림의 경우에 대한 풀이법을 정리했다.

❤ 그림 2-15 최대 합 내려가기 퍼즐을 풀기 위한 동적 프로그래밍 알고리즘. (a) 문제로 주어진 삼각형. (b) 아래로 내려가는 경로의 최대 합을 보여주는 삼각형. 22로 가는 경로가 합이 최대인 경로다.

2.20.3 참고사항

이 퍼즐은 프로젝트 오일러 웹 사이트[ProjEuler]에도 나와 있는 문제다.

2.021 정사각형 쪼개기

어떤 정사각형을 n개의 더 작은 정사각형으로 쪼갤 수 있는 모든 n값을 구하고 그렇게 쪼 개는 알고리즘을 설명하라.

2.21.1 힌트

그렇게 쪼갤 수 없는 n값이 별로 많지 않다. 그리고 더 작은 정사각형의 크기가 모두 같아 야 하는 것은 아니라는 점에도 주의하자.

2.21.2 풀이

n = 2, 3, 5인 경우를 제외하면 1보다 큰 모든 n에 대해 정사각형 한 개를 n개의 더 작은 정사각형으로 쪼갤 수 있다.

처음에 주어진 정사각형에 있는 네 개의 직각이 더 작은 정사각형 안에 들어가 있어야 한 다는 점을 생각하면 n = 2, 3, 5인 경우에는 불가능하다는 것을 분명히 알 수 있다. n = 4 인 경우에는 그림 2-16 (a)와 같은 식으로 쪼개면 된다. 또한, 처음 정사각형의 맞닿은 두 변을 따라 한 변의 길이가 주어진 정사각형의 변의 길이의 $1/k$인 $2k - 1$개의 작은 정사각 형을 만드는 식으로 이 풀이를 n = $2k$인 모든 짝수의 경우로 일반화할 수 있다. n = 6인 경우에 이런 식으로 문제를 푸는 방법이 그림 2-16 (b)에 나와 있다.

▼ 그림 2-16 큰 정사각형 한 개를 (a) 네 개, (b) 여섯 개의 정사각형으로 쪼개는 방법

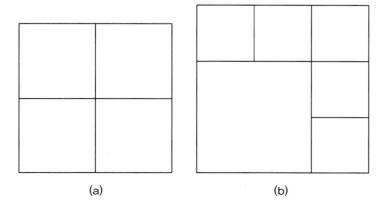

n이 5보다 크면, 즉 $n = 2k + 1$, $k > 2$이면 $n = 2(k - 1) + 3$으로 쓸 수 있고 위에서 설명한 방법으로 주어진 정사각형을 $2(k - 1)$개의 정사각형으로 쪼갠 후 그중 한 정사각형(예를 들어 왼쪽 맨 위에 있는 정사각형)을 네 개의 작은 정사각형으로 나누면 전체 정사각형 개수는 3만큼 늘어난다. 예를 들어 $n = 9$인 경우에는 그림 2-17과 같은 식으로 풀 수 있다.

▼ 그림 2-17 큰 정사각형을 아홉 개의 작은 정사각형으로 쪼개는 방법

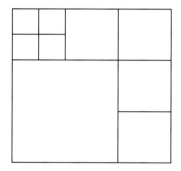

2.21.3 참고사항

이 문제에서는 모든 경우를 n이 짝수인 경우와 홀수인 경우로 나누고 그중에서 더 어려운 경우(홀수)는 더 쉬운 경우(짝수)로 변환하는 식으로 풀었다.

이 퍼즐은 여러 책(예를 들어 [Sch04, pp.9-11])에 실린 적이 있다. 주어진 정사각형을 크기가 서로 다른 여러 정사각형으로 쪼개는 문제는 이 문제와 비슷하지만 훨씬 까다로운데 [Ste04, Chapter 13]에서 그 문제의 역사와 여러 관련된 결과를 찾아볼 수 있다.

2.022 / 팀 정렬

n개의 팀이 리그전을 펼친 (각 팀이 다른 모든 팀과 한 경기씩 마친) 결과를 가지고 있다고 가정해보자. 팀을 정렬하는데 반드시 바로 뒤에 오는 팀에게 승리한 순서로 정렬하는 것이 항상 가능할까? 무승부는 없다고 가정한다.

2.22.1 힌트

필요한 정렬을 첫 번째 튜토리얼에서 설명한 알고리즘 설계 전략 중 하나로 쉽게 구할 수 있다.

2.22.2 풀이

다음과 같은 재귀 알고리즘으로 문제를 풀 수 있다. $n = 1$이면 문제는 바로 풀린다. $n > 1$이면 임의로 선택한 $n - 1$개 팀의 그룹에 대해 재귀적으로 문제를 푼다. 선택된 $n - 1$개의 팀 목록을 훑어 그 그룹에 포함되지 않은 팀을 그 팀에게 진 첫 번째 팀 앞에 집어넣는다. 그런 팀이 없다면 - 즉, 그 그룹에 포함되지 않은 팀이 목록에 있는 모든 팀에게 졌다면 - 목록 맨 뒤에 집어넣는다.

2.22.3 참고사항

이 알고리즘은 감소 정복 전략의 대표적인 예다. 첫 번째 팀으로 목록을 만들기 시작해 숫자를 하나씩 늘려가며 2, 3, …, n번째 팀을 각각 토너먼트에서 자기 팀에게 진 첫 번째 팀 앞에 배치해 덩어리를 키워가며 구현할 수도 있다. 그런 팀이 없으면 - 즉, 이번에 추가하려는 팀이 목록에 이미 들어 있는 모든 팀에게 졌다면 - 그 팀을 목록 맨 뒤에 집어넣으면 된다.

이 퍼즐은 그 기원을 찾기 힘들 만큼 오래된 퍼즐이다. 예를 들어 체스 토너먼트(무승부도 가능) 버전의 문제가 E. Gik의 책[Gik76, p.179]에 등장한 적도 있다.

2.023 폴란드 국기 문제

탁자 위에 n 줄 ($n > 1$) 짜리 체크무늬가 있고 각 칸은 빨간색 또는 흰색으로 칠해져 있다 (빨간색과 흰색은 폴란드 국기에 들어가는 색이다). 체크무늬를 빨간 칸이 모두 흰 칸보다 앞으로 가도록 재배치하는 알고리즘을 설계하라. 사용할 수 있는 유일한 연산은 한 칸의 색을 확인하고 두 칸을 서로 맞바꾸는 연산뿐이다. 알고리즘에서 이뤄지는 맞바꿈 작업 횟수를 최소화해보자.

2.23.1 힌트

한 번에 두 칸씩 목표를 향해 나가면 된다.

2.23.2 풀이

이 퍼즐을 푸는 알고리즘 중 하나를 소개하면 이렇다. 맨 왼쪽에 있는 흰 칸과 맨 오른쪽에 있는 빨간 칸을 찾아낸다. 맨 왼쪽에 있는 흰 칸이 맨 오른쪽에 있는 빨간 칸보다 오른쪽에 있다면 문제 풀이가 완료되었다. 그렇지 않다면 그 둘을 맞바꾼 후 같은 작업을 반복한다.

이 알고리즘을 그림으로 풀어보면 그림 2-18과 같다.

2.23.3 참고사항

위의 알고리즘은 가장 중요한 정렬 알고리즘 중 하나인 퀵 정렬의 핵심과 비슷하다(예를 들어 [Lev06, Section 4.2]). 이 알고리즘은 인스턴스 크기 감소 폭이 매 반복 시기마다 달라질 수 있는 감소 정복 알고리즘의 예라고 생각할 수 있다.

이 퍼즐은 뒤에 나오는 네덜란드 국기 문제 퍼즐(2.123)을 간단히 만든 버전이다.

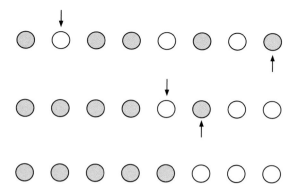

ALGORITHMIC PUZZLES

2.024 체스판 색칠하기

아래에 있는 각 체스 말에 대해 $n \times n$ 체스판($n > 1$)에 해당 말 두 개를 배치할 때 같은 색의 칸에 배치하면 서로 공격할 수 없게 되는 색상의 최소 개수를 구하라.

a. 나이트 (나이트는 수평 방향으로 두 칸 후 수직 방향으로 한 칸, 또는 수직 방향으로 두 칸 후 수평 방향으로 한 칸 떨어져 있는 칸을 공격할 수 있다)

b. 비숍 (비숍은 대각선 방향으로 모든 칸을 공격할 수 있다)

c. 킹 (킹은 수평, 수직, 대각선 방향으로 한 칸 떨어진 위치를 공격할 수 있다)

d. 루크 (루크는 같은 행이나 열에 있는 모든 칸을 공격할 수 있다)

각 말로 공격할 수 있는 위치를 그림으로 표시하면 그림 2-19와 같다.

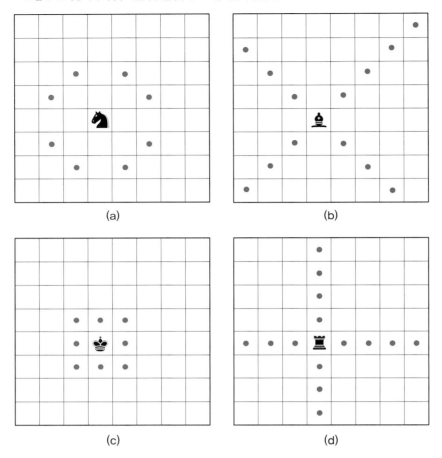

▼ 그림 2-19 (a) 나이트, (b) 비숍, (c) 킹, (d) 루크로 공격할 수 있는 칸

(a)

(b)

(c)

(d)

2.24.1 힌트

루크를 제외한 말의 경우에는 탐욕 전략을 단순히 적용하는 식으로 풀 수 있다. 루크의 경우에도 간단한 풀이법을 쉽게 찾을 수 있다.

2.24.2 풀이

나이트의 경우, $n > 2$에 대해 최소 두 가지 색이 필요하다. 우선 색이 두 가지 이상 필요한 것은 당연하고 체스판을 일반적인 방식으로 두 가지 색으로 칠하면 문제에서 요구하는 조건을 만족시킬 수 있다. $n = 2$이면 체스판이 작아 나이트끼리 서로 공격할 수 없으므로 한 가지 색으로도 충분하다.

비숍은 대각선 방향에 있는 칸으로만 이동할 수 있으므로 맨 왼쪽 위부터 맨 오른쪽 아래에 이르는 가장 큰 대각선을 모두 다른 색으로 칠해야 하므로 최소 n개의 색이 필요하다. 이런 방식으로 체스판 전체를 칠하는 가장 쉬운 방법은 체스판의 각 열을 가장 큰 대각선에 있는 각 칸의 색과 같은 색으로 칠하는 것이다. 따라서 비숍의 경우, 답은 n이다.

킹은 수직, 수평, 대각선 방향으로 인접한 칸만 공격할 수 있으므로 판에 있는 각각의 2×2 영역을 칠할 수 있도록 최소 네 가지 색이 필요하다. 체스판을 이렇게 나누고 (나뉜 영역 중 일부는 더 작은 직사각형과 겹쳐 일부가 체스판 밖으로 튀어나온 4×4 영역의 일부로 생각할 수 있음) 각각의 2×2 영역을 똑같은 방식으로 네 가지 색으로 칠하면 되므로 킹의 경우, 정답은 4가 된다.

루크는 같은 행이나 같은 열에 있는 칸만 공격할 수 있으므로 모든 줄(행 또는 열)을 칠하기 위해 최소 n개의 색이 필요하다. 그리고 n개의 색만 가지고 모든 칸을 루크끼리 공격할 수 없도록 색칠할 수 있다. 같은 줄에 있는 칸을 모두 n개의 다른 색으로 칠하는 가장 쉬운 방법은 예를 들어, 첫 번째 행을 n개의 색으로 칠한 후 그 다음 행에서는 한 열씩 옆으로 밀어 (체스판이 끝나면 왼쪽 끝으로 넘어가) 같은 순서로 칠하는 것이다. 그림 2-20에서 $n = 5$인 경우의 예를 찾아볼 수 있다.

▼ 그림 2-20 5×5 체스판을 같은 열과 행에 같은 색이 배치되지 않도록 칠하는 방법

1	2	3	4	5
5	1	2	3	4
4	5	1	2	3
3	4	5	1	2
2	3	4	5	1

2.24.3 참고사항

위에 있는 나이트, 비숍, 킹에 대한 답안은 탐욕 전략을 기반으로 한 것으로 해석할 수 있다. 루크에 대한 답은 n차 라틴 방진(Latin square), 즉 $n \times n$ 표를 n개의 서로 다른 기호로 채우되 각 기호가 각 행과 열에 단 한 번씩만 들어가도록 채운 방진이다. 나이트, 비숍, 킹에 대한 답은 쉬운 편이지만 퀸에 대한 답은 이렇게 쉽지 않다([Iye66] 참조).

2.025 살아있기 좋은 날

세계 과학의 역사라는 책을 준비 중인 편집자가 주요 과학자가 가장 많이 살아있던 시기를 알아보려고 한다. 여기서 주요 과학자는 그 책에 출생 연도와 사망 연도가 모두 기록된 과학자로 정의한다(그 책에 살아있는 과학자는 수록되어 있지 않다). 책의 색인을 입력받아 이 작업을 처리하는 알고리즘을 고안하라. 색인은 알파벳 순으로 정렬되어 있고 과학자의 출생 연도와 사망 연도가 적혀 있다. A가 사망한 해에 B가 태어났다면 A의 사망 시점이 B의 출생 시점보다 앞선다고 가정하자.

2.25.1 힌트

주어진 색인을 알파벳 순으로 조작할 수 있다.

2.25.2 풀이

이 문제는 다음과 같이 일반화할 수 있다. n개의 간격 $(b_1, d_1), \cdots, (b_n, d_n)$이 주어졌을 때 – 이 문제에서 b_i, d_i는 각각 색인에 있는 i번째($1 \le i \le n$) 사람의 출생 연도와 사망 연도 – 가장 많은 간격이 겹치는 간격을 찾아내는 것이다. 모든 간격은 양 끝 점을 포함하지 않은 열린 간격이다. 즉, $d_i = b_j$이면 i번째 간격이 끝나는 위치가 j번째 간격이 시작되는 점보다 앞선다. 여러 간격의 시작점이 같으면 각 간격마다 한 번씩 세야 한다. 간격이 끝나는 점이 겹칠 때도 마찬가지다.

간격을 그림 2-21에 나와 있는 식으로 직선으로 표시하면 도움이 된다. 간격을 이루는 괄호들을 살펴보는 방식으로 문제를 효율적으로 풀 수 있다. 왼쪽에서 오른쪽으로 이동하면서 왼쪽 괄호가 나올 때마다 1씩 더하고 오른쪽 괄호가 나올 때마다 1씩 빼는 것이다. 이렇게 하면 우리가 찾으려는 간격의 왼쪽 괄호에서 그 값이 최대가 된다. 이때 그 다음 괄호는 그 간격에 해당하는 오른쪽 괄호다.

▼ 그림 2-21 "살아있기 좋은 날" 퍼즐을 풀기 위한 알고리즘

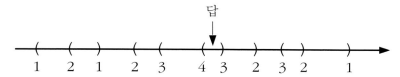

2.25.3 참고사항

입력 데이터를 직선 위의 간격으로 표현하는 방법은 튜토리얼에서 소개한 전략 중 변환 정복의 일종으로 표현 변경의 한 예다.

2.026 순위 구하기

G, I, N, R, T, U로 만들 수 있는 모든 "단어"를 사전식 순서로 GINRTU부터 UTRNIG까지 생성한다고 가정하면 TURING은 몇 번째일까? (Alan Turing(1912-1954)은 영국의 수학자이자 전산학자로 여러 업적을 이뤘는데 무엇보다 이론 전산학 개발에서 주도적 역할을 했다)

2.26.1 힌트

TURING 뒤에 오는 "단어" 개수를 구하는 것이 더 쉬울 수 있다.

2.26.2 풀이

정답은 598이다.

주어진 여섯 글자로 이뤄지는 단어 개수는 6! = 6 · 5 · 4 · 3 · 2 · 1 = 720이다(튜토리얼 참조). 사전식 순서에서 TURING 이후에 오는 "단어"는 U***** 또는 TURN**과 같은 모양이어야 한다(여기서 *은 주어진 여섯 글자 중 그 "단어"에 이미 들어 있지 않은 다른 글자들을 나타낸다). 따라서 사전식 순서에서 TURING 다음에 나오는 "단어"의 총 개수는 5! + 2! = 120 + 2 = 122다. 이것은 전체 "단어" 목록에 1번부터 720번까지 번호를 매긴다고 가정할 때 TURING은 720 − 122 = 598번째라는 것을 알 수 있다.

2.26.3 참고사항

이 퍼즐은 순열 순위라는 문제의 예에 해당한다. 이 문제를 1씩 감소시키는 방식으로 푸는 알고리즘은 [Kre99, pp.54−55]에서 찾아볼 수 있다.

2.027 / 20변 게임

아일랜드의 저명한 수학자 William Hamilton 경(1805−1865)이 19세기에 만들어낸 "20변 게임(The Icosian Game)"으로 알려진 퍼즐은 구멍과 홈이 패인 나무판 위에서 하는 게임으로 구멍은 세계 주요 도시, 홈은 도시 연결을 나타낸다(그림 2−22 참조). 이 게임의 목표는 모든 도시를 단 한 번씩 지나 시작점으로 돌아오는 경로를 찾아내는 것이다. 그 조건을 만족하는 경로를 찾을 수 있을까?

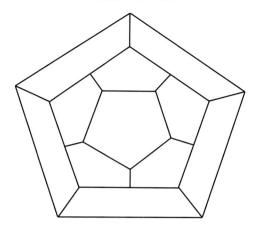

2.27.1 힌트

모든 변을 지나가야 하는 것은 아니라는 점에 주의하자. 모든 꼭짓점을 지나가기만 하면 된다. 역추적을 쓸 수도 있지만 운이 좋거나 참을성이 강해야 한다.

2.27.2 풀이

이 퍼즐의 정답은 총 30개이고 그중 하나를 그림 2-23에 표시했다.

▼ 그림 2-23 20변 게임 풀이의 예

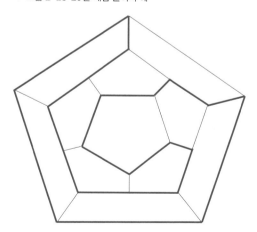

2.27.3 참고사항

이 퍼즐은 그래프와 관련된 가장 흥미로운 문제 중 한 가지의 특별한 케이스로 볼 수 있다. 바로 해밀턴 순환(Hamilton cycle)의 존재를 따지는 문제인데 어떤 꼭짓점에서 시작해 다른 모든 꼭짓점을 한 번씩만 방문하고 시작점으로 되돌아오는 인접한 (한 변으로 연결된) 꼭짓점의 열(sequence)을 해밀턴 순환이라고 부른다. 여기에 나온 20변 게임의 경우와 같이 해밀턴 순환이 있는 그래프도 있고 그렇지 않은 그래프도 있다. 임의의 그래프에서 해밀턴 순환의 존재 여부를 판단하는 효율적인 알고리즘은 아직 알려지지 않았다. 사실 전산학자들은 대부분 그런 알고리즘이 존재하지 않을 거라고 생각한다. 지난 50년 이상 수많은 사람이 이 추측을 증명하려고 노력했고 2000년에는 100만 달러 상금까지 걸었는데도 아직도 풀리지 않고 있다.

2.028 한붓그리기

그림 2-24에 있는 각 그림에 대해 종이에서 펜을 떼지 않고 모든 선을 한 번만 따라 그리는 방법을 찾거나 그렇게 그리는 것이 불가능하다는 것을 증명하라.

❤ 그림 2-24 각 그림에 대해 한붓그리기 방법을 찾거나 한붓그리기가 불가능하다는 것을 증명하라.

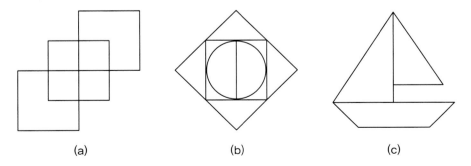

(a)   (b)   (c)

2.28.1 힌트

튜토리얼에서 분석 기법을 다룰 때 살펴본 쾨니히스베르크의 다리 문제 풀이에서도 이 퍼즐의 핵심을 활용한다.

2.28.2 풀이

두 번째 튜토리얼에서 쾨니히스베르크의 다리 문제를 분석할 때 알아봤듯이 그림을 이루는 다중 그래프가 연결 그래프이면서 다음 두 가지 조건 중 한 가지를 만족시키면 한붓그리기가 가능하다.

- 그 다중 그래프의 모든 꼭짓점의 차수가 짝수다(즉, 모든 꼭짓점에 연결된 변의 개수가 짝수다). – 이런 경우에는 한붓그리기를 어떤 꼭짓점에서든 시작해 그 꼭짓점에서 끝낼 수 있다.
- 그 다중 그래프의 꼭짓점 중에 차수가 홀수인 꼭짓점이 두 개다. – 이런 경우에는 한붓그리기가 홀수 차수 꼭짓점 중 하나에서 시작해 나머지 하나에서 끝난다.

a. 첫 번째 그림은 그래프(그림 2–25)가 모두 연결되어 있으며 모든 꼭짓점의 차수가 짝수라는 조건이 붙으면 한붓그리기가 가능하다.

▼ 그림 2–25 (a) 한붓그리기를 해야 할 그래프. (b) 해당 그래프의 오일러 순환

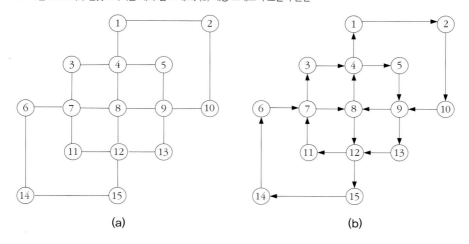

오일러 순환을 구축하는 알고리즘은 잘 알려져 있다. 임의의 꼭짓점에서 시작해 모든 변을 종주할 때까지 전에 지나간 적이 없는 변을 따라 이동하거나 그래프의 일부 변을 아직 종주하지 못한 상태에서 시작점으로 돌아왔지만 종주하지 않은 변이 더 이상 남아 있지 않아 나갈 수 없게 될 때까지 전에 지나간 적이 없는 변을 따라 이동한다. 후자의 경우, 일단 지나간 변들은 그래프에서 제외하고 지워진 부분과 남아 있는 부분에 모두 포함되는 꼭짓점에서 시작해 같은 과정을 재귀적으로 반복한다(그래프가 연결 그래프이고 모든 꼭짓점의 차수가 짝수이므로 지워진 부분과 남은 부분에 모두 포함되는 꼭짓점은 반드시 존재한다). 남은 부분에 대한 오일러 순환이 만들어지면 그것을 첫 번째 순환과 이어 전체 그래프를 만들 수 있다.

예를 들어 그림 2-25 (a)의 1번 꼭짓점에서 시작해 "바깥쪽" 변을 따라가면 다음과 같은 순환이 만들어진다.

$$1 - 2 - 10 - 9 - 13 - 12 - 15 - 14 - 6 - 7 - 3 - 4 - 1$$

이제 4번 꼭짓점을 공통 꼭짓점으로 삼아 나머지 부분에 대해 다음과 같은 식으로 오일러 순환을 만들 수 있다.

$$4 - 5 - 9 - 8 - 12 - 11 - 7 - 8 - 4$$

이렇게 만든 두 번째 순환을 처음에 만든 순환과 이어주면 전체 그래프에 대한 오일러 순환이 완성된다(그림 2-25 (b)).

$$1 - 2 - 10 - 9 - 13 - 12 - 15 - 14 - 6 - 7 - 3 - 4 - 5 - 9 - 8 - 12 - 11 - 7 - 8 - 4 - 1$$

b. 두 번째 그림(그림 2-26 (a))도 특정 조건을 만족시키면 한붓그리기가 가능하다. 이 그림은 연결 그래프이며 3번과 8번 두 개의 꼭짓점을 제외하면 모든 꼭짓점의 차수는 짝수다. 3번 꼭짓점에서 시작해 똑같은 알고리즘을 적용하면 다음과 같은 경로를 만들 수 있다.

$$3 - 4 - 7 - 11 - 10 - 9 - 6 - 2 - 3 - 7 - 10 - 6 - 3 - 10$$

이제 2번 꼭짓점을 공통 꼭짓점으로 해 그래프의 나머지 부분을 종주하면 다음과 같은 오일러 회로를 만들 수 있다.

2 − 1 − 4 − 8 − 11 − 12 − 9 − 5 − 2

두 번째 순환을 첫 번째 순환과 연결하면 다음과 같이 전체 그래프에 대한 오일러 그래프를 만들 수 있다(그림 2−26 (b)).

3 − 4 − 7 − 11 − 10 − 9 − 6 − 2 − 1 − 4 − 8 − 11 − 12 − 9 − 5 − 2 − 3 − 7 − 10 − 6 − 3 − 10

세 번째 그림은 홀수 차수 꼭짓점이 세 개 이상이므로 한붓그리기를 할 수 없다.

❤ 그림 2−26 (a) 한붓그리기를 해야 할 그래프. (b) 해당 그래프의 오일러 순환

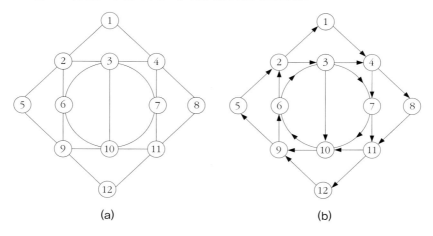

(a)　　　　　　　　(b)

2.28.3 참고사항

이 알고리즘으로 만들 수 있는 오일러 순환의 크기는 쉽게 추정하기 어렵다.

한붓그리기는 퍼즐 문제집에서 자주 다루는 문제다. 오일러 정리를 적용하는 방법은 스코틀랜드의 저명한 수학자이자 물리학자인 Peter Guthrie Tait(1831−1901) 시기까지 거슬러 올라간다.[Pet09, p.232]

2.029 마방진 톺아보기

1부터 9까지의 정수를 3 × 3 표에 채우되 각 행, 열 그리고 두 개의 대각선 상에 있는 수의 합이 모두 같도록 채운 것을 3차 마방진이라고 부른다. 3차 마방진을 모두 구하라.

2.29.1 힌트

튜토리얼의 알고리즘 설계 전략 부분에 나와 있는 마방진 만드는 방법을 참고하자.

2.29.2 풀이

우선 문제의 마방진에서 각 행, 열, 대각선의 합부터 구해보자. 이 합은 마방진 안에 들어가는 모든 수의 합을 행 수로 나눈 값과 같아야 할 테니 $(1 + 2 + \cdots + 9)/3 = 15$다. 그리고 가운데 칸에는 5가 들어가야 하는데 그 이유는 이렇다. 맨 윗줄부터 시작해 각 칸에 들어 있는 수를 각각 $a, b, c; d, e, f; g, h, i$라고 쓰고 두 번째 행, 두 번째 열, 그리고 두 대각선의 수를 모두 더하면 다음과 같은 식을 쓸 수 있다.

$$(d + e + f) + (b + e + h) + (a + e + i) + (g + e + c)$$

$$= 3e + (a + b + c) + (d + e + f) + (g + h + i) = 3e + 3 \cdot 15 = 4 \cdot 15$$

이 식으로부터 $e = 5$라는 것을 알 수 있다. 이제 가운데 있는 5 주변에 $(1, 9), (2, 8), (3, 7),$ $(4, 6)$을 배치만 하면 된다.

표의 대칭성을 생각해보면 1, 그리고 그 반대편의 9를 놓을 수 있는 위치는 표의 모서리 또는 모서리가 아닌 곳 두 군데뿐이다(그림 2−27 참조).

❤ 그림 2−27 3×3 마방진을 만들 때 1과 9를 배치할 수 있는 두 가지 위치

1					1	
	5				5	
		9			9	

하지만 이 두 가지 중 첫 번째 배치로는 마방진을 만들 수 없다. 그 상태에서 오른쪽 위 모서리에 5보다 작은 수를 배치하면 첫 번째 행의 합이 15보다 작을 수밖에 없고 5보다 큰 수를 배치하면 세 번째 열의 합이 15보다 커질 수밖에 없기 때문이다.

따라서 그림 2-27의 첫 번째 표와 같은 모양은 빼고 두 번째 표와 같은 모양만 따져보자. 1, 5, 9를 수직 또는 수평 방향으로 배치하는 방법은 그림 2-28과 같이 총 네 가지다.

▼ 그림 2-28 3×3 마방진에서 1, 5, 9를 배치하는 네 가지 방법

	1								9					
	5			9	5	1			5			1	5	9
	9								1					

1이 들어 있는 줄(행 또는 열)의 나머지 칸은 6과 8로 채워야 하는데 두 가지 방법으로 채울 수 있다. 그렇게 하고 나면 나머지 칸에 들어갈 숫자는 유일하게 정해진다. 3차 마방진은 그림 2-29와 같이 총 여덟 가지다. 모두 대칭성이 있으며 회전과 반사를 통해 만들어낼 수 있다.

▼ 그림 2-29 여덟 가지 3차 마방진

6	1	8		2	7	6		4	9	2		8	3	4
7	5	3		9	5	1		3	5	7		1	5	9
2	9	4		4	3	8		8	1	6		6	7	2

8	1	6		4	3	8		2	9	4		6	7	2
3	5	7		9	5	1		7	5	3		1	5	9
4	9	2		2	7	6		6	1	8		8	3	4

2.29.3 참고사항

마방진은 수천년 전 중국에서 처음 나타난 이후로 수많은 사람을 매료시켰다. 3차 이상의 마방진을 만드는 여러 가지 알고리즘이 알려져 있지만 임의의 차수의 마방진 개수를 구하는 공식은 아직 발견되지 않았다. 마방진에 대해 더 자세히 알고 싶다면 [Pic02]와 같은 논문이나 [Kra53, Chapter 7]을 비롯한 수학 퀴즈 책과 웹에 올라와 있는 다양한 정보를 참조하기 바란다.

2.030 막대 자르기

길이가 100인 막대를 잘라 길이가 1인 조각 100개를 만들어야 한다. 여러 조각을 한꺼번에 자를 수 있다고 가정할 때 자르는 최소 횟수는 몇 번인가? 막대의 길이가 n일 때 최소 횟수 만에 자르는 알고리즘을 설명하라.

2.30.1 힌트

남은 것 중 가장 긴 조각에 집중해보자.

2.30.2 풀이

길이가 100인 막대를 길이가 1인 조각으로 만들기 위해 잘라야 하는 최소 횟수는 일곱 번이다.

여러 막대를 한꺼번에 자를 수 있으므로 현 시점에서 가장 긴 조각의 크기를 1로 줄일 수 있는 알고리즘을 찾아내는 데 집중해야 한다. 최적 알고리즘이라면 매번 가장 긴 – 그리고 동시에 크기가 1보다 큰 모든 – 조각을 절반으로 (또는 최대한 절반에 가깝게) 잘라야 한다. 어떤 조각의 길이 l이 짝수이면 길이가 $l/2$인 두 조각으로, 1보다 큰 홀수이면 길이가 각각 $\lceil l/2 \rceil = (l + 1)/2$과 $\lfloor l/2 \rfloor = (l - 1)/2$인 두 조각으로 자를 수 있다. 가장 긴 조각의 길이가 1이 될 때까지, 즉 모든 조각의 길이가 1이 될 때까지 이 과정이 반복된다.

길이가 n인 막대의 경우, 이런 최적 알고리즘의 반복 횟수, 즉 자르는 횟수는 $\lceil \log_2 n \rceil$, 즉 $2^k \geq n$을 만족시키는 최소의 k다. 예를 들어 $n = 100$인 경우라면 $2^7 > 100$이고 $2^6 < 100$이므로 $\lceil \log_2 100 \rceil = 7$이다.

2.30.3 참고사항

단계마다 절반씩 줄이는 최적화 방식을 활용하는 퍼즐의 한 예라고 할 수 있는 문제다. 첫 번째 튜토리얼의 숫자 맞히기 게임을 풀 때도 이 전략을 활용했다. 이 문제를 2차원으로 확장하면 직사각형 판 자르기(2.054)와 같은 문제를 만들 수 있다.

2.031 / 카드 맞히기 마술

어느 마술사가 한 관객에게 27장의 카드 중에서 한 장을 고른 후 그 카드를 마술사에게 보여주지 않은 채 다시 카드 무더기 안에 집어넣으라고 시켰다. 관객이 카드를 선택한 후 마술사는 카드를 다시 섞은 다음 한 번에 한 장씩 앞면이 보이도록 세 무더기로 나누기 시작했다. 그런 후 카드를 선택했던 관객에게 아까 골랐던 카드가 어느 무더기에 들어갔는지 물어본다. 관객이 고른 무더기를 다른 두 무더기 사이에 집어넣은 다음 카드를 섞지 않은 채 아까처럼 세 무더기로 나눠 놓는다. 이번에도 카드가 어느 무더기에 들어 있는지 물어본 후 그 무더기를 나머지 둘 사이에 넣고 섞지 않은 채 아까처럼 다시 세 무더기로 나눠 놓는다. 마술사는 이번에도 카드가 어느 무더기에 들어 있는지 물어본 후 관객이 골랐던 카드를 알아맞힌다. 이 마술의 원리를 설명하라.

2.31.1 힌트

처음 세 무더기에 배치된 카드에 각각 a1, a2, …, a9; b1, b2, …, b9; c1, c2, …, c9와 같은 식으로 번호를 매기고 위치가 어떻게 달라지는지 따라가보자.

2.31.2 풀이

관객이 마지막으로 지목한 무더기의 한가운데 있는 카드가 바로 관객이 처음에 골랐던 카드다.

처음에 세 무더기로 나뉜 카드에 a1, a2, …, a9; b1, b2, …, b9; c1, c2, …, c9라는 번호를 붙여보자(그림 2-30 (a) 참조). 관객이 골랐던 카드가 1번 무더기에 있다면 두 번째로 카드를 나눴을 때는 카드가 그림 2-30 (b)와 같은 식으로 놓인다. 처음에 1번 무더기에 있던 카드들이 이번에는 각 무더기의 한가운데 있는 세 위치에 나뉘어 배치된다. 이번에는 관객이 골랐던 카드가 세 번째 무더기에 들어가 있다고 (즉, a3, a6, a9 중 하나라고) 가정해보자. 그러면 이 세 장의 카드는 마지막에 세 무더기 각각의 한가운데 한 장씩 나뉘어 배치된다(그림 2-30 (c)). 이 상태에서 관객이 처음 골랐던 카드가 든 무더기를 지목하면 바로 그 한 장의 카드를 알아낼 수 있다. 방금 설명한 예에서는 관객이 처음에는 1번, 두 번째에는 3번 무더기를 지목한 경우를 기준으로 설명했지만 관객이 각 단계에서 어느 무더기를 지목했든 관객이 처음 선택한 카드를 찾아내는 방법은 똑같다.

▼ 그림 2-30 카드 맞히기 마술 알고리즘

1번 무더기	2번 무더기	3번 무더기	1번 무더기	2번 무더기	3번 무더기	1번 무더기	2번 무더기	3번 무더기
a1	b1	c1	b1	b2	b3	b1	b4	b7
a2	b2	c2	b4	b5	b6	a1	a4	a7
a3	b3	c3	b7	b8	b9	c1	c4	c7
a4	b4	c4	a1	a2	a3	b3	b6	b9
a5	b5	c5	a4	a5	a6	a3	a6	a9
a6	b6	c6	a7	a8	a9	c3	c6	c9
a7	b7	c7	c1	c2	c3	b2	b5	b8
a8	b8	c8	c4	c5	c6	a2	a5	a8
a9	b9	c9	c7	c8	c9	c2	c5	c8
(a)			(b)			(c)		

2.31.3 참고사항

카드 마술 중에는 알고리즘 설계와 분석에 나오는 일반적인 개념에 바탕한 것이 많다. 이 퍼즐은 주어진 알고리즘에서 출력된 결과를 분석하는 것만으로도 주어진 퍼즐을 풀 수 있는 경우의 대표적인 예다.

Ball과 Coxeter[Bal87, p.328]에 의하면 이 마술을 Bachet가 17세기의 고전 문헌[Bac12, p.143]에서 언급했다고 한다. Maurice Kraitchik의 Mathematical Recreations[Kra53, p.317]에도 이 문제가 들어 있다.

2.032 싱글 엘리미네이션 토너먼트

테니스 그랜드슬램 챔피언십과 같은 방식의 싱글 엘리미네이션 토너먼트에서는 매 경기에서 지는 선수는 바로 탈락하며 최종 우승자가 결정될 때까지 이 과정이 반복된다. 선수 n명이 이런 토너먼트를 시작했다고 가정할 때 다음 질문에 답하라.

a. 우승자를 결정하기 위해 필요한 총 경기 수는?
b. 이런 방식의 토너먼트에서 총 라운드 수는?
c. 토너먼트 과정에서 만들어진 정보를 바탕으로 두 번째로 잘하는 선수를 결정하려면 추가로 몇 경기가 필요할까?

2.32.1 힌트

일단 n이 2의 거듭제곱 수인 경우의 답부터 구해보자.

2.32.2 풀이

a. 총 경기 수는 $n - 1$이다. 대회 전체에서 한 명의 승자를 결정하려면 $n - 1$명을 탈락시켜야 하는데 한 경기당 한 명씩 탈락하므로 $n - 1$번의 경기를 치러야 한다.

b. $n = 2^k$인 경우, 라운드 수는 $k = \log_2 n$이다. 매 라운드마다 남은 선수 수는 절반으로 줄고 남은 선수 수가 1이 될 때까지 라운드는 계속된다. n이 2의 거듭제곱 수가 아니라면 n 이상의 정수 중에서 가장 작은 2의 거듭제곱 수로 결정된다. 주어진 수 이상의 가장 작은 정수를 나타내는 올림 표기법을 이용하자면 $\lceil \log_2 n \rceil$으로 쓸 수 있다. 예를 들어 $n = 10$이라면 답은 $\lceil \log_2 10 \rceil = 4$다.

c. 두 번째로 잘하는 선수라면 반드시 우승자와의 경기에서 진 선수여야 하고 다른 선수와의 경기에서 진 선수는 제외된다. 이 선수들을 대상으로 다음과 같은 식으로 싱글 엘리미네이션 토너먼트를 다시 개최해 최종 준우승자를 결정할 수 있다. 대회의 모든 경기를 표현한 트리에서 토너먼트 우승자를 나타내는 잎을 찾고 우승자가 첫 경기에서 진 경우를 가정해 루트까지 올라간다. 이렇게 추가로 필요한 경기는 $\lceil \log_2 n \rceil - 1$회 이하다.

2.32.3 참고사항

토너먼트를 하나의 알고리즘이라고 할 때 첫 번째와 두 번째 질문은 알고리즘 실행 단계 수(경기 수와 라운드 수)를 묻는 질문이라고 할 수 있다. 물론 알고리즘 단계를 어떻게 보느냐에 따라 단계 수가 달라질 수 있다. 토너먼트 트리가 전산학에서 중요하게 이용된다는 점도 짚고 넘어가고자 한다([Knu98] 참조).

Martin Gardner의 aha!Insight[Gar78, p.6]에도 비슷한 퍼즐이 실려 있다. 토너먼트에서 상대 선수가 없어 다음 라운드로 바로 올라가는 부전승과 관련된 문제는 이 책의 116번 문제인 부전승 횟수 퍼즐에서 다루고 있다.

2.033 마방진과 유사 마방진

a. $n \times n$ 표가 있고 이 표의 각 칸에 1 이상, 9 이하의 정수를 하나씩 채우고자 한다. 그 표 안에 만들어지는 모든 3×3 정사각형이 마방진이 되도록 해야 한다. 이 조건을 만족시키는 3 이상의 모든 n을 구하라.

b. $n \times n$ 표가 있고 이 표의 각 칸에 1 이상, 9 이하의 정수를 하나씩 채우는데 이 표 안에 있는 모든 3×3 정사각형이 유사 마방진이 되도록 해야 한다. 유사 마방진은 모든 행과 열의 합은 같아야 하지만 대각선의 합은 달라도 된다. 이 조건을 만족시키는 3 이상의 모든 n을 구하라.

2.33.1 힌트

$n \times n$ 표에는 $(n-2)^2$개의 3×3 정사각형이 들어 있다. 4×4 표에서 첫 번째 문제의 조건을 만족시킬 수 있는지부터 따져보자.

2.33.2 풀이

a의 정답은 3이고 b의 정답은 3 이상인 모든 정수다.

a. 마방진에서 가운데 칸은 반드시 5여야 하므로 (2.029 퍼즐 풀이 참조) 2.029 퍼즐 정답으로 제시된 여덟 가지 3차 마방진만 이 문제에서 제시된 조건을 만족시킬 수 있다.

b. $n = 3$일 때는 3×3 마방진이 유사 마방진에 포함되므로 당연히 가능하다. 3보다 큰 n에 대해 $n \times n$ 표의 왼쪽 위에 있는 3×3 정사각형을 1 이상, 9 이하의 수로 채워 3차 마방진을 만든 후 첫 번째 열에 있는 수를 네 번째 열에 채우면 맨 위의 세 행과 2, 3, 4번째 열로 구성되는 3×3 정사각형은 유사 마방진이 된다. 마찬가지로 첫 번째 행을 네 번째 열에 복사해 넣으면 2, 3, 4행의 1, 2, 3열로 이뤄지는 3×3 정사각형도 유사 마방진이 된다. 이 방법을 확장해 다음과 같은 알고리즘을 만들어낼 수 있다.

임의의 3×3 마방진을 표 왼쪽 위 귀퉁이의 3×3 정사각형에 채워 넣는다. 그리고 4, 5, $\cdots$, n열의 1, 2, 3행에 1, 2, $\cdots$, $n-3$열의 1, 2, 3행의 내용을 각각 복사해 넣는다. 그런 후 표의 4, 5, $\cdots$, n행에 1, 2, $\cdots$, $n-3$행의 내용을 채워 넣는다. $n = 5$인 경우의 예가 그림 2-31에 나와 있다.

▼ 그림 2–31 마방진과 유사 마방진 문제, $n = 5$인 경우의 풀이 예

4	9	2	4	9
3	5	7	3	5
8	1	6	8	1
4	9	2	4	9
8	1	6	8	1

또는 3×3 마방진을 타일 삼아 임의의 $n \times n$ 표를 채우되 표를 넘어서는 부분은 무시하는 방식으로 채운다고 생각해도 된다.

2.33.3 참고사항

이 알고리즘에서 사용하는 아이디어는 최소 인스턴스인 $n = 3$에서 시작하는 점증적 접근법(튜토리얼 참조)을 바탕으로 한다.

ALGORITHMIC PUZZLES

2.034 별 위의 동전

그림 2–32에 나와 있는 것과 같이 꼭짓점이 여덟 개인 별의 꼭짓점에 동전을 최대한 많이 배치하는 방법을 구하라. 동전을 한 번에 한 개씩 배치해야 하는데 다음과 같은 규칙을 따라야 한다. (i) 처음에 빈 꼭짓점에 동전을 내려놓고 선분을 따라 동전이 놓이지 않은 다른 한 점으로 옮긴다. (ii) 동전을 이런 식으로 배치하고 나면 다시 옮길 수 없다. 예를 들어 첫 번째 동전을 6번 꼭짓점에 놓은 후 1번 꼭짓점으로 이동(6 → 1로 표기)하면 그 동전은 그 자리에 계속 있어야 한다. 이어서 다음과 같은 식으로 동전을 계속 놓으면 총 다섯 개의 동전을 배치할 수 있다. 7 → 2, 8 → 3, 7 → 4, 8 → 5

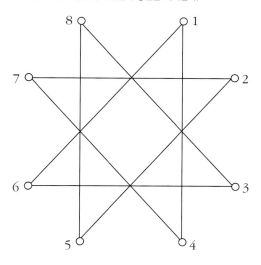

▼ 그림 2-32 이 별의 꼭짓점에 동전을 배치한다.

2.34.1 힌트

모든 경우의 수를 따져볼 수도 있고 튜토리얼의 알고리즘 설계를 위한 일반 전략 부분에서 언급했던 단추와 실 방법으로 풀 수도 있다.

2.34.2 풀이

배치할 수 있는 동전의 최대 개수는 7이다.

첫 번째 동전은 6번 꼭짓점에 놓고 1번 꼭짓점으로 이동하는 것으로 시작해도 일반성이 훼손되지 않는다. 이 동작을 6 → 1로 표시하자.

그러고 나면 1과 4, 1과 6을 잇는 두 선은 다른 동전을 배치하는 데 쓸 수 없게 된다. 탐욕 전략 논리에 따라 각 동전을 사용할 수 없는 선분 개수를 최소화하는 식으로 즉 앞으로 동전을 배치할 때 쓸 수 있는 선분을 최대화할 수 있는 방법으로 배치해야 한다. 따라서 두 번째 이후의 동전은 각각 사용할 수 없는 선분의 빈 꼭짓점에서 시작해 사용할 수 있는 선분을 따라 이동해야 한다는 결론이 나온다. 이렇게 하는 가장 쉬운 방법은 다음 동전을 배치할 때 직전 동전을 처음 내려놓은 위치에 도착하게 하는 것이다. 예를 들어 다음과 같은 식으로 동전 일곱 개를 배치할 수 있다.

$$6 \rightarrow 1,\ 3 \rightarrow 6,\ 8 \rightarrow 3,\ 5 \rightarrow 8,\ 2 \rightarrow 5,\ 7 \rightarrow 2,\ 4 \rightarrow 7$$

동전 일곱 개를 배치하고 나면 여덟 번째 코인을 내려놓은 후 이동할 빈 꼭짓점이 없으므로 동전 여덟 개를 배치할 수 없는 것은 자명하다.

"단추와 실" 방법으로 그래프를 "펼쳐" 퍼즐을 풀 수도 있다(이 방법은 튜토리얼에서 표현 변경에 대해 얘기할 때 언급했다). 그림 2-32에 있는 그래프의 2번 꼭짓점을 들어 그래프 왼쪽으로 넘기고 6번 꼭짓점을 들어 그래프 오른쪽으로 넘기면 그림 2-33 (a)와 같은 그래프가 만들어진다. 그런 다음 8번과 4번 꼭짓점을 들어 반대편으로 넘겨주면 그림 2-33 (b)와 같은 그래프가 만들어진다. 위에서 보인 답 외에 이렇게 변경된 표현으로부터 여러 다른 답을 바로 구할 수 있다.

❤ 그림 2-33 그림 2-32의 그래프를 펼치는 방법

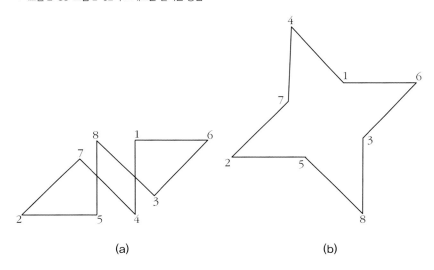

(a)　　　　　　　　　　　(b)

2.34.3 참고사항

위에서 설명한 두 가지 풀이법은 각각 탐욕 전략과 그래프 표현 변경 방법을 활용한 것이다.

이 퍼즐의 조금 다른 버전인 팔각성(octagram) 퍼즐은 몇 세기 전부터 알려져 있었다 ([Sin10, Section 5.R.6] 참조). 근대에는 [Dud58, p.230], [Sch68, p.15], [Gar78, p.38]과 같은 책에서 소개된 적이 있다. 이 문제는 튜토리얼의 알고리즘 설계 전략에서 다룬 구아리니 퍼즐과 밀접한 관련이 있다.

2.035 물병 세 개

물로 가득 찬 8ℓ짜리 물병 한 개가 있고 비어 있는 5ℓ, 3ℓ짜리 물병이 각각 하나씩 있다. 이 셋 중 어느 물통에든 정확히 물 4ℓ를 담는 방법을 설명하라. 물은 이 세 물통 사이에서만 옮겨 담을 수 있으며 물을 옮겨 담을 때는 원래 물이 들어 있던 통이 완전히 비거나 물이 담기는 통이 가득 찰 때까지 옮겨 담아야 한다.

2.35.1 힌트

여섯 단계로 풀 수 있다.

2.35.2 풀이

그림 2-34와 같이 여섯 단계를 거쳐 풀 수 있다.

▼ 그림 2-34 물병 세 개 문제 풀이법

단계	3ℓ 물병	5ℓ 물병	8ℓ 물병
	0	0	8
1	0	5	3
2	3	2	3
3	0	2	6
4	2	0	6
5	2	5	1
6	3	4	1

그림에는 8ℓ 물병, 5ℓ 물병, 3ℓ 물병 순으로 표시되어 있지만 밑에 있는 설명에서 물병에 담긴 물의 양을 적을 때 3ℓ, 5ℓ, 8ℓ 순서로 적는 것을 감안하면 다음과 같은 식으로 열 순서를 바꾸는 것도 좋을 것 같다.

시행착오를 겪고 이 풀이법을 알아낼 수도 있지만 답을 체계적으로 구할 수도 있다. 물병 세 개의 상태를 각각 3ℓ, 5ℓ, 8ℓ 물병에 담긴 물의 양을 나타내는, 음이 아닌 세 정수로 표현할 수 있다. 이렇게 하면 008에서 시작한다. 현재 상태에서 옮길 수 있는 모든 상태를 따져보자. 이 작업에 컴퓨팅의 가장 기초적인 자료구조 중 하나인 큐를 활용하자.

큐는 여러 항목을 담은 목록의 일종으로 직원이 한 명뿐인 계산대에 줄 선 손님이라고 생각하면 된다. 손님들은 줄 선 순서대로 물건 값을 지불할 수 있다. 항목을 삭제할 때는 큐의 한쪽 끝(맨 앞)에서 삭제하고 항목을 추가할 때는 큐의 반대편 끝(맨 뒤)에 추가한다.

이 문제에서는 큐를 주어진 상태인 008에서 시작해 원하는 상태(4가 들어 있는 세 정수)가 처음 등장할 때까지 단계를 반복한다. 큐 맨 앞에 있는 상태에 대해 그 상태로부터 도달할 수 있는 모든 상태에 레이블을 붙여 큐에 추가하고 맨 앞에 있는 상태를 큐에서 삭제한다. 원하는 상태가 처음 나타나면 레이블을 따라 거꾸로 올라가 퍼즐을 풀어주는 가장 짧은 변환 단계를 구하면 된다.

이 알고리즘을 여기서 주어진 퍼즐 데이터에 적용하면 큐에 다음과 같은 데이터가 들어간다. 여기서 아랫첨자는 그 상태가 만들어졌을 때의 이전 상태를 나타내는 레이블이다.

$$008 \mid 305_{008}, 053_{008} \mid 053, 035_{305}, 350_{305} \mid 035, 350, 323_{053} \mid 350, 323, 332_{035} \mid$$

$$323, 332 \mid 332, 026_{323} \mid 026, 152_{332} \mid 152, 206_{026} \mid 206, 107_{152} \mid 107, 251_{206} \mid$$

$$251, 017_{107} \mid 017, 341_{251}$$

이제 저 341에서 시작해 레이블을 거꾸로 따라 올라가면 다음과 같은 변환 수열을 얻을 수 있다. 이것이 최소 단계로 퍼즐을 푸는 방법이 된다.

$$008 \rightarrow 053 \rightarrow 323 \rightarrow 026 \rightarrow 206 \rightarrow 251 \rightarrow 341$$

2.35.3 참고사항

이 정답은 퍼즐의 상태 공간 그래프의 너비 우선 탐색 종주([Lev06, Section 5.2] 참조)와 비슷하다. 지면 관계상 이 그래프는 그리지 않았다. 이 알고리즘은 완전 검색과도 연관된 면이 있다.

이런 퍼즐은 역사가 무척 길다. 이 퍼즐의 여러 변형과 발전 과정을 두 편의 미국 수학회 온라인 칼럼(시각화 애플릿 링크가 포함된 Alexander Bogomolny의 칼럼[Bog00]과 Iva Peterson의 칼럼[Pet03])에서 찾아볼 수 있다. 이 퍼즐은 M. C. K. Tweedie[Twe39]가 발견한 삼선좌표상의 신기한 표현 방법으로 풀 수도 있다([OBe65, Chapter 4] 참조).

2.036 +− 배치

$n \times n$ 표의 각 칸마다 +나 −를 채워 넣을 때 모든 칸에 대해 부호가 반대인 인접한 칸이 단 하나씩만 있도록 채울 수 있는 모든 n값을 구하라. 여기서 인접한 칸이란 같은 열 또는 같은 행에 있으면서 붙어 있는 칸을 말한다.

2.36.1 힌트

n = 2, 3, 4인 경우에 대해 따져보면서 어떻게 풀 수 있을지 알아보자.

2.36.2 풀이

이 퍼즐은 n이 짝수라면 답이 있지만 n이 홀수일 때는 답이 없다.

n이 짝수일 때 첫 행은 +로, 2행과 3행은 −로, 4행과 5행은 다시 +로 채우는 식으로 하면서 마지막 행을 +로 채우면서 끝내면 된다. 이렇게 하면 모든 칸마다 그 칸의 위나 아래 중 한 칸만 반대 부호가 들어가게 만들 수 있다. 물론 이렇게 +와 −를 행 단위로 번갈아 넣는 대신 열 단위로 번갈아 넣을 수도 있다.

맨 왼쪽 위 칸에 +를 배치했다면 거기에 인접한 두 칸에는 +와 −를 하나씩 넣어야 한다. 편의상 오른쪽 칸에 +, 아래쪽 칸에 −를 채우는 경우를 생각해보자(반대의 경우, 대칭적으로 생각하면 된다). 이제 1행의 첫 두 칸에 +, 2행의 첫 두 칸에 −를 채웠을 때 1행의 나머지 칸은 전부 +로, 2행의 나머지 칸은 모두 −로 채워야 한다는 것을 증명해보자. 두 번째 행의 첫째 칸에는 이미 위에 +가 들어 있는 인접한 칸이 하나 있으므로 두 번째 행의 두번째 칸에는 −가 들어가야 한다. 그러고 나면 첫째 행의 세 번째 칸에는 +가 들어가야 한다. 1행의 두 번째 칸에 인접한 칸 중 바로 아래에 있는 칸에 이미 −가 들어가 있기 때문이다. 같은 작업을 반복하면 1행의 다른 모든 칸에는 +, 2행의 다른 모든 칸에는 −가 채워져야 한다는 것을 알 수 있다. 이렇게 하면 3행의 모든 칸에는 −가 채워져야 한다. 2행에 있는 인접한 칸 기준으로 보면 이미 1행에 +가 있기 때문이다. 이러면 3행이 끝이 될 수 없고 모두 +로 채워진 네 번째 행이 반드시 있어야 한다. 네 번째 행에서 끝날 수도 있고 그 밑에 모두 +로 채워진 행이 추가되면서 두 줄씩 확장될 수도 있다(더 엄밀히 수학적 귀납법으로 증명할 수 있다). 따라서 n이 짝수일 때는 이런 식의 해만 가능하고 n이 홀수일 때는 해가 없다.

2.36.3 참고사항

이 퍼즐은 A. Spivak의 문제 모음집[Spi02, Problem 67b]에 나와 있는 $n = 4$인 경우에서 발전시켜 만들어졌다.

2.037 / $2n$개의 말

1보다 큰 임의의 n에 대해 $n \times n$판에 $2n$개의 말을 배치하되 같은 행, 열 또는 대각선에 배치되는 말이 두 개를 초과하지 않는 방법을 구하라.

2.37.1 힌트

첫 번째 튜토리얼에서 분할 정복을 설명할 때 이 문제를 언급했다.

2.37.2 풀이

판 위에 있는 n개의 행과 n개의 열에 $2n$개의 말을 배치해야 하는데 같은 행이나 열에는 최대 두 개까지만 올려 놓을 수 있으므로 각 행과 각 열마다 정확히 두 개씩 놓아야 한다.

n이 짝수인 경우, $n = 2k$라고 해보자. 이때는 왼쪽에 있는 k개의 열과 오른쪽에 있는 k개의 열에 다음과 같은 식으로 말을 놓을 수 있다(이 판에서 행 번호와 열 번호는 각각 위에서 아래로, 왼쪽에서 오른쪽으로 붙인다고 가정하자). 1번 열과 $k + 1$번 열의 1, 2번 행에 말을 두 개 놓고 2번 열과 $k + 2$번 열의 3, 4번 행에 말을 두 개 놓는 식으로 배치하다 보면 k번, $2k$번 열의 $n-1$번, n번 행에 말을 놓는 식으로 모든 말을 놓을 수 있다($n = 8$인 경우, 그림 2-35 (a) 참조).

n이 홀수인 경우, $n = 2k + 1$, $k > 0$이라고 해보자. 이때는 1번 열의 1, 2번 행에 말을 놓고 2번 열의 3, 4번 행에 말을 놓는 식으로 오른쪽 아래로 내려가 k번 열의 $n - 2$, $n - 1$번 행에 말을 놓는다. 그런 다음 $k + 1$번 열의 맨 위와 맨 아래 행에 말을 놓는다. 그러고 나서 왼편에 있는 말들을 판의 중앙에 있는 칸을 기준으로 대칭이 되도록 오른쪽에 배치하는 식으로 나머지 k개의 말을 배치하면 된다. 즉, $k + 2$번 열의 2, 3번 행, $k + 3$번 열의 4, 5번 행, ⋯ 마지막 열의 $n - 1$, n번 행에 말을 배치하면 된다($n = 7$인 경우, 그림 2-35 (b) 참조).

▼ 그림 2-35 (a) $n = 8$, (b) $n = 7$일 때 $2n$개의 말에 대한 풀이

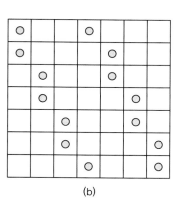

(a)　　　　　　　　　　　　(b)

$n \geq 4$인 경우, n-퀸 문제(2.140)의 두 답을 퀸이 같은 칸에 올라가지 않는 방법으로 겹치는 식으로도 풀 수 있다. 하지만 사실 이 문제가 n-퀸 문제보다 쉬우므로 별로 추천할 만한 방법은 아니다.

2.37.3 참고사항

샘 로이드[Loy60, Problem 48]는 8×8판에서 두 말이 판의 중앙에 있는 두 칸에 들어가야 한다는 추가 조건이 달린 퍼즐을 만들기도 했다. Henry Ernest Dudeney[Dud58, Problem 317]는 행, 열, 대각선뿐만 아니라 어떤 직선 위에도 세 개가 올라갈 수 없다는 조건으로 더 까다로운 문제를 만들었다. 두 명 모두 8×8판을 기준으로 하는 답을 제시했지만 듀드니의 문제의 경우, 임의의 크기의 판에 대한 풀이법은 아직 나오지 않았다. 이 문제에 대한 더 자세한 내용은 Martin Gardner의 Penrose Tiles to Trapdoor Chiphers [Gar97a, Chapter 5]에서 살펴볼 수 있다.

2.038 테트로미노 타일 배치

1×1 정사각형 네 개를 연결해 만든 테트로미노(tetromino)에는 그림 2-36과 같이 다섯 가지가 있다.

❤ 그림 2-36 다섯 가지 테트로미노

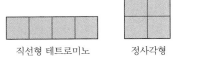

직선형 테트로미노　　정사각형　　L-테트로미노　　T-테트로미노　　Z-테트로미노
　　　　　　　　　테트로미노

다음과 같은 각 조건에 대해 8×8 체스판을 테트로미노로 (빈틈없이 테트로미노끼리 겹치지 않고) 채울 수 있는지 알아보라.

a. 직선형 테트로미노 16개

b. 정사각형 테트로미노 16개

c. L-테트로미노 16개

d. T-테트로미노 16개

e. Z-테트로미노 16개

f. T-테트로미노 15개와 정사각형 테트로미노 한 개

2.38.1 힌트

그중 네 개는 가능하다.

2.38.2 풀이

8×8판을 직선형, 정사각형, L-, T- 테트로미노로 채우는 방법은 그림 2-37과 같다. 그림에서 보듯이 전체 판의 1/4을 채우는 과정을 나머지 3/4에 대해서도 반복하는 식으로 채울 수 있다.

Z-테트로미노로 8×8 체스판을 채우는 것은 불가능하다. 그림 2-37 (e)에서 보듯이 판의 귀퉁이에 Z-테트로미노를 배치하고 나면 가장자리를 따라 두 개를 더 깔아야 하고 그러면 첫 줄의 마지막 두 칸을 채울 방법이 없어진다.

15개의 T-테트로미노와 한 개의 정사각형 테트로미노로 8×8 체스판을 채우는 것도 불가능하다. T-테트로미노 한 개를 놓았을 때 체스판에서 덮이는 어두운 칸의 개수는 홀수 개이고 결과적으로 홀수 개의 T-테트로미노를 놓았을 때 덮이는 어두운 칸의 개수도 홀수 개다. 그런데 정사각형 테트로미노를 배치했을 때 덮이는 어두운 칸의 개수는 짝수 개이므로 T-테트로미노 15개와 정사각형 테트로미노 한 개를 배치하고 나면 덮이는 어두운 칸의 개수는 반드시 홀수가 되는데 8×8 체스판에는 어두운 칸이 짝수 개가 있으므로 15개의 T-테트로미노와 한 개의 정사각형 테트로미노 조합으로 8×8 체스판을 덮는 것은 불가능하다.

2.38.3 참고사항

직선형, 정사각형, L-, T- 테트로미노로 체스판을 채우는 방법은 주먹구구식으로 찾거나 분할 정복 전략으로 찾을 수도 있다. 15개의 T-테트로미노와 한 개의 정사각형 테트로미노로 채우는 것이 불가능하다는 것은 불변량(짝홀과 색 채우기) 개념을 바탕으로 증명했다.

이 퍼즐은 Solomon Golomb[Gol54b]의 폴리오미노 타일 배치에 대한 기념비적인 논문에 들어 있다.

▼ 그림 2-37 체스판을 테트로미노로 덮는 방법. (a) 직선형 테트로미노, (b) 정사각형 테트로미노, (c) L-테트로미노, (d) T-테트로미노, (e) Z-테트로미노(완성 불가)

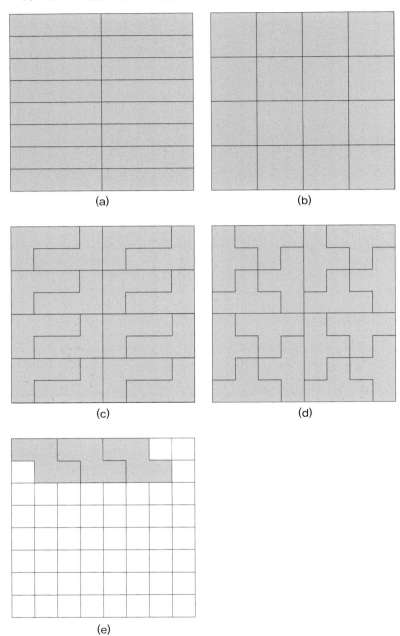

2.039 판 밟기

그림 2-38에 있는 두 판에 대해 각 판의 모든 칸을 단 한 번씩 하나도 빠뜨리지 않고 밟을 수 있는 경로를 찾아내거나 그런 경로가 없다는 것을 증명하라. 이때 수평 또는 수직으로 인접한 칸으로 움직일 수 있으며 시작점과 도착점은 같지 않아도 된다.

▼ 그림 2-38 모든 칸을 한 개도 빠뜨리지 않고 단 한 번씩 통과할 수 있는 경로를 찾아보자.

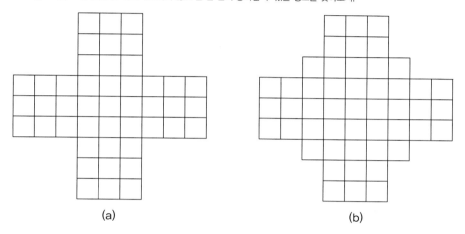

(a)   (b)

2.39.1 힌트

조건을 만족하는 경로를 두 판 중 한 판에서 찾을 수 있고 다른 판에서는 찾을 수 없다.

2.39.2 풀이

그림 2-38 (a)에 있는 판에서는 모든 칸을 한 번씩만 밟는 것은 불가능하다. 그 판의 각 칸을 체스판 칠하듯이 그림 2-39 (a)와 같이 칠하면 밝은 칸보다 어두운 칸이 여섯 개 더 많아진다. 이동할 때는 반드시 밝은 칸과 어두운 칸을 번갈아 밟아야 하는데 그림 2-39 (a)와 같은 판에서는 밝은 칸과 어두운 칸의 개수 차가 6이나 되므로 모든 칸을 한 번씩만 밟는 것은 불가능하다.

그림 2-38 (b)의 판에서는 밝은 칸이 어두운 칸보다 한 개 더 많으므로 밝은 칸에서 시작해 밝은 칸에서 끝나야 한다. 그런 경로 중 하나를 그려보면 그림 2-39 (b)와 같다.

▼ 그림 2-39 (a) 첫 번째 판을 체스판처럼 칠했을 때. (b) 두 번째 판을 체스판처럼 칠하고 모든 칸을 한 번씩 방문하는 경로를 표시한 것

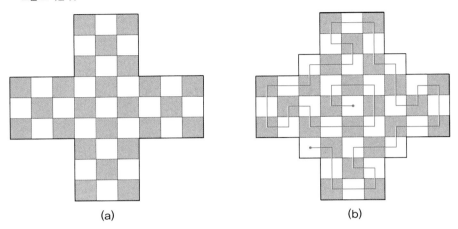

(a)   (b)

2.39.3 참고사항

이 풀이에서도 불변량 개념을 활용하는 가장 대표적인 방법인 색칠하기 방법을 사용한다 (튜토리얼 챕터의 알고리즘 분석 기법을 참조하자).

이 문제는 해밀턴 경로가 존재하는지 여부를 묻는 문제다. 판의 각 칸이 그래프의 꼭짓점에 해당하고 서로 인접한 칸끼리 모서리로 이어지는 그래프를 떠올리면 된다. 해밀턴 회로(20면체 게임의 참고사항 참조)와 달리 해밀턴 경로는 반드시 시작점으로 돌아가지 않아도 된다. 하지만 시작점으로 돌아와야 한다는 조건이 없어졌다고 문제가 쉬워지는 것은 아니다. 임의의 그래프에서 해밀턴 경로가 존재하는지 여부를 판단하는 효율적인 알고리즘도 없을 정도다.

(b) 문제는 A. Spivak의 문제 모음[Spi02, Problem 459]을 바탕으로 한다.

2.040 네 나이트 퍼즐

3×3 체스판에 네 개의 나이트가 놓여 있다. 흰 나이트 두 개는 아래쪽 두 귀퉁이에, 검은 나이트 두 개는 위쪽 두 귀퉁이에 놓여 있다. 그림 2-40의 오른쪽에 있는 것과 같이 배치를 바꾸기 위한 최단 경로를 구하거나 그런 경로가 존재하지 않는다는 것을 증명하라. 물론 한 칸에 두 나이트가 함께 들어갈 수는 없다.

▼ 그림 2-40 네 나이트 퍼즐

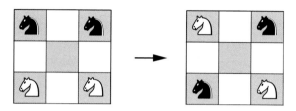

2.40.1 힌트

설계 전략에 대한 튜토리얼 부분에 이 퍼즐의 고전적인 버전이 나와 있다.

2.40.2 풀이

이 퍼즐은 풀 수 없다. 튜토리얼의 알고리즘 설계 전략에서 설명했듯이 이 퍼즐의 초기 상태는 그림 2-41에 나온 그래프로 표현할 수 있다.

▼ 그림 2-41 네 나이트 퍼즐의 초기 상태를 펼친 그래프 형태로 표현한 그림

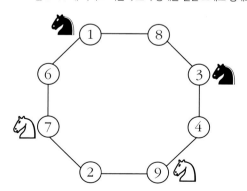

나이트는 시계 방향과 반시계 방향 순서를 유지한 상태에서 (즉, 검은 말 두 개가 앞뒤에 있고 그 뒤에 흰 말 두 개가 있는 순서를 유지하면서) 바로 옆 칸으로만 움직일 수 있다. 이 퍼즐에서 요구하는 것처럼 배치하려면 색상이 서로 다른 말들이 번갈아 배치되어야 하므로 문제의 요구 사항을 만족시키는 경로는 존재하지 않는다.

2.40.3 참고사항

이 퍼즐의 풀이에서는 알고리즘 문제 해결 방법론 중 두 가지 테마를 활용한다. 하나는 표현 변경(판의 그래프를 만들고 펼치는 과정)이고 또 하나는 불변량 개념(말이 시계 방향으로 배치된 순서)이다.

이 문제는 첫 번째 튜토리얼에서 논의했던 Guarini의 퍼즐이 변형된 것으로 [Fom96, p.39, Problem 2]에서 따왔다. Martin Gardner의 aha!Insight[Gar78, p.36]에도 비슷한 문제가 있다.

2.041 원형으로 배치된 조명

조명이 n개($n > 2$) 있고 각 조명마다 옆에 스위치가 있다. 각 스위치는 두 위치 사이를 오갈 수 있는데 스위치를 조작할 때마다 세 조명(스위치 바로 옆에 있는 것과 양쪽에 인접한 두 개)의 on/off 상태가 바뀐다. 처음에는 모든 조명이 꺼져 있다. 스위치 조작 횟수를 최소화하면서 모든 조명을 켤 수 있는 알고리즘을 설계하라.

2.41.1 힌트

n값에 따라 풀이가 달라질 수 있다. 몇 가지 작은 n값을 따져보면 그 차이를 알아내는 데 도움이 된다.

2.41.2 풀이

n이 3의 배수이면 스위치를 $n/3$번, 배수가 아니면 n번 조작해야 한다.

조명의 최종 상태는 각 스위치를 조작한 횟수가 홀수인지 짝수인지에 의해서만 결정될 뿐 각 스위치를 조작한 순서와는 무관하다는 것을 쉽게 알 수 있다. 따라서 어느 스위치를 한 번만 조작하고 어느 스위치를 안 건드리고 그대로 놔둬야 하는지만 판단하면 된다. 어떤 조명을 켜는 방법은 그 조명의 스위치를 켜고 양 옆의 스위치를 안 건드리거나 그 조명의 스위치와 양 옆의 스위치까지 모두 켜는 방법이 있다. 최소한 스위치 하나를 조작해야 하는 것은 분명하다. 조명과 그 조명 옆의 스위치에 − 편의상 시계 방향으로 − 각각 1부터 n까지 번호를 붙여보자. 1번 조명이 마지막까지 계속 켜져 있으려면 인접한 두 스위치(2번과 n번)는 둘 다 조작하거나 조작하지 않아야 한다. 둘 다 조작하는 경우, 3번과 $n-1$번 스위치도 조작해야 한다. 이 과정을 계속 반복하면 모든 스위치를 한 번씩 조작하게 된다.

후자의 경우, − 즉, 1번 스위치는 켜고 2번과 n번 스위치는 안 켜는 경우, − 2번 조명이 켜져 있으려면 3번 스위치도 안 켜야 한다. 그러면 3번 스위치를 켜기 위해 4번 스위치를 반드시 켜야 하고 이때 4번과 5번 조명도 켜진다. 이렇게 스위치를 세 개마다 한 개씩, 즉 1, 4, $\cdots$, $3k+1$, $\cdots$, $n-2$번 켜면 되는데 이것은 n이 3의 배수인 경우에만 가능하다. 이렇게 n이 3의 배수인 경우에는 $n/3$개의 스위치만 켜면 되고 3의 배수가 아닌 경우에는 n개의 스위치를 켜야 한다.

2.41.3 참고사항

지금까지는 모든 상황을 따져 이 문제를 주먹구구식으로 풀 수 있었지만 더 일반적인 버전 − 조명이 임의로 켜지고 꺼진 상태일 때 다른 상태로 바꾸는 일반적인 방법을 구하는 문제 − 을 풀려면 더 복잡한 접근법이 필요하다.

이 퍼즐은 Math Central(수학을 배우고 가르치는 학생과 교사용 인터넷 서비스로 캐나다 서스캐처원주 리자이나의 리자이나대학에서 운영 중이다[MathCentral])에서 2004년 11월 '이 달의 문제'로 출제되었다. 그 사이트의 내용을 보면 이 퍼즐의 $n=7$인 경우가 독일 기센 수학 박물관에 전시되어 있었다고 한다. 사실 이 퍼즐의 2차원 버전(Merlin's Magic Squares와 Lights Out)이 이 1차원 버전보다 유명하다.

2.042 또 다른 늑대-염소-양배추 문제

늑대 말 n개, 염소 말 n개, 양배추 말 n개, 사냥꾼 말 n개 이렇게 $4n$개의 말이 있다. 아무 말도 위험해지지 않는 방법으로 이 말들을 한 줄로 세우는 방법을 찾아야 한다. 즉, 사냥꾼 옆에 늑대를 놓지 않고 늑대 옆에 염소를 놓지 않고 염소 옆에 양배추를 놓지 않도록 배치해야 한다. 또한, 같은 종류의 말끼리는 서로 인접하지 않도록 배치해야 한다. 이 퍼즐의 해는 몇 가지인가?

2.42.1 힌트

먼저 $n = 1$인 경우, 말을 어떤 식으로 배치할 수 있는지 따져보자.

2.42.2 풀이

늑대, 염소, 양배추, 사냥꾼을 각각 W, G, C, H로 표기하자. 그러면 이 퍼즐은 다음과 같이 두 가지 대칭적인 답으로 해결할 수 있다.

WCWC… WCHGHG… HG, GHGH… GHCWCW… CW

문제를 푸는 핵심은 W는 C 옆에만, G는 H 옆에만 세울 수 있다는 것이다. $n = 1$인 경우, 서로 대칭적인 두 개의 답(WCHG, GHCW)이 있다는 것을 알 수 있다.

$n = 2$일 때는 $n = 1$일 때의 풀이 앞뒤에 각각 WC와 GH를 붙여 WCWCHGHG, GHGHCWCW를 구할 수 있다. 어떤 n에 대해서든 $n = 1$일 때의 풀이의 앞뒤에 WC와 GH를 $n - 1$번 붙이면 일반적인 풀이를 구할 수 있고 그 풀이가 위에 있는 답이다.

위에 적힌 두 풀이 외에 다른 풀이는 존재하지 않는다는 점은 다음과 같은 식으로 설명할 수 있다. $n = 1$일 때 그랬듯이 어떤 답이든 양 끝에는 W와 G가 있어야 한다. 이것은 귀류법으로 증명할 수 있다. 위에 있는 것과 다른 답이 존재한다고 가정해보자. W와 G는 서로 대칭적인 제약 조건이 있으므로 일반성을 잃지 않고 그 답에 n개의 W가 모두 양 끝이 아닌 안쪽에 들어가 있다고 가정할 수 있다. 그러면 W 옆에는 반드시 C가 있어야 하므로 C가 $n + 1$개 있어야 하는데 이것은 C가 n개라는 조건과 모순된다. 따라서 모든 답의 한 끝에는 W, 다른 끝에는 G가 있어야 한다. 나머지 $n-1$개의 W는 n개의 C와 교차하면서 CWCW…C 형태로 쭉 이어져야 하고 나머지 $n-1$개의 G는 n개의 H와 번갈아가며 HGHG…H 형태로 답의 (왼쪽/오른쪽 끝이 아닌) 안쪽에 들어가 있어야 한다. 마지막으로 이렇게 만들어진 CWCW…C와 HGHG…H를 퍼즐에서 주어진 제약 조건을 만족시키면서 W와 G 사이에 배치하는 방법은 단 한 가지다.

2.42.3 참고사항

이 퍼즐의 풀이는 감소 정복을 아래에서 위로 적용한 방법을 바탕으로 한 것으로 생각할 수 있다. 퍼즐을 작은 경우에 대해 풀고 그 풀이를 확장해 똑같은 패턴을 만들어내는 식이기 때문이다.

Maurice Kraitchik의 〈Mathematical Recreations〉[Kra53, p.214]에 따르면 이 퍼즐은 Aubry가 $n=3$인 경우에 대해 처음으로 만들어냈다고 한다.

2.043 수 배치

n개의 서로 다른 정수와 사이사이에 부등호가 배치된 n개의 상자가 주어졌을 때 부등식을 만족시키도록 정수를 배치하는 알고리즘을 설계하라. 예를 들어 2, 5, 1, 0은 다음과 같은 네 개의 상자 안에 다음과 같은 식으로 배치할 수 있다.

▼ 그림 2-42 2, 5, 1, 0의 수 배치

| 0 | < | 5 | > | 1 | < | 2 |

2.43.1 힌트

우선 주어진 수를 정렬하는 것부터 시작해보자.

2.43.2 풀이

목록을 증가하는 순서로 정렬하는 것부터 시작하자. 그런 후 다음 과정을 $n - 1$번 반복한다. 첫 번째 부등호가 "<"이면 첫 번째 (가장 작은) 수를 첫 번째 상자에 넣는다. 그렇지 않으면 마지막 (가장 큰) 수를 첫 번째 상자에 배치한다. 목록에서 그 수를 제거하고 그 수를 집어넣은 상자도 빼버린다. 마지막으로 수가 하나만 남으면 그 수를 남은 상자에 배치한다.

2.43.3 참고사항

위의 알고리즘은 변환 정복(선정렬)과 감소 정복(1씩 감소)이라는 알고리즘 설계 전략을 바탕으로 한다. 이 알고리즘으로 모든 가능한 풀이가 만들어지는 것은 아니라는 점에 주의하자.

이 문제는 〈The Math Circle〉[MathCircle] 웹 페이지에 게재되었다.

2.044 가벼운가 무거운가

똑같이 생긴 동전 n개($n > 2$)와 양팔 저울 한 개가 주어진다(무게 추는 없다). 진짜 동전은 무게가 모두 같고 가짜 동전은 진짜 동전과 무게가 다른데 더 가벼운지 무거운지는 모른다. 주어진 동전 중 한 개가 가짜라고 가정할 때 양팔 저울의 사용 횟수를 최소화하면서 가짜 동전이 진짜 동전보다 가벼운지 무거운지 판단할 수 있는 알고리즘을 설계하라.

2.44.1 힌트

가짜 동전을 찾아내는 문제가 아니다. 가짜 동전이 진짜 동전보다 가벼운지 무거운지만 알아내면 된다.

2.44.2 풀이

무게를 두 번 재보면 알 수 있다.

우선 동전을 n이 홀수라면 한 개, n이 짝수라면 두 개 따로 빼두자. 이제 남은 짝수 개의 동전을 반으로 나누고 저울의 양쪽에 올린다. 두 개의 무게가 같으면 그 동전들은 모두 진짜이고 아까 빼둔 동전이 가짜라는 것을 알 수 있다. 이제 아까 빼둔 한 개 또는 두 개의 동전 무게를 방금 진짜로 판별된 동전 무게와 비교하면 된다. 아까 빼둔 동전이 더 가볍다면 가짜 동전은 가벼운 것, 그렇지 않다면 무거운 것으로 판정할 수 있다.

첫 번째 무게를 쟀을 때 양쪽의 무게가 다르다면 그중 가벼운 쪽을 택한 후 동전 개수가 홀수라면 아까 빼둔 동전(진짜 동전이다)을 하나 더해 짝수로 만든다. 이 동전들을 같은 개수씩 두 무더기로 나눈 후 다시 무게를 잰다. 양쪽의 무게가 같다면 여기 있는 동전은 모두 진짜 동전이므로 가짜 동전이 더 무겁다는 것을 알 수 있다. 양쪽의 무게가 다르다면 이 안에 가짜 동전이 있는 것이므로 가짜 동전이 더 가볍다는 결론을 내릴 수 있다.

당연히 한 번만 재도 가짜 동전이 가벼운지 무거운지 알아낼 방법은 없으므로 위에서 설명한 두 번 만에 가짜 동전이 더 가벼운지 무거운지 알아내는 방법이 저울 사용 횟수를 최소화하면서 가짜 동전이 진짜 동전보다 가벼운지 무거운지 판단할 수 있는 알고리즘이라고 할 수 있다.

2.44.3 참고사항

이 문제는 인스턴스(여기서는 동전 개수)의 크기와 무관하게 기본 절차를 똑같은 횟수만큼 반복하는 것만으로 (즉, 저울을 두 번 재는 것만으로) 문제를 풀 수 있는 매우 드문 예 중 하나라고 할 수 있다. 이와 비슷한 문제로 앞에서 소개한 "가짜 동전 무더기" 문제(2.011)를 들 수 있다.

Dick Hess의 퍼즐 문제집[Hes09, Problem 72]과 러시아 중학생 문제집[Bos07, p.41, Problem 4]에서 이와 비슷한 퍼즐을 찾아볼 수 있다.

2.045 나이트 최단 경로

체스의 나이트 말을 100 × 100 체스판의 한쪽 귀퉁이에서 대각선 방향 반대편 귀퉁이로 옮기는 데 필요한 최소 이동 횟수를 구하라.

2.45.1 힌트

최소 이동 경로 자체는 비교적 간단히 알아낼 수 있다. 그 경로가 최적 경로라는 것을 증명하는 것은 더 어렵지만 이 문제의 경우, 시작점과 도착점 사이의 거리를 측정하는 방법만 잘 고른다면 별로 어렵지 않다.

2.45.2 풀이

최소 이동 횟수는 66번이다.

나이트가 목표 지점까지 직선으로 움직일 수는 없지만 두 번 움직일 때마다 대각선 위에 있는 칸으로 갈 수 있다. 따라서 시작 지점을 각각 $(1, 1)$, $(100, 100)$이라고 하면 다음과 같이 66번 움직이면 된다(두 번 움직이는 작업을 반복해야 하는 횟수 k는 $1 + 3k = 100$에서 구할 수 있다).

$$(1, 1) - (3, 2) - (4, 4) - \cdots - (97, 97) - (99, 98) - (100, 100)$$

나이트가 움직이는 방식을 감안하면 체스판의 두 칸 사이의 거리를 맨하탄 거리로 측정하는 것도 좋다. 맨하탄 거리는 두 칸 사이의 거리를 가로세로 방향으로 움직여야 하는 거리를 합친 값이다. 여기서 시작점부터 도착점까지의 맨하탄 거리는 $(100 - 1) + (100 - 1)$ $= 198$이다. 나이트가 한 번 움직일 때 줄어드는 맨하탄 거리가 3을 초과할 수는 없으므로 목적지에 도착하려면 최소 66번 움직여야 한다. 이렇게 위에서 제시한 행마법이 실제로 최적 경로라는 것을 증명할 수 있다.

2.45.3 참고사항

이 퍼즐의 풀이법은 "탐욕 접근법"이라고 생각할 수 있다(튜토리얼의 알고리즘 설계 전략 부분 참조). 각 단계마다 목표지점에 이르는 맨하탄 거리를 줄이는 방식이기 때문이다. 물론 이런 식으로 만들어낸 경로가 유일한 것은 아니다. "나이트가 갈 수 있는 곳" 퍼즐(2.100)에서 임의의 $n \times n$ 체스판을 다루는 방법을 살펴볼 수 있다.

2.046 삼색 배치

3행 n열의 직사각형 판에 $3n$개의 말이 채워져 있다. n개는 빨간색, n개는 흰색, n개는 파란색이다. 모든 열에 서로 다른 색의 말이 한 개씩 놓이도록 말을 재배치해야 한다. 각 말은 같은 행 안에서만 맞바꿀 수 있다. 이 작업을 할 수 있는 알고리즘을 설계하거나 그런 알고리즘이 존재하지 않는다는 것을 증명하라.

2.46.1 힌트

1 이상의 모든 정수 n에 대해 문제에서 요구하는 작업을 수행할 수 있다.

2.46.2 풀이

$n = 1$일 때는 문제가 자동으로 풀린다. 세 말이 하나뿐인 열의 각 행에 하나씩 들어가면 된다. $n > 1$일 때는 첫 번째 열에 들어가는 세 말이 서로 다른 색이 되도록 재배치할 수 있고 그런 재배치 작업을 더 작은 크기의 판에 대해 반복하면 문제를 해결할 수 있다는 것을 보여주겠다.

첫 번째 열에 있는 말을 생각해보자. 세 가지 상황을 생각할 수 있다. (i) 세 말의 색이 모두 다른 경우, (ii) 두 말의 색이 같은 경우, (iii) 세 말의 색이 모두 같은 경우다. (i)의 경우에는 첫 번째 열에 있는 말은 그대로 두면 된다.

(ii)의 경우에는 일반성을 잃지 않고 색이 같은 두 말(편의상 빨간색(R) 말이라고 하자)이 첫 두 행에 있고 첫 번째 열의 세 번째 행에 있는 말은 흰색(W)이라고 가정하자(그림 2-43 참조). 파란색(B) 말은 총 n개 있고 그중 세 번째 행에는 최대 $n - 1$개까지만 들어

갈 수 있으므로 최소한 한 개는 첫 번째, 두 번째 행에 있어야 한다. 이제 2열에서 시작해 파란색 말이 나올 때까지 오른쪽으로 쭉 훑어나간다. 파란색 말을 찾고 나면 그 말을 첫 번째 열에 있는 빨간색 말과 맞바꾼다.

마지막으로 (iii)의 경우를 생각해보자. 이번에는 일반성을 잃지 않고 첫 번째 열에 빨간색 말만 들어가 있다고 가정하자. 이제 세 행에는 빨간색이 아닌 말이 한 개씩 들어가야 하므로 세 번째 행을 훑어가면서 빨간색이 아닌 말을 찾아 첫 번째 열에 있는 빨간색 말과 맞바꿔주면 (ii)와 같은 경우가 만들어진다.

▼ 그림 2-43 (ii)번 경우와 (iii)번 경우

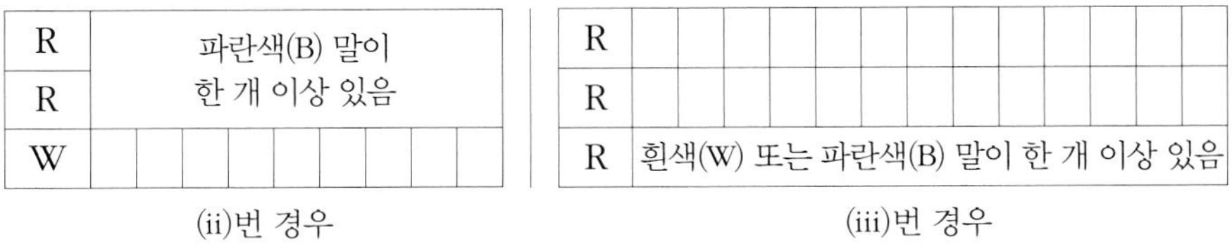

(ii)번 경우 / (iii)번 경우

2.46.3 참고사항

이 퍼즐을 해결하기 위한 알고리즘에서는 알고리즘 설계 전략에 대한 튜토리얼에서 1씩 감소시킨 다음 문제를 변환시키는 아이디어를 활용한다.

이 퍼즐은 A. Spivak의 문제 모음집[Spi02, Problem 670]에 포함되어 있다.

ALGORITHMIC PUZZLES

2.047 전시 계획

어떤 박물관의 전시회 공간이 16개 방으로 나눠져 있다. 16개 방은 그림 2-44와 같이 배치되어 있다. 수평, 수직으로 인접한 방 사이에는 모두 문이 있다. 추가로 건물의 북쪽과 남쪽 면(배치도에서 맨 위쪽과 맨 아래쪽)에 있는 방에는 건물 밖으로 연결되는 문이 각각 한 개씩 있다. 새 전시회를 계획할 때 큐레이터는 관람객이 북쪽에 있는 문 중 하나로 입장해 모든 방을 단 한 번씩 지나 남쪽에 있는 문 중 하나로 퇴장하도록 동선을 짜고 개방할 문을 결정해야 한다. 또한, 개방하는 문의 개수는 최소한으로 줄여야 한다.

a. 열어야 할 문의 최소 개수는?

b. 전시장의 입구와 출구는 각각 어느 방에 배치해야 할까?

활용할 수 있는 입구-출구 쌍을 모두 구하라.

▼ 그림 2-44 16개 방 배치도

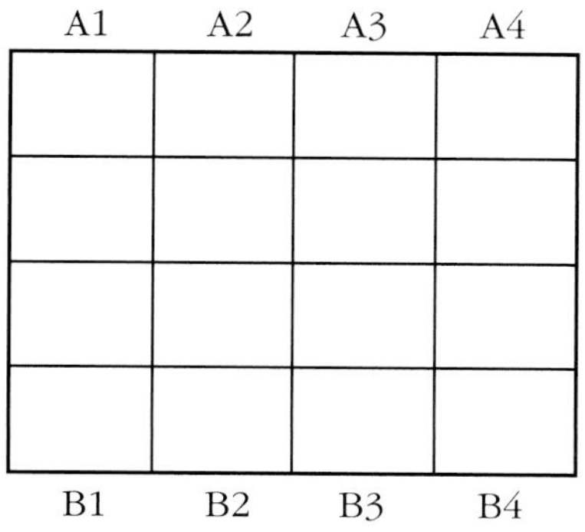

2.47.1 힌트

첫 번째 질문의 답은 매우 자명하다. 두 번째 문제의 답은 튜토리얼의 알고리즘 분석 기법에서 설명한 불변량 개념을 응용해 구할 수 있다.

2.47.2 풀이

a. 각 방을 단 한 번씩만 지나가야 하므로 각 방을 서로 다른 문을 통해 들어가고 나가야 한다. 따라서 전시장에 들어가는 문 한 개, 전시장 밖으로 나가는 문 한 개를 포함해 최소 17개 문을 열어야 한다.

b. 그림 2-45와 같이 각 방을 4×4 체스판처럼 칠하면 어느 경로를 택하든 색상이 계속 바뀌는 식으로 움직인다. 총 16개 방을 지나가야 하므로 첫 번째와 마지막 방의 색은 서로 달라야 한다. 따라서 입구와 출구 쌍은 (A1, B1), (A1, B3), (A2, B2), (A2, B4), 그리고 이와 대칭적으로 (A4, B4), (A4, B2), (A3, B3), (A3, B1) 중 하나다. 그림

2-46에 앞쪽 네 쌍의 입구－출구에 대해 (여러 가능한 경로 중) 하나씩의 경로를 표시했다. 이때 각 방을 표시하는 네모와 경로선이 만나는 쪽의 문들은 열려 있다고 가정한다.

▼ 그림 2-45 체스판처럼 칠한 16개 방

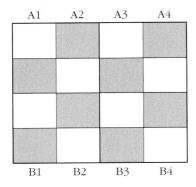

▼ 그림 2-46 네 가지 입구—출구 쌍에 대해 모든 방을 한 번씩 지나가는 경로의 예

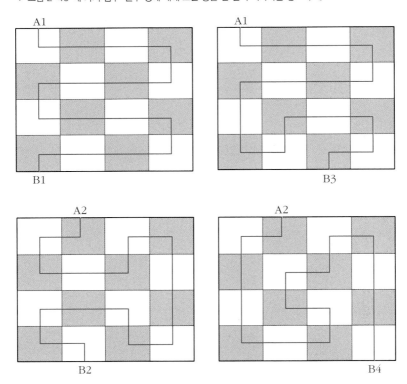

2.47.3 참고사항

이 퍼즐은 4×4 체스판을 나타내는 그래프의 해밀턴 경로에 대한 문제로 해석할 수 있지만 표준적인 정사각형 색칠하기 문제의 방법을 직접 적용하면 훨씬 쉽게 풀 수 있다.

2.048 / 맥너겟 수

맥도날드에서 판매하는 치킨 맥너겟 주문으로 만들어낼 수 있는 양의 정수를 맥너겟 수라고 부른다. 맥너겟은 한 상자에 4개, 6개, 9개, 20개 단위로 판매한다.[1]

a. 맥너겟 수가 아닌 모든 양의 정수를 구하라.

b. 어떤 맥너겟 수가 주어졌을 때 각 크기별로 몇 상자씩 주문해야 하는지 계산해주는 알고리즘을 설계하라.

2.48.1 힌트

맥너겟 수가 아닌 정수는 여섯 개뿐이다. 나머지 수에 대해서는 감소 정복 전략을 적용해 주문해야 할 크기별 상자 수를 구할 수 있다.

2.48.2 풀이

a. 1, 2, 3, 5, 7, 11은 분명히 맥너겟 수가 아니다.

b. 위에 있는 여섯 개 수를 제외한 모든 수는 4, 6, 9, 20개들이 맥너겟 상자를 모아 만들어낼 수 있는데 그 방법은 이렇다. 일단 $n \leq 15$에 대해서는 다음과 같은 조합을 사용하면 된다.

---

1 **역주** 맥너겟 포장 단위는 국가와 시대에 따라 다를 수 있지만 여기서는 4, 6, 9, 20개 단위로 생각하자.

$$4 = 1 \cdot 4,\ 6 = 1 \cdot 6,\ 8 = 2 \cdot 4,\ 9 = 1 \cdot 9,\ 10 = 1 \cdot 4 + 1 \cdot 6,$$

$$12 = 3 \cdot 4(또는\ 2 \cdot 6),\ 13 = 1 \cdot 4 + 1 \cdot 9,\ 14 = 2 \cdot 4 + 1 \cdot 6,\ 15 = 1 \cdot 6 + 1 \cdot 9$$

$n > 15$에 대해서는 $n - 4$에 대해 똑같은 식으로(즉, 재귀적 방법으로) 문제를 푼 다음 거기에 네 개들이 맥너겟을 한 상자 더해주면 된다.

또 다른 방법은 재귀호출을 쓰는 대신 $n - 12$를 4로 나눈 몫 k와 나머지 r을 구하는 것이다(즉, $n - 12 = 4k + r$, $k \geq 0\ \&\ 0 \leq r \leq 3$이다). 이러면 n을 $4k + (12 + r)$로 쓸 수 있다. 위에 있는 12 − 15 중에서 $12 + r$에 해당하는 조합을 선택한 다음 네 개들이 맥너겟 k 상자를 더해주면 된다.

2.48.3 참고사항

위에 있는 알고리즘은 4씩 감소시키는 감소 정복 전략을 바탕으로 한다. 이 알고리즘에서 20개들이 상자는 아예 없어도 된다(20은 4의 배수이기 때문이다). 물론 원한다면 위와 같이 풀이를 구한 다음 네 개들이 다섯 상자를 20개들이 한 상자로 바꿔도 된다.

일반적으로 모든 원소의 최대공약수가 1인 어떤 자연수 집합이 주어졌을 때 그 집합의 원소의 선형 조합으로 표현할 수 없는 가장 작은 양의 정수를 구하는 문제를 Frobenius의 동전 문제([Mic09, Section 6.7] 등 참조)라고 부른다.

2.049 선교사와 식인종

선교사 세 명, 식인종 세 명이 강을 건너가야 한다. 보트에는 두 명까지만 탈 수 있고 사람 없이 보트 스스로 강을 건너갈 수는 없다. 선교사와 식인종은 모두 노를 저을 줄 안다. 강을 건너가는 횟수를 최소화하면서 여섯 명 모두 강을 건너갈 수 있는 방법을 구하라.

2.49.1 힌트

강을 11번 건너가면 된다. 알고리즘 설계 전략에 대한 튜토리얼에서 이와 비슷한 문제를 다룬 적이 있다.

2.49.2 풀이

이 문제에 대한 상태 공간 그래프를 그려 문제를 풀 수 있다(그림 2-47).

▼ 그림 2-47 선교사와 식인종(missionaries and cannibals) 퍼즐의 상태 공간 그래프. 각 꼭짓점은 직사각형으로 표시되어 있는데 그 안에 있는 두 막대는 강을 나타내고 회색 타원은 보트의 위치를 나타낸다. 초기 상태와 최종 상태를 나타내는 꼭짓점은 굵은 선으로 표시했다. 변에 붙은 레이블은 보트를 타고 이동하는 사람을 나타낸다.

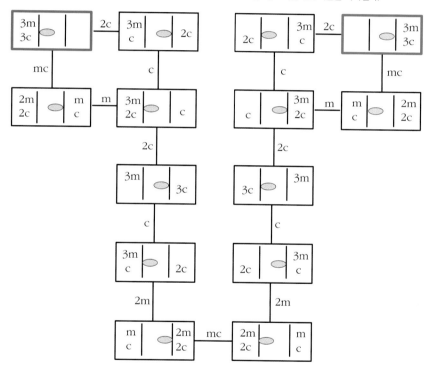

초기 상태 꼭짓점에서 최종 상태 꼭짓점으로 11단계를 거쳐 갈 수 있는 다음과 같은 네 가지 경로가 최소 횟수로 강을 건너가는 해법이다(m은 선교사, c는 식인종을 나타낸다).

$$2c \rightarrow c \rightarrow 2c \rightarrow c \rightarrow 2m \rightarrow mc \rightarrow 2m \rightarrow c \rightarrow 2c \rightarrow c \rightarrow 2c$$

$$2c \rightarrow c \rightarrow 2c \rightarrow c \rightarrow 2m \rightarrow mc \rightarrow 2m \rightarrow c \rightarrow 2c \rightarrow m \rightarrow mc$$

$$mc \rightarrow m \rightarrow 2c \rightarrow c \rightarrow 2m \rightarrow mc \rightarrow 2m \rightarrow c \rightarrow 2c \rightarrow c \rightarrow 2c$$

$$mc \rightarrow m \rightarrow 2c \rightarrow c \rightarrow 2m \rightarrow mc \rightarrow 2m \rightarrow c \rightarrow 2c \rightarrow m \rightarrow mc$$

2.49.3 참고사항

선교사 중 한 명, 식인종 중 두 명이 노를 저을 수만 있으면 위와 같은 식으로 강을 건너가는 데 충분하다.

이 풀이는 이런 유형의 문제 풀이의 표준이라고 할 수 있는 상태 공간 그래프를 생성하는 방법을 기반으로 한다. 또 다른 풀이법은 [Pet09, p.253]을 참조하자.

이 퍼즐은 요크의 앨퀸(Alcuin of York, c.735–804)이 남긴 중세 수학 퍼즐 모음에 있는 세 개의 강 건너기 퍼즐을 19세기에 변형한 문제다. 이 책의 첫 번째 튜토리얼에서 풀었던 질투심 많은 두 남편(질투심 많은 세 남편 문제의 두 커플 버전) 문제와 매우 밀접하게 연관된 문제다. David Singmaster의 annotated bibliography[Sin10, Section 5.B]에서 다른 참고문헌과 변형을 찾아볼 수 있다.

ALGORITHMIC PUZZLES

2.050 마지막 공

a. 한 가방 안에 검은색 공 20개, 흰색 공 16개가 들어 있다. 가방 안에 공이 한 개만 남을 때까지 다음 과정을 반복한다. 한 번에 두 개씩 공을 꺼낸다. 두 공의 색이 같으면 검은색 공 한 개, 색이 다르면 흰색 공 한 개를 가방 안에 집어넣는다. 가방 안에 남을 마지막 공의 색을 예상할 수 있는가?

b. 처음 시작할 때 검은색 공이 20개, 흰색 공이 15개였다면 어떻게 될까?

2.052 삼각형 개수

처음에 정삼각형 한 개가 주어진다. 각 단계마다 바깥쪽 테두리에 정삼각형을 새로 덧붙인다. n이 각각 1, 2, 3인 경우의 결과물은 그림 2-48과 같다. n번째 단계에서 작은 정삼각형은 총 몇 개인가?

▼ 그림 2-48 삼각형 개수 문제의 1, 2, 3번째 결과

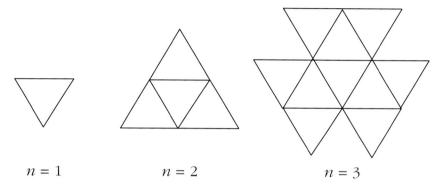

$n = 1$　　　　　$n = 2$　　　　　$n = 3$

2.52.1 힌트

각 단계마다 더해지는 작은 삼각형 개수 패턴을 활용하자. 알고리즘 분석 기법에 대한 튜토리얼에서 비슷한 예를 다룬 적이 있다.

2.52.2 풀이

n번째 단계에서 작은 삼각형 개수는 $\frac{3}{2}(n-1)n + 1$이다.

n번째 단계에서 작은 삼각형 개수를 $T(n)$이라고 할 때 1 − 4까지의 수에 대해 $T(n)$을 구하면 다음과 같다.

n	$T(n)$
1	1
2	$1 + 3 = 4$
3	$4 + 6 = 10$
4	$10 + 9 = 19$

n번째 단계에서 새로 추가되는 작은 삼각형 개수는 $n > 1$에 대해 $3(n - 1)$이라는 것을 쉽게 알 수 있고 수학적 귀납법으로 증명할 수도 있다. 따라서 n번째 단계에서 작은 삼각형의 전체 개수는 다음과 같은 식으로 계산할 수 있다.

$$1 + 3 \cdot 1 + 3 \cdot 2 + \cdots + 3(n - 1)$$
$$= 1 + 3(1 + 2 + \cdots + (n - 1)) = \frac{3}{2}(n - 1)n + 1$$

2.52.3 참고사항

이 퍼즐은 알고리즘 분석에서 나올 수 있는 간단한 예제의 일종으로 볼 수 있다. 알고리즘 분석 기법에 대한 튜토리얼에서 비슷한 예를 살펴본 적이 있다.

이 퍼즐은 A. Gardiner의 〈Mathematical Puzzling〉[Gar99, p.88, Problem 1]에서 가져왔다.

2.053 용수철 저울로 가짜 동전 찾아내기

모양이 똑같은 n개의 동전이 있다. 그중 $n - 1$개는 진짜 동전이고 그 무게 g가 알려져 있지만 한 개는 가짜 동전이고 무게가 g와 다르다는 것만 안다. 용수철 저울을 최소 횟수만 사용하면서 가짜 동전을 알아내는 알고리즘을 설계하라(용수철 저울에 여러 동전을 올리면 총 무게를 정확히 알 수 있다고 가정하자).

2.53.1 힌트

일부 동전의 무게를 재면 어떤 정보를 얻을 수 있을까?

2.53.2 풀이

가짜 동전을 찾아낼 수 있는 용수철 저울의 최소 사용 횟수는 $\lceil \log_2 n \rceil$이다.

n개 동전 중에서 임의의 동전 $m \geq 1$개를 고른 부분집합 S가 있다고 가정하자. 총 무게가 gm이라면 S에 속하는 모든 동전은 진짜이고 그렇지 않다면 그중 한 개가 가짜다. 전자의 경우에는 S에 속하지 않는 동전, 후자의 경우에는 S에 속하는 동전으로 가짜 동전 찾기 작업을 계속 하면 된다. S에 전체 동전 중 (정확히 또는 거의) 절반이 들어 있다면 한 번 무게를 재면 가짜 동전이 들어 있을 수 있는 동전 모음의 크기가 절반씩 줄어든다. 원래 동전의 개수가 n이므로 이렇게 반으로 나누고 무게를 재는 작업을 $\lceil \log_2 n \rceil$번 반복하면 집합의 크기가 1까지 줄어든다(형식을 갖춰 따져보자면 무게를 재는 횟수의 최댓값은 $n > 1$일 때 $W(n) = W(\lceil n/2 \rceil) + 1$, $W(1) = 0$이라는 점화식으로 정의할 수 있으며 이 점화식을 풀면 $W(n) = \lceil \log_2 n \rceil$이다).

2.53.3 참고사항

이 알고리즘은 절반씩 줄이는 감소 정복 전략을 기반으로 한다. 첫 번째 튜토리얼에서 소개한 숫자 맞히기(스무고개) 게임과 거의 똑같다.

문제가 있는 동전을 찾아내는 문제는 수학 퍼즐에서 가장 인기 있는 문제 중 하나다. 보통 용수철 저울보다 양팔 저울을 사용하는 문제가 더 흔하다. 이 문제에 대한 더 자세한 논의는 C. Christen과 F. Hwang의 논문[Chr84]에서 찾아볼 수 있다.

2.054 직사각형 판 자르기

모눈종이 위에 $m \times n$ 직사각형 판이 그려져 있다. 모눈종이 위에 그려진 선을 따라 직선으로 잘라 mn개의 1×1 정사각형을 만들어야 한다. 종이를 여러 장 겹쳐 한꺼번에 자를 수 있고 이때 자른 횟수는 한 번으로 간주한다. 자르는 횟수를 최소화해 이 작업을 처리할 수 있는 알고리즘을 설계하라.

2.54.1 힌트

이 문제의 1차원 버전이라고 할 수 있는 막대 자르기(2.030)에서 시작해보자.

2.54.2 풀이

한 $h \times w$ 직사각형을 수직(수평) 방향으로 자르면 너비(높이)가 $[w/2]$ ($[h/2]$) 이상인 직사각형이 만들어지므로 주어진 $m \times n$ 직사각형을 mn개의 1×1 정사각형으로 자르려면 $[\log_2 n] + [\log_2 m]$번 잘라야 한다. 이것은 다음과 같은 알고리즘으로 해낼 수 있다. 첫째, 너비가 1보다 큰 직사각형을 – 최대한 중앙에 가까운 – 선을 따라 $[\log_2 n]$번 수직 방향으로 자른다. 그런 다음 높이가 1보다 큰 직사각형(너비가 1인 띠)을 – 최대한 중앙에 가까운 – 선을 따라 $[\log_2 m]$번 수평 방향으로 자른다.

2.54.3 참고사항

1차원 버전에서와 마찬가지로 – 막대 자르기(2.030) 참조 – 이 퍼즐에서는 절반씩 줄이는 감소 정복의 최적성을 활용한다. 판을 여러 장 겹쳐 한꺼번에 자를 수 없는 퍼즐(알고리즘 분석 기법에 대한 튜토리얼에 나와 있는 초코바 쪼개기 퍼즐 참조)에서는 전혀 다른 – 불변량을 이용하는 – 방법을 사용한다.

이 퍼즐과 비슷한 문제는 David Singmaster의 문헌[Sin10, Section 6.AV]에 따르면 1880년에도 이미 나와 있었다. 그 문제는 2×4 직사각형을 세 번만 잘라 여덟 개의 정사각형을 만드는 것이었다. 이 퍼즐의 일반화된 버전은 James Tanton의 책[Tan01]에 수록되어 있는데 그 책에는 수학적 귀납법으로 위의 공식을 증명하는 방법(p.118)도 실려 있다.

2.055 주행거리 퍼즐

한 자동차의 주행거리계에서 000000 이상, 999999 이하의 모든 여섯 자리 조합을 표시할 수 있다. 000000부터 999999까지 가는 동안 숫자 1이 최소한 한 개 이상 들어가는 조합은 총 몇 개인가? 숫자 1이 표시되는 횟수는 총 몇 번인가? (예를 들어 101111이 표시되면 숫자 1이 표시되는 횟수에 5가 추가되며 다음 조합으로 넘어가 101112가 표시되면 숫자 1이 표시되는 횟수에 4가 더해진다)

2.55.1 힌트

첫 번째 문제는 표준적인 조합 개념을 활용해 답할 수 있다. 두 번째 문제는 방향만 잘 잡으면 복잡한 계산 없이 답을 구할 수 있다.

2.55.2 풀이

첫 번째 문제의 답은 468559이고 두 번째 문제의 답은 600000이다.

첫 번째 문제의 답은 거리계에 표시될 수 있는 모든 거리의 개수와 1이 한 개도 들어가지 않는 거리의 개수 차이로 구할 수 있다. 거리계에 표시될 수 있는 모든 거리의 개수는 당연히 10^6이다. 1이 들어가지 않는 모든 거리의 개수는 숫자가 들어갈 여섯 자리에 1을 제외한 다른 숫자를 집어넣어 만들 수 있으므로 9^6이다. 따라서 숫자 1이 들어가지 않는 모든 거리의 개수는 $10^6 - 9^6 = 468559$다.

두 번째 문제의 답을 구하려면 열 개의 숫자가 나오는 횟수가 모두 같다는 점에 주목해야 한다. 따라서 1이 등장하는 횟수는 모든 거리에 모든 숫자가 등장하는 횟수 총합의 1/10이므로 $0.1(6 \cdot 10^6) = 600000$이다.

2.55.3 참고사항

이 퍼즐의 핵심은 두 번째 튜토리얼에서 논의한 일반적인 기법을 적용하는 것보다 그 문제에만 적용되는 방법을 활용해 알고리즘을 분석하는 것이 훨씬 쉬울 때도 있다는 것이다.

두 번째 문제는 2008년 10월 27일 미국 공영 라디오 방송 NPR의 "Car Talk"에서 소개되었다.[CarTalk]

2.056 신병 줄 세우기

지휘관이 신병들에게 연설하기 전에 신병들을 예쁘게 줄 세우라는 명령이 하달되었다. 이때 서로 이웃한 병사들의 키 차이의 평균값을 최소화하라는 명령이 내려왔다. 착한 병사 슈바이크는 가장 키가 큰 신병을 맨 앞에, 가장 작은 신병을 맨 뒤에 세운 다음 나머지는 그 사이에 무작위로 세웠다. 슈바이크는 명령을 충실히 이행한 것일까? 명령대로라면 신병을 어떻게 배치해야 할까?

2.56.1 힌트

첫 번째 문제는 쉽게 답할 수 있을 것이다. 어쩌면 당연하게도 슈바이크가 줄 세운 방법은 정답이 아니다. 명령대로 줄 세우는 방법은 두 가지다.

2.56.2 풀이

n명의 신병이 있고 i ($i = 1, 2, \cdots, n$)번째 신병의 키를 b_i라고 할 때 슈바이크는 지휘관의 명령을 다음과 같은 식을 최소화하라는 의미로 이해한 것으로 보인다.

$$\frac{1}{n}[(b_2 - b_1) + (b_3 - b_2) + \cdots + (b_n - b_{n-1})] = \frac{1}{n}(b_n - b_1) \tag{1}$$

$(b_n - b_1)/n$은 음수일 수 있으므로 이 값을 최소화한다는 것은 가장 작은 음수, 즉 절댓값이 가장 큰 음수가 되도록 신병을 줄 세운다는 뜻이다. 이렇게 하려면 b_1과 b_n이 각각 가장 큰 값과 가장 작은 값이 되도록 하면 된다. 그 사이의 값이 어떤 식으로 배치되든 결과는 달라지지 않는다.

지휘관이 의도한 순서는 인접한 신병간 키 차이의 **크기**의 평균을 최소화하는 것이었을 것이다. 즉, 다음 식을 최소화해야 하는 식이다.

$$\frac{1}{n}(|b_2 - b_1| + |b_3 - b_2| + \cdots + |b_n - b_{n-1}|) \tag{2}$$

n은 고정된 값이므로 맨 앞에 붙은 $1/n$은 무시해도 된다. (2)번 식에 주어진 합이 최소가 되는 조건은 키를 증가 또는 감소하는 순서로 정렬해 키 차이의 합이 가장 큰 키와 가장 작은 키의 차이 $b_{max} - b_{min}$가 되도록 하는 것이다. 순서가 달라지는 상황이라면 마치 b_{min}에서 시작해 b_{max}에서 끝나는 선분 안에 여러 작은 선분을 서로 겹치게 배치했을 때 안에 있는 작은 선분들을 모두 한 줄로 겹치지 않도록 이어 놓으면 그 총 길이가 $b_{max} - b_{min}$보다 커지는 것과 같다고 볼 수 있다. 수학적 귀납법을 사용해 엄밀히 증명하는 것도 별로 어렵지 않다.

2.56.3 참고사항

(1)번 식의 좌변에 있는 합 $(b_2 - b_1) + (b_3 - b_2) + \cdots + (b_n - b_{n-1})$을 망원급수라고 부른다. 여러 개의 관으로 이뤄진 망원경의 양 끝을 누르면 중간이 없어지고 접안렌즈와 대물렌즈 부분이 가까워지듯이 중간에 있는 항들을 모두 상쇄시키면 첫 번째 항과 마지막 항만 남는 모양이기 때문이다.

이 퍼즐은 체코 작가 Jaroslav Hasek(1883–1923)의 유명 소설 〈착한 병사 슈바이크(The Good Soldier Švejk)〉에 등장하는 주인공의 일화에서 따왔다. 이 풍자 소설에서 슈바이크는 명령을 따르겠다는 의지로 가득 찼지만 실제로는 원래 명령의 의도와 반대되는 식으로 실천하는 단순한 인물로 묘사된다.

2.057 / 피보나치의 토끼

어떤 사람이 네 면이 벽으로 둘러싸인 공간 안에 토끼 한 쌍을 집어넣었다. 맨 처음 들어간 암수 한 쌍은 둘 다 갓 태어난 토끼다. 모든 토끼 쌍은 태어나 첫 한 달 동안은 임신이 불가능하지만 두 번째 달 말일부터는 매달 암수 한 쌍씩 새끼를 낳는다. 1년 후 토끼는 총 몇 쌍이 될까?

2.57.1 힌트

n개월 후 토끼 수를 이전 달의 토끼 수를 바탕으로 표현할 수 있는 식을 세워보자.

2.57.2 풀이

12개월 후 토끼는 총 233쌍이 된다.

n번째 달 말일 토끼 쌍(암수 한 쌍) 수를 $R(n)$이라고 하자. $R(0) = 1$이고 $R(1) = 1$이다. 1보다 큰 모든 n에 대해 $R(n)$은 $n - 1$번째 달 말일의 토끼 쌍 수 $R(n - 1)$에 n번째 달 말일에 태어난 토끼 쌍 수를 더한 값이 된다. 문제에서 주어진 가정에 의하면 새로 태어난 토끼 쌍 수는 $n - 2$번째 달 말일 기준 토끼 쌍 수, 즉 $R(n - 2)$와 같다. 따라서 다음과 같은 점화식을 세울 수 있다.

$$n > 1인 경우: R(n) = R(n - 1) + R(n - 2), R(0) = 1, R(1) = 1$$

이런 점화식으로 정의되는 수를 피보나치 수라고 부르며 첫 13개 항을 적어보면 다음 표와 같다.

n	0	1	2	3	4	5	6	7	8	9	10	11	12
$R(n)$	1	1	2	3	5	8	13	21	34	55	89	144	233

2.57.3 참고사항

$R(n)$은 정석적인 피보나치 수열과는 조금 다르다. 피보나치 수열은 점화식은 $F(n) = F(n - 1) + F(n - 2)$로 같지만 초기 조건을 보통 $F(0) = 0$, $F(1) = 1$로 놓는다. 물론 0 이상의 n에 대해 $R(n) = F(n + 1)$이다. $R(12)$를 잘 알려진 피보나치 수 일반항 공식 ([Gra94, Section 6.6] 등 참조)

$$R(n) = F(n + 1) = \frac{1}{\sqrt{5}}\left[\left(\frac{1 + \sqrt{5}}{2}\right)^{n+1} - \left(\frac{1 - \sqrt{5}}{2}\right)^{n+1}\right]$$

또는

$$R(n) = F(n + 1) = \frac{1}{\sqrt{5}}\left(\frac{1 + \sqrt{5}}{2}\right)^{n+1}$$ 가장 가까운 정수로 반올림

을 사용해 구할 수도 있다.

알고리즘 관점에서 보면 이 퍼즐은 알고리즘을 설명한 다음 그 결과를 묻는 문제다. 알고리즘 퍼즐은 대부분 주어진 알고리즘을 적용했을 때의 결과를 구하는 것보다 알고리즘 설계가 목표이므로 이런 문제는 흔치 않은 편이다.

이 퍼즐은 Fibonacci라는 이탈리아의 유명 수학자 피사의 레오나르도가 1202년에 쓴 산술교본(Liber Abaci, The Book of Calculation)에 나온다(〈산술교본〉은 아라비아 숫자 체계를 유럽에 널리 알렸다는 점에서 더 중요한 의미가 있다). 그 문제의 답이 되는 수열은 지금까지 발견된 수열 중에서 가장 흥미롭고 중요한 수열 중 하나로 꼽힌다. 피보나치 수열은 여러 가지 신기한 특징이 있을 뿐만 아니라 자연 및 과학의 여러 분야에서 뜬금없이 등장하기도 한다. 최근에는 피보나치 수열에 대한 여러 책과 웹 사이트는 물론 Fibonacci Quarterly라는 계간 저널도 있을 정도다. 영국 수학자 Ron Knott의 웹 사이트[Knott]에서 피보나치 수에 대한 퍼즐을 매우 많이 찾아볼 수 있다.

2.058 한 번 정렬, 두 번 정렬

52장의 카드 한 벌을 섞어 탁자 위에 앞면이 위로 가도록 4행 13열로 늘어놓는다. 각 행별로 숫자(에이스는 1로 보고 J, Q, K는 각각 11, 12, 13으로 본다)를 기준으로 감소하지 않는 순서로 정렬한다. 카드의 수가 같을 때는 클럽(가장 낮음), 다이아몬드, 하트, 스페이드(가장 높음) 순으로 정렬한다. 이 작업이 끝나면 각각의 열에 대해 똑같은 방법으로 정렬한다. 이 상태에서 각 행을 다시 정렬한다면 최대 몇 쌍의 카드를 맞바꿔야 할까?

2.58.1 힌트

더 적은 수의 카드로 2차원 배열을 만들어 문제를 풀어보면서 아이디어를 찾아보자.

2.58.2 풀이

정답은 0이다.

의외의 정답일 수도 있다. 답이 0인 것은 다음과 같은 성질 때문이다. 수가 n개씩 들어 있는 수열 $A = a_1, a_2, \cdots, a_n$와 $B = b_1, b_2, \cdots, b_n$가 있는데 A에 있는 각 원소가 B의 같은 위치에 있는 원소 이하의 값을 가진다면(즉, $a_j \leq b_j$, $j = 1, 2, \cdots, n$) 모든 $i = 1, 2, \cdots, n$에 대해 A에서 i번째로 작은 원소는 B에서 i번째로 작은 원소 이하의 값을 갖게 된다. 예를 들어 A, B가 다음과 같다면

$$A: \quad 3 \quad 4 \quad 1 \quad 6$$
$$B: \quad 5 \quad 9 \quad 5 \quad 8$$

A, B에서 가장 작은 원소는 각각 1과 5이고 두 번째로 작은 원소는 3과 5, 세 번째로 작은 원소는 4와 8, 네 번째로 작은 원소는 6과 9다. 이렇게 몇 번째로 작은 원소 값이 얼마인지 알아내는 가장 간단한 방법은 수열을 정렬하는 것이다.

$$A': \quad 1 \quad 3 \quad 4 \quad 6$$
$$B': \quad 5 \quad 5 \quad 8 \quad 9$$

이런 성질을 증명하기 위해 B에서 i번째로 작고 j번째 위치에 있는 원소 $b'_i = b_j$를 생각해 보자(예를 들어 $i = 3$이라면 위의 예에서 $b'_3 = b_4 = 8$은 B에서 세 번째로 작고 네 번째 위치에 있는 원소다). b'_i은 B에서 i번째로 작은 원소이므로 B에는 b'_i 이하인 원소가 $i - 1$개 있다(위의 예에서는 5와 5다). 각각의 이 원소와 b'_i 자체에 대해 B에서의 원래 위치를 기준으로 생각할 때 A에는 이 B의 각 원소에 해당하는 위치에 있으면서 각 원소 이하의 값을 가지는 원소 i개가 있다(위의 예에서는 3, 1, 6이다). 따라서 b'_i은 A에 있는 (최소한) i개의 원소 이상의 값을 가진다. 이것은 A에서 i번째로 작은 원소를 a'_i라고 할 때 $a'_i \leq b'_i$이라는 것을 뜻한다. 그렇지 않다면 A에는 a'_i보다 작은 원소가 (최소한) i개 있어야 한다.

이제 카드를 각 행별로 먼저 정렬한 후의 임의의 두 열 k, l $(k < l)$에 있는 카드를 각각 A와 B라고 생각해보자. 배열의 열을 정렬하고 나면 i번째 행$(i = 1, 2, \cdots, n)$에는 그 열에서 i번째로 작은 카드가 들어가게 된다. 위에서 설명한 성질에 따르면 k열에 있는 카드는 l열에 있는 카드 이하의 값을 갖게 된다. k열과 l열은 임의로 선택한 열이므로 임의의 i번째 행은 모두 이미 정렬된 상태라는 것을 알 수 있다.

2.58.3 참고사항

이런 성질은 각 열과 각 행에 대해 정렬한 모든 2차원 배열에 대해 성립된다. Donald Knuth의 〈The Art of Computer Programming〉[Knu98, p.238, Problem 27] 3권에 이 내용이 연습문제로 들어가 있다. 커누스는 이 문제가 원래 Hermann Börner가 1955년에 낸 책(p.669)에 들어 있다고 밝혔다. 이 문제는 Peter Winkler가 낸 두 번째 수학 퍼즐 책[Win07, p.21]에도 들어 있는데 그 책의 풀이에는 "때에 따라 너무 당연해 보이거나 신기하게 여겨지는 종류의 문제"라는 설명이 들어 있다(p.24).

2.059 / 두 가지 색 모자

ALGORITHMIC PUZZLES

한 감옥에 매우 똑똑한 죄수 12명이 있다. 그 죄수들을 제거하기 위해 교도소장이 다음과 같은 시험을 고안했다. 각 죄수의 머리에 흰색 또는 검은색 모자를 씌운다. 12명 모두 흰색 모자나 검은색 모자만 쓰는 경우는 없다. 죄수들에게도 이런 사실을 알려줬다. 각 죄수는 다른 모든 죄수들의 모자를 볼 수 있지만 자신의 모자는 볼 수 없다. 죄수들끼리 어떤 정보도 나눌 수 없다. 교도소장은 오후 12시 5분부터 시작해 오후 12시 55분까지 5분마다 죄수들을 한 줄로 세운다. 이 시험을 통과하기 위해서는 검은색 모자를 쓴 죄수 전원이 한꺼번에 한 발 앞으로 나가야 한다. 성공하면 모두 석방되고 실패하면 모두 처형된다. 죄수들이 이 시험에 통과하려면 어떻게 해야 할까?

2.59.1 힌트

검은색 모자가 한 개뿐이라고 가정하자. 검은색 모자를 쓴 죄수는 그 사실을 어떻게 알아낼 수 있을까? 다른 죄수들은 어떻게 알 수 있을까? 이 질문의 답을 일반화시키면 이 퍼즐을 풀 수 있다.

2.59.2 풀이

검은색 모자가 한 개뿐이라고 가정하자. 그러면 그 모자를 쓴 죄수는 다른 죄수가 모두 흰색 모자를 쓰고 있다는 것을 알게 된다. 검은색 모자가 최소한 한 개는 있다는 것을 알고 있으니 그것이 자신이라는 것을 알 수 있다. 다른 모든 죄수들이 보기에는 한 명이 검은색 모자를 쓰고 있을 텐데 그 상태에서 자신의 모자 색을 분명히 결정지을 수는 없다. 따라서 다른 죄수들이 모두 흰색 모자를 쓰고 있는 것을 확인한 (검은색 모자를 쓴) 죄수만 첫 번째 줄 세우기 때 앞으로 한 발 나설 것이고 모든 죄수는 석방될 수 있다.

검은색 모자가 두 개 있다고 가정하자. 그러면 첫 번째 줄 세우기 때는 자신의 모자 색을 확신할 수 있는 죄수가 한 명도 없으므로 아무도 앞으로 나서지 않는다. 하지만 두 번째 줄 세우기 때는 다른 죄수 중 한 명만 검은색 모자를 쓰고 있는 것을 본 죄수 두 명이 모두 한 발 앞으로 나설 수 있다. 첫 번째 줄 세우기 때 아무도 한 발 앞으로 나서지 않았기 때문에 죄수들은 검은색 모자가 최소한 두 개 있다는 것을 알 수 있다. 그리고 어떤 죄수에게 검은색 모자가 한 개밖에 안 보인다면 그 죄수는 자신이 나머지 한 개의 검은색 모자를 쓰고 있다고 결론내릴 수 있다. 검은색 모자가 두 개 보이는 다른 모든 죄수는 자신의 모자 색을 확신할 수 없을 것이므로 가만히 있을 것이다.

일반적으로 검은색 모자 개수가 k개라면($1 \leq k \leq 11$) 첫 $k - 1$번의 줄 세우기 동안 아무도 한 발 앞으로 나서지 않는다. 하지만 k번째 줄 세우기에서는 검은색 모자가 $k - 1$개 보이는 죄수가 전원 위에서 설명한 것과 같은 논리로 자신의 모자 색을 파악하고 앞으로 한 발 나서게 된다. 이전까지의 줄 세우기에서 아무도 나서지 않았다는 사실에서 검은색 모자가 최소 k개 있다는 것을 알 수 있다. 그런데 내 눈에 보이는 검은색 모자가 $k - 1$개라면 검은색 모자가 정확히 k개 있고 그중 한 개를 자신이 쓰고 있다는 것을 알 수 있다. 동시에 흰색 모자를 쓰고 있는 $n - k$명의 죄수는 — 똑똑한 죄수라면 당연히 — 자신의 모자 색을 유추할 수 없기 때문에 한 발 앞으로 나서지 않을 것이다. 결국 모든 죄수가 똑똑하다면 자유를 쟁취할 수 있다!

2.59.3 참고사항

이 풀이법은 검은색 모자 개수를 기준으로 감소 정복을 상향식으로 적용하는 유형이다.

이런 유형의 문제는 책과 같은 인쇄물이나 온라인상으로 다양하게 발표되었다. 여기의 버전은 W. Poundstone의 책[Pou03, p.85]에 있는 것과 비슷하다. 이런 유형의 문제 중에서 가장 오래된 것은 1935년 무렵 프린스턴의 유명한 논리학자 Alonzo Church가 소개한 문제로, 이마에 점이 찍힌 세 명에 대한 문제였다. 비슷한 구성으로 더 어려운 문제를 풀어보고 싶다면 이 책에 실린, 번호 달린 모자(2.147) 문제를 찾아보자.

2.060 삼각형과 정사각형

각 줄마다 1, 3, ⋯, $2n - 1$개의 똑같은 동전을 배치해 n줄($n > 1$)짜리 직각 이등변 삼각형을 만들었다(그림 2–49에 $n = 3$인 경우의 예가 나와 있다). 주어진 동전을 모두 이용해 정사각형을 만들 때 최소한으로 이동해야 할 동전은 몇 개인가? 동전을 최소한으로 이동하는 경우에 만들 수 있는 서로 다른 정사각형은 몇 개인가?

▼ 그림 2–49 $n = 3$인 경우, 동전으로 만든 직각 이등변 삼각형

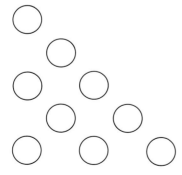

2.60.1 힌트

이 퍼즐을 풀려면 1부터 시작해 n개의 홀수를 더한 값이 $S_n = 1 + 3 + \cdots + (2n - 1) = n^2$ 이라는 공식을 활용할 수 있다. 주어진 삼각형을 직각 부분이 맨 위로 오고 홀수 개의 동전으로 이뤄진 빗변이 수평 방향인 모양으로 삼각형을 다시 그려보는 것도 도움이 된다.

2.60.2 풀이

이동해야 할 동전의 최소 개수는 $\lfloor n/2 \rfloor \lceil n/2 \rceil$이다.

동전을 최소한으로 이동하는 경우에 만들 수 있는 서로 다른 정사각형의 개수는 $n > 2$인 모든 짝수에 대해 두 개, $n > 1$인 모든 홀수에 대해 한 개이며 $n = 2$인 경우에는 세 개다.

동전의 총 개수는 1부터 $2n - 1$까지의 모든 홀수를 더한 값으로 $S_n = \sum_{j=1}^{n} (2j - 1) = n^2$ 이므로 동전이 한 줄에 n개씩 n줄 배치된 정사각형을 만들어야 한다. 동전이 n개가 넘는 $\lfloor n/2 \rfloor$개의 줄에서 남는 동전을 동전이 n개가 안 되는 $\lceil n/2 \rceil$개의 줄로 옮기면 자연스럽게 그런 정사각형을 만들 수 있다. 동전이 $2n - 1$개 있는 가장 긴 행(빗변)에서 $n - 1$개의 동전을 동전이 한 개뿐인 행으로 옮기고 동전이 $2n - 3$개 있는 행에서 $n - 3$개의 동전을 동전이 세 개뿐인 행으로 옮기는 식으로 하면 된다. 그림 2–50과 그림 2–51에 각각 n이 짝수인 경우와 홀수인 경우에 대해 정사각형을 만드는 방법을 표시했다(이 그림에서는 문제에서 주어진 삼각형을 직각이 위로 가고 빗변에 평행하도록 놓은 동전들을 수평 방향으로 배치했다). 각 단계마다 길이를 줄여야 할 행에서 길이를 늘여야 할 행으로 동전을 옮기기만 한다면 어떤 순서로 옮기든 최소 이동 횟수로 문제를 풀 수 있다.

❤ 그림 2–50 동전이 S_4개인 경우의 두 가지 대칭적인 풀이 방법. −와 +는 각각 동전이 원래 있던 위치와 동전이 새로 옮겨간 위치를 나타낸다. 움직이지 않은 동전은 검은색 점으로 표시했다.

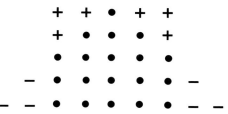

이렇게 직각 이등변 삼각형을 정사각형으로 만드는 데 필요한 최소 이동 횟수 $M(n)$은 다음 과 같은 식으로 계산할 수 있다.

$$M(n) = \sum_{j=1}^{\lfloor n/2 \rfloor} (n - (2j - 1)) = \sum_{j=1}^{\lfloor n/2 \rfloor} n - \sum_{j=1}^{\lfloor n/2 \rfloor} (2j - 1)$$
$$= n\lfloor n/2 \rfloor - \lfloor n/2 \rfloor^2 = \lfloor n/2 \rfloor(n - \lfloor n/2 \rfloor) = \lfloor n/2 \rfloor \lceil n/2 \rceil$$

직각 이등변 삼각형의 한 밑변(빗변이 아닌 변)에 평행한 홀수번째 행으로 정사각형을 만 들면 이동 횟수를 더 줄일 수 있을까? 그렇게 하려면 짝수번째 행에 있는 동전을 모두 움 직여야 하고 그런 경우의 이동 횟수를 계산하면 다음과 같다.

$$\overline{M}(n) = \sum_{j=1}^{n-1} j = \frac{n(n-1)}{2} > \lfloor n/2 \rfloor \lceil n/2 \rceil \quad (n > 2 \text{인 경우})$$

하지만 $n = 2$일 때는 $\overline{M}(2) = M(2) = 1$이고 그림 2–52와 같이 앞에서 생각했던 두 가지 풀이 방법과는 매우 다른 세 번째 풀이 방법이 있다.

▼ 그림 2–52 동전이 S_2개인 경우의 풀이 방법

2.60.3 참고사항

Puzzles.com 웹 사이트[Graba]에 S. Grabarchuk이 만든 버전의 퍼즐이 올라온 적이 있다.

2.061 대각선상의 체커

$n \times n$ 체커판($n \geq 4$)의 왼쪽 위에서 오른쪽 아래로 이어지는 대각선상의 칸마다 체커가 한 개씩 놓여 있다. 각 단계마다 한 쌍의 체커를 임의로 골라 한 칸씩 아래로 움직일 수 있다. 이때 체커가 판 밖으로 벗어나면 안 된다. 모든 체커를 판의 맨 아래 칸까지 옮기는 것이 이 게임의 목표다. 이 목표를 달성할 수 있는 모든 n값을 구하고 목표를 달성하기 위한 알고리즘을 설명하라. 알고리즘을 수행하는 데 필요한 단계 수도 구하라.

2.61.1 힌트

몇 가지 작은 판에 대해 퍼즐을 풀어보는 것도 분명히 도움이 되겠지만 체커를 어떻게 움직이든 항상 일정한 불변량을 찾아보는 접근법이 더 효과적이다.

2.61.2 풀이

이 퍼즐은 $n - 1$ 또는 n이 4의 배수일 때만 풀이가 존재한다. 필요한 이동 횟수는 $(n - 1)n/4$이다.

모든 체커의 현재 위치와 최종 위치(맨 아랫줄) 사이의 거리는 체커 아래쪽에 있는 칸의 개수 합으로 측정할 수 있다. 처음에 시작하는 위치에서는 거리의 총합이 $(n - 1) + (n - 2) + \cdots + 1 = (n - 1)n/2$이고 최종 위치에서는 0이 된다. 어떻게 움직이든 총합은 정확히 2씩 줄어들므로 총합의 짝홀은 바뀌지 않는다. 따라서 풀이 방법이 존재하기 위해서는 $(n - 1)n/2$은 짝수여야 한다.

$(n - 1)n/2$이 짝수가 되려면 $n - 1$ 또는 n 중 하나는 4의 배수여야 한다. $(n - 1)n/2 = 2k$가 성립한다면 $(n - 1)n = 4k$이고 $n - 1$과 n 중 하나는 반드시 홀수이므로 홀수가 아닌 수는 4로 나눠 떨어져야 한다. 반대로 $n - 1$과 n 중 하나가 4의 배수라면 $(n - 1)n/2$은 당연히 짝수가 된다.

따라서 풀이가 존재하려면 $n = 4k$ 또는 $n = 4k + 1(k \geq 1)$이어야 한다. 이 조건은 충분조건이기도 한데 다음과 같은 알고리즘으로 문제를 풀 수 있기 때문이다. 인접한 [$(n - $

2)/2] 쌍의 체커 – 즉, 1, 2열, 3, 4열의 체커 등 – 를 최대한 아래로 옮긴다. 그리고 서로 인접한 홀수 열에 있는 $\lfloor n/4 \rfloor$ 쌍의 체커 – 즉 1, 3열, 5, 7열의 체커 등 – 를 한 칸 아래로 옮긴다(n 또는 $n - 1$이 4의 배수이면 각각 n 또는 $n - 1$보다 작은 홀수의 개수는 짝수다). 이 알고리즘을 그림으로 표현하면 그림 2-53, 그림 2-54와 같다.

▼ 그림 2-53 $n = 8$인 경우, 각 단계마다 체커 한 쌍을 각각 한 칸씩 아래로 옮겨 모두 맨 아래 줄로 옮기는 방법

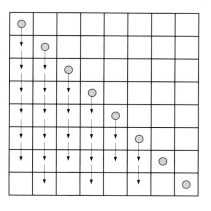
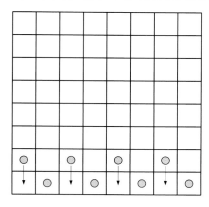

▼ 그림 2-54 $n = 9$인 경우, 각 단계마다 체커 한 쌍을 각각 한 칸씩 아래로 옮겨 모두 맨 아래 줄로 옮기는 방법

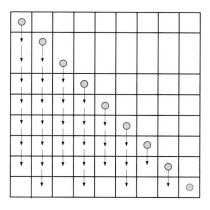
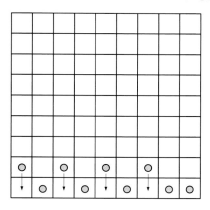

마지막으로 (위에서 설명한 방법을 포함해) 이 문제를 해결할 수 있는 어떤 알고리즘에서 든 시작 위치와 최종 위치 사이의 거리의 합은 매 단계마다 2씩 줄어든다. 따라서 어떤 알 고리즘에서든 알고리즘을 수행하는 데 필요한 단계 수는 $(n - 1)n/4$이다.

2.61.3 참고사항

이 퍼즐의 풀이에서는 1부터 n까지 모든 정수의 합을 구하는 공식과 불변량 중에서 짝홀 개념을 사용한다. 이 두 가지는 모두 알고리즘 분석 기법에 대한 튜토리얼에서 다룬 적이 있다.

이 퍼즐은 $n = 10$인 경우에 풀이 방법이 존재하는지 여부를 묻는 [Spi02, Problem 448] 을 일반화한 것이다.

2.062
동전 줍기

$n \times m$판 위에 동전이 여기저기 놓여 있는데 한 칸에는 동전이 최대 한 개만 들어간다. 맨 왼쪽 위 칸에 로봇 한 대가 있는데 이 로봇은 동전을 최대한 많이 모아 맨 오른쪽 아래 칸 으로 가져가야 한다. 로봇은 한 번에 한 칸 아래, 또는 한 칸 오른쪽으로만 움직일 수 있다. 동전이 놓여 있는 칸에 들어가면 그 동전을 들어올린다. 로봇이 모을 수 있는 동전의 최대 개수와 그렇게 동전을 모으기 위한 이동 경로를 구하는 알고리즘을 고안하라.

2.62.1 힌트

여기서는 동적 프로그래밍을 사용하는 것이 효과적일 것 같다.

2.62.2 풀이

힌트에서 말했듯이 동적 프로그래밍을 사용해 풀 수 있다. 그 로봇이 모아 i번째 행, j번째 열에 있는 (i, j)칸으로 가져갈 수 있는 동전의 최대 개수를 $C[i, j]$라고 놓자. (i, j)칸에 도달하기 위해서는 바로 위에 있는 $(i - 1, j)$칸이나 바로 왼쪽에 있는 $(i, j - 1)$칸으로부터 움직여야 한다. 그 두 칸으로 가져올 수 있는 동전의 최대 개수는 각각 $C[i - 1, j]$, $C[i, j - 1]$이다(물론 첫 번째 줄 위나 첫 번째 열 왼쪽에는 칸이 없다. 그런 칸에서는 해당 이웃이 존재하지 않으므로 $C[i-1, j]$, $C[i, j-1]$이 0이라고 놓을 수 있다). 따라서 그 로봇이 (i, j)칸으로 가져올 수 있는 동전의 최대 개수는 그 두 값 중 최댓값에 (i, j)칸 자체에 있을 수 있는 동전 한 개를 더한 값이다. 바꿔 말해 $C[i, j]$에 대해 다음과 같은 식을 세울 수 있다.

$$C[i, j] = \max\{C[i-1, j], C[i, j-1]\} + c_{ij}, \ 1 \le i \le n, \ 1 \le j \le m \qquad (3)$$

이때 (i, j)칸에 동전이 들어 있을 때는 $c_{ij} = 1$, 그렇지 않을 때는 $c_{ij} = 0$이고 $C[0, j] = 0$, $1 \le j \le m$이며 $C[i, 0] = 0$, $1 \le i \le n$이다.

이 공식을 이용하면 보통 동적 프로그래밍에서 일반적으로 사용하는 방법대로 한 행씩 또는 한 열씩 $n \times m$판 안에 $C[i, j]$값을 채워 넣을 수 있다. 동전이 그림 2-55 (a)와 같이 배치되어 있다면 $C[i, j]$값은 그림 2-55 (b)와 같이 나온다.

❤ 그림 2-55 (a) 동전 배치. (b) 동적 프로그래밍 알고리즘을 적용한 결과. (c) 동전을 최대한 많이(다섯 개) 모을 수 있는 두 가지 경로

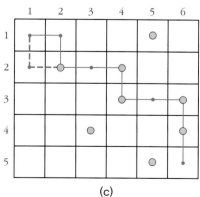

(a)

(b)

(c)

동전을 최대한 많이 모을 수 있는 실제 경로를 구하려면 (1)번 식의 최댓값이 위 칸의 값에서 온 것인지 왼쪽 칸의 값에서 온 것인지 알아야 한다. 경로는 전자의 경우에는 위에서 아래로, 후자의 경우에는 왼쪽에서 오른쪽으로 이어져야 한다. 둘이 같다면 최적 경로가 유일하지 않으며 둘 중 어느 경로로 이동해도 최적 경로가 만들어진다. 예를 들어 그림 2-55 (c)는 동전이 그림 2-55 (a)에 나온 것과 같이 배치되어 있을 때 해당하는 두 개의 최적 경로를 보여준다.

2.62.3 참고사항

이 퍼즐은 [Gin03]의 문제를 쉽게 변형한 버전이다.[Gin03] 문제는 동적 프로그래밍을 응용하는 방법을 보여주는 훌륭한 예라고 할 수 있다.

2.063 / 플러스와 마이너스

1부터 n까지 n개의 정수가 연속으로 한 줄에 적혀 있다. 각 정수 앞에 "+" 또는 "−"를 집어넣어 전체 식의 값이 0이 되도록 만들거나 그것이 불가능한 경우에는 "답이 없음"이라는 메시지를 리턴하는 알고리즘을 설계하라. 모든 가능한 조합을 시도하는 것보다 훨씬 효율적이어야 한다.

2.63.1 힌트

$1 + 2 + \cdots + n = n(n + 1)/2$ 공식을 이용하고 총합의 짝홀 특성을 활용해보자.

2.63.2 풀이

이 퍼즐은 n 또는 $n + 1$이 4의 배수인 경우에만 풀 수 있다.

이 퍼즐은 1부터 n까지의 정수를 합이 같은 두 개의 서로소 부분집합(공통 원소가 없는 집합)으로 분할하는 문제와 같다. 이때 한쪽은 앞에 +가 붙어 있는 수의 부분집합이고 다른 한쪽은 앞에 −가 붙어 있는 수의 부분집합이다. $S = 1 + 2 + \cdots + n = n(n + 1)/2$이므로 각 부분집합에 들어 있는 수의 총합은 정확히 S의 절반이어야 한다. 이는 $n(n + 1)/2$이 짝수라는 것이 이 퍼즐의 풀이가 존재하기 위한 필요조건이라는 것을 뜻한다. 아래에서 보이겠지만 이 조건은 풀이가 존재할 충분조건이기도 하다.

$n(n + 1)/2$은 n 또는 $n + 1$이 4의 배수일 때만 4의 배수가 된다. $n(n + 1)/2 = 2k$라면 $n(n + 1) = 4k$이고 n 또는 $n + 1$ 중 하나는 반드시 홀수이므로 홀수가 아닌 것은 4의 배수여야 한다. 반대로 n 또는 $n + 1$이 4의 배수이면 $n(n + 1)/2$은 당연히 짝수가 된다.

예를 들어 n이 4의 배수라면 1부터 n까지의 정수를 연속한 네 정수씩 묶어준 다음 각 묶음의 첫 번째와 네 번째 수 앞에는 플러스를 붙이고 두 번째와 세 번째 수 앞에는 마이너스를 붙이면 된다.

$$(1 - 2 - 3 + 4) + \cdots + ((n - 3) - (n - 2) - (n - 1) + n) = 0 \tag{1}$$

$n + 1$이 4의 배수라면 $n = 4k - 1 = 3 + 4(k - 1)$이므로 1, 2, 3을 다음과 같은 식으로 상쇄시키면 총합을 0으로 만들 수 있다.

$$(1 + 2 - 3) + (4 - 5 - 6 + 7) + \cdots + ((n - 3) - (n - 2) - (n - 1) + n) = 0 \tag{2}$$

요약하면 이 문제는 다음과 같은 알고리즘으로 풀 수 있다. $n \bmod 4(n$을 4로 나눈 나머지)를 계산한다. 나머지가 0이면 "+"와 "−" 기호를 (1)번 식에 나온 것과 같은 식으로 집어넣는다. 나머지가 3이면 "+"와 "−" 기호를 (2)번 식에 나온 것과 같은 식으로 집어넣는다. 나머지가 1 또는 2이면 "답이 없음"을 리턴한다.

2.63.3 참고사항

이 문제는 유명한 퍼즐을 알고리즘 문제로 만든 버전으로 1부터 n까지의 모든 정수의 합의 공식과 그 값의 짝홀에 대한 특성 등 다양한 내용을 적용해 풀어야 한다. 이런 퍼즐을 분할 문제라고 부르는데 임의의 정수 수열에 대한 분할 문제를 효율적으로 해결하는 알고리즘은 알려져 있지 않다. 게다가 분할 문제는 NP − 완전 문제로 알려져 있는데 많은 전산학자들은 NP − 완전 문제에 대한 효율적인 알고리즘이 존재하지 않는다고 믿고 있다.

2.064 팔각형 그리기

평면 위에 2000개의 점이 있고 그중 어느 세 점도 같은 직선 위에 있지 않다. 이 점들을 꼭짓점으로 하는 250개의 팔각형을 그리는 알고리즘을 만들어보라. 어느 팔각형도 선분이 서로 교차하지 않아야 하고 같은 꼭짓점을 공유하지 않아야 한다.

2.64.1 힌트

우선 점이 여덟 개 있는 경우부터 풀어보자.

2.64.2 풀이

일반성을 잃지 않고 왼쪽에서 오른쪽으로 점에 1부터 n까지 번호를 붙이자. 수직 방향으로 같은 선상에 점 두 개가 있다면 아래쪽에 있는 점에 번호를 먼저 붙이자(형식을 더 갖추려면 주어진 평면의 직교 좌표계에서 첫 번째 좌표를 기준으로 정렬한다고 말할 수 있다). 첫 여덟 개 점 p_1, ⋯, p_8에 대해 p_1과 p_8을 연결하는 선을 그어보자. 이때 두 가지 경우를 생각할 수 있다. 나머지 여섯 개 점 p_2, ⋯, p_7이 모두 그 선을 기준으로 같은 쪽에 모여 있는 경우(그림 2-56 (a))와 선 양쪽에 나눠져 있는 경우(그림 2-56 (b))다. 전자의 경우, p_1, ⋯, p_8을 순서대로 이어주면 팔각형이 만들어진다(p_1과 p_8을 잇는 선분도 팔각형의 일부가 된다). p_2, ⋯, p_7이 p_1과 p_8을 잇는 선분의 양쪽에 나눠져 있다면 p_1과 p_8을 잇는 선분에 포함된 점과 그 위쪽에 있는 점을 왼쪽 또는 오른쪽부터 순서대로 이어 팔각형의 위쪽 부분을 만들고 p_1과 p_8을 잇는 선분에 포함된 점과 그 아래쪽에 있는 점을 왼쪽 또는 오른쪽부터 순서대로 이어 팔각형의 아래쪽 부분을 만들 수 있다(그림 2-56 (b)).

문제에서 주어진 조건을 생각해보면 나머지 1992개 점 중 1991개는 분명히 이 팔각형의 오른쪽에 있으며 아홉 번째 점 p_9도 이 팔각형의 오른쪽에 있거나 이 팔각형을 이루는 점 중에서 맨 오른쪽에 있는 점 p_8의 수직 위 방향에 있어야 한다. 따라서 지금 설명한 방법으로 다음과 같은 여덟 개 점 p_9, ⋯, p_{16}으로 팔각형을 만들더라도 이전 팔각형과 교차하는 경우는 발생하지 않는다. 이 과정을 여덟 개 점마다 반복하면 문제에서 요구하는 대로 250개의 팔각형을 만들 수 있다.

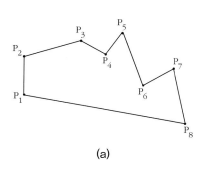

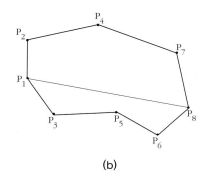

(a)   (b)

2.64.3 참고사항

이 풀이에서는 선정렬(presorting), 분할 정복, 감소 정복 개념을 사용한다. 전산학에서 잘 알려진 알고리즘 중에서 퀵헐(quickhull)과 비슷한 방식인데 퀵헐은 어떤 점의 집합의 볼록 껍질(convex hull)을 구축하는 데 쓰인다(예를 들어 [Lev06, Section 4.6] 참조).

2.065 암호 맞히기

한 친구가 n비트짜리 이진수(예를 들어 n = 5라면 01011과 같은 수)를 마음속으로 선택한다. 이 이진수를 암호라고 불러보자. 이 친구에게 질문해 암호를 맞혀야 한다. 내가 적당한 n비트짜리 이진수를 말하면 친구가 그중 몇 비트가 자신의 암호와 맞는지 말해주는 식이다. 예를 들어 암호가 01011이고 내가 질문한 수 11001이라면 2, 3, 5번째 위치의 수가 같으므로 친구는 3이라고 대답하게 된다. 질문 횟수는 n번 이하로 하면서 n비트 암호를 맞힐 수 있는 알고리즘을 고안하라.

2.65.1 힌트

간단한 패턴을 가진 일련의 n비트 문자열로 암호를 한 번에 한 비트씩 알아낼 수 있다.

2.65.2 풀이

다음과 같은 일련의 비트 문자열을 이용해 n번 물어보는 식으로 $b_1\, b_2 \cdots b_n$이라는 암호를 알아낼 수 있다.

$$000 \cdots 0,\ 100 \cdots 0,\ 110 \cdots 0,\ \cdots,\ 11 \cdots 10$$

첫 번째 답 a_1로부터 암호에 들어 있는 0의 개수를 알 수 있다. 두 번째 질문의 답을 a_2라고 해보자. 첫 번째와 두 번째 질문에서 사용한 비트 문자열에서 다른 부분은 첫 번째 비트뿐이므로 제대로 맞힌 비트의 개수 a_1과 a_2의 차는 1이다. 따라서 암호의 첫 번째 비트 b_1을 알아낼 수 있는데 $a_1 < a_2$이면 $b = 1$이고 $a_1 > a_2$이면 $b_1 = 0$이다(예를 들어 암호가 01011이라면 $a_1 = 2$이고 $a_2 = 1$인데 $a_1 > a_2$이므로 $b_1 = 0$이다). 나머지 $n - 2$개 질문으로 같은 과정을 반복하면 암호의 $b_2, \cdots, b_{n-1}$을 순서대로 알아낼 수 있다. 마지막 비트 b_n은 첫 번째 질문의 답에서 파악한 암호 전체에 들어 있는 0의 개수로부터 알아낼 수 있다. a_1로부터 알아낸 0의 개수가 지금까지 알아낸 암호의 첫 번째부터 $n - 1$번째까지의 비트 안에 들어 있는 0의 개수와 같다면 $b_n = 1$이고 그렇지 않다면 $b_n = 0$이다.

꼭 $000 \cdots 0$이 아니더라도 임의의 n비트 문자열로 시작해 한 번에 한 위치의 숫자만 바꿔가면서 n개의 서로 다른 문자열을 만들어내기만 하면 암호를 알아낼 수 있다.

2.65.3 참고사항

마스터마인드(Mastermind)라는 유명한 보드 게임과 밀접한 연관이 있는 이 퍼즐은 Dennis Shasha가 쓴 책([Sha07])에서 가져왔다. 위의 풀이법은 감소 정복을 바탕으로 한 것이다. 이 풀이는 모든 n에 대해 최적의 방법은 아니다. 예를 들어 5비트짜리 암호라면 00000, 11100, 01110, 00101만으로도 알아낼 수 있다(Shasha의 책 pp.105–106 참조). 임의의 n에 대한 최소 질문 횟수를 구하는 일반적인 공식은 알려지지 않았다.

2.066 남은 수

칠판 위에 1부터 50까지 50개의 정수가 적혀 있다. 적힌 수 중 두 개(*a*와 *b*)를 고른 다음 두 수의 차의 절댓값 $|a - b|$를 칠판 위에 적고 *a*와 *b*를 지우는 작업을 49번 반복한다. 이때 칠판 위에 남을 수 있는 모든 가능한 값을 구하라.

2.66.1 힌트

짝홀을 활용해보자.

2.66.2 풀이

50보다 작은 어떤 양의 홀수도 칠판 위에 남을 수 있다.

처음에 칠판 위에 적힌 모든 수의 합은 1 + 2 + ⋯ + 50 = 1275로 홀수다. 매번 *a*, *b*를 지우고 $|a - b|$를 칠판 위에 적는 과정을 반복할 때마다 (편의상 $a \le b$라고 가정하자) 칠판 위에 적힌 수의 총합은 2*a*씩 줄어든다.

$$S_{new} = S_{old} - a - b + |a - b| = S_{old} - b - a + b - a = S_{old} - 2a$$

따라서 원래 총합이 홀수였다면 새로운 총합도 홀수이고 1275에서 시작해 문제에서 주어진 작업을 계속 반복하면 결과적으로 칠판 위에 적힌 수의 총합은 계속 홀수일 수밖에 없다.

또한, 칠판 위에 적힌 수는 모두 음이 아닌 정수다. *a*, *b*가 모두 양수라면 $|a - b|$는 항상 *a*, *b* 중 더 큰 수 이하의 값이어야 하므로 칠판 위에 적힌 수는 모두 50 이하다.

이제 문제에서 주어진 작업을 49번 반복했을 때 1 이상, 49 이하의 모든 홀수가 만들어질 수 있다는 것을 보여주자. 문제에서 주어진 작업으로 얻은 수를 *k*라고 하자. 첫 번째 작업에서 *k* + 1에서 1을 빼면 *k*가 남는다. 이제 남은 모든 연속된 정수의 쌍에 대해 같은 작업을 반복하자.

$$(2, 3), (4, 5), \cdots, (k - 1, k), (k + 2, k + 3), \cdots, (49, 50)$$

그렇게 하면 칠판 위에서 위의 숫자쌍들을 지우고 24개의 1을 쓰게 된다. 이렇게 만들어진 24개의 1에 대해 위의 작업을 반복하면 12개의 0이 생기고 이 0들에 대해 같은 작업을 다시 11번 반복하면 0은 한 개만 남는다. 마지막으로 남은 두 수 k와 0에 대해 같은 작업을 반복하면 k만 남는다.

2.66.3 참고사항

이 퍼즐은 전 세계 수학 동호인에게 널리 알려진 짝홀 성질을 바탕으로 하는 문제 중 하나다. 플러스와 마이너스(2.063) 퍼즐도 비슷한 유형의 문제라고 할 수 있다.

2.067 / 평균

똑같은 10개 통이 있다. 그중 하나에만 물이 $a\ell$ 들어 있고 나머지는 비어 있다. 우리가 할 수 있는 작업은 통 두 개를 들어 그 안에 있는 물을 양쪽에 똑같이 (즉, 두 통에 담긴 물의 양의 평균씩으로) 나눠 담는 것뿐이다. 그 작업을 반복해 처음에 물이 모두 들어 있던 통에 있는 물의 양을 최대한 줄이는 것이 우리의 목표다. 목표를 달성하는 가장 좋은 방법은 무엇일까?

2.67.1 힌트

모든 경우의 수를 따져볼 수 있고 그런 방법으로 목표를 달성할 수 있다는 것을 증명해야 한다.

2.67.2 풀이

물이 들어 있는 통의 물을 아홉 개의 빈 통에 연속으로 나눠 담으면 $a/2^9 \ell$가 남는다. 이것이 그 통에 남아 있을 수 있는 물의 최소 양이다. 현재 상태에서 물이 담긴 통 중에서 가장 적은 물의 양을 m이라고 해보자(처음에는 $m = a$이고 우리의 목표는 이 m값을 최소화하는 것이다). 두 수의 평균은 항상 둘 중 더 작은 수 이상이므로 $m\ell$가 담긴 통과 빈 통 사이에서 물을 나눠 담을 때만 평균을 내는 작업을 통해 m을 줄일 수 있다. 각 빈 통과 평균을 내는 작업을 모두 마치면 빈 통은 한 개도 남지 않으므로 m을 더 이상 줄일 수 없게 된다. 이렇게 구할 수 있는 m의 최솟값은 $a/2^9 = a/512\ell$다.

2.67.3 참고사항

이 퍼즐은 탐욕 접근법으로 풀었고 그 결과를 확인하는 과정에서 첫 번째 튜토리얼에서 소개한 일변량을 활용했다.

이 퍼즐은 1984년 레닌그라드 수학 올림피아드에서 출제되었고 〈Kvant〉에 실린 일변량에 대한 글에 연습문제로 나온 적도 있다.[Kur89, Problem 6]

2.068 각 자리 숫자 더하기

컴퓨터나 계산기를 사용하지 않고 1 이상, 백만 이하의 모든 수의 각 자리 숫자를 모두 더한 값을 구하라.

2.68.1 힌트

이 문제를 일반화해 n이 양의 정수일 때 1 이상, 10^n 이하의 모든 정수의 각 자리 숫자를 모두 더한 값을 계산하는 것부터 풀어보자. 일반화된 이 문제를 푸는 방법은 최소 세 가지 이상이다.

2.68.2 풀이

1 이상, 10^n 이하의 모든 정수의 각 자리 숫자를 모두 더한 값은 $45n10^{n-1} + 1$이다. 이 문제에서와 같이 $n = 6$인 경우에는 27000001이다.

10^n의 경우에는 어차피 각 자리 숫자의 합이 1이므로 문제될 것이 별로 없다. 1 이상, $10^n - 1$ 이하의 모든 정수의 각 자리 숫자의 합을 $S(n)$이라고 하고 이 값을 구해보자. 그리고 편의상 10^{n-1}보다 작은 모든 정수 앞에 0을 필요한 개수만큼 붙여 모든 정수가 n개의 정수로 이뤄지도록 만들자.

0은 $10^n - 1$, 1은 $10^n - 2$, 2는 $10^n - 3$과 같은 식으로 맨 앞, 맨 뒤부터 한 개씩 수를 뽑아 쌍을 지어주면 각 쌍에 있는 두 수의 각 자리 숫자의 합은 $9n$이므로 이 성질을 이용해 $S(n)$을 구할 수 있다(이렇게 쌍을 이뤄 문제를 푸는 기법은 튜토리얼에서 1부터 n까지의 정수의 합을 계산하는 공식을 구할 때 소개했다). 이렇게 짝을 지으면 총 $10^n/2$쌍이 만들어지므로 $S(n) = 9n \cdot 10^n/2 = 45n \cdot 10^{n-1}$이다.

이 책에 있는 주행거리 퍼즐(2.055)을 풀 때 사용한 방법을 이용할 수도 있다. 0을 덧붙여 모든 수를 n자리 수로 만든 경우를 생각하면 n자리 정수가 총 10^n개 있고 10개 숫자가 모두 똑같이 $n \cdot 10^n/10 = n \cdot 10^{n-1}$번 쓰인다는 것을 알 수 있다. 따라서 그 안에 있는 모든 각 자리 숫자의 합인 $S(n)$은 다음과 같은 식으로 계산할 수 있다.

$$0 \cdot n \cdot 10^{n-1} + 1 \cdot n \cdot 10^{n-1} + 2 \cdot n \cdot 10^{n-1} + \cdots + 9 \cdot n \cdot 10^{n-1}$$
$$= (1 + 2 + \cdots + 9) \cdot n \cdot 10^{n-1} = 45n \cdot 10^{n-1}$$

세 번째 방법은 $S(n)$의 점화식을 세워 푸는 것이다. 일단 $S(1) = 1 + 2 + \cdots + 9 = 45$다. n자리 정수에서 가능한 모든 맨 왼쪽 자리 숫자에 대해 나머지 자리 숫자의 총합은 $S(n - 1)$이다. 맨 왼쪽 자리 숫자에 의해 더해지는 값은 $10^{n-1}(0 + 1 + 2 + \cdots + 9) = 45 \cdot 10^{n-1}$이다. 따라서 다음과 같은 점화식을 세울 수 있다.

$$S(n) = 10S(n - 1) + 45 \cdot 10^{n-1} (n > 1), S(1) = 45$$

역으로 치환하는 방법으로 위의 점화식을 풀어보면 (알고리즘 분석에 대한 튜토리얼 참조) $S(n) = 45n \cdot 10^{n-1}$이라는 식을 구할 수 있다.

$n = 6$인 경우, $S(6) = 45 \cdot 6 \cdot 10^{6-1} = 27000000$이고 거기에 1을 더하면 1 이상, 백만 이하의 모든 수의 각 자리 숫자의 합을 모두 더한 값을 구할 수 있으며 그 값은 27000001 이다.

2.68.3 참고사항

두 수의 각 자리 숫자의 합이 같도록 짝짓는 방식은 표현 변화로 생각하거나 Z. Michalewicz와 M. Michalewicz가 쓴 책[Mic08, pp.61–62]에 나와 있듯이 불변 량으로 접근할 수도 있다. B. A. Kordemsky도 이렇게 짝짓는 방법을 소개한 적이 있 다.[Kor72, p.202] 재귀호출을 기반으로 하는 접근법은 1씩 줄이는 감소 정복 방식에 해 당한다.

2.069 / 칩 옮기기

원을 n개($n > 1$)의 부채꼴로 나누고 각 부채꼴마다 칩을 한 개씩 놓는다. 한 번에 두 개의 칩을 바로 옆 부채꼴로(같은 방향 또는 반대 방향으로) 이동시킨다. 모든 칩을 하나의 부채꼴로 모을 수 있는 n의 조건을 구하라.

2.69.1 힌트

홀짝을 따져보자.

2.69.2 풀이

n이 홀수이거나 4의 배수인 경우에만 모든 칩을 하나의 부채꼴에 모을 수 있다.

우선 이 퍼즐에 해가 존재하려면 이 조건이 필요하다는 것을 증명하자. n이 홀수가 아니 면 n이 4의 배수일 때만 이 퍼즐에 풀이가 존재한다는 것을 보여줘야 한다. 임의의 부채꼴에서 시작해 시계 방향으로 1부터 n까지 번호를 붙이자. 그리고 지금 칩이 놓여 있는 부채꼴의 번호의 합 S를 생각해보자(하나의 부채꼴에 칩이 여러 개 있다면 그 부채꼴에 놓인 칩의 개수만큼 중복해 더한다). n이 짝수이면 두 개의 칩을 바로 옆 부채꼴로 옮긴 후에도 S의 짝홀이 변하지 않는다는 것을 쉽게 알 수 있다. 칩 한 개를 인접한 부채꼴로 옮기면 S의 짝홀이 바뀌므로 칩 두 개를 인접한 부채꼴로 옮기면 S의 짝홀이 그대로 보존된다. 만약 풀이가 존재한다면, 즉 모든 칩을 어떤 부채꼴 $j(1 \leq j \leq n)$로 옮길 수 있다면 n이 짝수인 경우를 따진 것이므로 최종 위치에서의 합 S = nj는 짝수다. 이러면 처음 위치에서의 합 $1 + 2 + \cdots + n = n(n + 1)/2$도 짝수여야 하므로 $n(n + 1)/2 = 2k$로 쓸 수 있어야 한다. 그러면 $n(n + 1) = 4k$인데 $n + 1$은 홀수이므로 n은 4로 나눠 떨어져야 한다. 따라서 필요조건에 대한 증명이 끝났다.

이제 앞의 조건이 충분조건이라는 것도 증명해보자. n이 홀수라면 가운데 부채꼴로부터 양쪽으로 같은 거리에 있는 부채꼴에 있는 칩 − 1번과 n번, 2번과 $n − 1$번, $\cdots$, $j − 1$번과 $j + 1$번 − 을 가운데 부채꼴에 도착할 때까지 한 칸씩 이동시키면 모든 칩을 가운데 부채꼴(즉, $j = (1 + n)/2$번 부채꼴)로 옮길 수 있다. 만약 n이 4의 배수라면 우선 홀수 칸에 있는 칩을 한 번에 두 개씩 시계 방향에 있는 짝수 칸으로 옮긴다($n = 4i$보다 작은 홀수의 개수는 짝수다). 그 다음으로 2번 부채꼴에 있는 두 개의 칩을 n번 부채꼴로 옮기고 4번에 있는 두 개의 칩을 또 n번으로 옮기는 식으로 모든 칩을 마지막 부채꼴로 모아주면 된다.

2.69.3 참고사항

짝홀 성질을 활용하는 이 퍼즐은 [Fom96, p.124, Problem 2]를 일반화한 것이다.

2.070 점프해 쌍 만들기 I

n개의 동전들이 한 줄로 놓여 있다. 목표는 동전들을 움직여 $n/2$개의 쌍을 만드는 것이다. 각 단계마다 동전을 한 개씩 움직이는데 왼쪽이나 오른쪽의 인접한 동전 두 개를 건너

뛰어 (동전 한 개씩 있는 칸 두 개를 건너뛰거나 동전 두 개가 쌓인 칸 한 개를 건너뛸 수도 있다) 다른 동전 한 개와 쌍을 만들 수 있다. 동전 세 개가 함께 있을 수는 없다. 인접한 동전 사이의 빈 공간은 무시한다. 이 퍼즐에 풀이가 존재할 수 있는 모든 n값을 구하고 그 n에 대해 이동 횟수를 최소화하면서 퍼즐을 풀 수 있는 알고리즘을 고안하라.

2.70.1 힌트

퍼즐에 풀이가 존재할 수 있는 최소 동전 개수를 찾아내는 데 역추적을 활용해보자.

2.70.2 풀이

최종 상태에서 모든 동전이 쌍을 이루려면 동전 개수가 짝수여야 하므로 동전 개수가 홀수인 경우에는 문제가 풀리지 않는다. 모든 가능한 움직임을 생각해보면 $n = 2, 4, 6$인 경우에는 풀이가 존재할 수 없다는 것을 쉽게 알 수 있다. $n = 8$일 때는 여러 개의 풀이가 존재한다. 그중 하나로 이런 풀이가 있다(역추적으로 찾을 수 있다). 4번을 7번 위에, 6번을 2번 위에, 1번을 3번 위에, 5번을 8번 위에 올리면 된다. 동전 개수가 8보다 큰 짝수(즉, $n = 8 + 2k, k > 0$)인 문제는 $8 + 2k - 3$ 위치에 있는 동전을 $8 + 2k$ 위치에 있는 마지막 동전 위로 옮겨주면 동전 개수가 두 개 적은 (즉, $n = 8 + 2(k - 1)$인) 문제로 환원시킬 수 있다. 이 작업을 k번 반복하면 $n = 8 + 2k$개 동전에 대한 문제는 여덟 개 동전에 대한 문제로 환원시킬 수 있고 그러면 위에 적어둔 방법으로 풀 수 있다.

이 알고리즘에서는 동전을 한 번 움직일 때마다 동전 쌍이 하나씩 만들어지므로 이동 횟수가 이것보다 적은 알고리즘은 있을 수 없다. 따라서 이 알고리즘이 이동 횟수가 최소인 알고리즘이다.

2.70.3 참고사항

위의 알고리즘에서는 역추적과 감소 정복 전략을 활용한다. 이 퍼즐에 대한 가장 오래된 기록은 David Singmaster의 자료[Sin10, Section 5.R.7]에 따르면 1727년 일본에서 온 것으로 알려져 있다. 그 외에도 Ball과 Coxeter[Bal87, p.122]를 비롯한 많은 사람이 이 퍼즐을 연구했으며 특히 Martin Gardner는 "가장 오래되고 가장 훌륭한 동전 퍼즐"[Gar89, p.12]이라고 평했다.

2.071 칸 표시하기 I

무한히 큰 모눈종이에 있는 n개의 칸에 표시를 한다. 이때 표시된 각 칸에 이웃한 칸 중 표시된 칸은 양의 짝수 개여야 한다. 이웃한 칸은 수평 또는 수직으로 맞닿은 칸을 뜻하며 대각선 방향에 있는 칸은 이웃한 것으로 보지 않는다. 표시된 칸은 서로 연속되어야 한다. 표시된 두 개 칸을 임의로 골라도 표시된 이웃 칸들을 통해 이어질 수 있어야 한다는 뜻이다. 예를 들어 $n = 4$인 경우의 풀이는 그림 2–57과 같이 만들 수 있다. 이와 같은 풀이를 만들 수 있는 n을 구하라.

▼ 그림 2–57 표시된 이웃이 짝수 개인 네 개의 표시된 칸

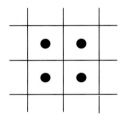

2.71.1 힌트

이 퍼즐의 풀이를 만들 수 없는 양의 정수 n은 총 여섯 개인데 그중 세 개는 자명하다.

2.71.2 풀이

이 퍼즐은 $n = 4$ 외에도 $n = 9$를 제외한 6보다 큰 모든 정수 n에 대해 풀 수 있다.

$n = 1, 2, 3$에 대한 풀이가 없는 것은 자명하다. $n = 4$이면 문제 설명에 나와 있는 방법으로 풀면 된다. $n = 5$에 대한 풀이도 없다. 이것은 귀류법으로 증명할 수 있다. 표시된 다섯 개 칸이 이어져 있고 각 칸마다 표시된 이웃이 짝수 개라고 가정해보자. 이렇게 만들어진 영역의 맨 왼쪽에 있는 칸 중 맨 위에 있는 칸을 생각해보자. 이 칸의 오른쪽과 아래쪽에 이웃한 표시된 칸이 각각 한 개씩 있다. 이번에는 맨 왼쪽에 있는 칸 중 맨 아래에 있는 칸을 생각해보자. 여기에는 오른쪽과 위쪽에 이웃한 표시된 칸이 한 개씩 있다. 이 설명에

맞춰 그림 2-58과 같이 칸에 표시했다.

▼ 그림 2-58 $n = 5$이면서 모든 표시된 칸의 표시된 이웃이 짝수 개인 구성이 가능하다고 가정할 때 표시된 칸 중 맨 왼쪽
열의 맨 위 칸과 맨 아래 칸의 가능한 배치에 맞출 수 있는 두 가지 구성 방법

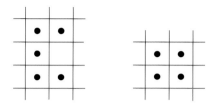

하지만 위의 그림에 있는 것 중 표시된 칸이 다섯 개인 구성의 경우, 모든 표시된 칸에 대
해 표시된 이웃의 개수가 짝수여야 한다는 요구조건이 충족되지 않으며 오른쪽에 있는 네
칸이 표시된 구성의 경우, 같은 요구조건을 충족시키면서 한 칸을 더 표시할 방법이 없다.
$n = 6$과 $n = 9$인 경우에 대해서도 마찬가지로 분석해보면 풀이가 존재하지 않는다는 것
을 알 수 있다.

$n = 7$, $n = 11$인 경우에 대해서는 그림 2-59 (a), 그림 2-59 (b)와 같은 식으로 표시하
면 된다. 그중 $n = 11$의 풀이를 표시된 칸을 두 개씩 추가해 큰 루프를 키우는 방식으로
확장하면 11보다 큰 모든 홀수에 대한 풀이를 만들어낼 수 있다. $n = 13$인 경우에는 그림
2-59 (c)와 같은 식으로 확장할 수 있다.

▼ 그림 2-59 (a) $n = 7$, (b) $n = 11$, (c) $n = 13$인 경우의 칸 표시하기 | 퍼즐 풀이 방법

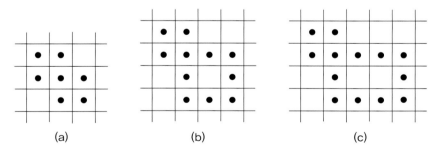

(a) (b) (c)

6보다 큰 모든 짝수의 경우에는 너비 $(n - 2)/2$, 높이 3인 액자 모양으로 만들 수 있는
데 $n = 8$, $n = 10$인 경우에는 그림 2-60과 같은 식으로 표시할 수 있다.

2.71.3 참고사항

위의 풀이는 점증 접근법(감소 정복 전략을 아래에서 위로 적용하는 접근법)을 바탕으로 한 것이다. 대부분의 n에 대해 다른 풀이 방법도 존재한다. 표시된 이웃이 짝수인 경우에 대해서는 다음 문제인 칸 표시하기 II (2.072)에서 알아보자.

이 퍼즐은 B. A. Kordemsky의 마지막 책[Kor05, pp.376−377]에 들어 있다.

2.072 칸 표시하기 II

무한히 큰 모눈종이에 있는 n개의 칸에 표시를 한다. 이때 표시된 각 칸에 이웃한 칸 중 표시된 칸은 양의 홀수 개여야 한다. 이웃한 칸은 수평 또는 수직으로 맞닿은 칸을 뜻하며 대각선 방향에 있는 칸은 이웃한 것으로 보지 않는다. 표시된 칸은 서로 연속되어야 한다. 표시된 칸 두 개를 임의로 골라도 표시된 이웃 칸들을 통해 이어질 수 있어야 한다는 뜻이다. 예를 들어 $n = 4$인 경우의 풀이는 그림 2-61과 같이 만들 수 있다. 이와 같은 풀이를 만들 수 있는 n을 구하라.

❤ 그림 2–61 표시된 이웃이 홀수 개인 네 개의 표시된 칸

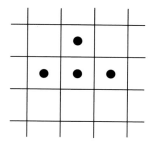

2.72.1 힌트

n이 짝수일 때와 홀수일 때 답이 다르다.

2.72.2 풀이

이 퍼즐은 표시할 칸 수가 짝수인 경우에만 풀 수 있다.

$n = 2$일 때는 그림 2–62 (a)에 나온 것과 같이 자명한 풀이를 구할 수 있다. 이 풀이에서 오른쪽 칸의 두 이웃에 – 수평, 수직 방향으로 각각 한 개씩 – 표시를 추가하면 $n = 4$인 경우에 대한 풀이가 만들어진다(그림 2–62 (b)). 맨 오른쪽에 표시된 칸에 대해 똑같은 작업을 반복하는데 이번에는 수직 방향으로 위가 아닌 아래쪽 이웃에 표시하면 $n = 6$인 경우의 풀이를 얻을 수 있다(그림 2–62 (c)). 이런 식으로 모든 짝수 n에 대해 퍼즐을 풀 수 있다.

❤ 그림 2–62 (a) n = 2, (b) n = 4, (c) n = 6인 경우에 칸 표시하기 || 퍼즐을 푸는 방법

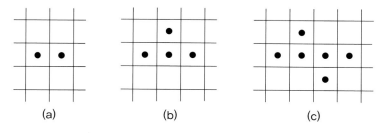

이제 표시할 칸 수가 홀수인 경우에는 모든 표시된 칸에 대해 표시된 이웃의 수가 홀수가 되도록 만들 수 없다는 것을 증명해보자. 이번에도 귀류법을 사용해 풀 수 있다고 가정하

자. 표시된 각 칸마다 공유된 변의 개수를 모두 더하면 짝수가 나와야 한다. 이웃끼리 공유된 변은 모두 두 번씩 더해지기 때문이다. 하지만 표시된 칸의 수가 홀수이고 각 칸마다 이웃끼리 공유된 변의 수도 홀수다. 홀수를 홀수번 더하면 홀수가 나올 수밖에 없는데 이것은 표시된 칸마다 공유된 변의 개수를 모두 더한 값이 짝수라는 결과와 모순된다. 따라서 표시된 칸 수가 홀수인 경우에는 풀이가 존재하지 않는다.

2.72.3 참고사항

n이 짝수인 경우의 풀이는 점증 접근법(감소 정복 전략을 아래에서 위로 적용하는 접근법)을 바탕으로 한다. n이 홀수인 경우에 해가 존재하지 않는다는 것을 증명한 방법은 그래프 이론에서 유명한 악수 보조정리(Handshaking Lemma; 한 파티장에서 홀수명의 사람들과 악수한 사람 수는 짝수여야 한다)와 똑같은 내용이다([Ros07, p.599] 참조). 이 경우, 두 명이 악수하는 것 대신 표시된 두 칸이 서로 인접한 상황으로 바꿔 이해할 수 있다.

이 퍼즐은 B. A. Kordemsky의 마지막 책[Kor05, pp.376-377]에 들어 있다.

2.073 / 닭 쫓기

닭 쫓기는 그림 2-63과 같은 판 위에서 하는 게임이다. 왼쪽 아래 구석에 있는 F 말은 농부, 오른쪽 위 구석에 있는 R 말은 닭을 나타낸다. 닭을 잡을 때까지 농부와 닭은 번갈아 움직인다. 각 말은 한 번에 한 칸씩 (위, 아래, 왼쪽, 오른쪽) 이동할 수 있다. 닭이 있는 칸으로 농부가 움직일 수 있으면 닭은 잡힌다.

a. 농부가 먼저 움직이면 농부가 닭을 잡을 수 있을까? 잡을 수 있다면 최소 이동 횟수로 닭을 잡을 수 있는 알고리즘을 구하라. 잡을 수 없다면 그 이유를 설명하라.

b. 농부가 나중에 움직이면 닭을 잡을 수 있을까? 잡을 수 있다면 최소 이동 횟수로 닭을 잡을 수 있는 알고리즘을 구하라. 잡을 수 없다면 그 이유를 설명하라.

물론 닭이 순순히 농부에게 잡히는 경우는 없다고 가정한다.

▼ 그림 2-63 닭 쫓기 게임의 시작 위치

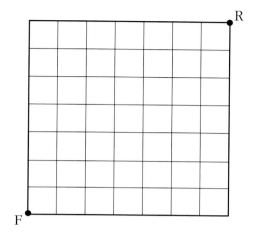

2.73.1 힌트

닭이 아무리 도망쳐도 잡힐 수밖에 없도록 농부는 어떻게 만들 수 있을까? 어떤 알고리즘을 쓰면 그런 위치에 최대한 빨리 다다를 수 있을까?

2.73.2 풀이

편의상 이 게임의 판을 8×8 표준 체스판에서 각 정사각형 칸의 중심을 이어 놓은 모양이라고 생각해보자(그림 2-64 (a)). 이렇게 해석하면 농부 차례인 상황에서 두 말이 서로 (수평 또는 수직 방향으로) 인접해 있어야 하는데 인접한 칸의 색은 서로 반대여야 한다. 처음에는 두 말이 모두 같은 색의 칸에서 시작한다. 매번 움직일 때마다 반대 색의 칸으로 이동하므로 농부가 먼저 움직이면 닭을 잡는 것은 불가능하다.

농부가 나중에 시작하는 경우라면 항상 닭에 가까운 방향으로 닭과 같은 대각선으로 움직여 닭을 구석으로 몰아 잡을 수 있다. 농부와 닭의 위치를 각각 (i_F, j_F), (i_R, j_R)로 표기하자. 여기서 i와 j는 각 칸의 행과 열 번호를 나타낸다. 기하학적으로 농부의 위치 (i_F, j_F)와 $(8, j_F)$, $(8, 8)$, $(i_F, 8)$으로 만들어지는 직사각형 안에 닭이 들어가 있는 상황에서 이 닭은 도망갈 방법이 없다(그림 2-64 (b)). 매번 움직일 때마다 이 직사각형의 한 변은 한 칸씩 줄어들고 결국 닭은 맨 오른쪽 위 구석 칸으로 몰릴 수밖에 없다(그림 2-64 (c)).

▼ 그림 2-64 닭 쫓기 게임 (a) 시작 위치, (b) 닭을 잡기 위한 전략, (c) 닭이 마지막으로 움직이기 직전의 위치

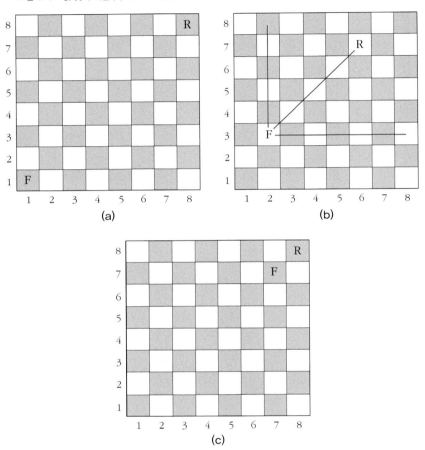

격식을 더 갖춰 농부의 움직임을 설명해보면 현재 농부의 위치 (i_F, j_F)와 닭의 위치 (i_R, j_R) 사이의 행 거리 $i_R - i_F$와 열 거리 $j_R - j_F$를 계산한 다음 두 값 중 큰 값을 구하면 된다.

$$d = \max\{i_R - i_F, j_R - j_F\}$$

그 다음 d를 줄일 수 있는 칸으로 움직이면 된다. 즉, 열 거리 $j_R - j_F$가 행 거리 $i_R - i_F$보다 크면 오른쪽으로 움직이고 그렇지 않다면 위로 움직이면 된다(닭이 움직이고 나면 열

거리와 행 거리 둘 중 하나는 다른 것보다 반드시 커진다).

현재 농부의 위치와 오른쪽 위 구석 사이의 맨하탄 거리 – $(8 - i_F) + (8 - j_F)$로 계산 – 는 농부가 움직일 때마다 1씩 줄어들므로 12번 움직이면 농부와 닭은 그림 2–64 (c)에 나온 위치에 있게 되고 농부는 다음 차례에서 닭을 잡을 수 있다. 따라서 닭이 그림 2–64 (c)의 시작 위치에서 먼저 움직이기 시작한다면 각 말을 최대 14번 이동하고 게임이 끝난다. 물론 닭이 잘못 움직여 농부가 있는 칸을 향해 움직이면 일곱 번 만에 불상사를 겪을 수도 있다.

2.73.3 참고사항

이 풀이에서 누가 먼저 움직여야 하는지를 판단할 때는 불변량 개념을 사용하고 닭을 잡는 알고리즘을 구할 때는 탐욕 전략을 사용한다. 결정적인 역할을 하지는 않지만 원래 격자로 되어 있던 게임판을 체스판 모양으로 변환시키는 것도 눈여겨볼 만하다.

이 퍼즐은 이 책의 두 번째 튜토리얼에서 살펴본 옥수수밭의 닭 문제를 단순화시킨 버전이다. 이와 비슷한 퍼즐을 [Gar61, p.57], [Tan01, Problem 29.3]과 같은 여러 퍼즐 모음집에서 찾아볼 수 있다.

2.074 / 위치 선택

알고리즘 설계 기법에 대한 튜토리얼에서 다뤘던 레모네이드 가판대 위치 퍼즐을 일반화시킨 경우를 생각해보자. 모든 길이 수평 수직 방향으로 뻗은 완벽한 계획도시(첫 번째 튜토리얼의 그림 1–10 (a) 참조)에서 n개의 집의 위치가 (x_1, y_1), (x_2, y_2), $\cdots$, (x_n, y_n)으로 주어졌다고 가정하자. 각각의 집과 맨하탄 거리의 총합 $|x_1 - x| + |y_1 - y| + \cdots + |x_n - x| + |y_n - y|$이 가장 작은 지점 (x, y)를 찾아내는 알고리즘을 구하라.

2.74.1 힌트

튜토리얼에서 사용했던 알고리즘보다 훨씬 효과적인 알고리즘이 있다. 모든 집이 수평 방향으로 한 길가에 있다고 가정하고 몇 가지 특별한 경우에 대한 풀이법을 생각해본 다음 일반화된 알고리즘으로 확장해보자.

2.74.2 풀이

최적의 x와 y값은 각각 $x_1, ..., x_n$의 중앙값과 $y_1, ..., y_n$의 중앙값이다.

이 문제는 수평 거리의 합 $|x_1 - x| + \cdots + |x_n - x|$과 수직 거리의 합 $|y_1 - y| + \cdots + |y_n - y|$을 각각 독립적으로 최소화하는 문제와 같은 문제다. 따라서 입력값이 다른 똑같은 두 개의 문제를 푸는 것으로 생각해도 된다.

$|x_1 - x| + \cdots + |x_n - x|$을 최소화시키는 문제를 풀기 위해 편의상 $x_1, ..., x_n$이 감소하지 않는 순서로 정렬되어 있다고 가정하자(정렬되어 있지 않더라도 일단 정렬한 다음 번호만 새로 붙이면 된다). $|x_i - x|$를 실제 어느 선 위에 있는 두 점 x_i와 x 사이의 기하학적 거리라고 해석해보자. n이 짝수인 경우와 홀수인 경우로 나눠 생각해보자.

n이 짝수인 경우: $n = 2$인 경우부터 따져보자. $|x_1 - x| + |x_2 - x|$는 x가 x_1과 x_2 사이의 구간 안(양 끝점 포함)에 있는 경우에는 그 구간의 길이인 $x_2 - x_1$과 같다. 그 구간 밖에 있는 경우에는 항상 $x_2 - x_1$보다 크다. 따라서 모든 짝수 n에 대해 아래의 합

$$|x_1 - x| + |x_2 - x| + \cdots + |x_{n-1} - x| + |x_n - x|$$

$$= (|x_1 - x| + |x_n - x|) + (|x_2 - x| + |x_{n-1} - x|) + \cdots + (|x_{n/2} - x| + |x_{n/2+1} - x|)$$

은 x가 x_1과 x_n, x_2와 $x_{n-1}, \cdots, x_{n/2}$과 $x_{n/2+1}$을 양 끝점으로 하는 구간 안에 들어 있는 경우에 최소화될 수 있다. 여기서 모든 구간은 그 앞에 있는 구간 안에 포함되어 있으므로 x가 $x_{n/2}$과 $x_{n/2+1}$을 양 끝점으로 하는 마지막 구간 안에만 있으면 필요충분 조건이 성립된다. 즉, $x_{n/2} \le x \le x_{n/2+1}$를 만족하는 모든 x에 대해 위의 합은 최솟값을 가진다.

n이 홀수인 경우: $n = 1$인 경우는 자명하다. $|x_1 - x|$를 최소화시키려면 $x = x_1$으로 만들면 된다. $n = 3$인 경우를 생각해보자. 아래의 합

$$|x_1 - x| + |x_2 - x| + |x_3 - x| = (|x_1 - x| + |x_3 - x|) + |x_2 - x|$$

은 $x = x_2$인 경우에 최소가 된다. 그러면 $|x_1 - x| + |x_3 - x|$와 $|x_2 - x|$를 모두 최소화시킬 수 있기 때문이다. 임의의 홀수 n에 대해 똑같은 식으로 답을 구할 수 있다.

$$|x_1 - x| + |x_2 - x| + \cdots + |x_{\lceil n/2 \rceil} - x| + \cdots + |x_{n-1} - x| + |x_n - x|$$
$$= (|x_1 - x| + |x_n - x|) + (|x_2 - x| + |x_{n-1} - x|) + \cdots + |x_{\lceil n/2 \rceil} - x|$$

위의 식은 $x = x_{\lceil n/2 \rceil}$일 때, 즉 왼쪽에 있는 점의 개수가 오른쪽에 있는 점의 개수와 같을 때 최소화된다.

참고로 중간 지점의 좌표 $x_{\lceil n/2 \rceil}$, 즉 $x_1, \ldots, x_n$ 중에서 $\lceil n/2 \rceil$번째로 작은 값은 n이 짝수일 때도 정답이 된다.

2.74.3 참고사항

이 풀이 방법은 주어진 n개의 값 중에서 중간에 있는 값을 찾아내는 두 개의 수학 문제로 환원시켜 퍼즐을 풀어내는 변환 정복을 활용하는 방법이다. 수학에서는 그 값을 중앙값이라고 부르는데 통계학에서 중요한 개념이다. 중앙값을 효율적으로 구하는 작업을 선택 문제(selection problem)라고 부른다. 숫자들을 감소하지 않는 순서로 정렬한 다음 정렬된 목록에서 $\lceil n/2 \rceil$번째 항목을 찾아내는 단순한 해결 방법이 있다. 복잡하지만 더 빠른 알고리즘에 대해서는 [Lev06, pp.188-189], [Cor09, Sections 9.2 and 9.3]을 참조하자.

2.075 / 주유소 점검

한 주유소 감독관이 한쪽 방향으로 쭉 뻗은 고속도로에 등간격으로 지어진 n개($n > 1$)의 주유소를 점검해야 한다. 주유소에는 1부터 n까지 순서대로 번호가 붙어 있다. 감독관은

1번 주유소에서 시작하며 1번 주유소를 나중에 한 번 더 방문해야 한다. n번 주유소도 두 번 방문해야 하는데 그 주유소에서 일정을 끝내거나 그렇지 않을 수도 있다. 2번부터 $n - 1$번까지의 주유소는 모두 같은 횟수만큼 점검해야 한다. 예를 들어 1번 주유소에서 n번 주유소까지 갔다가 방향을 바꿔 다시 1번 주유소까지 돌아갔다가 n번 주유소로 가 일정을 끝낼 수 있다(물론 어느 주유소를 지나가면 반드시 방문한다고 가정한다). 그런데 이런 식으로 움직이는 것이 문제에서 주어진 요구조건을 모두 만족시키는 최단 경로일까? 만약 그렇다면 그것을 증명하고 그렇지 않다면 최단 경로를 찾아내보자.

2.75.1 힌트

n이 홀수인 경우와 짝수인 경우에 따라 생각해야 할 수도 있다.

2.75.2 풀이

n번 주유소를 두 번 방문해야 하므로 $n - 1$번 주유소도 두 번 이상 방문할 수밖에 없다. 따라서 다른 모든 주유소도 최소 두 번은 방문해야 한다. 문제에 1번 주유소도 두 번 방문해야 한다고 나와 있으므로 주유소를 방문하는 총 횟수는 최소 $2n$은 되어야 한다. 그러므로 주어진 요구조건을 만족시키는 이동거리는 최소 $(2n - 1)d$다(여기서 d는 이웃한 주유소 사이의 거리를 나타낸다). n이 짝수이면 짝수번 주유소에서 이전 주유소로 돌아가는 식으로 움직이면 이 최소 이동거리와 같은 거리를 이동하면서 요구조건을 만족시킬 수 있다.

$$1, 2, 1, 2, 3, 4, 3, 4, \ldots, n - 1, n, n - 1, n$$

$n = 8$인 경우에 이런 식으로 움직이는 경로를 그림 2-65에 그려봤다.

▼ 그림 2-65 $n = 8$인 경우의 주유소 점검 퍼즐 풀이

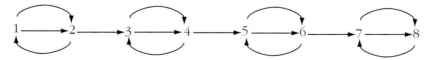

n이 홀수인 경우에는 중간에 있는 $2 \sim n-1$번 주유소를 두 번만 방문하는 풀이가 존재하지 않는다는 것을 수학적 귀납법으로 증명해보자. 우선 가장 작은 값인 $n=3$인 경우에는 2번 주유소를 최소 세 번 방문해야 한다는 것을 알 수 있다. 이제 n이 3 이상의 홀수일 때 중간에 있는 $2 \sim n-1$번 주유소를 정확히 두 번씩 방문하는 이동 경로가 존재할 수 없다고 가정해보자. 이제 귀류법에 의해 주유소 개수가 $n+2$개인 경우에도 그런 이동 경로는 존재할 수 없다는 것을 증명해보자. 만약 주유소 개수가 $n+2$개일 때 그런 이동 경로가 존재한다고 가정하면 그 경로는 $n+2$번 주유소에서 끝나야 한다. 그렇지 않으면 $n+1$번 주유소를 세 번 이상 방문해야 하기 때문이다. 게다가 그런 경로에서는 마지막에 $n+1$번, $n+2$번, $n+1$번, $n+2$번 주유소를 방문하면서 끝나야 할 텐데 그렇게 되면 $n+1$번과 $n+2$번 주유소는 마지막에 두 번 몰아서 방문하므로 전체 경로의 이전 부분에서는 한 번도 방문하지 않았어야 한다. 하지만 이렇게 되면 전체 경로의 이전 부분은 n개의 주유소를 $2 \sim n-1$번 주유소를 각각 두 번씩만 방문하고 주어진 요구조건에 맞춰 방문하는 경로여야 한다. 그러면 앞의 가정과 모순된다. 따라서 주유소 개수가 $n+2$개일 때도 그런 이동 경로는 존재하지 않는다.

따라서 n이 홀수일 때는 중간에 있는 주유소를 최소 세 번 방문해야 한다. 즉, n이 홀수일 때는 다음과 같은 식의 이동 경로가 최적이다.

$$1, 2, \ldots, n-1, n, n-1, \ldots, 2, 1, 2, \ldots, n-1, n$$

2.75.3 참고사항

이 퍼즐은 [Dud67, Problem 522]에 나온 Henry Ernest Dudeney의 "Stepping Stones"와 [Loy58, Problem 88]에 나온 Sam Loyd의 "Hod Carrier's Problem"을 일반화시킨 문제다. 이 퍼즐에서 두 문제 모두 $n=10$인 경우를 다루고 있다.

2.076 / 효율적인 루크

체스에서 루크는 현재의 위치를 기준으로 같은 행이나 열 안에서 수평이나 수직 방향으로 마음대로 움직일 수 있다. $n \times n$ 체스판에서 루크로 모든 칸을 지나가기 위한 최소 이동 횟수는 몇 번일까?(여기서 같은 칸에서 시작해 끝나지 않아도 된다. 시작한 칸과 끝나는 칸은 기본으로 "지나간" 칸으로 간주한다)

2.76.1 힌트

탐욕 전략으로 최적 경로를 만들 수 있다. 하지만 그것이 최적이라는 것을 증명하는 것은 만만치 않다.

2.76.2 풀이

모든 $n\,(n > 1)$에 대해 최소 이동 횟수는 $2n - 1$이다.

최적 경로는 왼쪽 위 구석에서 시작해 탐욕 전략에 따라 최대한 멀리 간 다음 방향을 바꾸는 식으로 만들 수 있다. 8×8판에서 그런 식으로 만든 경로를 그림 2-66 (a)에서 볼 수 있다. $n \times n$ 체스판에서 그런 식으로 움직이면 이동 횟수는 $2n - 1$이다.

이제 $n > 1$일 때 $n \times n$판에서 루크로 모든 칸을 지나가려면 최소 $2n - 1$번 움직여야 한다는 것을 증명해보자. 모든 칸을 지나가려면 판에 있는 모든 열과 모든 행을 따라 움직이는 과정이 필요하다(특정 열을 따라 움직이는 행마가 전혀 없다면 그 열에 있는 모든 칸을 행 방향으로 움직이면서 거쳐가야 한다. 마찬가지로 특정 행을 따라 움직이는 행마가 전혀 없다면 그 행에 있는 모든 칸을 열 방향으로 움직이면서 거쳐가야 한다). 따라서 그렇게 움직이려면 n번 수직 방향으로 움직이면서 각 수직 방향의 행마 사이에서 방향을 바꿀 수 있도록 $n - 1$번 수평 방향으로 움직이는 행마가 있어야 한다. 또는, 반대로 n번 수평 방향으로 움직이면서 사이사이에 다른 행으로 바꾸기 위한 수직 방향의 행마가 끼어 있어야 한다. 따라서 루크로 $n \times n$판의 모든 칸을 지나가려면 최소 $2n - 1$번 말을 움직여야 하며 위에서 설명한 풀이가 최적이라는 것을 알 수 있다.

▼ 그림 2-66 8×8판에서 루크를 최소 횟수만큼 이동해 모든 칸을 지나가는 방법. (a) 탐욕 전략 풀이 방법, (b) 또 다른 풀이 방법

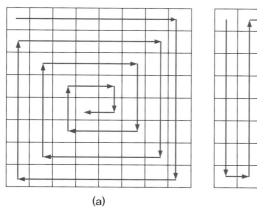

(a)

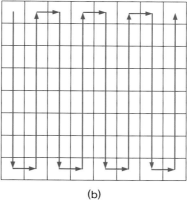

(b)

이런 풀이는 유일하지는 않다. 8×8판에 대한 또 다른 풀이 방법이 그림 2-66 (b)에 나와 있다. $n > 1$인 모든 $n \times n$판에 대해 비슷한 이동 경로를 만들 수 있다.

2.76.3 참고사항

첫 번째 풀이는 탐욕 전략을 바탕으로 한다. 탐욕 알고리즘을 사용하면 이렇게 알고리즘을 만드는 것보다 그 알고리즘이 올바르다는 것을 증명하기가 더 어려운 경우가 많다.

이 문제는 E. Gik의 〈Mathematics on a Chessboard〉[Gik67, p.72]에서 소개된 적이 있다.

2.077 / 패턴을 찾아서

아래의 곱셈을 계산해보자.

$1 \times 1, 11 \times 11, 111 \times 111, 1111 \times 1111$

1의 개수를 계속 늘려도 곱에서 볼 수 있는 패턴이 계속 나타날까?

2.77.1 힌트

이 수가 십진수인지 이진수인지에 따라 결과가 다르다.

2.77.2 풀이

주어진 수를 십진수로 해석한다면 첫 아홉 개까지는 똑같은 패턴이 나타난다.

$1 \times 1 = 1$, $11 \times 11 = 121$, $111 \times 111 = 12321$

$1111 \times 1111 = 1234321$, $111111111 \times 111111111 = 12345678987654321$

하지만 아홉 자리가 넘어가면 윗자리로 넘겨주는 수가 생기면서 그 패턴이 유지되지 않는다.

$1111111111 \times 1111111111 = 1234567900987654321$ 등

(물론 그렇다고 해서 1의 개수가 더 많이 늘어났을 때 또 어떤 패턴이 나타날 가능성을 전혀 배제할 수는 없다)

하지만 주어진 수가 이진수라면 다음과 같이 된다.

$$\underbrace{11\cdots1}_{k} \times \underbrace{11\cdots1}_{k} = \underbrace{11\cdots1}_{k-1}\underbrace{00\cdots01}_{k}$$

여기서 $k = 1$일 때는 01이 1이라고 가정했다. 사실 $\underbrace{11\cdots1}_{k} = 2^k - 1$이므로

$$\underbrace{11\cdots1}_{k} \times \underbrace{11\cdots1}_{k} = (2k - 1)^2 = 2^{2k} - 2 \cdot 2^k + 1 = 2^{2k} + 1 - 2^{k+1}$$

과 같은 식이 성립한다.

$$2^{2k} + 1 = \underbrace{100\cdots0}_{k}\underbrace{0\cdots01}_{k} \text{이고 } 2^{k+1} = \underbrace{100\cdots0}_{k+1}$$

이므로

$$2^{2k} + 1 - 2^{k+1} = \underbrace{11\cdots1}_{k-1}\underbrace{00\cdots01}_{k}$$

이라는 결과를 얻을 수 있다.

2.77.3 참고사항

이 퍼즐의 십진수 버전은 [Ste09, p.6]에서 찾아볼 수 있다.

2.078 직선 트로미노 채우기

3×1 타일을 직선 트로미노라고 부른다. n이 3의 배수라면 $n \times n$ 정사각형을 직선 트로미노로 덮을 수 있는 것은 자명하다. 그런데 3보다 큰 정수 중 3의 배수가 아닌 모든 n에 대해 $n \times n$ 정사각형을 직선 트로미노 여러 개와 모노미노(1×1 타일) 한 개로 덮을 수 있을까? 만약 가능하다면 그 방법을 설명하고 그렇지 않다면 불가능한 이유를 설명하라.

2.78.1 힌트

정답은 "가능하다"이다.

2.78.2 풀이

문제에서 주어진 방법은 3보다 크면서 3의 배수가 아닌 모든 정수에 대해 가능하다.

우선 $n \bmod 3 = 1$이면서 $n > 3$인 경우, 즉 $n = 4 + 3k\,(k \geq 0)$인 경우를 생각해보자. 이 정사각형은 크게 세 부분으로 나눌 수 있다(일종의 분할 정복 방식이다!). 예를 들어 왼쪽 위에 있는 4×4 정사각형 영역, $4 \times 3k$ 직사각형 영역, $3k \times (4 + 3k)$ 직사각형 영역 세 부분으로 나눌 수 있다(그림 2-67 (a) 참조). 4×4 정사각형 영역에 타일을 깔 때는 한 구석에 모노미노를 깔고 나머지 공간에 직선 트로미노를 깔면 된다. 나머지 두 직사각형은 ($k > 0$이기만 하면) 둘 다 한 변의 길이가 $3k$이므로 직선 트로미노를 쭉 깔아주면 모두 채울 수 있다.

마찬가지로 $n \bmod 3 = 2$이고 $n > 3$인 경우, 즉 $n = 5 + 3k\,(k \geq 0)$인 경우에는 그림 2-67 (b)에서 볼 수 있는 방법으로 타일을 깔 수 있다.

▼ 그림 2-67 직선 트로미노 여러 개와 모노미노 한 개를 깔아 $n \times n$ 정사각형 전체를 채우는 방법. (a) $n = 4 + 3k$인 경우, (b) $n = 5 + 3k$인 경우

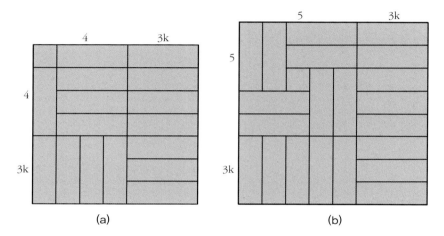

(a)　　　　　　　　　　(b)

2.78.3 참고사항

이렇게 타일을 까는 알고리즘은 3씩 줄이는 전략을 응용하는 알고리즘으로 볼 수도 있다. $(n - 3) \times (n - 3)$ 정사각형에 일단 여러 직선 트로미노와 모노미노 하나를 깔고 나면 $n \times n$ 정사각형도 간단히 직선 트로미노만으로도 덮을 수 있기 때문이다.

8×8 체커 판에 직선 트로미노 타일을 채우는 문제는 Solomon Golomb의 폴리오미노 타일 깔기에 대한 기념비적인 논문[Gol54]에서 소개된 적이 있다. 그 논문에서는 그중에서도 특히 모노미노를 그림 2-68에서 보듯이 네 가지 위치에 배치하는 경우에만 여러 개의 직선 트로미노 타일과 한 개의 모노미노 타일로 체커 판을 채울 수 있다는 것을 증명했다.

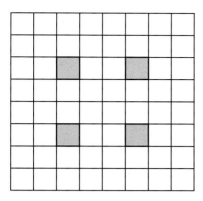

2.079 / 사물함 문

1부터 n까지 n개의 사물함이 복도에 있다. 처음에는 모든 사물함 문이 닫힌 상태에서 시작한다. 1번 사물함부터 시작해 모든 사물함 앞을 n번 지나간다. i번째 지나갈 때 ($i = 1$, 2, ..., n) 매 i번째 사물함 문을 여닫는다(닫혀 있으면 열고 열려 있으면 닫는다). 즉, 처음 지나갈 때는 모든 문을 열고 두 번째 지나갈 때는 짝수번(2, 4, ...) 사물함 문을 여닫기 때문에 두 번째 지나간 다음에는 짝수번 문은 닫혀 있고 홀수번 문은 열려 있게 된다. 세 번째 지나갈 때는 3번 문(첫 번째 지나갈 때 연 후로 계속 열려 있다)은 닫고 6번 문(두 번째 지나갈 때 닫았다)은 여는 식으로 문을 여닫게 된다. 마지막으로 사물함을 지나간 후에는 어느 문이 열려 있고 어느 문이 닫혀 있을까? 열려 있는 사물함 문은 몇 개일까?

2.79.1 힌트

예를 들어 $n = 10$인 경우를 손으로 직접 해보고 그 결과를 살펴보면 답을 구하는 데 도움이 될 수 있다.

2.79.2 풀이

n번째 지나간 다음에 열려 있는 사물함 문의 개수는 $\lfloor\sqrt{n}\rfloor$이다.

처음에는 모든 문이 닫혀 있으므로 마지막으로 지나간 후에 어느 문이 열려 있으려면 홀수번 여닫혀야 한다. j번째($1 \leq j \leq n$) 지나갈 때 i번째($1 \leq i \leq n$) 문이 여닫히려면 i가 j로 나눠 떨어져야 한다. 따라서 i번 사물함 문이 여닫히는 횟수는 i의 약수의 개수와 같다. j가 i의 약수라면, 즉 $i = jk$라면 k도 i의 약수다. 그러므로 i의 모든 약수는 i가 완전제곱수가 아닌 이상, 쌍으로 묶을 수 있다(예를 들어 $i = 12$라면 1과 12, 2와 6, 3과 4를 쌍으로 묶을 수 있다. 하지만 $i = 16$이라면(제곱수인 경우) 4를 다른 정수와 짝지을 수 없다). 따라서 i가 완전제곱수인 경우, 즉 어떤 양의 정수 l에 대해 $i = l^2$인 경우에만 i의 약수의 개수가 홀수가 된다. 그러므로 마지막으로 지나간 후에 열려 있는 사물함 문은 완전제곱수번 사물함의 문뿐이다. n 이하의 수 중에서 완전제곱수의 개수는 $\lfloor\sqrt{n}\rfloor$이다. 즉, 1 이상, $\lfloor\sqrt{n}\rfloor$ 이하의 정수를 각각 제곱한 번호의 사물함 문만 열려 있고 나머지는 모두 닫혀 있다.

2.79.3 참고사항

이 퍼즐은 Pi Mu Epsilon Journal의 1953년 4월호(p.330)에 발표되었다. 그 이후로 여러 출판물([Tri85, Problem 141], [Gar88b, pp.71−72] 등)과 인터넷 퍼즐 모음집에서 소개되었다.

2.080 왕자의 여행

오른쪽으로 한 칸, 아래로 한 칸, 또는 왼쪽 위 대각선으로 한 칸 이동할 수 있는 특별한 체스 말이 있다고 가정하고 여기서는 "왕자"라고 부르자. 왕자로 $n \times n$판의 모든 칸을 단 한 번씩만 방문할 수 있는 모든 n값을 구하라.

2.80.1 힌트

똑같은 알고리즘으로 모든 양수 n에 대해 $n \times n$판의 모든 칸을 단 한 번씩만 방문할 수 있다. 이 문제에서 경로가 순환 가능해야 한다는, 즉 끝나는 점이 시작점과 인접해야 한다는 내용이 없다는 점에 주목하자.

2.80.2 풀이

이 퍼즐은 모든 n에 대해 풀이가 존재한다.

▼ 그림 2-69 8×8판에 대한 왕자의 여행

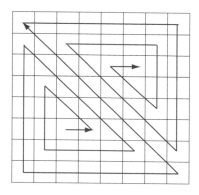

8×8판에 대한 풀이법이 그림 2-69에 나와 있다.

전체 경로는 (1) 오른쪽 아래 구석부터 왼쪽 위 구석까지 이어지는 주 대각선, (2) 왼쪽 위 구석에서 시작해 주 대각선 위쪽에 있는 칸을 모두 지나가는 나선형 경로, (3) 주 대각선 아래쪽에 있는 칸을 모두 지나가는 대칭적으로 생긴 나선형 경로 세 부분으로 나눌 수 있다.

$n > 1$일 때 모든 $n \times n$판에 대해 이와 같은 경로를 쉽게 구축할 수 있고 $n = 1$일 때는 자명한 풀이가 존재한다.

이 퍼즐의 풀이는 유일하지는 않다. 그림 2-70에 $n = 6, 7, 8$인 경우에 대해 적용할 수 있는 풀이 방법을 그림으로 표현했다. 이 세 가지 풀이 방법은 각각 $n = 3k$, $n = 3k + 1$, $n = 3k + 2$인 경우로 일반화시킬 수 있다.

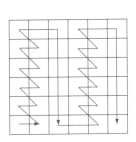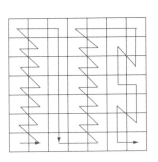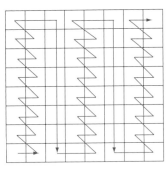

2.80.3 참고사항

위에 있는 풀이 방법은 모두 분할 정복 전략을 적용한 것으로 볼 수 있다.

이 퍼즐은 러시아 수학 및 물리학 학교 문제집[Dyn71, Problem 139]에 포함되어 있는 10×10판에 대한 닫힌 (즉, 출발점에 인접한 점에서 끝나는) 버전의 왕자의 여행의 존재 여부에 대한 문제에서 영감을 얻어 만들었다.

ALGORITHMIC PUZZLES

2.081 유명 인사 문제 II

n명으로 이뤄진 그룹이 있다. 그중 한 명은 나머지 사람을 모두 모르고 나머지 사람이 모두 그를 안다면 그를 유명 인사라고 하자. "저 사람을 아시나요?"라는 질문만으로 유명 인사를 알아내야 하는 임무가 떨어졌다. 한 그룹 안에서 유명 인사를 찾아내거나 그 안에 유명 인사가 없다는 것을 알아낼 수 있는 효율적인 알고리즘을 설계하라. n명으로 이뤄진 그룹에서 이 문제를 풀려면 질문을 몇 번 해야 할까?

2.81.1 힌트

이 문제의 간단한 버전을 이 책의 첫 번째 튜토리얼에서 다뤘다.

2.81.2 풀이

이 문제는 2 이상의 모든 n에 대해 최대 $3n - 4$번 질문하는 알고리즘으로 풀 수 있다.

첫 번째 튜토리얼에서 살펴본 간단한 버전과 달리 이 퍼즐에는 그룹 안에 유명 인사가 있다는 가정이 깔려 있지 않다. 그래도 다음과 같은 식으로 똑같은 알고리즘 개념을 적용할 수 있다. $n = 1$이면 그 한 명은 정의상 당연히 유명 인사가 된다. $n > 1$이면 그룹에서 A, B 두 명을 고른 다음 B를 아는지 A에게 물어본다. A가 B를 안다면 A를 유명 인사 후보자에서 제외시킨다. A가 B를 모른다면 B를 유명 인사 후보자에서 제외시킨다. 이런 식으로 남는 $n - 1$명의 그룹(유명 인사 후보자 그룹)에 대해 재귀적으로 똑같은 작업을 반복하면 문제를 풀 수 있다. 재귀호출 결과, 그 $n - 1$명 중에 유명 인사가 없다고 리턴된다면 첫 질문 후에 제외된 사람도 유명 인사가 아니었으므로 n명으로 이뤄진 전체 그룹에도 유명 인사가 없다는 결론을 내릴 수 있다. 만약 A, B가 아닌 C가 유명 인사라는 결과가 리턴되었다면 C에게 첫 번째 질문의 결과로 유명 인사 후보자에서 제외시킨 사람을 아는지 물어보고 모른다고 답하면 첫 번째 질문의 결과로 유명 인사 후보자에서 제외된 사람에게 C를 아는지 물어본다. 그 질문에 대해 안다고 답하면 C가 유명 인사라는 결과를 리턴하면 되고 그렇지 않다면 유명 인사가 없다는 결과를 리턴하면 된다. $n - 1$명 그룹에서 B가 유명 인사라는 결과를 리턴했다면 A를 아는지 B에게 물어보고 모른다고 답하면 B가 유명 인사라는 결과를 리턴하고 그렇지 않다면 유명 인사가 없다는 결과를 리턴한다. $n - 1$명 그룹에서 A가 유명 인사라는 결과를 리턴했다면 A를 아는지 B에게 물어보고 그렇다고 답하면 A가 유명 인사라는 결과를 리턴하고 그렇지 않다면 유명 인사가 없다는 결과를 리턴하면 된다.

최악의 경우에 필요한 질문 횟수를 $Q(n)$이라고 할 때 위에서 설명한 재귀호출 알고리즘을 바탕으로 다음과 같은 점화식을 세울 수 있다.

$$Q(n) = Q(n - 1) + 3, \, n > 2, \, Q(2) = 2, \, Q(1) = 0$$

이 식은 전진 대입법이나 후진 대입법, 또는 등차수열 일반항 공식을 사용해 풀 수 있다. 답은 $Q(n) = 2 + 3(n - 2) = 3n - 4, \, n > 1, \, Q(1) = 0$이다.

2.81.3 참고사항

이 알고리즘은 1씩 감소시키는 문제 풀이 방법의 훌륭한 적용 사례다. Udi Manber의 책[Man89, Section 5.5]에 이 알고리즘과 컴퓨터 구현법이 나온다. 그는 이 문제의 원전으로 S. O. Aanderaa를 꼽고 있으며 위에서 설명한 알고리즘을 진일보시킨 King과 Smith-Thomas의 논문[Kin82]도 소개했다.

2.082 모두 앞면 만들기

동전 n개가 한 줄로 놓여 있고 앞뒤는 임의로 배치되어 있다. 임의의 개수만큼의 연속된 동전을 한 번에 줄줄이 뒤집을 수 있다. 최소 단계 안에 모든 동전의 앞면이 보이도록 하는 알고리즘을 설계하라. 최악의 경우, 몇 단계가 필요한가?

2.82.1 힌트

앞면, 뒷면이 연속으로 배치된 구역 단위로 생각해보자.

2.82.2 풀이

이 퍼즐을 푸는 데 필요한 단계 수는 최악의 경우, $\lceil n/2 \rceil$이다.

동전이 배열된 줄을 앞면과 뒷면이 이어진 구역이 여러 개 이어져 만들어지는 것으로 생각해보자. 한 구역은 최소 한 개부터 최대 n개의 앞면 또는 뒷면이 연속된 동전으로 구성된다. 동전 몇 개를 줄줄이 뒤집든 뒷면 구역 개수는 최대 한 개까지만 줄일 수 있다. 여러 구역을 한꺼번에 뒤집다 보면 그 안에 들어 있던, 원래 앞면이었던 구역이 뒷면 구역으로 바뀌기 때문이다. 따라서 뒷면 구역 개수가 0이 될 때까지 동전을 뒤집으려면 최소한 초기 상태의 뒷면 구역 개수만큼은 뒤집는 단계를 거쳐야 한다. 초기 상태에서 뒷면 구역의 개수는 최소 0(모두 앞면인 경우)부터 최대 $[n/2]$(뒷면으로 시작해 동전 하나씩 앞면 뒷면이 번갈아 나오는 경우)이다. 최소 단계로 이 퍼즐을 푸는 알고리즘은 간단하다. 각 단계마다 처음 나타나는 뒷면 구역의 모든 동전을 줄줄이 뒤집어주기만 하면 된다. 그러면 최악의 경우에도 $[n/2]$번 만에 모두 앞면으로 만들 수 있다.

2.82.3 참고사항

여기서 설명한 알고리즘은 한 개씩 줄이기(decrease-by-one) 전략에 속한다고 볼 수 있다. L. D. Kurlandchik과 D. B. Fomin이 〈Kvant〉에 쓴 단변량(monovariant)에 대한 글 [Kur89]에서도 이 퍼즐을 사용한 적이 있다. 한 줄로 놓인 동전에서 TH(뒤-앞)와 HT(앞-뒤)의 개수는 어떻게 하든 한 번에 2 이상 변할 수 없는 양이므로 단변량으로 볼 수 있다. HT...HT로 배치된 동전 100개 버전의 문제가 [Fom96, p.194, Problem 90]에도 수록되었다.

2.083 제한된 하노이의 탑

크기가 서로 다른 원판 n개와 말뚝 세 개가 있다. 처음에는 모든 원판이 왼쪽 말뚝에 크기 순으로 가장 큰 원판이 맨 밑에, 가장 작은 원판이 맨 위에 가도록 꽂혀 있다. 이제 모든 원판을 맨 오른쪽 말뚝으로 옮겨야 한다. 원판은 한 번에 하나씩만 움직일 수 있고 큰 원판을 작은 원판 위에 올려놓을 수는 없다. 여기에 한 가지 조건이 더해지는데 반드시 가운데 말뚝으로 원판을 옮기거나 가운데 말뚝에 있던 원판을 옮겨야 한다(그림 2-71). 이 퍼즐을 최소 이동 횟수 만에 푸는 알고리즘을 설계하라.

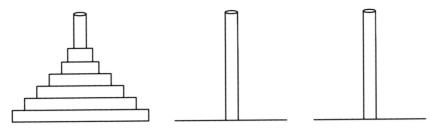

2.83.1 힌트

원래 버전의 하노이의 탑 퍼즐과 비슷하게 재귀적 알고리즘으로 풀 수 있다(두 번째 튜토리얼 참조).

2.83.2 풀이

이 퍼즐을 풀기 위한 최소 이동 횟수는 $3^n - 1$번이다.

$n = 1$이면 왼쪽 말뚝에 있는 원판을 가운데 말뚝으로 옮긴 다음 다시 가운데 말뚝에서 세 번째 말뚝으로 옮기면 된다. $n > 1$일 때는 다음과 같이 하면 된다.

- 재귀적으로 맨 위부터 $n - 1$개의 원판을 왼쪽 말뚝에서 중간 말뚝을 거쳐 오른쪽 말뚝으로 옮긴다.
- 맨 아래에 있는 원판을 왼쪽 말뚝에서 중간 말뚝으로 옮긴다.
- 재귀적으로 오른쪽 말뚝에 있는 $n - 1$개의 원판을 중간 말뚝을 거쳐 왼쪽 말뚝으로 옮긴다.
- 중간 말뚝에 있는 가장 큰 원판을 오른쪽 말뚝으로 옮긴다.
- 재귀적으로 왼쪽 말뚝에 있는 $n - 1$개의 원판을 중간 말뚝을 거쳐 오른쪽 말뚝으로 옮긴다.

이 알고리즘을 그림으로 그리면 그림 2-72와 같다.

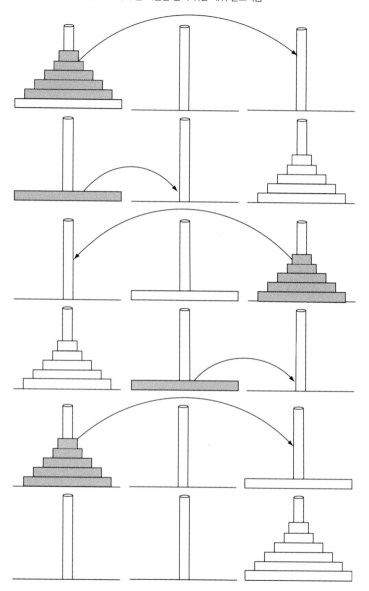

이동 횟수 $M(n)$에 대해 다음과 같은 점화식을 세울 수 있다.

$$M(n) = 3M(n - 1) + 2, \ n > 1, \ M(1) = 2$$

작은 n에 대해 $M(n)$을 구하면 다음과 같다.

n	$M(n)$
1	2
2	8
3	26
4	80

이 숫자들을 보면 $M(n) = 3^n - 1$이라는 일반항을 예상할 수 있는데 다음과 같이 점화식에 대입해보면 그 일반항이 맞다는 것을 확인할 수 있다.

$$M(n) = 3^n - 1, \ 3M(n - 1) + 2 = 3(3^{n-1} - 1) + 2 = 3^n - 1$$

또는 [Lev06, Section 2.4]에 나와 있는 후진 대입법을 활용해 점화식을 풀 수도 있다.

이 알고리즘이 최소 이동 횟수로 주어진 퍼즐을 푸는 알고리즘이라는 것도 쉽게 증명할 수 있다. 이 퍼즐을 풀 수 있는 어떤 알고리즘에서 원판을 이동하는 횟수를 $A(n)$이라고 하자. 이제 수학적 귀납법으로 다음 식이 성립한다는 것을 증명하자.

$$A(n) \geq 3^n - 1, \ n \geq 1$$

우선 $n = 1$인 경우에는 $A(1) \geq 3^1 - 1$이 성립한다. 이제 1 이상의 n에 대해 위의 부등식이 성립한다고 가정하고 원판이 $n + 1$개 있는 경우를 생각해보자. 가장 큰 $n + 1$번째 원판을 움직이려면 그보다 작은 n개의 원판이 오른쪽 말뚝에 꽂혀 있어야 한다. 이를 위해서는 앞에서 가정했듯이 원판을 $3^n - 1$번 움직여야 한다. 가장 큰 원판을 중간 말뚝으로 옮기려면 최소한 한 번은 움직여야 한다. 그리고 가장 큰 원판을 오른쪽 말뚝으로 옮기기 전에 오른쪽 말뚝에 꽂혀 있던 n개의 원판을 왼쪽 말뚝으로 옮겨야 하는데 이 작업을 할 때도 원판을 최소 $3^n - 1$번 움직여야 한다. 이제 가장 큰 원판을 가운데 말뚝에서 오른쪽 말뚝으로 옮기기 위해 원판을 최소한 한 번 움직여야 하고 왼쪽 말뚝에 있는 n개의 원판을 모두 오른쪽 말뚝으로 옮기기 위해 원판을 최소한 $3^n - 1$번 움직여야 한다. 이 내용을 모두 정리하면 $n + 1$개의 원판을 움직이는 데 필요한 최소 이동 횟수는 다음과 같은 부등식으로 정리할 수 있다.

$$A(n + 1) \geq (3^n - 1) + 1 + (3^n - 1) + 1 + (3^n - 1) = 3^{n+1} - 1$$

따라서 위의 식은 1 이상의 모든 정수에 대해 성립한다.

2.83.3 참고사항

원래 버전의 하노이의 탑 퍼즐에서는 왼쪽 말뚝에서 오른쪽 말뚝으로 바로 움직일 수 있다. 따라서 두 번째 튜토리얼에서 했듯이 최소한 $2^n - 1$번 움직이는 것만으로도 문제가 해결된다. 위의 알고리즘은 같은 원판 구성을 반복하지 않는 한도 안에서 최대 이동 횟수로 하노이의 탑 퍼즐을 푸는 방법이기도 하다([Bogom]에 있는 "Tower of Hanoi, The Hard Way" 페이지 참조).

이 알고리즘은 기본 설계 전략 면에서만 보면 분명히 한 개씩 줄이기 접근법에 기초한 것이지만 크기가 $n - 1$인 문제를 두 번이 아닌 세 번 푼다는 점에서 이 전략의 표준적인 버전과는 차이가 있다.

이 버전의 하노이의 탑 퍼즐은 1944년 R. S. Scorer 등이 쓴 논문[Sco44]에서 다뤘다.

2.084 팬케이크 정렬

크기가 서로 다른 팬케이크 n장이 쌓여 있다. 그중 한 장 밑으로 주걱을 넣어 주걱 위에 있는 모든 팬케이크를 한꺼번에 뒤집을 수 있다. 모든 팬케이크를 가장 작은 것이 위로, 가장 큰 것이 위로 가도록 정렬해야 한다. $n = 7$인 경우의 예가 그림 2-73에 나와 있다. 이 퍼즐을 푸는 알고리즘을 설계하고 최악의 경우에 뒤집는 횟수를 구하라.

▼ 그림 2-73 $n = 7$인 경우, 팬케이크 정렬 문제의 예

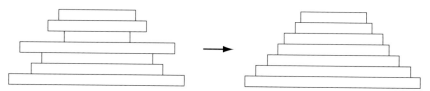

2.84.1 힌트

최적 알고리즘을 구할 필요는 없지만 완전 검색보다는 분명히 효율적이어야 한다.

2.84.2 풀이

주어진 팬케이크 개수를 $n\,(n \geq 2)$이라고 할 때 $2n - 3$번 뒤집으면 된다.

감소 정복 전략을 이용하면 다음과 같은 알고리즘을 만들 수 있다. 정렬이 끝날 때까지 다음 두 단계를 반복한다. (1) 아직 최종 위치에 자리잡지 못한 가장 큰 팬케이크가 맨 위로 가도록 뒤집는다. (2) 맨 위에 있는 가장 큰 팬케이크가 최종 위치로 갈 수 있도록 뒤집는다. 이 과정을 더 자세히 설명하면 다음과 같다.

맨 아래쪽에 이미 최종 위치에 놓인 팬케이크 개수를 나타내는 변수 k를 0으로 초기화한다. $k = n - 1$이 될 때까지, 즉 문제를 모두 풀 때까지 다음 작업을 반복한다. 맨 밑에서부터 k번째 팬케이크보다 위에 있는 팬케이크 중에서 가장 크고 그 바로 밑에 있는 것보다 큰 팬케이크를 찾는다(그런 팬케이크가 없다면 이미 문제가 해결된 상태다). 가장 큰 팬케이크가 맨 위에 있지 않다면 주걱을 그 밑에 밀어 넣고 뒤집어 가장 큰 팬케이크가 맨 위로 오도록 만든다. 맨 밑에서부터 $(k + 1)$번째 팬케이크에서 시작해 위로 올라가면서 맨 위에 있는 팬케이크보다 작은 첫 번째 팬케이크를 찾는다. 그 팬케이크가 맨 밑에서부터 j번째 팬케이크라고 해보자(지금 맨 위에 있는 팬케이크가 올바른 위치에서 벗어난 가장 큰 팬케이크를 골라 놓은 것이므로 맨 밑에서부터 $(k + 1)$번째부터 j번째까지의 팬케이크는 올바른 위치에 있는 팬케이크인 셈이다). 이제 주걱을 j번째 팬케이크 밑에 밀어 넣고 뒤집으면 제 위치에 있는 팬케이크 개수가 최소한 한 개 이상 늘어난다. 이제 k에 j를 대입해 넣는다.

그림 2-73에 있는 팬케이크 더미에 위에서 설명한 작업을 한 번 적용하면 그림 2-74와 같이 된다.

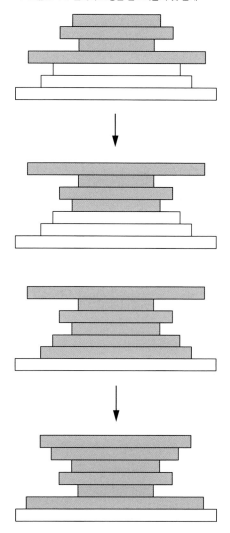

❤ 그림 2-74 팬케이크 정렬 알고리즘의 첫 단계

이 알고리즘을 적용했을 때 팬케이크를 뒤집는 횟수는 최악의 경우, $W(n) = 2n - 3$(n은 2 이상의 정수로 팬케이크 장 수)이다. 물론 $W(1) = 0$이다. 이 공식은 다음과 같은 점화식으로부터 구할 수 있다.

$$W(n) = W(n - 1) + 2 \ (n > 2\text{인 경우}), \ W(2) = 1$$

초기 조건이 $W(2) = 1$인 것은 팬케이크가 두 장 있을 때는 둘 중에서 큰 팬케이크가 위에 있으면 한 번 뒤집으면 되고 아래에 있으면 안 뒤집어도 되기 때문이다. $n > 2$일 때를 생각해보자. 최대 두 번만 뒤집으면 가장 큰 팬케이크를 맨 아래로 보낼 수 있다. 그 후로는 그 팬케이크를 건드릴 필요가 없다. 따라서 팬케이크 n개를 정렬하기 위해 뒤집어야 하는 횟수는 최대 $W(n - 1) + 2$라는 것을 알 수 있다. 사실 n개의 팬케이크에 대한 이런 상한값은 다음과 같은 식으로 구할 수 있다. 최악의 경우에 해당하는 $n - 1$개의 팬케이크를 통째로 뒤집고 다른 어떤 팬케이크보다 큰 팬케이크를 맨 위에 있는 팬케이크 바로 아래에 집어넣는다. 이렇게 새로 만들어진 팬케이크 더미를 두 번만 뒤집으면 $n - 1$개의 팬케이크 더미에 대한 최악의 경우에 해당하는 문제로 환원시킬 수 있다.

위의 점화식은 등차수열에 대응하는 점화식이므로 일반항을 다음과 같은 식으로 구할 수 있다.

$$W(n) = 1 + 2(n - 2) = 2n - 3 \ (n \geq 2\text{인 경우})$$

2.84.3 참고사항

위의 알고리즘은 문제의 크기가 불규칙적으로 (일정한 간격으로 줄어드는 것도 아니고 일정한 비율로 줄어드는 것도 아니다) 줄어드는 감소 정복 전략을 잘 보여주는 예다. 하지만 이 알고리즘은 최적의 알고리즘은 아니다. 최악의 경우에 뒤집는 횟수의 최솟값은 $(15/14)n$과 $(5/3)n$ 사이의 값이 되지만 정확한 값은 알려져 있지 않다.

Alexander Bogomolny가 만든 Interactive Mathematics Miscellany and Puzzles 웹 사이트[Bogom]에 있는 "Flipping pancakes" 페이지에서 이 퍼즐을 시각화한 애플릿을 찾아볼 수 있다. 그 페이지에서 이 퍼즐에 대한 흥미로운 내용도 찾아볼 수 있다. 그중 특히 눈에 띄는 것을 소개하자면 마이크로소프트 창업자 Bill Gates의 유일한 연구 논문이 이 문제에 대한 것이라고 한다.

2.085 루머 퍼뜨리기 I

서로 다른 루머를 알고 있는 n명이 있다. 메신저를 통해 서로 소식을 공유하려고 한다. 전원이 모든 루머를 전달받는 데 필요한 최소 메시지는 몇 개일까? 메시지는 한 명에게만 보낼 수 있고 발신인은 자신이 알고 있는 모든 루머를 메시지로 보낸다고 가정하자.

2.85.1 힌트

$n = 4$인 경우, 최소 메시지 개수는 6이다.

2.85.2 풀이

최소 메시지 개수는 $2n - 2$다.

메시지는 여러 방식으로 보낼 수 있다. 예를 들어 특정인 A를 지정해 다른 사람이 모두 A에게 루머를 보낼 수 있다. A는 다른 사람들에게서 받은 루머를 모두 모은 다음 자신이 알고 있는 루머까지 합친 메시지를 나머지 $n - 1$명에게 보낸다.

메시지가 매번 전송될 때마다 알려진 루머 개수를 최대한 늘리는 탐욕 알고리즘을 사용해도 필요한 메시지 개수는 같다. 각자에게 1부터 n까지 번호를 붙이고 첫 $n - 1$개의 메시지는 1이 2에게, 2가 3에게 같은 식으로 자신이 받은 메시지에 자신이 아는 루머를 더해 다음 사람에게 보내면 1, 2, ..., $n - 1$번 사람이 아는 메시지를 n에게 알려줄 수 있다. 그런 후 n이 모든 루머가 모인 메시지를 1, 2, ..., $n - 1$에게 모두 보내면 전원에게 모든 루머를 퍼뜨릴 수 있다.

$2n - 2$가 이 퍼즐을 푸는 데 필요한 최소 메시지 개수라는 사실은 사람 수를 1 늘렸을 때 메시지는 2개 - 그 추가된 사람에게 보내는 것 한 개, 그가 보내는 것 한 개 - 늘어난다는 점으로부터 알 수 있다.

2.85.3 참고사항

이 퍼즐은 1971년 캐나다 수학 올림피아드[Ton89, Problem 3]에 출제된 문제다. 이 퍼즐과 같은 문제는 통신 네트워크 전문가들에게 매우 중요하다.

2.086 루머 퍼뜨리기 II

서로 다른 루머를 알고 있는 n명이 있다. 쌍방향 통신(전화 등)으로 서로 모든 루머를 공유하려고 한다. 이를 위한 (총 대화 횟수 면에서) 효율적인 알고리즘을 설계하라. 모든 대화에서 쌍방이 각자 알고 있는 모든 루머를 공유한다.

2.86.1 힌트

$n > 3$일 때 $2n - 4$번의 대화가 필요한 몇 가지 알고리즘이 있다.

2.86.2 풀이

$n = 1, 2, 3$에 대해서는 자명하게 필요한 대화 횟수가 0회, 1회, 3회라는 것을 알 수 있다. 4 이상의 모든 n에 대해 $2n - 4$회 대화로 퍼즐의 목적을 달성할 수 있는 알고리즘을 설명해보면 이렇다. 우선 i번째 사람을 P_i로 표기하자. $n = 4$에 대해서는 네 번의 대화가 필요하다. 예를 들어 P_1이 P_2와, P_3이 P_4와, P_1이 P_4와, P_2가 P_3와 대화하면 된다. $n > 4$에 대해서는 P_5, P_6, ..., P_n이 각각 P_1과 대화한 다음 P_1이 P_2와, P_3이 P_4와, P_1이 P_4와, P_2가 P_3와 대화하고 그 후에 P_1이 다시 P_5, P_6, ..., P_n과 한 번씩 더 대화하면 된다. 이 알고리즘은 그림 2-75와 같다. 이 알고리즘에서 총 대화 횟수는 $2(n - 4) + 4 = 2n - 4 \ (n \geq 4)$다.

❤ 그림 2-75 $n = 6$인 경우의 쌍방향 대화를 통한 최적 루머 퍼뜨리기 방법. 대화 순서는 대화 당사자를 나타내는 꼭짓점을 연결하는 각 변에 적힌 숫자로 표시했다.

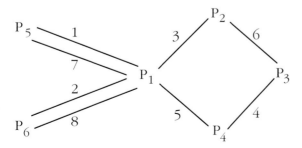

2.86.3 참고사항

위의 알고리즘에서는 $n = 4$에 대한 풀이 방법을 확장하는 방식으로 감소 정복(decrease-and-conquer) 개념을 작은 문제에서 큰 문제로 키워가면서 적용했다. $2n - 4$회 대화로 이 퍼즐을 푸는 알고리즘을 고안하는 것은 어렵지 않지만 4 이상의 n에 대해 이 대화 횟수가 최솟값이라는 것을 증명하는 것은 훨씬 어렵다. 증명은 C. A. J. Hurkens가 쓴 글[Hur00]에서 찾아볼 수 있는데 그 글에서는 위의 알고리즘 외에 다른 참고문헌도 찾아볼 수 있다. D. Niederman은 그의 책[Nie01, Problem 55]에서 이 퍼즐을 푸는 또 다른 알고리즘을 소개하면서 이 퍼즐에 대해 "고전이 될 운명을 타고났다"라는 말을 남겼다.

2.087 뒤집힌 잔

탁자 위에 n개의 잔이 모두 뒤집혀 있다. 한 번에 정확히 $n - 1$개의 잔을 뒤집을 수 있다. 잔을 모두 제대로 세울 수 있는 n값을 모두 구하고 최소 횟수로 잔을 세울 수 있는 알고리즘을 설명하라.

2.87.1 힌트

홀짝을 따져보자.

2.87.2 풀이

n이 홀수일 때는 불가능하다. n이 짝수이면 n번 만에 모두 세울 수 있고 n번이 최소 횟수다.

n이 홀수이면 한 번에 뒤집을 수 있는 잔의 수는 짝수다. 처음에 뒤집힌 잔의 개수가 홀수이므로 잔을 몇 번 뒤집든 뒤집힌 잔의 개수는 항상 홀수다. 따라서 뒤집힌 잔의 개수가 0개가 되는 것은 불가능하다. 0은 짝수이기 때문이다.

n이 짝수이면 $i = 1, 2, ..., n$에 대해 i번째 잔을 제외한 모든 잔을 뒤집는 작업을 반복하면 모든 잔을 제 방향으로 세울 수 있다(1부터 n까지 번호를 잔에 붙인다고 가정하자). $n - 1$개의 잔을 뒤집는 작업은 총 n번 하게 된다.

$n = 6$일 때 이 알고리즘을 적용하면 다음과 같이 된다. 뒤집힌 잔은 1, 제대로 서 있는 잔은 0으로 표기하고 다음 단계에서 뒤집지 않을 잔은 빨간색 글씨로 표시했다.

$$111111 \rightarrow 100000 \rightarrow 001111 \rightarrow 111000 \rightarrow 000011 \rightarrow 111110 \rightarrow 000000$$

두 번 연속으로 뒤집었을 때 잔의 상태에 아무 변화가 없거나 정확히 두 잔의 상태가 반대로 바뀌는 것만 가능하므로 이 문제를 n번 미만의 단계로 풀 수 있는 알고리즘은 존재할 수 없다.

2.87.3 참고사항

이런 식으로 특정 대상의 상태는 반드시 두 가지 중 하나인데 한 상태에서 다른 상태로 바꾸는 것이 목적인 퍼즐에는 여러 버전이 있다. 그중에는 이렇게 풀이 과정에서 짝홀 성질을 활용하는 것이 많고 감소 정복 전략을 활용해 푸는 것이 많다.

이 퍼즐은 Charles Trigg가 쓴 〈Mathematical Quickies〉[Tri85, Problem 22]에서 소개된 적이 있다.

2.088 두꺼비와 개구리

$2n + 1$개의 칸이 있는 1차원 판이 있고 왼쪽 n개의 칸에는 두꺼비를 나타내는 말(T), 오른쪽 n개의 칸에는 개구리를 나타내는 말(F)이 들어 있다. 두꺼비와 개구리는 번갈아가며 하나씩 움직인다. 두꺼비든 개구리든 바로 앞 빈칸으로 미끄러지거나 반대편 말 하나를 뛰어넘어 빈칸으로 넘어갈 수 있다(두꺼비끼리 또는 개구리끼리 뛰어넘을 수는 없다). 두꺼

비는 오른쪽으로만, 개구리는 왼쪽으로만 갈 수 있다. 이 퍼즐의 목적은 두꺼비와 개구리의 위치를 맞바꾸는 것이다. 예를 들어 n = 3인 경우의 시작과 끝은 그림 2–76과 같다.

▼ 그림 2-76 n = 3인 경우의 시작과 끝

| T | T | T | | F | F | F | $\Longrightarrow$ | F | F | F | | T | T | T |

이 작업을 수행하기 위한 알고리즘을 설계하라.

2.88.1 힌트

이 퍼즐을 풀려면 정해진 방식대로만 움직여야 한다. 그러지 않으면 더 이상 움직일 수 없는 상태가 되기 때문이다. 인터넷을 뒤져보면 이 퍼즐을 시각화한 자료를 찾아볼 수 있는데 필요하다면 그런 자료를 활용하는 것도 좋다.

2.88.2 풀이

이 퍼즐을 푸는 알고리즘의 이동 횟수는 다음과 같은 식으로 찾을 수 있다. 두꺼비와 개구리가 서로 교차하려면 뛰어넘을 수밖에 없다(두꺼비가 개구리 위로 뛰어넘는지, 개구리가 두꺼비 위로 뛰어넘는지는 중요하지 않다). 따라서 두꺼비 n마리와 개구리 n마리가 교차하려면 n^2번 뛰어넘어야 한다. 그리고 두꺼비끼리는 뛰어넘을 수 없으므로 맨 왼쪽에 있는 첫 번째 두꺼비는 n + 1칸 앞으로 가 n + 2번째 칸으로 가고 두 번째 두꺼비는 n + 1칸 앞으로 가 n + 3번째 칸으로 가는 식으로 이동해야 한다. 이것을 모두 더하면 최종 위치로 갈 때까지 두꺼비가 움직이는 칸 수는 총 $n(n + 1)$이다. 마찬가지로 개구리도 최종 위치로 갈 때까지 총 $n(n + 1)$칸을 움직여야 한다. 뛰어넘을 때는 두 칸을 이동하고 뛰어넘는 횟수는 총 n^2이므로 바로 앞 빈칸으로 미끄러지는 횟수는 $2n(n + 1) - 2n^2 = 2n$이다.

이 퍼즐을 푸는 알고리즘은 두 가지로 둘 다 대칭이다. 맨 오른쪽 두꺼비가 먼저 한 칸 미끄러지거나 맨 왼쪽 개구리가 먼저 한 칸 미끄러지는 방법이다. 일반성을 잃지 않고 두꺼비가 먼저 움직이는 쪽을 살펴보자. 이 알고리즘은 모든 가능한 방법을 따져보는 식으로 찾을 수 있다. 한 가지 방법을 제외하면 결국 막다른 골목에 다다르도록 되어 있기 때문이다. 특히 미끄러지거나 뛰어넘는 둘 중 하나를 선택해야 할 때는 반드시 뛰어넘는 쪽을 골라야 한다. n = 2인 경우와 n = 3인 경우의 알고리즘을 그림 2–77과 그림 2–78에 그려놨다. 두 그림에 판의 상태와 행마 방법이 표시되어 있다. S, J는 각각 미끄러지는(S; slide) 움직임과 뛰어넘는(J; jump) 움직임을 뜻하며 아랫첨자 T, F는 각각 두꺼비(T)가 움직이는지 개구리(F)가 움직이는지를 나타낸다. 뛰어넘는 것은 항상 한 가지로 정해지므로 아랫첨자로 따로 표시하지는 않았다.

▼ 그림 2-77 n = 2인 경우의 두꺼비와 개구리 퍼즐의 풀이 방법

이동 횟수	칸					행마
	1	2	3	4	5	
1	T	T		F	F	S_T
2	T		T	F	F	J
3	T	F	T		F	S_F
4	T	F	T	F		J
5	T	F		F	T	J
6		F	T	F	T	S_F
7	F		T	F	T	J
8	F	F	T		T	S_T
	F	F		T	T	

일반적으로 이 알고리즘은 다음과 같이 말을 움직이는 방법을 나타내는 $2n + n^2$ 글자로 이뤄진 문자열로 쓸 수 있다.

$$S_T J S_F J J \cdots S \underbrace{J \cdots J}_{n-1} S | \underbrace{J \cdots J}_{n} | \underbrace{S J \cdots J}_{n-1} S \cdots J J S_F J S_T$$

이 문자열은 왼쪽에서 오른쪽으로 읽든 오른쪽에서 왼쪽으로 읽든 똑같은 회문 (palindrome)이다. 문자열의 왼쪽 부분(맨 왼쪽에서 |까지)은 두꺼비와 개구리가 TFTF ...TF와 같은 패턴으로 서로 교차하게 만드는 부분인데 n이 짝수이면 오른쪽, 홀수이면 왼쪽에 빈칸이 생긴다. 이 부분에서는 S(미끄러짐)가 n번 나오는데 두꺼비가 미끄러지는 경우(아랫첨자 T)와 개구리가 미끄러지는 경우(아랫첨자 F)가 번갈아 배치되며 각각의 사이에 J(뛰어넘음)가 끼어드는데 처음에는 한 개, 다음에는 두 개로 늘어나고 마지막에는 n – 1개가 된다. 문자열의 중앙 부분에서는 패턴을 FTFT...FT로 바꾸는데 n개의 J가 들어 있다. 오른쪽 부분에서는 왼쪽 부분의 행마를 역으로 해 작업을 마무리한다.

▼ 그림 2-78 $n = 3$인 경우의 두꺼비와 개구리 퍼즐의 풀이 방법

이동 횟수	칸							행마
	1	2	3	4	5	6	7	
1	T	T	T		F	F	F	S_T
2	T	T		T	F	F	F	J
3	T	T	F	T		F	F	S_F
4	T	T	F	T	F		F	J
5	T	T	F		F	T	F	J
6	T		F	T	F	T	F	S_T
7		T	F	T	F	T	F	J
8	F	T		T	F	T	F	J
9	F	T	F	T		T	F	J
10	F	T	F	T	F	T		S_T
11	F	T	F	T	F		T	J
12	F	T	F		F	T	T	J
13	F		F	T	F	T	T	S_F
14	F	F		T	F	T	T	J
15	F	F	F	T		T	T	S_T
	F	F	F		T	T	T	

2.88.3 참고사항

이 퍼즐은 두꺼비 m마리, 개구리 n마리인 경우로 쉽게 일반화시킬 수 있다. 이때 총 이동 횟수는 $mn + m + n$회가 되는데 그중 뛰어넘는 것은 mn번, 미끄러지는 것은 $m + n$번 이다. 두꺼비와 개구리 사이의 빈칸 개수가 1보다 큰 버전의 퍼즐도 있다.

Ball과 Coxeter의 책[Bal87, p.124]에 의하면 이 퍼즐은 원래 Lucas의 책[Luc83, pp.141−143]에서 처음 등장했다고 한다. David Singmaster의 책[Sin10, Section 5.R.2]을 보면 양과 염소, 토끼와 거북이와 같이 다른 이름이 붙은 비슷한 퍼즐의 내용을 찾아볼 수 있다. Alexander Bogomolny의 웹 사이트[Bogom]에 있는 "Toads and Frogs puzzle: theory and solution" 페이지에서 이 퍼즐을 시각화한 애플릿과 풀이를 찾아볼 수 있다.

2.089 / 말 바꾸기

말 바꾸기(Counter Exchange) 게임은 $2n + 1$행과 $2n + 1$열의 2차원 판에서 하는 게임이다. 중앙에 있는 한 칸을 제외하면 $(2n + 1)^2$개의 칸은 모두 두 가지 색(여기서는 흰색(W)과 검은색(B)으로 하자)의 말이 다음과 같이 놓여 있다. 위쪽 n행의 왼쪽 $n + 1$열에는 W, 나머지 n열에는 B가 놓인다. $n + 1$행의 왼쪽 n열에는 W가 놓이며 가운데 빈칸이 하나 있고 오른쪽 n열에는 B가 놓인다. 나머지 n행의 왼쪽 n열에는 W, 나머지 $n + 1$열에는 B가 놓인다. W 말은 수평 방향으로는 오른쪽으로, 수직 방향으로는 아래쪽으로 움직일 수 있고 B 말은 수평으로는 왼쪽, 수직으로는 위로 움직일 수 있다. 각 말은 빈 이웃 칸으로 미끄러지거나 반대 색의 말을 뛰어넘어 그 바로 뒤에 있는 빈칸으로 이동할 수 있다. 같은 색의 말을 뛰어넘을 수는 없다. 원래 반대 색의 말이 놓여 있던 자리로 말을 모두 맞바꾸는 방법을 고안하라(그림 2-79에 $n = 3$인 경우의 시작과 끝 상태가 나와 있다).

▼ 그림 2-79 $n = 3$인 경우의 말 바꾸기 퍼즐

W	W	W	W	B	B	B
W	W	W	W	B	B	B
W	W	W	W	B	B	B
W	W	W		B	B	B
W	W	W	B	B	B	B
W	W	W	B	B	B	B
W	W	W	B	B	B	B

→

B	B	B	B	W	W	W
B	B	B	B	W	W	W
B	B	B	B	W	W	W
B	B	B		W	W	W
B	B	B	W	W	W	W
B	B	B	W	W	W	W
B	B	B	W	W	W	W

2.89.1 힌트

이 퍼즐과 밀접한 연관이 있는 퍼즐을 찾아 그 퍼즐에서 사용한 알고리즘을 사용해 이 퍼즐을 푸는 알고리즘을 만들어보자.

2.89.2 풀이

이 퍼즐은 두꺼비와 개구리 퍼즐(2.088)의 2차원 버전이다. 두꺼비와 개구리 퍼즐의 알고리즘을 중간 열에 적용해 풀 수 있다. 중간 열에 대해 그 알고리즘을 적용하는 과정에서 어떤 행 중앙에 처음으로 빈칸이 생길 때마다 똑같은 알고리즘을 적용해 그 행에서 흰색 말과 검은색 말을 맞바꾼다. 그렇게 하면 1차원 두꺼비와 개구리 퍼즐의 알고리즘을 각 행마다 한 번씩, 그리고 중앙 열에 대해 한 번, 합쳐서 총 $(2n + 2)$번 적용하게 된다. $2n + 1$ 칸으로 이뤄진 줄에서 말을 맞바꿀 때 뛰어넘기를 n^2번, 미끄러지기를 $2n$번 하므로 2차원 알고리즘에서의 뛰어넘기 횟수는 $n^2(2n + 2)$번, 미끄러지기 횟수는 $2n(2n + 2)$번이고 총 이동 횟수는 $2n(n + 1)(n + 2)$회다.

2.89.3 참고사항

위의 풀이에서는 변환 정복 전략을 활용했다. 일반적으로 2차원 버전의 문제를 1차원 버전으로 환원시키는 것은 매우 자주 사용되는 문제 해결 방법이다. 물론 그런 식으로 환원시킬 수 없는 문제도 많다.

Ball과 Coxeter의 책[Bal87, p.125]에 의하면 이 퍼즐은 원래 Lucas의 책[Luc83, p.144]에서 처음 등장했다고 한다. David Singmaster의 책[Sin10]에 있는 "Frogs and Toads" Section에서 또 다른 참고문헌을 찾아볼 수 있다. Alexander Bogomolny의 웹 사이트 [Bogom]에 있는 "Toads and Frogs puzzle in two dimensions" 페이지에서 이 퍼즐을 시각화한 애플릿을 찾아볼 수 있다.

2.090 자리 재배치

n개의 의자가 한 줄로 배치되어 있고 n명의 아이들이 그 의자에 앉아 있다. 인접한 두 의자에 앉아 있는 아이들의 자리를 맞바꾸는 식으로만 자리를 바꿀 수 있다면 아이들의 자리를 마음대로 재배치할 수 있을까?

2.90.1 힌트

인접한 원소를 맞바꿔 순열을 만들어내는 간단한 알고리즘이 있다.

2.90.2 풀이

처음 자리 순서대로 아이들에게 1부터 n까지 번호를 붙이면 이 문제는 인접한 두 원소를 치환해 1, 2, $\cdots$, n의 모든 순열을 생성하는 문제로 환원된다. 이런 순열은 우선 재귀적으로 1, 2, $\cdots$, $n-1$의 모든 순열을 생성한 다음 1, 2, $\cdots$, $n-1$의 각 순열의 모든 가능한 위치에 n을 집어넣어 구할 수 있다. 연속된 모든 두 순열이 인접한 두 원소를 치환한 만큼만 다르게 하려면 n을 넣는 방향을 매번 반대로 바꿔줘야 한다.

이전에 만들어진 순열에 n을 집어넣는 위치는 왼쪽에서 오른쪽으로, 오른쪽에서 왼쪽으로 할 수도 있다. 실제로 해보면 n을 12$\cdots(n-1)$에 집어넣을 때 오른쪽에서 왼쪽으로 간 다음 12, $\cdots$, $n-1$의 새로운 순열을 처리할 때마다 방향을 바꾸는 것이 더 좋다. 4 이하의 n에 대해 이런 접근법을 적용하는 예를 그림 2-80에서 찾아볼 수 있다.

▼ 그림 2-80 상향식으로 순열을 생성하는 방법

시작	1			
1의 오른쪽에서 왼쪽으로 2를 집어넣음	12	21		
12의 오른쪽에서 왼쪽으로 3을 집어넣음	123	132	312	
21의 왼쪽에서 오른쪽으로 3을 집어넣음	321	231	213	
123의 오른쪽에서 왼쪽으로 4를 집어넣음	1234	1243	1423	4123
132의 오른쪽에서 왼쪽으로 4를 집어넣음	4132	1432	1342	1324
312의 오른쪽에서 왼쪽으로 4를 집어넣음	3124	3142	3412	4312
321의 오른쪽에서 왼쪽으로 4를 집어넣음	4321	3421	3241	3214
231의 오른쪽에서 왼쪽으로 4를 집어넣음	2314	2341	2431	4231
213의 오른쪽에서 왼쪽으로 4를 집어넣음	4213	2413	2143	2134

2.90.3 참고사항

이 알고리즘은 한 개씩 줄이는 전략을 보여주는 완벽한 예다. 전산학에서는 이 알고리즘의 비재귀적 버전을 1962년에 각각 독립적으로 이 알고리즘을 발표한 두 연구자의 이름을 따 "Johnson-Trotter algorithm"이라고 부른다. Martin Gardner에 의하면[Gar88b, p.74] 이 알고리즘은 사실 폴란드 수학자 Hugo Steinhaus가 주판 문제를 풀다가[Ste64, Problem 98] 처음 발견했다고 한다. 인접한 원소를 치환해 순열을 생성하는 문제는 D. H. Lehmer의 논문[Leh65]에서 서로 모두 다르지 않을 수 있는 수의 순열을 생성하는 더 일반화된 문제를 푸는 과정에서 다룬 적이 있으므로 "레머의 모텔 문제(Lehmer's Motel Problem)"라고도 부른다.

2.091 / 수평 도미노와 수직 도미노

$n \times n$판을 도미노(정사각형 두 개를 붙여 놓은 형태의 타일)로 채울 때 수평 도미노와 수직 도미노의 개수가 똑같을 수 있는 모든 n값을 구하라.

2.91.1 힌트

이 문제에서 가장 까다로운 부분은 n이 4의 배수가 아닌 찍수인 경우에 $n \times n$판을 똑같은 개수의 수평 도미노와 수직 도미노로 채우는 것이 불가능하다는 것을 보여주는 것이다. 불변량을 활용해보자.

2.91.2 풀이

n이 4의 배수인 경우에만 수평 도미노와 수직 도미노 개수가 같도록 판을 채울 수 있다.

n이 홀수이면 $n \times n$판의 칸 수도 홀수인데 도미노는 어떤 식으로 채우든 짝수 개의 칸만 채울 수 있으므로 n이 홀수이면 그 판을 도미노로 채울 수 없다.

n이 4로 나눠 떨어지면, 즉 $n = 4k$인 경우에는 판을 $4k^2$개의 2×2 정사각형으로 나눌 수 있다. $4k^2$은 짝수이므로 2×2 정사각형 중 절반은 수평 도미노로, 절반은 수직 도미노로 채우면 문제가 해결된다.

n은 짝수이지만 4의 배수가 아니면, 즉 $n = 2m$인데 m이 홀수이면 같은 개수의 수평 도미노와 수직 도미노로 판을 채우는 것은 불가능하다. 이것을 증명하기 위해 판의 각 줄을 두 가지 색으로 번갈아가며 칠해보자(그림 2-81 참조). 여기에 도미노를 수평 방향으로 놓으면 같은 색의 정사각형 두 개, 수직 방향으로 놓으면 다른 색의 정사각형 두 개를 덮는다. 판에 있는 $n^2 = 4m^2$개의 칸을 수평 방향 도미노 t개와 수직 방향 도미노 t개로 덮어야 한다. $(t = m^2)$판에 있는 칸 중에서 한 가지 색으로 칠해진 칸이 $2m^2$개, 다른 색으로 칠해진 칸은 $2m^2$개다. 수직 방향으로 놓이는 도미노는 각 색의 칸을 m^2개씩 덮으므로 나머지 m^2개씩의 각 색의 칸은 수평 방향의 도미노로 덮어야 한다. 하지만 m^2은 홀수인데 도미노로 덮는 칸은 짝수여야 하므로 이렇게 덮는 것은 불가능하다.

▼ 그림 2-81 n이 4의 배수가 아닌 짝수인 경우, 색이 칠해진 $n \times n$판

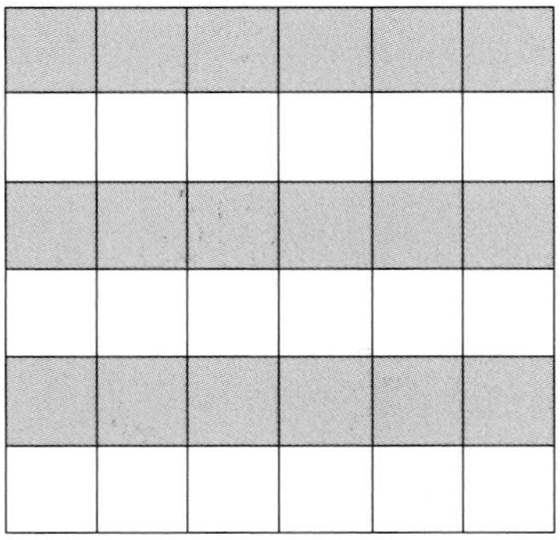

2.91.3 참고사항

이런 풀이법은 타일을 배치하는 퍼즐에서 흔한 형태다. 타일 배치가 가능한 경우에는 판을 쉽게 덮을 수 있는 영역으로 분할해 타일 배치 방법을 찾아낼 수 있다. 불가능한 경우에는 불변량을 활용해 불가능한 이유를 설명할 수 있는데 보통 짝홀 성질을 이용하거나 판에 색을 칠해 따져볼 수 있다. 이런 방법의 예는 이 책의 튜토리얼에서 알고리즘 분석 기법을 설명하면서 소개했다.

이 퍼즐은 널리 알려진 퍼즐로, 비슷한 문제를 Arthur Engel의 〈Problem—Solving Strategies〉[Eng99, p.26, Problem 9]에서 찾아볼 수 있다.

2.092 / 사다리꼴 타일 배치

큰 정삼각형의 각 변을 n등분($n > 1$)해 평행선을 그어 여러 개의 작은 정삼각형으로 나눌 수 있다. $n = 6$인 경우에 맨 위에 있는 정삼각형을 잘라내면 그림 2-82와 같은 모양이 나온다. 이 영역에 들어 있는 작은 삼각형과 똑같은 크기의 정삼각형 세 개로 그림에 나와 있는 것과 같은 사다리꼴 모양의 타일을 만들고 이 타일로 아까 만든 영역을 채우려고 한다(파일의 방향은 그림과 다를 수 있지만 타일이 서로 겹치지 않으면서 빈칸 없이 영역을 모두 덮어야 한다). 이 작업을 할 수 있는 n값을 구하고 그런 n에 대해 타일을 배치하는 알고리즘을 고안하라.

▼ 그림 2-82 $n = 6$인 경우에 사다리꼴(회색)로 덮을 영역

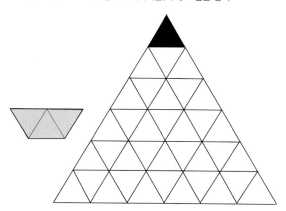

2.92.1 힌트

이 문제에서는 타일로 모두 덮을 수 있게 되는 필요조건이 바로 충분조건이 된다.

2.92.2 풀이

n이 3의 배수가 아닌 경우에만 풀이가 존재한다.

큰 삼각형의 밑변에서 시작해 작은 삼각형의 개수를 세보면 다음 식으로 공식을 만들 수 있다.

$$T(n) = [n + 2(n-1) + 2(n-2) + \cdots + 2 \cdot 1] - 1$$
$$= n + 2(n-1)n/2 - 1 = n^2 - 1$$

▼ 그림 2–83 n = 6인 경우에 사다리꼴(회색)로 덮을 영역

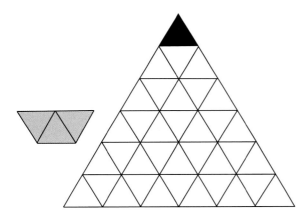

사다리꼴 타일은 작은 정삼각형 세 개로 이뤄지므로 $n^2 - 1$이 3으로 나눠 떨어져야만 타일로 덮을 수 있다. 하지만 $n = 3k$인 경우, $n = 3k + 1$인 경우, $n = 3k + 2$인 경우를 각각 따져보면 $n^2 - 1$이 3의 배수가 되려면 n은 3의 배수가 아니어야 한다.

이 조건이 타일로 겹치지 않고 빈틈없이 전체를 덮기 위한 필요조건일 뿐만 아니라 충분조건이라는 것을 보여주기 전에 $n = 3k$일 때 작은 삼각형 한 개를 제외하지 않은 큰 정삼각형은 주어진 사다리꼴 타일로 모두 덮을 수 있다는 것을 증명해보자. k에 대해 수학적 귀납법을 사용하면 쉽게 증명할 수 있다. k = 1일 때는 그림 2–84 (a)와 같은 식으로 사다

리꼴 세 개로 덮을 수 있다. 이제 1 이상의 어떤 k에 대해 $n = 3k$인 경우에 사다리꼴로 전체를 덮을 수 있다면 $n = 3(k + 1)$일 때도 사다리꼴로 전체를 덮을 수 있다는 것을 증명하자. 큰 삼각형 양 옆의 변을 밑에서부터 $3:3k$로 나누는 점을 따라 밑변에 평행한 선을 그어보자(그림 2-84 (b)). 그러면 그 선으로 전체 도형을 아래쪽의 사다리꼴과 위쪽의 삼각형으로 나눌 수 있다. 아래쪽 사다리꼴은 길이가 3인 정삼각형 $(k + 1) + k$개로 나눌 수 있으므로 사다리꼴 타일로 덮을 수 있다. 위쪽의 삼각형은 $n = 3k$인 정삼각형이므로 귀납법의 가정에 따라 사다리꼴 타일로 덮는 것이 가능하다.

▼ 그림 2-84 (a) $n = 3$인 경우에 삼각형 전체를 사다리꼴로 채우는 방법. (b) $n = 3k$, $k > 1$인 경우에 정삼각형 전체를 재귀적으로 사다리꼴로 채우는 방법

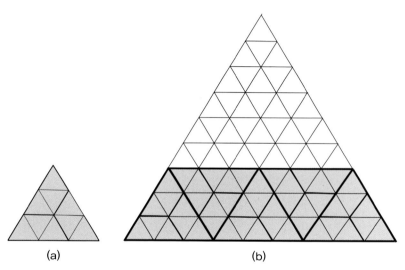

(a)　　　　　　(b)

이제 변의 길이가 $n = 3k + 1$인 정삼각형에서 맨 위에 있는 작은 정삼각형을 잘라낸 경우를 생각해보자. (예를 들어 그림 2-85 (a)와 같은 식으로) 왼쪽이나 오른쪽 변을 따라 $2k$개의 사다리꼴을 배치하고 나면 변의 길이가 $3k$인 정삼각형 전체를 사다리꼴로 채우기만 하면 되는데 이 작업은 위에서 보여준 것과 같은 식으로 처리하면 된다. $n = 3k + 2$인 경우에는 밑변을 따라 $2k + 1$개의 사다리꼴을 배치한 다음 $n = 3k + 1$인 경우의 풀이 방법을 적용하면 된다(그림 2-85 (b) 참조).

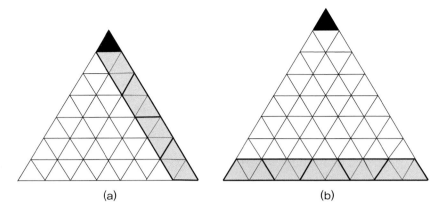

(a)   (b)

2.92.3 참고사항

위의 풀이에서는 불변량, 감소 정복, 변환 정복 개념을 사용한다.

$n = 2^k$인 경우에는 분할 정복 알고리즘으로 문제를 풀 수도 있다. $n = 2$일 때는 주어진 도형 자체가 사다리꼴 한 개와 합동이다. $n = 2^k$, $k > 1$인 경우에는 첫 번째 사다리꼴 타일의 긴 밑변을 전체 도형의 밑변 중앙에 배치한다. 그리고 원래의 큰 정삼각형의 세 변의 중점을 연결하는 직선 세 개를 긋는다. 그러면 원래 도형을 자신과 닮으면서 크기는 절반인 네 개의 합동인 도형으로 나눌 수 있다(그림 2-86 (a)). 이렇게 만들어진 각 도형은 똑같은 알고리즘으로, 즉 재귀적으로 사다리꼴 타일로 채울 수 있다. $n = 8$인 경우의 알고리즘은 그림 2-86 (b)와 같다. 이 책의 첫 번째 튜토리얼에서 논의했던, 한 칸 빠진 $2^n \times 2^n$ 영역을 트로미노로 채우는 문제의 알고리즘과 비슷하다.

▼ 그림 2-86 (a) 전체 도형을 크기가 절반인 닮은 도형 네 개로 나누는 방법, (b) $n = 8$인 경우에 분할 정복으로 문제를 푸는 과정

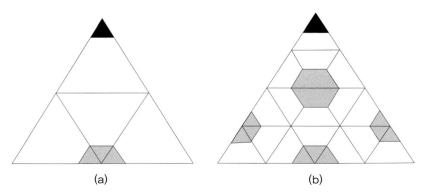

(a)   (b)

$n = 2^k$인 경우에 해당하는 문제는 노팅엄대학에서 있었던 Roland Backhouse의 알고리즘 문제 해결법 수업에서 귀납법 연습문제로 나온 적이 있다.[Backh]

2.093 전함 맞히기

10×10판에 놓여 있는 전함(4×1 직사각형)을 분명히 맞히려면 포를 최소 몇 번 쏴야 할까? 전함은 판의 어느 위치에든 놓을 수 있고 수평 또는 수직 방향으로 배치할 수 있다. 다른 배는 없다고 가정해도 된다(포를 쏘는 것은 판의 한 칸을 그냥 찍는 것을 뜻한다).

2.93.1 힌트

어느 4×1 직사각형에도 최소한 점이 한 개는 찍히도록 점을 판에 찍는 방법을 생각해보자.

2.93.2 풀이

전함(4×1 또는 1×4 직사각형)을 분명히 맞히는 데 필요한 포의 발사 횟수는 최소 24회다. 가능한 풀이 방법 중 하나를 그림 2-87에 그려놨다.

▼ 그림 2-87 전함 맞히기 풀이 방법 중 한 가지

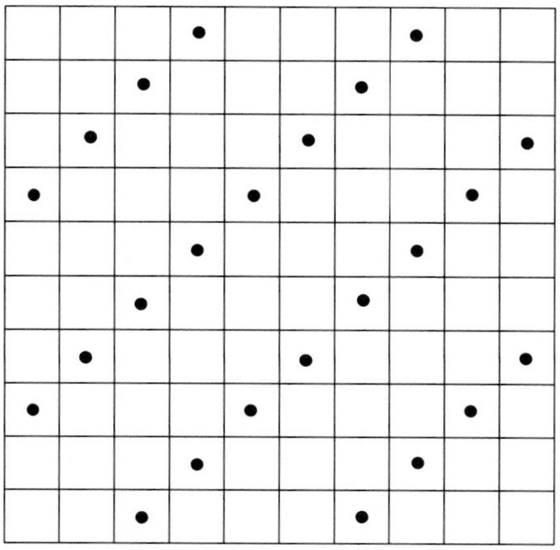

24회 미만으로는 분명히 맞힐 수 없다는 것을 그림 2-88에서 알 수 있다. 전함을 그림과 같이 24가지 위치에 배치한다고 가정하면 각 위치마다 한 번씩 포를 쏴야 한다.

▼ 그림 2-88 전함을 배치할 수 있는 24가지 위치

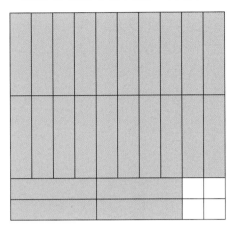

2.93.3 참고사항

이 퍼즐은 독특한 구성으로 최악의 경우를 분석하는 개념을 보여준다. 러시아의 저널 Kvant에 실렸던 기사[Gik80]에 그림 2-89와 같은 풀이가 소개된 적이 있다.

▼ 그림 2-89 전함 맞히기의 또 다른 풀이 방법

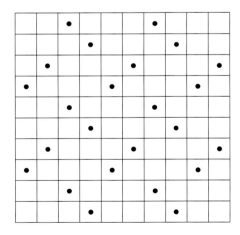

222

8×8판에 대한 똑같은 문제의 경우, 최소한 21회 쏴야 하는데 이 퍼즐은 Solomon Golomb의 폴리오미노에 대한 책의 1판[Gol94]에서 소개된 적이 있다.

2.094 정렬된 표 검색

100장의 카드에 한 장에 한 개씩 100개의 서로 다른 숫자가 적혀 있다. 카드는 10행 10열로 배치되며 각 행 안에서 (왼쪽에서 오른쪽으로), 그리고 각 열 안에서 (위에서 아래로) 오름차순으로 놓여 있다. 모든 카드는 뒤집혀 있어 카드에 적힌 숫자가 보이지 않는다. 어떤 수가 주어졌다고 가정할 때 카드를 20회 미만으로 뒤집어보면서 주어진 수가 적힌 카드가 있는지 판별하는 알고리즘을 만들 수 있을까?

2.94.1 힌트

가능하다.

2.94.2 풀이

먼저 맨 오른쪽 위에 있는 카드를 뒤집어 우리가 찾으려는 숫자와 비교해보자. 만약 같다면 문제는 해결된 것이다. 찾으려는 숫자가 카드에 적힌 숫자보다 작다면 찾으려는 숫자는 마지막 열에는 있을 수 없으므로 그 앞 열로 옮겨갈 수 있다. 찾으려는 숫자가 카드에 적힌 숫자보다 크다면 찾으려는 숫자는 첫째 행에는 있을 수 없으므로 다음 행으로 내려갈 수 있다. 숫자를 찾을 때까지 또는 카드 배열에서 완전히 벗어날 때까지 이 작업을 반복하면 문제는 해결된다.

이 알고리즘을 적용하면서 뒤집은 카드들을 쭉 연결하면 맨 오른쪽 위에서 시작해 어떤 카드까지 지그재그로 이어지는 경로가 만들어진다. 그중에서 가장 긴 경로는 맨 왼쪽 아래 구석에서 끝나는 것으로 이때 총 19장의 카드를 뒤집게 된다. 수직 방향이든 수평 방향이

든 아홉 칸을 넘어갈 수는 없으므로 그런 식으로 만들어진 경로에서 뒤집힌 카드 개수가 20장을 넘기는 것은 불가능하다.

2.94.3 참고사항

각 단계마다 찾으려는 숫자가 들어 있을 수 있는 행이나 열의 개수가 1씩 줄어들므로 이 알고리즘은 감소 정복 전략을 적용한 알고리즘이다.

이 퍼즐은 기술 면접과 관련된 책이나 웹 사이트 등에서 찾아볼 수 있다(예 [Laa10, Problem 9.6]).

2.095 최대−최소 무게

무게 추 없이 $n > 1$개의 동전과 양팔 저울만 주어졌을 때 $\lceil 3n - 2 \rceil - 2$번 만에 가장 무거운 물체와 가장 가벼운 동전을 판별하는 방법을 구하라.

2.95.1 힌트

$n = 4$인 경우를 따져보자.

2.95.2 풀이

동전을 $\lfloor n/2 \rfloor$쌍으로 나누고 n이 홀수이면 남는 동전은 따로 빼둔다. 각 쌍을 양팔 저울에 달아 더 가벼운 것과 무거운 것을 구분한다(두 동전의 무게가 같다면 임의로 구분한다). 양팔 저울을 $\lfloor n/2 \rfloor - 1$번 더 사용해 $\lfloor n/2 \rfloor$개의 더 가벼운 동전 중에서 가장 가벼운 것을 찾고 $\lfloor n/2 \rfloor$개의 더 무거운 동전 중에서 가장 무거운 것을 찾아낸다. n이 짝수이면 문제가 해결된 것이고 n이 홀수이면 처음에 따로 빼둔 동전의 무게를 아까 찾아둔 가장 가벼운 동전, 가장 무거운 동전과 비교해 전체에서 가장 가벼운 동전과 가장 무거운 동전을 찾으면 된다.

이 알고리즘에서 양팔 저울을 사용하는 총 횟수 $W(n)$은 다음 식으로 주어진다. n이 짝수인 경우에는

$$W(n) = \frac{n}{2} + 2\left(\frac{n}{2} - 1\right) = \frac{3n}{2} - 2$$

n이 홀수인 경우에는

$$W(n) = \left\lfloor\frac{n}{2}\right\rfloor + 2\left(\left\lfloor\frac{n}{2}\right\rfloor - 1\right) + 2 = 3\left\lfloor\frac{n}{2}\right\rfloor = 3\frac{n-1}{2} = \frac{3n}{2} - \frac{3}{2}$$

짝수인 경우의 공식과 홀수인 경우의 공식은 다음과 같이 표현할 수 있다.

$$W(n) = \left\lceil\frac{3n}{2}\right\rceil - 2$$

n이 짝수이면 $\lceil 3n/2 \rceil - 2 = 3n/2 - 2$다. $n = 2k + 1$로 홀수이면 $\lceil 3n/2 \rceil - 2 = \left\lceil\frac{3(2k+1)}{2}\right\rceil - 2 = \left\lceil 3k + \frac{3}{2}\right\rceil - 2 = 3\text{k} = 3(n-1)/2 = 3n/2 - 3/2$이다.

2.95.3 참고사항

분할 정복 전략을 적용해도 결국 똑같은 알고리즘을 구할 수 있다. 동전을 같은 개수(또는 거의 같은 개수)의 그룹으로 나눈 다음 각각에서 가장 가벼운 동전과 가장 무거운 동전을 찾은 다음 가장 가벼운 동전끼리, 가장 무거운 동전끼리 비교해 전체에서 가장 가벼운 동전과 가장 무거운 동전을 찾으면 된다.

이 퍼즐은 전산학에서 널리 알려진 문제로, 보통 n개의 수 집합에서 가장 큰 수와 가장 작은 수를 찾아내는 형태의 문제로 주어진다. 사실 어떤 비교 기반 알고리즘을 사용해도 최악의 경우에 이 문제를 풀 수 있는 최소 비교 횟수가 $\lceil 3n/2 \rceil - 2$라는 것이 증명되기도 했다([Poh72] 참조).

2.096 계단 모양 영역 채우기

계단 모양 영역 S_n(그림 2-90에 $n = 8$인 경우가 표시되어 있다)을 직각 트로미노로 채울 수 있는 모든 $n(n > 1)$값을 구하라.

❤ 그림 2-90 직각 트로미노(회색)로 채울 계단 모양 영역 S_8

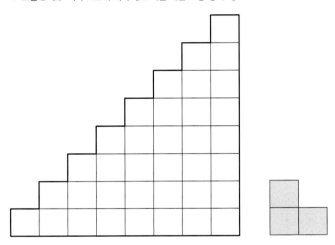

2.96.1 힌트

이 퍼즐에서는 타일을 채우는 방법이 존재할 필요조건이 바로 충분조건이 되지는 않는다.

2.96.2 풀이

S_2는 트로미노 한 개로 바로 채울 수 있으며 $n > 2$일 때는 $n = 3k$, $k > 1$ 또는 $n = 3k + 2$, $k > 1$인 경우에 트로미노 타일로 계단 모양 영역을 채울 수 있다.

계단 모양 영역 S_n을 트로미노로 채울 수 있으려면 S_n에 들어 있는 정사각형 칸의 개수가 3의 배수여야 한다. S_n에 들어 있는 정사각형 칸의 개수는 n번째 삼각형 수와 같다.

$$T_n = 1 + 2 + \cdots + n = \frac{n(n+1)}{2}$$

$n = 3k$이고 k가 짝수이면(즉, $k = 2m$이면) $T_n = 6m(6m + 1)/2 = 3m(6m + 1)$이므로 3의 배수가 된다. $n = 3k$이고 k가 홀수이면(즉, $k = 2m + 1$이면) $T_n = (6m + 3)(6m + 4)/2 = 3(2m + 1)(3m + 2)$이므로 마찬가지로 3의 배수가 된다. 똑같은 방법으로 $n = 3k + 1$이면 k가 짝수이든 홀수이든 T_n은 3으로 나눠 떨어지지 않는다. 마지막으로 $n = 3k + 2$이면 T_n은 k가 짝수이든 홀수이든 3의 배수가 된다.

S_3에 타일을 채우는 첫 단계와 S_5에 타일을 채우는 첫 단계와 마지막 단계(그림 2–91)를 생각해보면 이 두 영역은 직각 트로미노 타일로 채울 수 없다는 것을 알 수 있다.

❤ 그림 2–91 S_3과 S_5를 직각 트로미노로 채울 수 없다는 것을 보여주는 그림

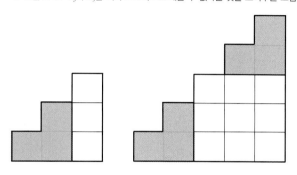

이제 다음과 같은 재귀 알고리즘으로 $n = 3k$, $k > 1$인 경우에 계단 모양 영역 S_n을 직각 트로미노로 채울 수 있다는 것을 증명하자. S_6과 S_9에 타일을 채우는 방법이 그림 2–92에 나와 있다.

❤ 그림 2–92 S_6과 S_9에 타일을 채우는 방법

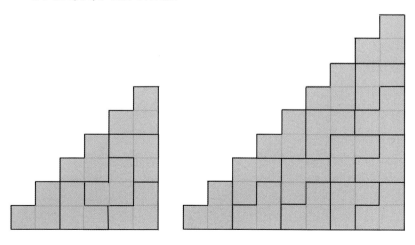

$n = 3k$이고 k가 2보다 큰 짝수이면 (즉, $n = 6m = 6 + 6(m - 1)$, $m > 1$) 계단 모양 영역 S_n은 두 개의 계단 모양 영역 S_6, $S_{6(m-1)}$ 과 $6 \times 6(m - 1)$ 크기의 직사각형으로 분할할 수 있다. S_6은 그림 2-92에 나온 식으로 채울 수 있으며 $S_{6(m-1)}$은 재귀적으로 채울 수 있고 그 사이에 있는 직사각형은 3×2 직사각형으로 분할한 다음 직각 트로미노 두 개씩으로 각각 채울 수 있다(그림 2-93 (a)).

$n = 3k$이고 k가 3보다 큰 홀수이면 (즉, $n = 6m + 3 = 9 + 6(m - 1)$, $m > 1$) 계단 모양 영역 S_n은 두 개의 계단 모양 영역 S_9, $S_{6(m-1)}$과 $9 \times 6(m - 1)$ 크기의 직사각형으로 분할할 수 있다. S_9는 그림 2-92에 나온 식으로 채울 수 있으며 $S_{6(m-1)}$은 위와 같은 식으로 채울 수 있고 그 사이에 있는 직사각형은 3×2 직사각형으로 분할한 다음 직각 트로미노 두 개씩으로 각각 채울 수 있다(그림 2-93 (b)).

▼ 그림 2-93 (a) $S_{6+6(m-1)}$ 과 (b) $S_{9+6(m-1)}$을 직각 트로미노로 채우는 방법

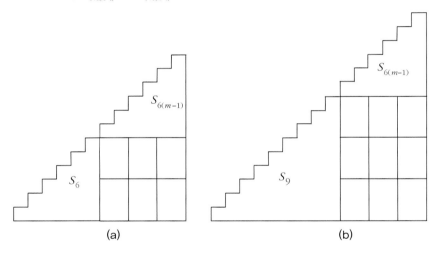

$n = 3k$, $k > 1$인 경우에 계단 모양 영역 S_n을 채우는 알고리즘은 위와 같이 정리된다.

마지막으로 $n = 3k + 2$, $k > 1$인 경우에 계단 모양 영역 S_n을 직각 트로미노로 채우는 방법을 알아보자. S_n은 S_2, S_{3k}, $2 \times 3k$ 직사각형으로 분할할 수 있다(그림 2-94). S_2는 트로미노 한 개로 채우면 되고 S_{3k}는 위에서 설명한 알고리즘으로 채울 수 있고 직사각형은 2×3 직사각형으로 분할한 다음 두 개의 직각 트로미노로 각각 채우면 된다.

그림 2-94 S_{3k+2}를 직각 트로미노로 채우는 방법

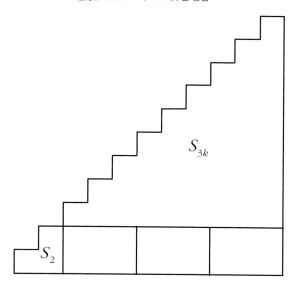

2.96.3 참고사항

이 풀이에서는 삼각수의 공식, 불변량($T_n \bmod 3 = 0$), 분할 정복(영역 분할), (6씩) 감소 정복과 같이 여러 개의 알고리즘 설계 및 분석 개념을 활용한다.

이 퍼즐에서 $n = 8$인 경우가 A. Spivak의 책[Spi02, Problem 80]에 나와 있다.

ALGORITHMIC PUZZLES

2.097 탑스윕스 게임

다음과 같은 1인용 카드 게임을 생각해보자. 같은 모양의 카드 13장으로 하는 게임이다. 각 카드는 숫자 값을 가진다. 에이스는 1이고 J, Q, K는 각각 11, 12, 13이다. 게임을 시작하기 전에 카드를 섞는다. 그런 후 다음과 같은 과정을 반복한다. 맨 위에 있는 카드를 뒤집는다. 이 카드가 에이스이면 게임은 끝난다. 그렇지 않으면 뒤집었을 때 나온 카드의

숫자가 n이라고 할 때 맨 위에서부터 n장의 카드를 들어올려 역순으로 다시 올려놓는다. 이 게임의 한 단계의 예를 들면 다음과 같다.

$$5\ 7\ 10\ K\ 8\ A\ 3\ Q\ J\ 4\ 9\ 2\ 6 \Rightarrow 8\ K\ 10\ 7\ 5\ A\ 3\ Q\ J\ 4\ 9\ 2\ 6$$

이 게임은 카드가 어떤 식으로 섞여 있든 반드시 유한한 횟수 안에 끝날 수 있을까?

2.97.1 힌트

이 게임은 반드시 유한한 횟수 안에 끝난다.

2.97.2 풀이

K는 데크 맨 위로 최대 한 번밖에 올 수 없다. K가 데크 맨 위에 있다면 다음 단계에서 K는 맨 아래인 13번째 자리로 내려가고 다음에 맨 위에 어떤 카드가 오든 13보다 작은 값이므로 맨 아래로 들어간 K가 다시 위로 올라오는 것은 불가능하다. 마찬가지로 Q는 최대 두 번까지만 맨 위로 올 수 있다. 맨 위로 온 다음 순서에서 12번째 자리로 내려가면 K가 맨 위에 오지 않는 이상, 12번째 자리에서 다른 자리로 갈 수 없는데 K는 단 한 번만 맨 위에 올 수 있으므로 Q가 맨 위로 갈 수 있는 횟수는 최대 두 번이다. J가 맨 위에 올 수 있는 횟수는 최대 네 번이다. J가 일단 한 번 맨 위로 왔다가 11번째 자리로 가면 K나 Q가 맨 위로 왔을 때만 거기서 빠져나올 수 있는데 K나 Q가 맨 위로 올 수 있는 횟수는 최대 $1 + 2 = 3$번뿐이다. 일반적으로 적힌 숫자 값이 $i\,(2 \le i \le 13)$인 카드가 맨 위에 올 수 있는 횟수는 $1 + (1 + 2 + \cdots + 2^{12-i}) = 2^{13-i}$보다 클 수 없고 i보다 높은 카드가 맨 위에 올 수 있는 횟수는 $(1 + 2 + \cdots + 2^{12-i}) = 2^{13-i} - 1$보다 클 수 없다(엄밀히 수학적 귀납법으로 증명할 수 있다). 특히 에이스가 맨 위에 오면 게임이 끝나는데 그 전까지 다른 모든 카드가 맨 위에 올라올 수 있는 횟수는 $2^{12} - 1$보다 클 수 없다. [Knu11, p.721]에 의하면 실제 최대 이동 횟수를 컴퓨터로 계산해보니 80회가 나왔다.

2.97.3 참고사항

이 문제는 퍼즐에서 주어진 절차가 모든 가능한 입력값에 대해 유한한 반복 횟수 안에 끝나는지 여부를 증명하는 것이 목적인 알고리즘 퍼즐의 예다.

이 게임은 1986년부터 프린스턴대학에서 일한 영국 수학자 John H. Conway가 만들었다.[Gar88b, p.76] 여기서 소개한 탑스웝스 게임은 플레잉 카드 버전이지만 카드에 1부터 $n(n \geq 1)$까지 번호가 적힌 임의의 카드로 확장할 수도 있다.

2.098 회문 개수 세기

WAS IT A CAT I SAW

위의 회문에 있는 글자들을 그림 2–95에 나와 있는 것과 같이 다이아몬드 모양으로 배치했을 때 그 회문을 읽는 방법은 총 몇 가지일까? 아무 W에서나 시작해 각 단계마다 – 위, 아래, 왼쪽, 오른쪽 – 아무 방향으로든 인접한 글자로 움직일 수 있다. 같은 위치에 있는 글자를 한 시퀀스 안에서 여러 번 사용해도 된다.

❤ 그림 2–95 회문 개수 세기 퍼즐의 글자 배치

```
                W
              W A W
            W A S A W
          W A S I S A W
        W A S I T I S A W
      W A S I T A T I S A W
    W A S I T A C A T I S A W
      W A S I T A T I S A W
        W A S I T I S A W
          W A S I S A W
            W A S A W
              W A W
                W
```

2.98.1 힌트

우선 CAT I SAW를 읽는 방법의 개수부터 세보면 더 쉽다.

2.98.2 풀이

정답은 63504가지다.

힌트에서 말한 대로 CAT I SAW를 읽는 방법의 개수부터 세보자. 이 문자열은 중앙에 있는 C에서 시작하며 다이아몬드의 대각선을 따라 나눠지는 네 개의 삼각형을 벗어날 수 없다. 네 삼각형 중 하나를 그림 2-96에 그려놨다. CAT I SAW로 읽을 수 있는 문자열 개수는 동적 프로그래밍으로 찾아낼 수 있다(튜토리얼에서 알고리즘 설계 전략 부분을 찾아보자). 이 수는 삼각형의 빗변에 평행한 대각선으로 계산할 수 있으며 해당 글자의 왼쪽과 아래쪽의 인접한 수를 더해 구할 수 있다. 이 수들에 의해 파스칼의 삼각형이 만들어진다. 그 삼각형의 빗변(다이아몬드 외곽선)에 있는 이 수들을 모두 더한 값은 2^6이다.

❤ 그림 2-96 글자로 만들어진 다이아몬드와 CAT I SAW를 삼각형에서 읽을 때 각 글자에 도달할 수 있는 경우의 수

```
                    W
                  W A W
                W A S A W
              W A S I S A W
            W A S I T I S A W
          W A S I T A T I S A W
        W A S I T A C A T I S A W
          W A S I T A T I S A W
            W A S I T I S A W
              W A S I S A W
                W A S A W
                  W A W
                    W
```

$$W_1$$
$$A_1 W_6$$
$$S_1 A_5 W_{15}$$
$$I_1 S_4 A_{10} W_{20}$$
$$T_1 I_3 S_6 A_{10} W_{15}$$
$$A_1 T_2 I_3 S_4 A_5 W_6$$
$$C_1 A_1 T_1 I_1 S_1 A_1 W_1$$

그러면 전체 다이아몬드에 대해 CAT I SAW를 만들 수 있는 경우의 수는 $4 \cdot 2^6 - 4$가 된다(4를 빼는 것은 다이아몬드의 대각선을 따라 만드는 경우의 수가 중복된 것을 빼야 하기 때문이다). 따라서 WAS IT A CAT I SAW를 읽는 방법의 총 개수는 $(4 \cdot 2^6 - 4)^2 =$ 63504다.

2.98.3 참고사항

이 풀이에서는 동적 프로그래밍 외에도 회문의 절반이 주어진 도형의 1/4에서 등장하는 횟수를 세는 방식으로 대칭성을 이중으로 활용한다.

이 퍼즐은 〈Mathematical Puzzles of Sam Loyd〉[Loy59, Problem 109]에 나와 있다. Dudeney의 〈The Canterbury Puzzles〉[Dud02, Problem 30]에는 C 대신 R이 들어간 퍼즐이 들어 있다. Dudeney는 글자 개수가 $2n + 1$ $(n > 0)$인 회문을 다이아몬드 모양으로 배치했을 때 회문을 읽는 방법의 개수의 일반항 공식 $(4 \cdot 2^n - 4)^2$을 구하기도 했다.

2.099 정렬 뒤집기

카드 n장이 한 줄로 놓여 있고 각 카드에는 (한 장에 하나씩) 서로 다른 정수 n개가 적혀 있고 모든 정수는 내림차순으로 정렬되어 있다. 둘 사이에 다른 카드가 단 한 장 있는 두 카드를 서로 맞바꿀 수 있다. 그 작업을 반복했을 때 카드를 오름차순 정렬로 바꿀 수 있는 n의 조건을 구하라. 가능하면 카드를 맞바꾸는 횟수를 최소화할 수 있는 알고리즘을 설명하라.

2.99.1 힌트

작은 n값에 대해 퍼즐을 풀어보면 푸는 방법의 감이 잡힐 것이다.

2.99.2 풀이

n이 홀수일 때는 최소 $(n - 1)^2/4$번 맞바꾸면 퍼즐을 풀 수 있다. n이 짝수이면 오름차순으로 뒤집을 수 없다.

어떤 경우든 둘 다 홀수번째 위치에 있거나 짝수번째 위치에 있는 카드끼리만 맞바꿀 수 있다. 따라서 n이 짝수이면 첫 번째 카드에 적힌 수가 가장 큰 수라면 그 수는 짝수번째인 맨 마지막 위치로 갈 수 없다.

n이 홀수이면 ($n = 2k - 1$, $k > 0$) 버블 정렬이나 삽입 정렬과 같은 정렬 알고리즘을 먼저 홀수번째 위치에 있는 수에 대해 적용한 다음 짝수번째 위치에 있는 수에 대해 적용하면 문제를 풀 수 있다. 버블 정렬과 삽입 정렬은 둘 다 순서가 맞지 않는 인접한 원소를 맞바꾸는 식으로 작동한다. 예를 들어 홀수번째 원소에 대해 버블 정렬을 적용하면 가장 큰 수가 맨 뒤로 갈 때까지 첫 번째와 세 번째, 세 번째와 다섯 번째와 같은 식으로 원소가 맞바뀌는 과정이 반복된다. 그런 후 다음 단계에서는 홀수번째 위치에 있는 수 중 두 번째로 작은 수가 제 위치에 갈 때까지 거품처럼 쭉 떠오른다. 이 작업이 $k - 1$번 반복되면 홀수번째 위치에 있는 수들이 모두 오름차순으로 정렬된다.

버블 정렬에서는 크기가 s인 강한 감소 배열에 대해 원소를 맞바꾸는 횟수는 $(s - 1)s/2$번이다. 따라서 카드를 맞바꾸는 횟수가 홀수번째 위치에 있는 카드에 대해서는 $(k - 1)k/2$번, 짝수번째 위치에 있는 카드에 대해서는 $(k - 2)(k - 1)/2$번이며 카드를 맞바꾸는 전체 횟수는 다음과 같다.

$$(k - 1)k/2 + (k - 2)(k - 1)/2 = (k - 1)^2 = (n - 1)^2/4$$

이 횟수는 다음과 같은 이유로 더 이상 줄일 수 없다. 이 문제에서 주어진 조건에서는 홀수번째 위치와 짝수번째 위치에 있는 카드에 의한 역순으로 정렬된 수열 안에서만 맞바꿀 수 있다. 이 과정에서 반전(순서가 맞지 않는 두 원소)의 개수는 1씩 줄어든다. 원소 개수가 s개인 강한 감소 수열에 있는 반전의 개수는 $s(s - 1)/2$이다. 첫 번째 원소는 그 뒤에 있는 $s - 1$개의 원소보다 크고 두 번째 원소는 그 뒤에 있는 $s - 2$개의 원소보다 크며 이대로 쭉 가면 반전 개수는 총 $(s - 1) + (s - 2) + \cdots + 1 = (s - 1)s/2$다. 따라서 한 번에 반전 개수가 1씩만 줄어드는 경우에 카드를 맞바꾸는 횟수는 위의 식에서 주어진 값보다 작을 수는 없다.

2.99.3 참고사항

이 퍼즐의 주요 테마는 홀짝과 반전이다.

이 퍼즐은 $n = 100$인 경우가 대상인 [Dyn71, Problem 155]를 확장시킨 문제다.

2.100 나이트가 갈 수 있는 곳

무한한 크기의 체스판에서 나이트를 n번 움직였을 때 지나갈 수 있는 서로 다른 칸은 몇 개인가? (나이트는 L자 모양 – 위, 아래, 왼쪽, 오른쪽으로 두 칸, 거기에 수직인 방향으로 한 칸 – 으로 움직일 수 있다)

2.100.1 힌트

나이트가 갈 수 있는 칸에 의해 어떤 도형이 만들어지는지 살펴보자. 참고로 정답은 어떤 $n\,(n > 2)$에 대해서든 똑같은 공식으로 표현된다.

2.100.2 풀이

정답은 $n = 1$일 때는 8, $n = 2$일 때는 33, $n \geq 3$일 때는 $7n^2 + 4n + 1$이다.

각각 $n = 1, 2, 3$일 때 나이트로 갈 수 있는 칸을 그림 2–97에 그려놨다. 그림에서 볼 수 있듯이 나이트가 갈 수 있는 서로 다른 칸의 개수 $R(n)$은 $n = 1, 2, 3$인 경우에 각각 $R(1) = 8$, $R(2) = 33$, $R(3) = 76$이다. 3 이상의 임의의 홀수 n에 대해 n번 만에 갈 수 있는 모든 칸은 시작하는 칸이 중심이고 수평 수직 방향의 변은 $2n + 1$칸씩인 팔각형의 테두리 또는 그 이내에 위치하면서 시작하는 칸과 반대 색의 칸이다($n = 3$인 경우를 그림 2–97 (c)에서 볼 수 있다). 3 이상의 임의의 짝수 n의 경우에는 시작하는 칸과 같은 색의 칸이라는 점만 다르다. $n \geq 3$일 때 $R(n)$의 공식을 유도하기 위해 여기서는 팔각형을 중앙에 있는 $(2n + 1) \times (4n + 1)$ 크기의 직사각형과 그 직사각형 위아래에 있는 두 개의 합동인 사다리꼴로 분할해보자. 직사각형에는 도달할 수 있는 칸이 $2n + 1$개인 행 $n + 1$개와 도달할 수 있는 칸이 $2n$개인 행 n개가 서로 엇갈려 쌓여 있다. 사다리꼴에서 갈 수 있는 칸은 등차수열의 합 공식을 적용해 구할 수 있다.

$$2[(n + 1) + (n + 2) + \cdots + 2n] = 2\frac{n + 1 + 2n}{2}n = (3n + 1)n$$

따라서 $n \geq 3$일 때 나이트로 갈 수 있는 칸의 개수는 다음과 같은 식으로 쓸 수 있다.

$$R(n) = (2n + 1)(n + 1) + 2n^2 + (3n + 1)n = 7n^2 + 4n + 1$$

▼ 그림 2-97 (a) 한 번 만에, (b) 두 번 만에, (c) 세 번 만에 나이트로 갈 수 있는 칸

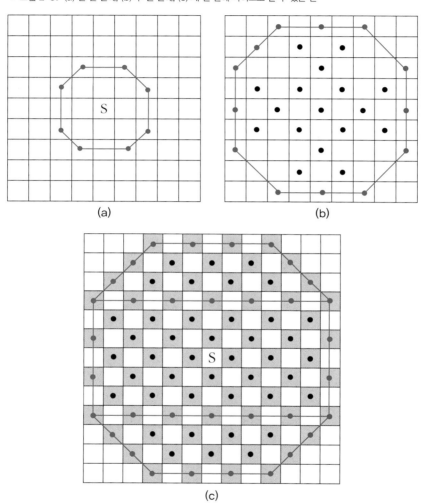

(a)

(b)

(c)

2.100.3 참고사항

이 문제는 E. Gik의 〈Mathematics on the Chessboard〉[Gik76, pp.48–49]에 실렸다.

2.101 / 방에 페인트 칠하기

옛날, 체스를 좋아하는 왕이 있었다. 방 64개가 8×8 체스판과 같은 식으로 배치된 궁전이 있었는데 그중에는 각 방마다 네 벽에 문이 하나씩 있었다. 처음에는 모든 방의 바닥을 흰색으로 칠했다. 그런데 왕이 각 방의 바닥을 체스판처럼 번갈아가며 반대 색으로 새로 칠하라는 명령을 내렸다(그림 2–98). 이때 페인트공은 방을 돌아다니며 흰색은 검은색으로, 검은색은 흰색으로 칠해야 한다. 문을 나가 궁전 밖으로 나갔다가 다른 문으로 들어올 수 있다. 방에 페인트를 다시 칠하는 횟수가 60회를 넘지 않으면서 왕의 명령을 따르는 것이 가능했을까?

▼ 그림 2–98 방에 페인트 칠하기 퍼즐

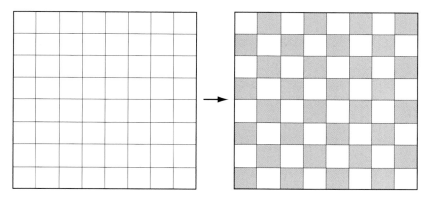

2.101.1 힌트

답은 "가능하다"이다.

2.101.2 풀이

그림 2–99에 있는 알고리즘을 사용하면 총 13 + 11 + (1 + 1 + 3 + 1) = 30개의 방만 다시 칠하면 그 궁전에 있는 방의 절반을 원하는 색으로 칠할 수 있다. 나머지 절반도 – 주 대각선에 대해 첫 번째 절반과 대칭적이므로 – 똑같은 식으로 칠할 수 있다. 따라서 60개의 방을 다시 칠하면서 왕의 명령을 완수할 수 있다.

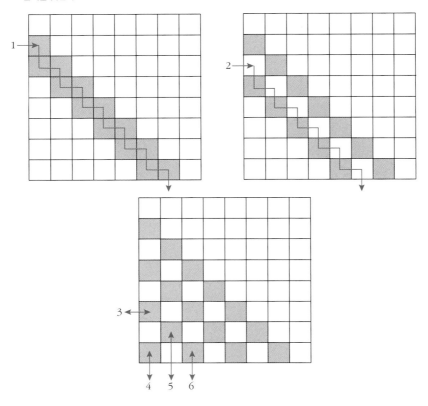

2.101.3 참고사항

이 풀이 방법은 궁전의 대칭성을 이용한 것으로 분할 정복을 응용한 것으로 볼 수 있다.

이 퍼즐은 〈Mathematical Circles〉[Fom96, p.68, Problem 32]를 바탕으로 한다.

2.102 원숭이와 코코넛

난파선에서 탈출한 선원 다섯 명, 원숭이 한 마리가 무인도에 도착했다. 첫째 날에 다음 날 먹을 코코넛을 주웠다. 밤중에 한 선원이 일어나 코코넛 한 개를 원숭이에게 주고 코코넛을 다섯 묶음으로 똑같이 나눈 다음 자기 몫을 숨기고 나머지 네 묶음을 다시 한군데 모아 두고 잠자리로 돌아갔다. 그날 밤, 다른 네 명의 선원이 각자 한 명씩 일어나 똑같은 작업을 했다. 즉, 코코넛 한 개는 원숭이에게 주고 남은 코코넛 중 1/5을 자기 몫으로 챙겼다. 다음 날 아침, 그들은 다시 원숭이에게 코코넛 한 개를 주고 남은 코코넛을 똑같이 나눠 가졌다. 원래 코코넛 개수는 최소 몇 개였을까?

2.102.1 힌트

이 퍼즐을 푸는 기발한 방법은 많지만 방정식을 세운 다음 가능한 정수 해 중 가장 작은 값을 구하는 식으로 풀 수 있다.

2.102.2 풀이

정답은 15621이다.

처음에 있었던 코코넛 개수를 n이라고 하고 첫 번째, 두 번째, 세 번째, 네 번째, 다섯 번째 선원이 몰래 챙긴 코코넛 개수를 각각 a, b, c, d, e라고 하고 아침에 나눠 가진 코코넛 개수를 f라고 하자. 그러면 다음과 같은 연립방정식을 세울 수 있다.

$$n = 5a + 1$$
$$4a = 5b + 1$$
$$4b = 5c + 1$$
$$4c = 5d + 1$$
$$4d = 5e + 1$$
$$4e = 5f + 1$$

각 식의 양 변에 4씩 더해 다음과 같이 고쳐 써보자.

$$n + 4 = 5(a + 1)$$

$$4(a + 1) = 5(b + 1)$$

$$4(b + 1) = 5(c + 1)$$

$$4(c + 1) = 5(d + 1)$$

$$4(d + 1) = 5(e + 1)$$

$$4(e + 1) = 5(f + 1)$$

각 식의 좌변끼리, 우변끼리 곱하면 다음과 같다.

$$4^5(n + 4)(a + 1)(b + 1)(c + 1)(d + 1)(e + 1)$$
$$= 5^6(a + 1)(b + 1)(c + 1)(d + 1)(e + 1)(f + 1)$$

따라서 다음과 같은 식을 얻을 수 있다.

$$4^5(n + 4) = 5^6(f + 1)$$

정수 해가 존재하려면 $n + 4$와 $f + 1$이 각각 5^6과 4^5으로 나눠 떨어져야 한다. 즉, 위의 연립방정식을 만족시키는 가장 작은 자연수는 $n + 4 = 5^6$, $f + 1 = 4^5$으로 구할 수 있다. 따라서 가장 작은 n값은 $5^6 - 4 = 15621$이다(물론 아직 구하지 않은 미지수 a, b, c, d, e, f도 모두 양의 정수일 것이다).

2.102.3 참고사항

위의 풀이 방법은 1958년 남아프리카의 고등학생 R. Gibson이 제안했다.

첫 번째 튜토리얼에서 언급했듯이 수학 문제로 환원시켜 풀 수 있는 퍼즐도 있다. 위의 풀이 방법은 그런 접근법의 좋은 예다.

오래 전부터 알려진 다른 풀이 방법도 있다. David Singmaster의 〈annotated bibliography〉[Sin10, Section 7.E]에 이와 관련된 내용이 10여 페이지에 자세히 설명되어 있다. Martin Gardner는 〈Scientific American〉에 실린 칼럼과 [Gar87, Chapter 9]에서 이 문제를 다뤘다. 그가 쓴 글에는 이 퍼즐의 역사에 대한 몇 가지 일화와 네 개의 가상 코코넛 또는 색칠된 코코넛을 추가해 더 쉽게 계산하는 기발한 방법이 포함된 몇 가지 풀이 방법이 소개되어 있다.

2.103 / 반대편으로 점프하기

그림 2-100과 같이 5 × 6판에 검은색으로 표시된 15칸에 말이 놓여 있다. 그림에서 그어 놓은 선 위쪽에 있는 모든 말을 선 아래쪽으로 옮겨야 한다. 각 단계마다 한 말로 다른 한 말 위를 넘어 바로 뒤에 있는 빈칸으로 이동할 수 있다. 수평, 수직, 대각선 방향으로 점프할 수 있다. 원하는 대로 말을 모두 옮길 수 있을까?

▼ 그림 2-100 반대편으로 점프하기 퍼즐 판

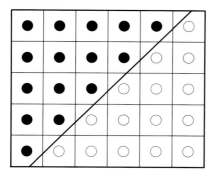

2.103.1 힌트

답은 "불가능하다"다.

2.103.2 풀이

판에 있는 칸을 체스판과 같은 식으로 색칠해보자(그림 2-101).

▼ 그림 2-101 반대편으로 점프하기 퍼즐 판에 색칠한 상태

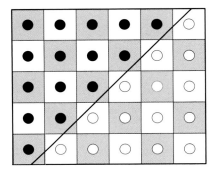

말이 놓여 있는 15칸 중에서 아홉 칸은 검은색이지만 말이 옮겨가야 하는 15칸 중에서 검은색 칸은 여섯 개뿐이다. 말이 움직일 때는 반드시 같은 색의 칸으로 이동하도록 되어 있으므로 원하는 대로 말을 옮기는 것은 불가능하다.

2.103.3 참고사항

이 퍼즐은 불변량 개념을 바탕으로 한다. 이 문제는 독자가 Martin Gardner에게 제안한 것으로, 〈The Last Recreations〉[Gar97b, pp.335-336]에 수록되어 있다. 가드너가 밝힌 바에 의하면 이 문제는 IBM T. J. 왓슨 연구소의 Mark Wegman이 만들었다.

2.104 / 말 나누기

a. n개의 말이 쌓여 있는데 그 말들을 더 작은 두 무더기로 나눈 다음 각 무더기에 있는 말의 개수를 서로 곱한 값을 계산한다. 이렇게 각 무더기를 더 작은 두 무더기로 나누고 각 무더기에 있는 말의 개수를 곱하는 작업을 말 한 개짜리 무더기가 n개 만들어질 때까지 반복한다. n 무더기로 나눠지면 지금까지 구한 모든 곱을 더한다. 곱의 합을 최대로 만들려면 말들을 어떤 식으로 나눠야 할까? 최댓값은 얼마일까?

b. 말을 매번 나눌 때마다 말의 개수를 더하고 그 합의 총합을 최대화하는 식이라면 이 퍼즐의 답은 어떻게 달라질까?

2.104.1 힌트

n이 작은 경우부터 먼저 따져보자.

2.104.2 풀이

a. 곱의 합은 어떤 식으로 나누든 $(n-1)n/2$이다.

몇 개의 작은 n에 대해 n개의 말을 서로 다른 방법으로 n 무더기로 나눌 때 곱의 합을 계산해보면 계산된 값이 말들을 분할하는 방법과 무관한 것 같다는 가설을 세울 수 있다. 곱의 합을 $P(n)$이라고 할 때 n이 작은 경우를 따져보면 삼각수(1부터 어떤 정수까지 모든 정수의 합) 패턴이 나타나는데 말을 매번 한 개씩 따로 분리하는 식으로도 $P(n)$값을 구할 수 있다. 즉, 다음과 같은 점화식을 만들 수 있다.

$n > 1$일 때 $P(n) = 1 \cdot (n-1) + P(n-1),\ P(1) = 0$

이 점화식은 다음과 같이 후진 대입법으로 풀 수 있다.

$$P(n) = (n-1) + P(n-1) = (n-1) + (n-2) + P(n-2) = \cdots$$
$$= (n-1) + (n-2) + \cdots + P(1) = (n-1)n/2$$

$P(n)$이 $(n - 1)n/2$이며 그 값이 분할 방법과 무관하다는 것을 수학적 귀납법으로 증명할 수 있다. 일단 $n = 1$이면 $P(1) = 0$이다. 이제 1 이상, n 미만인 모든 j에 대해 이 명제가 참이라고 가정하자. n개의 말을 k개의 말과 $n - k$개의 말로 분할한다고 가정하면 ($1 \leq k < n$) 귀납적 가정에 따라 각 무더기의 곱의 합은 각각 $k(k - 1)/2$과 $(n - k)(n - k - 1)/2$이다. 따라서 곱의 합은 다음과 같이 구할 수 있다.

$$\begin{aligned} P(n) &= k(n - k) + k(k - 1)/2 + (n - k)(n - k - 1)/2 \\ &= \frac{2k(n - k) + k(k - 1) + (n - k)(n - k - 1)}{2} \\ &= \frac{2kn - 2k^2 + k^2 - k + n^2 - 2nk + k^2 - n + k}{2} \\ &= \frac{n^2 - n}{2} = \frac{n(n - 1)}{2} \end{aligned}$$

b. 합의 최대 합은 $n(n + 1)/2 - 1$이다.

처음에 n개의 말로 시작했을 때 나올 수 있는 합의 최댓값을 $M(n)$이라고 하면 다음과 같은 점화식을 세울 수 있다.

$$n > 1일\ 때\ M(n) = n + \max_{1 \leq k \leq n-1} [M(k) + M(n - k)],\ M(1) = 0$$

처음 몇 n값에 대해 $M(n)$값을 계산해보면 $k = 1$일 때 합계의 합이 최대이므로 다음과 같은 식을 세울 수 있다는 것을 알 수 있다.

$$n > 1인\ 경우에\ M(n) = n + M(n - 1),\ M(1) = 0$$

위의 점화식의 일반항은 후진 대입법으로 간단히 구할 수 있다.

$$\begin{aligned} M(n) &= n + M(n - 1) = n + (n - 1) + M(n - 2) = \cdots \\ &= n + (n - 1) + \cdots + 2 + M(1) = n(n + 1)/2 - 1 \end{aligned}$$

$M(n) = n(n + 1)/2 - 1$이라는 일반항이 실제로 위의 점화식을 만족시킨다는 사실은 강한 귀납법으로 쉽게 확인할 수 있다. 일단 $n = 1$일 때는 $M(1) = 0$이므로 바로 확인된다. 이제 $M(j) = j(j + 1)/2 - 1$이 모든 $1 \le j < n$에 대해 $M(j) = j + \max_{1 \le k \le j-1} [M(k) + M(j - k)]$를 만족시킨다고 가정하자. 이제 $M(n) = n(n + 1)/2 - 1$이 $M(n) = j + \max_{1 \le k \le n-1} [M(k) + M(n - k)]$를 만족시킨다는 것을 보여주면 된다. 귀납적 가정을 이용하면 다음과 같은 식을 쓸 수 있다.

$$M(n) = n + \max_{1 \le k \le n-1} [M(k) + M(n - k)]$$
$$= n + \max_{1 \le k \le n-1} \left[\frac{k(k + 1)}{2} - 1 + \frac{(n - k)(n - k + 1)}{2} - 1 \right]$$
$$= n + \max_{1 \le k \le n-1} [k^2 - nk + (n^2 + n)/2 - 2]$$

2차식 $k^2 - nk + (n^2 + n)/2 - 2$는 k가 $1 \le k \le n - 1$ 구간의 중점인 $n/2$에서 최솟값을 가지므로 그 구간의 끝점 $k = 1$과 $k = n - 1$에서 최댓값을 가진다. 따라서

$$n + \max_{1 \le k \le n-1} \left[k^2 - nk + \frac{n^2 + n}{2} - 2 \right] = n + \left[1^2 - n \cdot 1 + \frac{n^2 + n}{2} - 2 \right]$$
$$= n(n + 1)/2 - 1$$

이므로 증명이 완성된다.

2.104.3 참고사항

a의 문제는 불변량 개념을 바탕으로 한다(K. Rosen의 〈Discrete Mathematics and Its Applications〉[Ros07, p.292, Problem 14] 참조). b의 문제에서는 동적 프로그래밍과 같은 느낌이 난다.

2.105 MU 퍼즐

MI라는 문자열에서 시작해 다음과 같은 변환 규칙을 유한한 횟수만큼 적용해 만들 수 있는 M, I, U 기호만으로 구성된 문자열을 생각해보자.

규칙 1. I로 끝나는 문자열 뒤에 U를 추가한다. **예** MI를 MIU로 바꿈

규칙 2. M 뒤의 모든 문자열을 두 배로 늘린다. Mx를 Mxx로 바꾸는 식이다. **예** MIU
를 MIUIU로 바꿈

규칙 3. III를 모두 U로 바꾼다. **예** MUIIIU를 MUUU로 바꿈

규칙 4. UU를 모두 제거한다. **예** MUUU를 MU로 바꿈

위의 규칙을 적용해 MU라는 문자열을 만들어낼 수 있을까?

2.105.1 힌트

정답은 "불가능하다"다.

2.105.2 풀이

이 퍼즐에서 주어진 네 가지 규칙을 적용해 MI를 MU로 바꾸는 것은 불가능하다.

주어진 규칙을 살펴보면 MI에서 시작해 주어진 규칙들을 적용해 만들어낼 수 있는 모든 문자열은 M이라는 기호로 시작해야 한다는 것을 알 수 있다. 그리고 이 M은 맨 앞 외의 다른 자리에는 등장할 수 없다(규칙 2를 생각해보면 그럴 수밖에 없다).

이제 만들어질 수 있는 문자열에 들어 있는 I의 개수 n을 따져보자. 처음 시작하는 문자열 MI에서 $n = 1$이고 3으로 나눠 떨어지지 않는다. n은 규칙 2와 규칙 3에 의해 각각 두 배 늘어나거나 3 줄어드는 식으로만 바뀐다. 규칙 2와 3을 어떤 식으로 조합해 적용해도 애당초 n이 3으로 나눠 떨어지지 않던 상황에서는 변환한 후에도 n이 3으로 나눠 떨어질 수 없다. 퍼즐에서 요구하는 최종 문자열 MU에서는 $n = 0$, 즉 3으로 나눠 떨어지는 값인

데 MI에서 $n = 1$이므로 3으로 나눠 떨어지지 않는 수이므로 주어진 규칙을 이용해 MI를 MU로 변환하는 것은 불가능하다.

2.105.3 참고사항

이 퍼즐의 풀이 방법은 알고리즘 분석 기법에 대한 튜토리얼 부분에서 다룬 불변량 방법을 바탕으로 한다. '이 퍼즐에 나온 것과 비슷한 유형의 규칙을 적용했을 때 어떤 문자열을 얻을 수 있는가?'라는 질문은 컴퓨터 분야에서 여러 모로 중요한데 특히 고급 컴퓨터 언어는 그런 규칙을 바탕으로 만들어지므로 더욱더 그 중요성이 부각된다.

이 퍼즐은 Douglas Hofstadter의 〈Gödel, Escher, Bach〉(까치, 2017)[Hof79, Chapter 1]에서 형식 체계의 한 예로 소개되었다.

2.106 전구 켜기

한 전구가 n개의 스위치에 연결되어 있다. 모든 스위치가 닫혔을 때만 전구가 켜진다. 각 스위치는 푸시 버튼으로 제어한다. 버튼을 누르면 스위치가 토글되는데 스위치의 상태를 알아낼 방법은 없다. 최악의 경우에 버튼을 누르는 횟수를 최소화하면서 전구를 켤 수 있는 알고리즘을 설계하라.

2.106.1 힌트

각 스위치를 비트열의 각 비트로 생각하는 방법이 도움이 될 수 있다(꼭 그렇게 해야 하는 것은 아니다).

2.106.2 풀이

이 퍼즐은 1부터 n까지 번호가 붙은 버튼을 누르는, 다음과 같은 재귀 알고리즘으로 풀 수 있다. $n = 1$이고 전구가 꺼져 있으면 1번 버튼을 누른다. $n > 1$이고 전구가 꺼져 있으면 첫 번째부터 $n - 1$번까지의 버튼에 대해 알고리즘을 재귀적으로 적용한다. 그렇게 해도 전구가 켜지지 않으면 n번 버튼을 누르고 여전히 불이 들어오지 않으면 알고리즘을 1번부터 $n - 1$번까지의 버튼에 다시 적용한다.

최악의 경우에 버튼을 누르는 횟수에 대한 점화식은 다음과 같은 식으로 쓸 수 있다.

$$n > 1인 경우, M(n) = 2M(n - 1) + 1, M(1) = 1$$

위의 점화식의 일반항은 $M(n) = 2^n - 1$이다(두 번째 튜토리얼을 보면 하노이의 탑 퍼즐에서 똑같은 점화식을 푸는 과정이 나와 있다).

또는 각 스위치의 상태는 반드시 둘 중 하나이므로 편의상 0과 1이 각각 스위치의 원래 상태와 반대 상태를 나타내는 것으로 생각하고 각 스위치가 n비트짜리 비트열의 한 비트라고 생각할 수 있다. 그런 비트열의 총 개수(모든 가능한 스위치 구성)는 2^n이다. 그중 하나는 원래 상태이며 나머지 $2^n - 1$개의 비트열 중 하나는 전구가 켜지도록 만들 수 있는 구성을 나타낸다. 최악의 경우는 $2^n - 1$개의 스위치 구성을 모두 확인하는 것이다. 이때 버튼을 누르는 횟수가 최소가 되려면 스위치를 누를 때마다 매번 새로운 스위치 조합을 만들어내야 한다.

0이 n개 들어 있는 비트열에서 시작해 한 번에 한 비트씩 바꿔가며 $2^n - 1$개의 모든 다른 비트열을 만들어내는 몇 가지 알고리즘이 있다. 그중 가장 유명한 알고리즘은 이진 반사 그레이 코드(binary reflected Gray code)인데 설명하자면 다음과 같다. $n = 1$이면 0, 1이라는 리스트를 리턴한다. $n > 1$이면 크기가 $n - 1$인 비트열의 리스트를 재귀적으로 생성한 다음 그 리스트의 복사본 한 개를 만든다. 그리고 첫 번째 리스트에 들어 있는 각 비트열에는 맨 앞에 0, 두 번째 리스트에 들어 있는 각 비트열에는 맨 앞에 1을 덧붙인다. 그런 다음 두 번째 리스트를 역순으로 첫 번째 리스트 뒤에 추가해준다. 예를 들어 $n = 4$인 경우에 이 알고리즘을 이용하면 다음과 같은 비트열 시퀀스를 만들 수 있다.

0000 0001 0011 0010 0110 0111 0101 0100

1100 1101 1111 1110 1010 1011 1001 1000

앞의 퍼즐로 돌아가보면 스위치에 오른쪽부터 왼쪽으로 1부터 n까지 번호를 붙이고 그레이 코드 비트열의 시퀀스를 가이드 삼아 필요한 버튼을 누르면 된다. 이전 비트열과 다음 비트열을 비교했을 때 오른쪽에서 i번째 비트가 바뀌어 있다면 i번 버튼을 누르는 식이다. 예를 들어 스위치가 네 개 있다면 다음과 같은 시퀀스를 따라 버튼을 눌러주면 된다.

121312141213121

2.106.3 참고사항

첫 번째 풀이 방법은 한 개씩 줄여가는 전략을 바탕으로 한다. 두 번째 풀이 방법에서는 두 가지 전략을 활용하는데 표현 변경(스위치와 버튼을 비트열로 표현함) 전략과 하나씩 줄이는(그레이 코드를 생성함) 전략이다.

이 퍼즐은 1938년 J. Rosenbaum[Ros38]이 제안했으며 위에서 설명한 방법대로 풀이한 적이 있다. 이듬해에 그레이 코드에 대한 특허가 등록되었다. Martin Gardner는 그레이 코드에 대한 글[Gar86, p.21]에서 이 퍼즐을 언급했는데 그 글에는 더 유명한 두 퍼즐(중국 고리 퍼즐과 하노이의 탑 퍼즐)에 그레이 코드를 적용하는 방법의 설명도 들어 있다. D. Knuth는 그레이 코드와 관련된 다사다난한 역사를 설명한 후 프랑스인 Louis Gros가 1872년에 낸 〈Chinese Rings〉라는 책의 내용으로 볼 때 그레이 코드 발명자를 Louis Gros로 봐야 한다고 결론내렸다.[Knu11, pp.284-285]

2.107 / 여우와 토끼

"여우와 토끼"라는 보드 게임이 있다. 이 게임은 왼쪽에서 오른쪽으로 1부터 30까지 번호가 붙어 있는 30개 칸이 있는 1차원 말판 위에서 진행된다. 여우를 나타내는 칩은 1번 칸, 토끼를 나타내는 칩은 1보다 큰 값을 갖는 s번 칸에서 시작한다. 여우가 먼저 출발해 서로 번갈아가며 한 번씩 움직인다. 여우는 한 번에 한 칸씩 오른쪽이나 왼쪽으로 움직일 수 있다. 토끼는 오른쪽이나 왼쪽으로 두 칸을 뛰어넘어 세 번째 칸으로 이동한다. 토끼는 여우가 들어 있는 칸으로 뛰어 들어갈 수는 없다. 토끼가 어느 칸으로도 뛰어갈 수 없으면 게임에서 진다. 토끼든 여우든 말판 밖으로 움직일 수 없다. 여우의 목표는 토끼를 잡는 것인데 여우가 움직여야 할 차례에서 토끼와 여우가 서로 인접한 칸에 들어 있는 경우에는 여우가 토끼를 잡은 것으로 간주한다. 토끼의 목표는 여우에게 잡히지 않는 것이다. 여우가 게임에서 이길 수 있는 모든 s값을 구하라.

2.107.1 힌트

여우는 가능한 모든 s값 중 절반에 대해 토끼를 잡을 수 있다.

2.107.2 풀이

s가 짝수이면 여우가 토끼를 잡을 수 있고 s가 홀수이면 잡을 수 없다.

n번째 움직이기 전까지 여우와 토끼가 들어가 있을 수 있는 칸을 각각 $F(n)$, $H(n)$이라고 할 때 그 두 값의 짝홀을 따져보자. $n = 1$이면 $F(1) = 1$, $H(1) = s$다. 매번 움직일 때마다 여우의 위치는 1씩, 토끼의 위치는 3씩 변한다. 매번 움직일 때마다 여우와 토끼 모두 위치의 짝홀이 바뀌고 여우와 토끼의 위치 차이의 짝홀은 바뀌지 않는다. 따라서 토끼의 원래 위치 s가 홀수이면 여우가 움직여야 할 차례에서의 둘의 위치 차이는 계속 짝수로 유지될 수밖에 없고 여우가 움직여야 할 차례에서 여우가 토끼 바로 옆 칸에 있는 상황은 생길 수 없다.

토끼가 더 이상 움직일 수 없다는 이유로 여우가 이기는 경우도 생길 수 없다. 그런 경우가 생기려면 판의 길이가 11칸 미만이어야 한다. $s = 3$이면 첫 번째와 두 번째에 오른쪽으로 세 칸씩 움직이면 9번 칸으로 이동할 수 있는데 이런 상황은 여우가 첫 번째와 두 번째에 오른쪽으로 한 칸씩 움직였다면 $s = 7$인 경우의 시작 상황과 똑같아지고 여우가 첫 번째에는 오른쪽, 두 번째에는 왼쪽으로 한 칸씩 움직였다면 $s = 9$인 경우의 시작 상황과 같아진다. 비슷하게 $s = 5$이면 토끼가 첫 번째에 8번 위치로 뛰어갈 수 있으므로 결국 $s = 7$인 경우의 시작 상황과 같아진다. 이제 $s = 7$, 즉 $F(1) = 1$, $H(1) = 7$인 경우를 생각해보자. 여우는 처음에 2번 칸으로 이동하고 토끼는 4번 칸으로 움직일 수 있다. 그다음 차례에서 여우가 1번 칸으로 돌아가면 토끼는 여우가 3번 칸으로 움직여도 다시 7번 칸으로 움직이면 된다(이때 토끼는 1번 칸으로 가면 안 된다. 그러면 여우가 4번 칸으로 움직였을 때 토끼는 더 이상 움직일 수 없어 지게 된다). 그다음으로는 여우가 6번 칸까지 나와 토끼를 잡으려고 할 때까지 7번 칸과 10번 칸 사이를 오가면 된다. 여우가 6번 칸까지 나오면 토끼는 여우를 건너뛰어 4번 칸으로 넘어간 다음 다시 1번 칸과 4번 칸 사이를 오가면 된다. 여우가 5번 칸으로 돌아오면 토끼는 다시 7번 칸으로 뛰어 넘어가면 된다. 따라서 이 경우, 여우는 토끼를 절대로 잡을 수 없다. s가 9 이상, 27 이하의 홀수라면 토끼는 $s = 7$일 때의 전략을 그대로 사용해 여우로부터 도망다닐 수 있다. $s = 29$일 때는 토끼가 처음에 26번 칸으로 건너뛰면 여우가 1번 칸에서, 토끼가 25번 칸에서 시작하는 것과 똑같은 상황이 된다.

s가 짝수일 때 여우가 오른쪽으로만 계속 움직이면 토끼를 꼼짝 못하게 막을 수 있다. 토끼가 여우의 오른쪽을 향해 움직이면 여우와 토끼 사이의 거리는 홀수인 채 계속 유지된다. 그 차이가 1이면 여우는 바로 다음 차례에서 토끼를 잡을 수 있다. 차이가 3인 상태에서 여우가 오른쪽으로 움직이면 토끼는 왼쪽으로 뛰어갈 수 있지만 그러면 여우 바로 왼쪽 칸으로 들어가므로 바로 다음 순서에서 잡히게 된다. 토끼가 오른쪽으로 뛰면 차이는 5 이상이 되고 그 후로는 다시 왼쪽이나 오른쪽으로 뛸 수 있다. 이 모든 경우에서 토끼는 다음 차례에서 잡히거나 보드가 한 칸 짧아지고 여우는 보드의 맨 왼쪽 칸에, 토끼는 여우 오른쪽의 어떤 홀수 칸에 있는 상태에서 게임을 시작하는 것과 같은 상황이 된다. 따라서 여우가 26번 칸에 다다르기 전에 토끼를 잡지 못하면 다음 차례에서 토끼는 반드시 잡힐 수밖에 없다.

2.107.3 참고사항

이 풀이에서는 알고리즘 설계 및 분석과 관련해 짝홀 특성과 감소 정복 개념을 활용한다.

이 퍼즐은 [Dyn71, p.74, Problem 54]에 있는 비슷한 문제를 고쳐 만들었다.

2.108 / 최장 경로

한 줄로 쭉 뻗은 길을 따라 일정한 간격으로 n장의 포스터가 붙어 있을 때 각 포스터마다 쪽지를 한 장씩 붙이는 최선의 방법은 길을 따라가며 첫 번째 포스터부터 시작해 마지막 포스터에 다다를 때까지 포스터마다 쪽지를 붙이고 가는 것이다. 이 작업을 수행하는 최악의 (즉, 경로가 가장 긴) 방법은 무엇일까? 첫 번째 포스터에서 시작해 마지막 포스터에서 끝날 필요는 없으며 이동 방향은 포스터가 있는 위치에서만 바꿀 수 있다.

2.108.1 힌트

탐욕 전략을 사용해 어떤 식으로 풀어볼 수 있을지 감을 잡아보자.

2.108.2 풀이

서로 인접한 포스터 사이의 거리를 1로 가정하면 $n \geq 2$일 때 최장 경로는 다음과 같은 식으로 나타낼 수 있다.

$$\frac{(n-1)n}{2} + \left\lfloor \frac{n}{2} \right\rfloor - 1$$

1부터 n까지 번호를 순서대로 각 포스터에 붙이자. 탐욕 전략으로 경로를 만들어보면 – 즉 n이 홀수일 때는 1, n, 2, $n - 1$, ⋯, $[n/2]$, 짝수일 때는 1, n, 2, $n - 1$, ⋯, $n/2$, $n/2 + 1$ – 이렇게 만든 경로의 마지막 구간을 마지막으로 남은 포스터에서 1번 포스터로 가는 구간으로 바꾸어 경로의 맨 앞에 넣으면 경로를 더 길게 만들 수 있다는 것을 알 수 있다 ($n = 5$인 경우와 $n = 6$인 경우를 그림 2–102에서 볼 수 있다). 탐욕 전략으로 만들어낸 경로를 이런 방식으로 조절해 만들어지는 경로가 실제 최장 경로라는 것을 증명하는 것은 어렵지 않지만 지루한 편이다. 증명은 Hugo Steinhaus의 ⟨One Hundred Problems in Elementary Mathematics⟩[Ste64]에서 찾아볼 수 있다.

▼ 그림 2–102 $n = 5$, $n = 6$인 경우에 탐욕 전략을 수정해 만들어낸 최장 경로

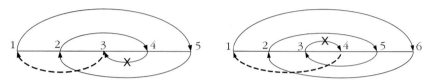

$n = 5$인 경우의 최장 경로는 3→1→5→2→4이고 $n = 6$인 경우의 최장 경로는 4→1→6→2→5→3이다. $n > 4$일 때 이 문제의 풀이 방법은 유일하지 않다. 하지만 n이 홀수인 경우의 최장 경로는 반드시 가운데 있는 세 포스터에서, n이 짝수인 경우의 최장 경로는 반드시 가운데 있는 두 포스터에서 출발하거나 끝나야 한다.

2.108.3 참고사항

이 퍼즐은 탐욕 알고리즘으로 최적의 풀이를 구할 수는 없지만 그렇게 구한 알고리즘을 약간 변형해 최적의 해를 구할 수 있는 흥미로운 예를 보여주는 문제다.

위에서도 말했지만 이 퍼즐은 Hugo Steinhaus의 ⟨One Hundred Problems in Elementary Mathematics⟩[Ste64, Problem 64]에 출제된 문제다. Martin Gardner가 ⟨Scientific American⟩에 기고한 글에도 이 문제가 들어 있었는데 그 내용은 훗날 [Gar71, p.235, pp.237–238]로 출간되었다.

2.109 / 더블-n 도미노

도미노는 (정사각형 두 개가 붙은 형태의) 작은 직사각형 타일로, 각 정사각형 칸 안에 스팟(spot) 또는 핍(pip)이라는 점들이 음각으로 새겨져 있다. 도미노는 탁자 위에서 여러 패턴을 만들면서 하는 다양한 게임에 쓰인다. 표준적인 "더블-식스" 도미노 세트에는 총 28개의 타일이 있으며 각각에는 $(0, 0)$부터 $(6, 6)$까지 순서가 없는 숫자쌍이 새겨져 있다. 일반적으로 "더블-n" 도미노 세트에는 $(0, 0)$부터 (n, n)까지 순서가 없는 숫자쌍이 새겨진 도미노 타일이 한 개씩 들어간다.

a. 더블-n 도미노 세트에 들어가는 타일 개수를 구하라.

b. 더블-n 도미노 세트에 있는 모든 타일에 새겨져 있는 스팟의 총 개수를 구하라.

c. 더블-n 도미노 세트에 있는 모든 타일을 고리 모양으로 배치할 수 있는 알고리즘을 고안하거나 그런 알고리즘이 존재하지 않는다는 것을 증명하라(이때 인접한 타일의 인접한 칸에 있는 스팟의 개수가 똑같도록 배치해야 한다).

2.109.1 힌트

문제 a와 b는 숫자만 잘 따져보면 풀 수 있다. 절반의 n값에 대해서는 도미노 타일을 도미노 모양으로 배치할 수 있고 알고리즘은 재귀적 방법 또는 잘 알려진 그래프 문제로 환원시키는 방법으로 구할 수 있다.

2.109.2 풀이

a. 더블-n 도미노 세트는 $0 \le j \le n$에 대해 $n + 1$개의 $(0, j)$ 타일, $1 \le j \le n$에 대해 n개의 $(1, j)$ 타일, ..., 마지막으로 한 개의 (n, n) 타일로 구성된다. 따라서 타일의 총 개수는 $(n + 1) + n + \cdots + 1 = (n + 1)(n + 2)/2$다.

b. $0 \le k \le n$인 모든 k에 대해 한쪽에는 k개의 스팟, 다른 한쪽에는 다른 개수의 스팟이 새겨진 n개의 타일이 있으며 양쪽에 모두 k개의 스팟이 새겨진 더블 도미노 한 개가 있다. 따라서 k개의 스팟이 새겨진 반쪽의 총 개수는 $n + 2$다. 따라서 모든 타일에 있는 스팟의 개수를 합하면 $\sum_{k=0}^{n} k(n + 2) = n(n + 1)(n + 2)/2$다.

c. 문제에서 요구하는 고리는 n이 양의 짝수인 경우에만 만들 수 있다. 인접한 타일에서 서로 가까운 반쪽에 새겨진 스팟의 개수가 같아야 하므로 $0 \leq k \leq n$인 모든 k에 대해 스팟의 개수가 k개인 반쪽의 개수는 반드시 짝수여야 한다. **b**의 풀이에서 설명했듯이 이 개수는 $n + 2$이므로 n이 홀수인 경우, 그런 고리를 만드는 것은 불가능하다.

n이 양의 짝수인 경우, 문제에서 요구하는 고리는 다음과 같이 재귀적으로 만들 수 있다. $n = 2$일 때는 다음과 같은 식으로 만들 수 있다.

$$R(2)\colon (0, 0),\ (0, 1),\ (1, 1),\ (1, 2),\ (2, 2),\ (2, 0)$$

$s > 1$이고 $n = 2s$일 때는 먼저 더블 − $(2s − 2)$ 도미노 세트의 모든 도미노로 $R(2s − 2)$를 재귀적으로 만든다. 그런 다음 나머지 도미노 $(i, j)(j = 2s − 1,\ 2s,\ 0 \leq i \leq j)$로 다음과 같은 식으로 사슬을 만든다.

$$t = 0, 1, \ldots, s − 1\text{에 대해 } (2t, 2s − 1),\ (2s − 1, 2t + 1),\ (2t + 1, 2s),\ (2s, 2t + 2)$$

다음으로 맨 뒤에 $(2s, 0)$을 덧붙인다. 마지막으로 이 사슬을 $R(2s − 2)$의 $(0, 0)$과 $(0, 1)$ 사이에 집어넣으면 모든 더블 − $2s$ 도미노가 연결된 고리를 만들 수 있다.

또는 꼭짓점이 $n + 1$개인 완전 그래프에 오일러 회로가 존재하는지 여부에 대한 문제로 이 문제를 환원시킬 수도 있다. 이 그래프에서 i번$(0 \leq i \leq n)$ 꼭짓점은 n − 도미노의 두 칸 중 한 칸에 들어 있을 수 있는 스팟의 개수를 나타내고 i번 꼭짓점과 j번 꼭짓점 사이의 변은 한쪽에는 i개, 다른 한쪽에는 j개의 스팟이 새겨진 도미노를 나타낸다. 이렇게 두 꼭짓점이 한 변으로 연결된 도미노는 다른 모든 도미노가 포함된 고리가 만들어지고 똑같은 개수의 스팟이 새겨진 두 도미노 사이에 집어넣어 제거되거나 루프(양 끝점이 같은 변)로 표현될 수 있다. 그런 그래프에서 오일러 회로는 분명히 모든 n − 도미노로 이뤄진 고리를 나타낸다. 잘 알려진 정의에 의해 − 알고리즘 분석에 대한 튜토리얼 참조 − 연결 그래프에 오일러 회로가 존재하려면 모든 꼭짓점의 차수는 짝수여야 한다. 오일러 회로를 구축하는 알고리즘은 한붓그리기 퍼즐(2.028)의 풀이에서 찾아볼 수 있다.

이 퍼즐에서는 짝홀, 감소 정복, 문제 환원 등 다양한 주제가 활용된다. Rouse Ball[Bal87, p.251]은 더블$-n$ 도미노 세트를 배열할 수 있는 경우의 수를 찾는 데 이 문제 환원법을 활용했던 프랑스 수학자 Gaston Tarry가 이 방법을 최초로 제안했다는 기록을 남겼다.

2.110 / 카멜레온

한 연구원이 섬에 갈색 10마리, 회색 14마리, 검은색 15마리 세 종류의 카멜레온을 풀어 놨다. 색이 다른 카멜레온 두 마리가 만나면 둘 다 세 번째 색으로 색을 바꾼다(검은색과 회색이 만나면 갈색으로 바꾸는 식이다). 모든 카멜레온의 색이 똑같아질 수 있을까?

2.110.1 힌트

두 카멜레온이 만나기 전과 후에 각 종류의 카멜레온의 수의 차이가 어떻게 달라지는지 따져보자.

2.110.2 풀이

답은 "불가능하다"다.

색이 다른 두 카멜레온이 만나면 그 두 가지 색의 카멜레온 수는 각각 1씩 감소하고 나머지 색의 카멜레온 수는 2씩 증가한다. 그러면 서로 다른 색의 카멜레온 수의 차이는 한 쌍에 대해서는 변화가 없고 다른 두 쌍에 대해서는 3씩 늘어난다. 그러면 세 종류의 마릿수 차이를 3으로 나눈 나머지에는 변화가 없다. 초기에 주어진 데이터로 따져보면 모든 카멜레온의 색이 같아지는 것은 불가능하다. 처음에는 차이가 4, 1, 5로 시작하므로 3으로 나

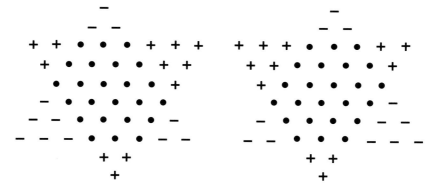

이 알고리즘을 적용했을 때의 총 이동 횟수 $M(k)$는 k번째 행을 뒤집힌 삼각형의 밑변이 되도록 만드는 최소 이동 횟수다. 동전을 옮길 때마다 더 길어져야 하는 행의 동전 개수가 늘어남과 동시에 더 짧아져야 하는 행의 동전 개수는 줄어들기 때문이다. $M(k)$는 다음과 같은 식으로 계산할 수 있다.

$$M(k) = \sum_{j=0}^{\lfloor (n-k)/2 \rfloor} (n - k - 2j) + \sum_{j=1}^{k-1} j = \sum_{j=0}^{\lfloor (n-k)/2 \rfloor} (n - k) - \sum_{j=0}^{\lfloor (n-k)/2 \rfloor} 2j + \sum_{j=1}^{k-1} j$$

$$= (n - k)\left(\left\lfloor \frac{n-k}{2} \right\rfloor + 1\right) - \left\lfloor \frac{n-k}{2} \right\rfloor \left(\left\lfloor \frac{n-k}{2} \right\rfloor + 1\right) + \frac{(k-1)k}{2}$$

$$= \left(\left\lfloor \frac{n-k}{2} \right\rfloor + 1\right)\left\lfloor \frac{n-k}{2} \right\rfloor + \frac{(k-1)k}{2}$$

$n - k$가 짝수라면 위의 식은 다음과 같이 더 간단히 쓸 수 있다.

$$M(k) = \left(\frac{n-k}{2} + 1\right)\frac{n-k}{2} + \frac{(k-1)k}{2} = \frac{3k^2 - (2n + 4)k + n^2 + 2n}{4}$$

$n - k$가 홀수일 때는 $M(k)$의 식을 다음과 같이 쓸 수 있다.

$$M(k) = \left(\frac{n-k-1}{2} + 1\right)\frac{n-k-1}{2} + \frac{(k-1)k}{2} = \frac{3k^2 - (2n + 4)k + (n + 1)^2}{4}$$

어느 쪽이든 2차함수인 $M(k)$가 최솟값을 가질 조건은 $k = (n + 2)/3$이다. 따라서 $(n + 2)/3$이 정수이면 (즉, $n = 3i + 1$이면) $n - k = (3i + 1) - (3i + 1 + 2)/3 = 2i$이므로 $n - k$는 짝수가 되어 이 문제에는 유일한 해(움직이지 않는 동전 개수 기준)가 존재할 수 있다.

$(n + 2)/3$이 정수가 아닌 경우에는 $(n + 2)/3$을 올림으로 계산하는지 내림으로 계산하는지에 따라, 즉 $k^+ = \lceil (n + 2)/3 \rceil$를 쓰는지 $k^- = \lfloor (n + 2)/3 \rfloor$를 쓰는지에 따라 정성적으로 서로 다른 풀이[1]가 나올 수 있다.

옮길 동전의 최소 개수는 [Gar89, p.23], [Tri69], [Epe70]에 언급되어 있는 식으로도 표현할 수 있다.

$$\left\lfloor \frac{n(n + 1)}{6} \right\rfloor = \left\lfloor \frac{T_n}{3} \right\rfloor$$

여기서 $T_n = n(n + 1)/2$는 삼각형에 들어 있는 동전의 총 개수다. 이 식이 맞는지 여부는 세 가지 모든 가능한 경우 − $n = 3i$, $n = 3i + 1$, $n = 3i + 2$ − 를 각각 이 식에 대입해 위에서 최적 k값에 대해 구한 답과 같은지 확인해보면 알 수 있다.

2.111.3 참고사항

이 책의 첫 번째 튜토리얼에서 말했듯이 퍼즐을 수학 문제로 환원시키는 것은 알고리즘 설계에서 변환 정복 전략의 일종이다.

이 퍼즐은 매우 오래된 퍼즐이다. 예를 들어 Maxey Brooke의 책[Bro63, p.15]에는 동전 10개짜리 문제가 실려 있다. Martin Gardner는 〈Scientific American〉 1966년 3월호 칼럼에서 독자에게 이 문제의 일반화된 버전을 제시하며 옮겨야 할 동전의 최소 개수를 나타내는 간단한 공식을 구하는 문제를 출제했다. 그는 그 문제의 풀이로 다음과 같은 "기하학적" 접근법([Gar89, p.23])을 사용했다. "어떤 크기의 정삼각형에 대해서든 이 문제는 원래 삼각형과 같은 크기의 틀(당구 경기에서 공을 처음 배치할 때 사용하는 틀이라

---

1   여기서 정성적으로 다른 풀이라고 한 것은 원래 삼각형에서 서로 다른 행을 밑변으로 하도록 삼각형을 뒤집을 수 있기 때문이다. 두 가지 풀이 중 하나 − 원래 삼각형의 밑변에서 홀수 개의 동전을 뒤집힌 삼각형의 밑변으로 옮기는 풀이 − 의 경우에는 좌우가 대칭인 또 다른 이동 방법이 있을 수 있다.

고 생각하면 된다)을 뒤집어 원래 삼각형 위에 겹친 다음 겹치는 부분의 동전의 개수가 최대가 되도록 하는 식으로 풀 수 있다. 모든 경우에 패턴을 뒤집기 위해 옮겨야 하는 동전의 최소 개수는 동전 개수를 3으로 나눈 몫으로 구할 수 있다."

Trigg[Tri69]와 Eperson[Epe70]은 둘 다 주어진 삼각형에서 작은 삼각형을 잘라내는 형태로 풀이를 기술했지만 그 풀이의 최적성을 증명하지는 않았다. 잘라낸 삼각형을 이용하는 방식을 사용하면 "동전은 한 번에 한 개씩 밀어 옮길 수 있으며 새로운 위치에 배치할 때는 위치가 정확히 정해지도록 다른 두 동전에 맞닿게 놓아야 한다"라는 추가 조건을 만족시키도록 위의 알고리즘을 변경하는 것이 더 쉬워진다.[Gar89, p.13] 동전들을 가로 행 단위로 옮기는 대신 항상 주어진 삼각형 바깥쪽에 있는 동전을 하나씩 밀어 다른 두 동전과 맞닿는 위치로 옮기는 식으로 잘린 삼각형에 있는 모든 동전을 뒤집힌 삼각형에서 정해진 위치로 움직일 수 있다. 그런 제약이 있을 때 동전 배치를 다른 형태로 변환하는 일반적인 조건 등에 대한 내용은 [Dem02]에서 찾아볼 수 있다.

2.112 / 도미노 채우기 II

서로 색이 다른 두 칸이 빠져 있는 $n \times n$ 체스판을 2×1 도미노로 채울 수 있는 모든 n값을 구하라.

2.112.1 힌트

답을 구하는 것은 쉽지만 빠진 두 칸의 위치가 정해져 있지 않으므로 그 답이 맞는지 여부를 증명하는 것은 다소 어렵다.

2.112.2 풀이

이 퍼즐의 해는 n이 짝수일 때만 존재할 수 있다.

n이 홀수일 때 해가 존재하지 않는다는 것은 짝홀을 따져보면 알 수 있다. n이 홀수이면 채워야 할 칸의 개수는 홀수가 되는데 도미노로 채울 수 있는 칸의 개수는 짝수여야 하기 때문이다.

n이 짝수일 때 서로 색이 다른 1×1칸 두 개가 빠진 $n \times n$ 체스판은 항상 도미노로 채울 수 있다. $n = 2$일 때는 당연히 가능하다. $n > 2$일 때 채울 수 있다는 것을 증명하려면 고모리 장벽이라는 기발한 장치가 필요하다. 고모리 장벽은 이 개념을 처음 소개한 미국 수학자 Ralph Gomory의 이름에서 따온 것이다. 빠진 두 칸이 서로 인접하지 않은 경우, 고모리 장벽은 체스판을 그 두 칸을 끝점으로 하는 두 개의 "복도"로 나눠주는 역할을 한다(빠진 두 칸이 인접한 경우에는 "복도"가 한 개가 된다. 그림 2–106 (a)와 그림 2–106 (b) 참조). "복도"를 만들고 나면 그 복도를 따라 도미노를 채울 수 있는 유일한 방법이 결정된다.

▼ 그림 2–106 고모리 장벽을 활용해 두 칸이 빠진 8×8판을 도미노로 채우는 방법. (a) 빠진 두 칸이 서로 인접하지 않은 경우. (b) 빠진 두 칸이 서로 인접한 경우

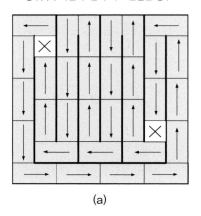
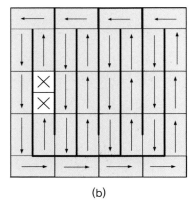

(a)   (b)

2.112.3 참고사항

이 풀이에서 쓰인 고모리 장벽은 유일하지 않다. Solomon Golomb은 폴리노미오에 대한 저서에서 네 가지 패턴을 제시하며 "이 외에도 문자 그대로 수백 가지 방법이 더 있다"라고 주장했다.[Gol94, p.112] 물론 n이 짝수일 때도 $n \times n$판에서 빠진 두 칸의 색이 같으면 – 예를 들어 체스판의 대각선 양쪽 끝에 있는 칸이 빠진 경우 (이 책의 두 번째 튜토리얼에 나와 있는 "이 빠진 체스판 도미노로 채우기" 퍼즐의 경우) – 도미노로 채워야 할 흰색 칸과 검은색 칸의 개수가 같지 않으므로 도미노로 채우는 것은 불가능하다.

2.113 / 동전 제거하기

탁자 위의 n개의 동전 중 일부는 앞면, 나머지는 뒷면이 위쪽을 향하고 있다. 순서가 정해져 있지는 않다. 이 퍼즐의 목표는 정해진 방법대로 동전을 빼는 것이다. 각 단계마다 앞면이 위쪽을 향한 동전 한 개를 제거하고 바로 옆에 동전이 있으면 그 동전(한 개 또는 두 개)을 뒤집는다. 동전이 "바로 옆"에 있는지 여부는 처음에 동전이 배열된 순서를 기준으로 판단하며 어떤 동전이 빠지면서 빈칸이 생기면 그 빈칸 너머에 있는 동전은 "바로 옆" 동전으로 간주하지 않는다. 다음과 같은 식으로 퍼즐을 풀 수 있다(제거되는 동전은 빨간색으로 표시했다).

```
T   H   H   T   H   H   H
T   H   H   H   _   T   H
H   _   T   H   _   T   H
_   _   T   H   _   T   H
_   _   H   _   _   T   H
_   _   _   _   _   T   H
_   _   _   _   _   H   _
_   _   _   _   _   _   _
```

이 퍼즐에 풀이가 존재할 수 있는 필요충분 조건을 만족하려면 처음에 동전이 어떤 식으로 배치되어야 할까? 그리고 동전이 그 조건에 맞게 주어졌을 때 동전을 모두 제거하는 알고리즘을 설계하라.

2.113.1 힌트

동전 개수가 적은 몇 가지 경우의 문제를 풀어보면 일반적으로 어떤 식으로 해결할 수 있을지 감을 잡을 수 있다.

2.113.2 풀이

이 퍼즐은 처음에 앞면이 위쪽을 향한 동전(편의상 앞면 동전이라고 부르자) 개수가 홀수 개인 경우에만 풀 수 있다. 앞면 동전 개수가 홀수이면 맨 왼쪽의 앞면 동전을 제거하는 과정을 반복하면 모든 동전을 제거할 수 있다.

우선 n개의 동전이 있다. 앞면 동전이 한 개 있을 때 이 알고리즘으로 퍼즐을 풀 수 있다는 것을 증명하자. 앞면 동전이 줄의 끝(예를 들어 왼쪽 끝)에 있다고 할 때 그 동전을 제거하면 동전이 $n - 1$개이면서 똑같은 형태로 동전이 배열된다.

$$\underbrace{H \enspace T \enspace \cdots \enspace T}_{n} \enspace \Rightarrow \enspace \underbrace{H \enspace T \enspace \cdots \enspace T}_{n-1}$$

이 작업을 n번 반복하면 모든 동전을 제거할 수 있다.

앞면 동전 한 개가 줄의 양 끝이 아닌 위치에 있을 때는 그 동전을 제거하고 나면 빈칸을 기준으로 짧은 줄 두 개가 만들어지고 그 두 줄의 각각 한쪽 끝에는 앞면 동전이 한 개씩만 있게 된다.

$$\underbrace{T \enspace \cdots \enspace T \, T \, H \, T \, T \enspace \cdots \enspace T}_{n} \enspace \Rightarrow \enspace \underbrace{T \enspace \cdots \enspace T \, H \enspace \_\_ \enspace H \, T \enspace \cdots \enspace T}_{n-1}$$

이렇게 한 다음 각 줄별로 동전을 모두 제거하면 이 퍼즐을 풀 수 있다.

이제 1보다 큰 홀수 개의 앞면 동전이 있는 경우에 맨 왼쪽 동전을 제거하는 일반적인 경우를 생각해보자. 맨 왼쪽에 있는 앞면 동전의 왼쪽에 있는 뒷면 동전 개수를 $k\,(k \geq 0)$라고 하자. 맨 왼쪽 앞면 동전 바로 다음 동전이 앞면 동전이든 뒷면 동전이든 그 동전을 제거하면 뒷면 동전 $k - 1$개 뒤에 앞면 동전 한 개가 있는 줄 한 개($k = 0$인 경우에는 모두 없어질 수 있고 $k \geq 1$인 경우에는 위에서 설명한 방식으로 제거할 수 있다)와 홀수 개의 앞면 동전이 들어 있는 줄 한 개가 남고 뒤쪽 줄의 앞면 동전들은 이 방법을 그대로 적용해 제거할 수 있다.

$$\underbrace{T \cdots T \, T \, H}_{k} \underbrace{T \cdots}_{H \text{ 홀수 개}} \Rightarrow \underbrace{T \cdots T \, H}_{k-1} \underbrace{\_\_ \, H \cdots}_{H \text{ 홀수 개}} \quad \underbrace{T \cdots T \, T \, H}_{k} \underbrace{H \cdots}_{H \text{ 홀수 개}} \Rightarrow \underbrace{T \cdots T \, H}_{k-1} \underbrace{\_\_ \, T \cdots}_{H \text{ 홀수 개}}$$

앞면 동전 개수가 짝수이면 퍼즐을 풀 수 없다는 것을 증명하는 방법은 위에서 설명한 것과 비슷하다. 앞면 동전 개수가 0이면 이 퍼즐을 풀 수 없다. 앞면 동전만 제거할 수 있기때문이다. 앞면 동전이 짝수 개 있는 경우에는 그중 한 개를 제거하면 앞면 동전이 짝수 개이면서 더 짧아진 줄 한 개만 남거나 빈칸을 사이에 두고 두 줄이 만들어지는데 최소한 둘중 한 개는 앞면 동전이 짝수 개가 된다.

2.113.3 참고사항

이 퍼즐의 기본적인 개념은 한 개씩 줄이는 감소 정복 전략을 바탕으로 하는 것이 분명하지만 분할 정복도 중요한 역할을 한다. 앞면 동전을 아무렇게나 제거하면 퍼즐을 풀지 못할 수도 있다는 점에 주의해야 한다. 예를 들어 앞면 동전만 세 개 있는 경우에 가운데 동전을 제거하면 나머지 뒷면 동전 두 개를 제거할 수 없어진다.

이 퍼즐은 J. Tanton의 〈Solve This〉[Tan01, Problem 29.4]에 수록되어 있고 그 책에는 D. Beckwith의 원형 버전[Bec97]도 언급되어 있다. 이 퍼즐은 〈Professor Stewart's Cabinet of Mathematical Curiosities〉[Ste09, p.245]에도 들어 있다.

2.114 점 가로지르기

$n \times n$개의 점($n \geq 2$)으로 이뤄진 격자(모눈종이 위에 일정 간격으로 수평 방향으로 n줄, 수직 방향으로 n 줄을 그었을 때 만들어지는 교차점을 생각하면 된다)가 주어졌을 때종이에서 펜을 떼지 않은 채 $2n - 2$개의 선분으로 모든 점을 가로지르는 방법을 구하라. 같은 점을 두 번 이상 지나갈 수는 있지만 같은 줄을 반복해 그을 수는 없다(그림 2-107의 $n = 4$인 경우의 "탐욕적인" 풀이에 있는 선분 개수는 문제에서 주어진 대로 여섯 개가아니라 일곱 개다).

▼ 그림 2-107 일곱 개 직선으로 16개 점을 가로지르는 방법

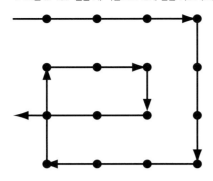

▼ 그림 2-107 일곱 개 직선으로 16개 점을 가로지르는 방법

2.114.1 힌트

$n = 3$인 경우의 퍼즐을 풀어보고 그 풀이를 일반화시켜 보자. 선분에는 곧게 뻗어야 한다는 점을 제외하면 별다른 제약은 없다.

2.114.2 풀이

그림 2-108에 $n = 3$, 4, 5인 경우의 풀이가 나와 있다. 이 그림을 보면 $(n - 1)^2$개의 점을 가로지르는 $2(n - 1) - 2$개의 선분에 선분 두 개(수직 방향과 수평 방향)를 더해 n^2개의 점을 가로지르는 $2n - 2$개의 선분을 만들어내는 방법을 알 수 있다. 이때 새로 추가되는 두 개 선분 중 한 개는 새로 추가되는 n개의 점으로 구성된 열을 가로지르고 다른 한 개는 새로 추가되는 n개의 점으로 구성된 행을 가로지른다.

▼ 그림 2-108 $n = 3$, $n = 4$, $n = 5$인 경우에 $2n$-2의 선분으로 n^2개의 점을 가로지르는 방법

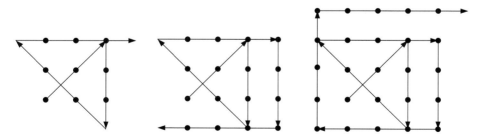

2.114.3 참고사항

$n = 3$인 경우의 퍼즐을 푼 후로는 감소 정복 전략을 바닥에서 위로 적용하는 식으로 경로를 구축하는 알고리즘을 구현할 수 있다.

$n = 3$인 경우의 퍼즐은 매우 유명하다. 풀이의 모양 때문인지 "정해진 틀에서 벗어나 생각하는 방법(thinking outside the box)"이라는 표현이 여기서 유래했다는 말도 종종 나온다. 이 문제의 내용은 약 한 세기 전에 Henry Ernest Dudeney와 Sam Loyd가 이미 책으로 냈다. Dudeney는 $n = 7$, $n = 8$인 경우에 대해서도 논의했다.[Dud58, Problems 329–332] 이 책에 수록된 일반적인 경우는 Charles Trigg의 〈Mathematical Quickies〉[Tri85, Problem 261]에서 소개되었으며 〈American Mathematical Monthly〉의 1955년 2월호 (p.124)에 실린 M. S. Klamkin의 풀이가 참고문헌으로 기록되었다.

2.115 / 바셰의 무게 추

다음과 같은 가정이 주어졌을 때 양팔 저울을 사용해 1부터 W까지 모든 정수의 무게를 잴 수 있는 n개의 무게 추로 구성된 최적의 집합 $\{w_1, w_2, \cdots, w_n\}$을 구하라.

a. 무게 추를 양팔 저울의 한쪽에만 놓을 수 있는 경우
b. 무게 추를 양팔 저울의 양쪽에 모두 놓을 수 있는 경우

2.115.1 힌트

두 버전 모두 탐욕 접근법을 적용하면 풀이를 쉽게 추측할 수 있다. 이 퍼즐의 핵심은 그 집합이 최적이라는 것을 증명하는 것이다.

2.115.2 풀이

a의 정답은 2^0부터 시작해 n개의 연속된 2의 거듭제곱이며 b의 정답은 3^0부터 시작해 n개의 연속된 3의 거듭제곱이다.

a. 주어진 문제의 몇 가지 경우에 탐욕 접근법을 적용해보자. $n = 1$일 때는 $w_1 = 1$을 이용해 1이라는 무게를 잴 수 있다. $n = 2$일 때는 $w_2 = 2$만 더해주면 전에 잴 수 없었던 2라는 무게도 잴 수 있다. {1, 2}의 무게 추 조합을 이용해 총 3까지의 정수 무게를 모두 측정할 수 있다. $n = 3$일 때는 탐욕 전략을 적용해 전에 잴 수 없었던 무게인 $w_3 = 4$의 무게 추를 추가해보자. 그러면 {1, 2, 4}라는 세 개의 무게 추를 이용해 1부터 세 무게 추의 총합인 7까지의 모든 정수 무게 l을 잴 수 있다. 이때 l을 이진법으로 전개하면 무게 l을 재기 위해 어떤 무게 추가 필요한지 알 수 있다.

무게 l	1	2	3	4	5	6	7
l의 이진법 표기	1	10	11	100	101	110	111
l 측정을 위한 추 무게 추	1	2	2 + 1	4	4 + 1	4 + 2	4 + 2 + 1

위의 내용을 일반화하면 임의의 양의 정수 n에 대해 연속된 2의 거듭제곱 집합 $\{w_i = 2^i, i = 0, 1, \cdots, n - 1\}$을 이용하면 1 이상이고 모든 무게 추의 합 $\sum_{i=0}^{n-1} 2^i = 2^n - 1$ 이하의 모든 정수 무게를 잴 수 있다. $1 \leq l \leq 2^n - 1$ 구간에 있는 모든 정수의 무게 l을 이 무게 추들로 잴 수 있다는 것은 l을 재는 데 필요한 무게 추들을 알 수 있게 해주는 l의 이진 전개로부터 바로 알 수 있다.

어떤 무게 추 n개의 집합에 대해서든 양팔 저울의 한쪽 접시에 올릴 수 있는 서로 다른 무게 추의 부분집합 개수는 $2^n - 1$(무게 추 중에 같은 것이 있는 경우에는 더 적어진다)이므로 n개의 무게 추로 잴 수 있는 서로 다른 정수 무게의 수는 $2^n - 1$가지를 넘을 수 없다. 따라서 무게 추를 양팔 저울의 한쪽에만 올릴 수 있는 경우라면 n개의 무게 추로 $1 \leq l \leq 2^n - 1$ 구간보다 더 넓은 구간의 연속된 정수의 무게를 재는 것은 불가능하다.

b. 무게 추를 양팔 저울의 양쪽 접시에 모두 올릴 수 있다면 n개의 무게 추($n > 1$)로 더 넓은 범위의 무게를 잴 수 있다. 물론 $n = 1$일 때는 무게 1짜리 무게 추만 쓸 수 있다. {1, 3} 무게 추를 이용하면 최대 4까지 모든 정수의 무게를 잴 수 있다. {1, 3, 9} 무게 추를 이용하면 아래 표와 같이 최대 13까지 모든 정수의 무게를 잴 수 있다.

무게 l	1	2	3	4	5	6	7
l의 삼진법 표기	1	2	10	11	12	20	21
l 측정을 위한 추 무게 추	1	$3-1$	3	$3+1$	$9-3-1$	$9-3$	$9+1-3$
무게 l	8	9	10	11	12	13	
l의 삼진법 표기	22	100	101	102	110	111	
l 측정을 위한 추 무게 추	$9-1$	9	$9+1$	$9+3-1$	$9+3$	$9+3+1$	

일반적으로 무게 추 $\{w_i = 3^i,\ i = 0, 1, \cdots, n-1\}$들을 이용하면 1 이상이면서 모든 무게 추의 무게의 합 $\sum_{i=0}^{n-1} 3^i = (3^n - 1)/2$ 이하인 모든 정수의 무게를 잴 수 있다. 무게를 삼진법으로 전개한 것으로부터 다음과 같은 식으로 무게를 잴 수 있다. 무게 $l(l \leq (3^n - 1)/2)$을 삼진수로 썼을 때 0과 1만 들어 있다면 1에 해당하는 무게 추를 빈 접시에 올리면 된다. l을 삼진수로 썼을 때 2가 한 개 이상 있으면 각각의 2를 $(3-1)$로 써 균형 삼진법([Knu98, pp.207−208] 참조)으로 l을 유일하게 표현할 수 있다.

$$l = \sum_{i=0}^{n-1} \beta_i 3^i,\ \beta_i \in \{0,\ 1,\ -1\}$$

예를 들어

$$5 = 12_3 = 1 \cdot 3^1 + 2 \cdot 3^0 = 1 \cdot 3^1 + (3-1) \cdot 3^0 = 2 \cdot 3^1 - 1 \cdot 3^0$$
$$= (3-1) \cdot 3^1 - 1 \cdot 3^0 = 1 \cdot 3^2 - 1 \cdot 3^1 - 1 \cdot 3^0$$

(맨 오른쪽 2에서 시작하면 식을 정리했을 때 혹시 2가 다시 나타나면 그 2는 원래 위치보다 왼쪽 어딘가에서 나타난다. 그런 교환 과정을 유한번 반복하면 모든 2를 없앨 수 있다는 것을 증명할 수 있다). $l = \sum_{i=0}^{n-1} \beta_i 3^i,\ \beta_i \in \{0,\ 1,\ -1\}$ 표기법을 이용하면 β_i가 음수인 모든 무게 추 $w_i = 3^i$를 무게를 잴 물건이 놓인 접시에 올려 놓고 β_i가 양수인 모든 무게 추 $w_i = 3^i$를 반대편 접시에 올려 놓는 식으로 무게 l을 잴 수 있다.

마지막으로 n개의 무게 추는 각각 왼쪽 접시에 올라가거나 오른쪽 접시에 올라가거나 아무 접시에도 올라가지 않을 수 있다. 따라서 n개의 무게 추로 어떤 양의 무게를 재는 방법은 총 $3^n - 1$가지라는 것을 알 수 있다. 대칭을 감안하면 잴 수 있는 무게의 수는 $(3^n - 1)/2$를 넘을 수 없다. 따라서 n개의 무게 추로 $1 \le l \le (3^n - 1)/2$ 구간보다 더 넓은 구간의 연속된 정수의 무게를 재는 것은 불가능하다.

2.115.3 참고사항

이 퍼즐은 탐욕 접근법을 적용하면서 십진법이 아닌 다른 진법을 활용하는 문제의 좋은 예다. 그리고 정수의 무게를 정확히 재지 않아도 되는 경우라면 똑같은 수의 무게 추로 두 배 많은 정수의 무게를 잴 수 있다는 점도 알아두면 좋다. 예를 들어 2, 6, 18, 54, 이렇게 네 개의 무게 추만 있으면 1 이상, 80 이하의 모든 정수의 무게를 잴 수 있다. 짝수 무게 2, 4, …, 80은 정확히 잴 수 있고 홀수 무게는 2, 6, 18, 54를 가지고 잴 무게보다 가벼운 조합과 무거운 조합을 찾아내 그 사이의 값으로 알아낼 수 있다. 예를 들어 어떤 정수의 무게가 10보다 무겁지만 12보다 가볍다면 그 무게는 11이라는 것을 알 수 있다.[Sin10, Section 7.L.3, p.95]

이 퍼즐의 이름은 〈Problèmes〉[Bac12]라는 책을 쓴 Calude Gaspar Bachet de Méziriac의 이름에서 따왔다. 〈Problèmes〉는 1612년에 출간된, 수학 퍼즐계를 개척한 고전으로 이 문제와 풀이가 담겨 있다. 최근 이 분야의 연구에 의하면 Hasib Tabari (c. 1075)와 Fibonacci (1202)가 이 문제를 처음으로 푼 수학자라고 한다.[Sin10, Sections 7.L.2.c, 7.L.3]

2.116 부전승 횟수

n명의 선수(n은 2의 거듭제곱이 아니다)가 토너먼트전을 펼치면 선수 중 일부는 상대방이 없어서 바로 다음 라운드로 넘어가는 경우가 생긴다. 각각 다음과 같은 식으로 부전승을 배정하는 경우, 토너먼트의 총 부전승 횟수를 구하라.

a. 두 번째 라운드에 남는 선수의 수가 2의 거듭제곱이 되는 조건을 만족시키면서 첫 번째 라운드를 부전승으로 통과하는 수가 최소가 되도록 하는 경우

b. 각 라운드별로 올라가는 선수의 수가 짝수가 되도록 부전승을 부여하는 경우

2.116.1 힌트

첫 번째 질문의 답은 간단한 방정식만 풀면 구할 수 있다. 두 번째 질문의 답은 첫 번째 질문의 답에서 뽑아낼 수 있다.

2.116.2 풀이

a의 답은 $2^{\lceil \log_2 n \rceil} - n$이며 b의 답은 $2^{\lceil \log_2 n \rceil} - n$을 이진법으로 표현했을 때 1의 개수다.

a. 2라운드에 올라가는 선수가 2의 거듭제곱이 되도록 하는 최소 부전승 수는 $2^{\lceil \log_2 n \rceil} - n$이다. 예를 들어 $n = 10$이면 부전승 횟수는 $2^{\lceil \log_2 10 \rceil} - 10 = 6$이다. 총 선수 수가 n명일 때 $2^{k-1} < n \le 2^k$라고 하자. b명의 선수가 부전승으로 올라간다면 첫 번째 라운드에서는 $n - b$명의 선수가 경기를 하고 그중 $(n - b)/2$명의 선수가 다음 라운드로 올라갈 수 있다. 따라서 $b + (n - b)/2 = 2^{k-1}$이라는 방정식을 세울 수 있다. 이 방정식의 해는 $b = 2^k - n$이고 이때 $k = \lceil \log_2 n \rceil$이다($n - b = 2n - 2^k$이므로 짝수다).

b. 토너먼트에 참가하는 선수 수가 n명($2^{k-1} < n \le 2^k$)이고 총 부전승 수가 $B(n)$이라고 하자. 이때 부전승 수는 각 라운드마다 짝수 명의 선수가 다음 라운드로 올라갈 수 있는 최소 부전승 수의 합으로 결정된다. 즉, 선수 수가 짝수라면 아무도 부전승으로 올라가지 않고 홀수라면 한 명이 부전승으로 올라가 다음 라운드의 선수 수는 $1 + (n - 1)/2 = (n + 1)/2$가 된다. 총 부전승 수 $B(n)$에 대해 다음과 같은 점화식을 세울 수 있다.

$$B(n) = \begin{cases} B\left(\dfrac{n}{2}\right) & n\text{이 0보다 큰 짝수} \\ 1 + B\left(\dfrac{n+1}{2}\right) & n\text{은 1보다 큰 홀수} \end{cases}, \quad B(1) = 0$$

이 점화식의 일반항 공식을 구할 수는 없지만 일반항은 Martin Gardner의 aha!Insight [Gar78, p.6]에도 언급된 알고리즘으로 구할 수 있다. $B(n)$은 $b(n) = 2^k - n$, $k = \lceil \log_2 n \rceil$을 이진법으로 썼을 때 1의 개수를 세는 식으로 구할 수 있다. 바꿔 말해 b의 부전

승 횟수는 a에서 구한 부전승 횟수를 이진법으로 썼을 때 1의 개수와 같다. 예를 들어 $n = 10$이면 $b(10) = 2^4 - 10 = 6 = 110_2$이므로 부전승 횟수는 두 번이 되고 $n = 9$이면 $b(9) = 2^4 - 9 = 7 = 111_2$이므로 부전승 횟수는 세 번이 된다.

어떤 양의 정수 n $(2^{k-1} < n \le 2^k)$에 가드너의 알고리즘을 적용해 구한 수를 $G(n)$이라고 하자. $G(n)$이 위에 있는 부전승 횟수 $B(n)$에 대한 초기 조건과 점화식을 만족시킨다는 것을 증명해보자. $n = 1$이면 $2^0 - 1 = 0$이므로 $G(1)$은 0을 이진법으로 표현했을 때의 1의 개수인 0이 된다. n이 양의 짝수이면 $2^{k-1} < n \le 2^k$이므로 $2^{k-2} < \frac{n}{2} \le 2^{k-1}$이다. 이 경우에 $b(n) = 2^k - n$이 짝수이므로 이진수로 썼을 때 맨 오른쪽 자리 숫자는 0이다. 따라서

$$b\left(\frac{n}{2}\right) = 2^{k-1} - \frac{n}{2} = \frac{b(n)}{2}$$

의 이진법 표현에 들어 있는 1의 개수는 $b(n)$의 이진법 표현에 들어 있는 1의 개수와 똑같다. 따라서 모든 양의 짝수 n에 대해 $G(n) = G\left(\frac{n}{2}\right)$이다.

n이 1보다 큰 홀수라고 가정하자. $2^{k-1} < n < 2^k$이므로 $2^{k-2} < \frac{n+1}{2} \le 2^{k-1}$이다. 정의상 $G\left(\frac{n+1}{2}\right)$은 $b\left(\frac{n+1}{2}\right) = 2^{k-1} - \frac{n+1}{2}$을 이진수로 썼을 때 1의 개수와 같다. 이 경우에 $b(n) = 2^k - n$은 홀수이므로 이진수로 썼을 때 맨 오른쪽 숫자는 1이다. $2^k - n$의 이진법 표현에서 맨 뒤에 있는 1을 빼면 다음 수의 이진법 표현과 같다.

$$(2^k - n - 1)/2 = 2^{k-1} - (n+1)/2 = b\left(\frac{n+1}{2}\right)$$

따라서 1보다 큰 모든 짝수 n에 대해 $G(n) = 1 + G\left(\frac{n+1}{2}\right)$이고 이것은 위의 점화식과 똑같다.

2.116.3 참고사항

b의 풀이는 토너먼트 방식을 반으로 쪼개는 알고리즘으로 해석하는 방식을 바탕으로 한다. $2^{\lceil \log 2\, n \rceil} - n$명의 가상 선수를 더해 문제를 더 단순화시킬 수도 있다. 그러면 부전승 횟수는 가상 선수와 진짜 선수 간 경기 수를 세는 식으로 구할 수 있다. 이렇게 하면 부전승 횟수를 구하는 식이 달라지는데 토너먼트에 참가한 진짜 선수의 수를 n이라고 할 때

$n - 1$을 이진수로 썼을 때의 0의 개수로 구할 수 있다([MathCentral], 2009년 10월 '이 달의 문제' 참조).

한편, 토너먼트 구성 자체에 응용되는 것 외에도 토너먼트 트리는 전산학 분야에서 다양하게 응용되고 있다([Knu98] 등 참조).

2.117 / 1차원 솔리테어

n개의 칸(n은 2보다 큰 짝수)에서 플레이하는 페그 솔리테어의 1차원 버전을 생각해보자. 처음에는 한 칸을 뺀 다른 모든 칸에 각각 말(페그)이 한 개씩 놓여 있다. 각 단계마다 한 페그로 왼쪽이나 오른쪽에 있는 인접한 한 페그를 건너뛰어 빈칸으로 갈 수 있고 그렇게 건너뛰면서 지나간 페그는 판에서 제거한다. 이 게임의 목표는 이런 움직임을 반복해 페그를 한 개만 남기고 모두 제거하는 것이다. 이 퍼즐을 풀 수 있는 초기 빈칸의 위치를 모두 구하고 각각의 경우에 마지막으로 남는 페그의 위치를 구하라.

2.117.1 힌트

대칭적인 풀이를 제외하면 가능한 빈칸의 위치는 두 군데다. 최종적으로 남는 페그의 위치도 두 개 나온다.

2.117.2 풀이

판에 있는 칸에 순서대로 1부터 n까지 번호를 붙인다면 처음에 빈칸이 있을 수 있는 위치는 2 또는 5(대칭성을 감안하면 $n - 1$번 또는 $n - 4$번)이며 페그가 마지막으로 있을 수 있는 위치는 $n - 1$번 또는 $n - 4$번(대칭성을 감안하면 2번 또는 5번)이다.

이 풀이를 구하기 위해 첫 번째 페그를 움직인 이후에 만들어지는 패턴을 생각해보자.

$$\underbrace{1 \cdots 1}_{l} \, 0 \, 0 \, \underbrace{1 \cdots 1}_{r}$$

여기서 1과 0은 각각 페그가 있는 칸과 없는 칸을 나타낸다. 일반성을 잃지 않고 $l \leq r$이라고 가정할 수 있다.

$l = 0$이고 $r = 2$이면 가능한 마지막 이동 이후에 페그 한 개만 남는다. $l = 0$이고 $r > 2$이면 왼쪽으로만 뛸 수 있는데 $\lfloor r/2 \rfloor$번 왼쪽으로 뛰어 넘어가면 사이에 빈칸이 낀 페그 $\lfloor r/2 \rfloor \geq 2$개가 남는다.

비슷한 식으로 $l = 1$이고 $r \geq 1$이면 왼쪽으로만 뛸 수 있고 $\lfloor r/2 \rfloor$번 왼쪽으로 뛰어 넘어가면 사이에 빈칸이 낀 페그 $\lfloor r/2 \rfloor + 1 \geq 2$개가 남는다.

$l = 2$이고 r이 2 이상의 짝수이면 일련의 점프 과정을 통해 페그를 한 개만 남기고 모두 제거할 수 있고 수학적 귀납법으로 쉽게 증명할 수 있다. $r = 2$일 때는 첫 번째, 마지막, 그리고 남은 둘 중 한 페그를 움직이면 된다.

$$110011 \Rightarrow 001011 \Rightarrow 001100 \Rightarrow 010000 \text{ 또는 } 000010$$

r이 2보다 큰 경우에 위의 식으로 첫 두 번 점프를 진행하면 r이 2 줄면서 똑같은 패턴이 만들어지며 이 과정을 반복하면 수학적 귀납법 방식으로 페그를 한 개만 남길 수 있다는 것을 증명할 수 있다.

$$1100 \underbrace{11 \cdots 1}_{r} \Rightarrow 0010 \underbrace{11 \cdots 1}_{r} \Rightarrow 001100 \underbrace{1 \cdots 1}_{r-2}$$

게다가 $r > 2$일 때 $0 \underbrace{11 \cdots 1}_{r}$을 한 개의 페그만 남는 형태로 만들 수 없으므로 $1100 \underbrace{11 \cdots 1}_{r}$에서 페그를 한 개만 남기는 방법은 위에서 설명한 방법 외에는 없다.

마지막으로 $l > 2$이고 $r \geq l$이면 페그를 한 개만 남기고 모두 제거할 수가 없다. 00 왼쪽에 있는 l ($l > 2$)개의 페그와 오른쪽에 있는 r ($r > 2$)개의 페그는 모두 다른 쪽에 있는 페그의 "도움"이 없으면 한 개의 페그로 줄일 수 없다. 도와줄 페그는 반대편에서 인접한 페그를 넘어와야 하는데 양쪽에서 그런 식으로 페그를 가져왔을 때 페그를 한 개만 남기고 모두 없앨 방법이 없다.

$$\underbrace{1 \cdots 11}_{l} 00 \underbrace{11 \cdots 1}_{r} \Rightarrow \cdots \Rightarrow \underbrace{1 \cdots 1}_{l-2} 001100 \underbrace{1 \cdots 1}_{r-2}$$

2.117.3 참고사항

이 퍼즐에서 사용한 주된 도구는 감소 정복 전략이다. 똑같은 접근법으로 셀 개수가 홀수이면서 풀이가 존재할 수 있는 유일한 판의 크기는 3이라는 것을 보여줄 수 있다. 이때 시작 상태의 빈칸은 1번 또는 3번 칸이어야 한다. C. Moore와 D. Eppstein[Moo00]은 이 게임에서 나올 수 있는 모든 위치를 형식적으로 기술했다.

이 퍼즐은 2차원 판에서 똑같은 규칙으로 하는 오래된 게임의 1차원 버전이다. 이 게임의 역사와 공략법의 자세한 내용은 John D. Beasley의 논문[Bea92]과 〈Winning Ways for Your Mathematical Plays〉[Ber04, Chapter 23]에서 찾아볼 수 있고 그 외에도 여러 웹 사이트에서 이 게임의 정보를 찾아볼 수 있다.

2.118 여섯 개의 나이트

3×4 체스판 위에 여섯 개의 나이트가 있다. 흰색 나이트 세 개는 맨 아랫줄에 있고 검은색 나이트 세 개는 맨 윗줄에 있다. 나이트 이동 횟수를 최소화하면서 두 나이트가 같은 칸에 들어가지 않은 채 그림 2-109 오른쪽 그림과 같이 흰색 나이트가 맨 윗줄로 가고 검은색 나이트가 맨 아랫줄로 가도록 만드는 방법을 구하라.

❤ 그림 2-109 여섯 개의 나이트 퍼즐

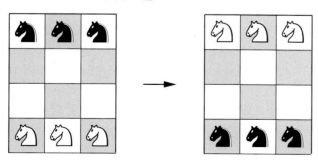

2.118.1 힌트

더 간단한 구아리니 퍼즐에 대한 설명이 나와 있는 설계 전략에 대한 튜토리얼을 살펴보자.

2.118.2 풀이

이 퍼즐을 풀기 위한 최소 이동 횟수는 16회다.

첫 번째 튜토리얼에서 설명했듯이 이 퍼즐의 초기 상태는 그림 2-110의 그래프로 표현할 수 있다.

▼ 그림 2-110 여섯 개의 나이트 퍼즐에서 움직일 수 있는 위치를 표현한 그래프

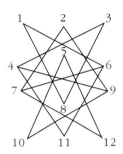

이 그래프는 그림 2-111과 같은 형태로 펼칠 수 있다. 8번 꼭짓점을 위로, 5번 꼭짓점을 아래로 옮기면 첫 번째 그림과 같이 되고 4번과 6번 꼭짓점 위치를 맞바꾸면 두 번째 그림 과 같이 되고 10번과 12번 꼭짓점 위치를 맞바꾸면 세 번째 그림과 같이 된다. 11번 꼭짓 점을 올리고 2번 꼭짓점을 내리면 퍼즐의 그래프를 펼친 표현을 만들어낼 수 있다.

▼ 그림 2-111 그림 2-110의 그래프를 펼치는 과정

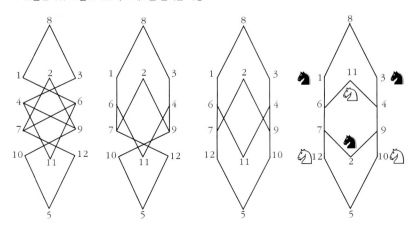

이 퍼즐의 목표를 달성하려면 처음에 1번과 3번 위치에 있던 검은색 나이트 두 개를 12번이나 10번으로 옮겨야 한다. 일반성을 잃지 않고 1번 위치의 나이트를 원래 위치에서 더 가까운 12번 위치로 옮긴다고 가정해보자. 최단 경로로 가면 세 번 움직여야 한다. 나머지 검은색 나이트 두 개는 각각 원래 위치인 2번과 3번 위치에서 최종 위치인 10번과 11번 위치로 가기 위해 최소 네 번 움직여야 한다. 대칭적으로 생각하면 흰색 나이트를 최종 위치로 옮기려면 최소 일곱 번 움직여야 한다. 따라서 이 퍼즐은 최소 14번 이상 움직여야만 풀 수 있다. 하지만 14번이나 15번 만에 목표를 달성할 수 없다는 것을 귀류법으로 증명할 수 있다. 이 퍼즐을 16번 미만의 이동 횟수로 푸는 방법이 있다고 가정해보자. 그런 경우, 1번 위치의 검은색 나이트는 12번 위치에 세 번 만에 가야 한다. 네 번 만에 가는 것은 불가능하고 다섯 번 이상 움직여 가야 한다면 이동 횟수는 최소 $(5 + 4) + 7 = 16$이 되기 때문이다. 하지만 1번 위치의 검은색 나이트가 6에서 7로 넘어가기 전에 12번 위치의 흰색 나이트가 2번으로 가야 하는데 그러려면 2번 위치의 검은색 나이트가 9번 위치로 가야 하고 그러려면 10번 위치의 흰색 나이트가 4번 위치로 가야 하고 또 그러려면 3번 위치의 검은색 나이트가 11번 위치로 가야 하고 이를 위해서는 11번 위치의 흰색 나이트가 6번 위치로 가야 하는데 그러면 1번 위치의 검은색 나이트를 가로막으므로 총 이동 횟수는 15회를 넘길 수밖에 없다. 하지만 다음 순서로 이동하면 16회 만에 퍼즐을 풀 수 있다.

$$B(1 - 6 - 7), \; W(11 - 6 - 1), \; B(3 - 4 - 11), \; W(10 - 9 - 4 - 3),$$

$$B(2 - 9 - 10), \; B(7 - 6), \; W(12 - 7 - 2), \; B(6 - 7 - 12)$$

2.118.3 참고사항

이 퍼즐은 알고리즘 설계 전략에 대한 튜토리얼에서 풀었던 구아리니 퍼즐을 확장한 문제다. 두 퍼즐에서 핵심 아이디어는 표현을 바꾸는 것이다. 먼저 체스판을 그래프로 표현하고 해야 할 일을 더 보기 쉽게 그래프를 펼쳐준다.

1974년과 1975년 〈Journal of Recreational Mathematics〉에 이 문제의 오답이 수록된 논문 두 편이 게재되었다.[Sch80, pp.120–124] Dudeney는 서로 다른 색의 나이트가 서로 공격할 수 있는 위치에 놓일 수 없다는 제약 조건이 추가된 형태의 퍼즐을 다뤘다.[Dud02, Problem 94] 또 다른 식으로 변형된 문제가 궁금하다면 Loyd의 "Knights Crossing over the Danube" ([Pet97, pp.57–58] 등)와 Grabarchuk의 〈The New Puzzle Classics〉[Gra05, pp.204–206]를 찾아보자.

2.119 삼색 트로미노

다음과 같은 작업을 처리하는 알고리즘을 고안하라. 한 칸이 빠진 $2^n \times 2^n$ ($n > 1$)판이 주어졌을 때 그 판을 세 가지 색이 칠해진 직각 트로미노로 채운다. 이때 같은 색의 트로미노끼리는 맞닿으면 안 된다. 직각 트로미노는 세 개의 정사각형이 L자 모양으로 붙어 있는 타일이다(그림 1-4 참조).

2.119.1 힌트

색이 없는 트로미노로 똑같은 판을 채웠던 첫 번째 튜토리얼에서 사용한 전략을 활용할 수 있다.

2.119.2 풀이

이 퍼즐은 다음과 같은 재귀적 알고리즘으로 풀 수 있다. $n = 2$일 때는 판을 네 개의 2×2판으로 나누고 빈칸이 없는 세 개의 2×2판에 걸쳐 중앙의 정사각형을 덮는 부분에 회색 트로미노를 배치한다. 그리고 왼쪽 위 2×2판에 검은색 트로미노 한 개를 배치하고 오른쪽 위 2×2판에 흰색 트로미노를 배치하고 오른쪽 아래 2×2판에 검은색 트로미노를 배치하고 왼쪽 아래 2×2판에 흰색 트로미노를 배치한다(그림 2-112 참조).

▼ 그림 2-112 4×4판에 있을 수 있는 네 가지 빈칸(X로 표시) 위치에 따른 삼색 트로미노 배치 방법

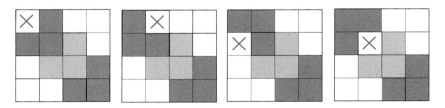

빈칸의 위치와 무관하게 다음과 같은 성질이 성립한다.

- 판의 위쪽 모서리에는 왼쪽에서 오른쪽으로 검은색 칸 두 개, 흰색 칸 두 개가 번갈아 등장하며 그중 한 칸은 빈칸으로 대치될 수 있다.

- 판의 오른쪽 모서리에는 위에서 아래로 흰색 칸 두 개, 검은색 칸 두 개가 번갈아 등장하며 그중 한 칸은 빈칸으로 대치될 수 있다.

- 판의 아래쪽 모서리에는 오른쪽에서 왼쪽으로 검은색 칸 두 개, 흰색 칸 두 개가 번갈아 등장하며 그중 한 칸은 빈칸으로 대치될 수 있다.

- 판의 왼쪽 모서리에는 아래에서 위로 흰색 칸 두 개, 검은색 칸 두 개가 번갈아 등장하며 그중 한 칸은 빈칸으로 대치될 수 있다.

$n > 2$일 때는 판을 네 개의 $2^{n-1} \times 2^{n-1}$판으로 나눈 다음 빈칸이 없는 세 개의 $2^{n-1} \times 2^{n-1}$판에 걸쳐 중앙의 정사각형을 덮는 부분에 회색 트로미노를 배치한다. 그리고 같은 알고리즘으로 세 개의 $2^{n-1} \times 2^{n-1}$판을 재귀적으로 채운다(그림 2-113의 예 참조).

▼ 그림 2-113 한 칸이 빠진 $2^3 \times 2^3$판을 삼색 트로미노로 채우는 방법(빈칸은 X로 표시)

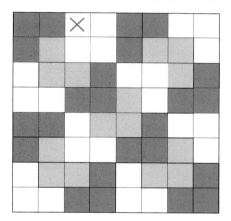

이 알고리즘이 맞는지 여부는 위에서 설명한 성질이 알고리즘의 각 단계마다 계속 유효하다는 것을 바탕으로 설명할 수 있고 수학적 귀납법으로 쉽게 확인할 수 있다.

2.119.3 참고사항

첫 번째 튜토리얼에서 논의했던, 색이 없는 트로미노로 판을 채우는 알고리즘과 같이 이 퍼즐도 분할 정복 전략의 훌륭한 예다.

이 퍼즐과 풀이는 모두 I-Ping Chu와 Richard Johnsonbaugh의 논문[Chu87]에 실려 있다.

2.120 / 동전 분배기

줄줄이 배치된 상자로 이뤄진 "기계"가 있다. 첫 단계에서 맨 왼쪽 상자에 n개의 동전을 넣는다. 그런 다음 기계는 동전을 다음과 같은 식으로 재배치한다. 각 단계마다 한 상자에 있는 동전 두 개를 빼고 그 오른쪽에 있는 상자에 동전 한 개를 집어넣는다. 동전이 두 개 이상 들어 있는 상자가 하나도 남지 않으면 작업이 끝난다. 예를 들어 그림 2-114에는 첫 상자에 동전 여섯 개를 넣었을 때 이 기계가 동전이 두 개 이상 들어 있는 맨 왼쪽 상자에서 동전 두 개를 빼고 그 옆 상자에 동전 한 개를 넣는 작업을 반복하는 과정이 나와 있다.

▼ 그림 2-114 동전 분배기가 작동하는 예

6				
4	1			
2	2			
0	3			
0	1	1		

a. 동전의 최종 배치는 이 기계가 동전 쌍을 처리하는 순서에 따라 달라질까?

b. n개의 동전을 배치하는 데 필요한 상자의 최소 개수는?

c. 기계가 멈출 때까지 작업을 몇 번 반복해야 할까?

2.120.1 힌트

맨 왼쪽부터 시작해 각 상자에 0부터 시작하는 번호를 붙인 다음 동전의 최종 배치를 비트열로 표현해보자.

2.120.2 풀이

a. 맨 왼쪽 상자부터 0으로 시작하는 번호를 순서대로 붙인다고 가정해보자. 기계에서 n개의 동전을 배치한 결과를 나타내는 비트 열을 $b_0 \, b_1 \, \ldots \, b_k$라고 해보자. 여기서 b_i는 i번 상자($0 \leq i \leq k$)에 동전이 있으면 1, 없으면 0이다. 그리고 동전이 들어 있는 마지막 상자가 k번 상자라면 $b_k = 1$이다. 이 동전 한 개는 $k - 1$번 상자에 있는 동전 두 개를 빼고 집어넣은 것이며 이것은 결국 $k - 2$번 상자에 있는 동전 네 개를 빼고 집어넣은 것이다. 최종 배치에서 각 상자에 들어 있는 동전에 대해 똑같은 식으로 따져보면 다음과 같은 식을 세울 수 있다.

$$n = \sum_{i=0}^{k} b_i 2^i$$

바꿔 말해 최종 배치의 비트 열은 원래 동전 개수 n을 이진법으로 표현한 것의 순서를 뒤집어놓은 것과 같다. 어떤 자연수에 대해서든 그 자연수의 이진법 표현은 유일하므로 동전 쌍을 처리하는 순서와 무관하게 주어진 n으로부터 만들어진 최종 배치는 반드시 똑같다.

b. n개의 동전을 배치하는 데 필요한 상자 개수의 최솟값은 n을 이진법으로 표기한 수의 비트 수와 같다. 따라서 답은 $\lfloor \log_2 n \rfloor + 1 = \lceil \log_2 (n + 1) \rceil$이다.

c. n을 이진법으로 표기하면 $b_k b_{k-1} \cdots b_0$이라고 해보자. a에서 답한 것과 같이 이 기계의 작동이 끝나면 i번 상자에 들어 있는 동전 개수는 $b_i (0 \leq i \leq k)$와 같다. i번 상자에 동전 한 개를 넣기 위해 작업을 반복하는 횟수에 대해 다음과 같은 점화식을 세울 수 있다.

$$C(i) = 2C(i - 1) + 1, \, 0 < i \leq k, \, C(0) = 0$$

이 점화식을 후진 대입법으로 풀면 다음과 같은 결과가 나온다.

$$
\begin{aligned}
C(i) &= 2C(i - 1) \ + 1 \\
&= 2(2C(i - 2) + 1) + 1 = 2^2 C(i - 2) + 2 + 1 \\
&= 2^2 (2C(i - 3) + 1) + 2 + 1 = 2^3 C(i - 3) + 2^2 + 2 + 1 \\
&= \ldots \\
&= 2^i C(i - i) + 2^{i-1} + 2^{i-2} + \cdots + 1 = 2^i \cdot 0 + (2^i - 1) = 2^i - 1
\end{aligned}
$$

따라서 기계가 작업을 끝낼 때까지 필요한 총 반복 횟수는 다음과 같이 쓸 수 있다.

$$\sum_{i=0}^{k} b_i C(i) = \sum_{i=0}^{k} b_i (2^i - 1) = \sum_{i=0}^{k} b_i 2^i - \sum_{i=0}^{k} b_i = n - \sum_{i=0}^{k} b_i$$

이 값은 처음에 주어진 동전 개수에서 그 수를 이진법으로 표기했을 때 나오는 1의 개수를 뺀 값이다.

2.120.3 참고사항

이 퍼즐에서는 n의 이진법 표기를 활용하는데 이것은 이 문제에서 불변값 역할을 하며 이 문제를 풀려면 역으로 생각하는 과정도 필요하다. 이 문제는 James Propp이 착안한 문제를 살짝 고친 문제다([MathCircle] 참조).

2.121 / 초강력 달걀 시험

한 회사에서 초강력 달걀을 개발했다. 회사는 홍보를 위해 100층에서 달걀을 떨어뜨려 최고 몇 층까지 달걀이 안 깨지는지 알아보려고 한다. 한 시험자에게 똑같은 시험용 달걀 두 개를 준다. 깨지지만 않는다면 같은 달걀을 여러 번 떨어뜨려도 된다. 안전한 최고 층수를 분명히 결정할 수 있는 최소 낙하시험 횟수는?

2.121.1 힌트

k번 떨어뜨려 이 문제를 해결할 수 있는 최고 층수를 $H(k)$라는 함수로 써보자.

2.121.2 풀이

정답은 14회다.

k번의 낙하시험으로 이 문제를 풀 수 있는 최고 층수를 $H(k)$라고 하자. 첫 번째 낙하시험은 k층에서 해야 한다. 그 달걀이 깨지면 1층부터 시작해 한 층씩 올라가면서 $k - 1$개의 층에서 각각 시험해야 한다. 첫 번째 낙하시험에서 달걀이 깨지지 않는다면 두 번째 낙하시험은 $k + (k - 1)$층에서 해야 한다. 달걀이 깨졌을 때 $k + 1$층부터 $2k - 2$층까지 총 $k - 2$개 층에서 아래에서 위로 올라가면서 낙하시험을 해야 하기 때문이다. 나머지 $k - 2$번의 낙하시험에 대해 똑같은 방법을 반복한다면 $H(k)$는 다음과 같은 식으로 구할 수 있다.

$$H(k) = k + (k - 1) + \cdots + 1 = k(k + 1)/2$$

(또는 $H(k) = k + H(k - 1)$, $k > 1$, $H(1) = 1$이라는 점화식을 풀어도 위와 같은 답이 나온다)

이제 이 퍼즐의 답을 구하려면 $k(k + 1)/2 \geq 100$을 만족하는 k의 최솟값을 찾으면 된다. 이 값은 $k = 14$다. 첫 번째 달걀은 14, 27, 39, 50, 60, 69, 77, 84, 90, 95, 99, 100층에서 던질 수 있다. 첫 번째 달걀이 깨지면 그 달걀이 깨지지 않고 낙하시험에 성공한 층 바로 위 층에서부터 시작해 한 층씩 올라가면서 낙하시험을 진행한다. 하지만 이런 풀이 방법이 유일한 것은 아니다. 첫 번째 낙하시험을 13, 12, 11, 10층 등에서 한 후 던지는 층을 적절히 조정해 시험할 수도 있다.

2.121.3 참고사항

이 퍼즐을 푸는 알고리즘은 탐욕 접근법을 바탕으로 하지만 최악의 경우를 역으로 분석한다는 점에서 다소 특이한 방식이다. 기본 작업(달걀 낙하시험) 수행 횟수가 주어졌을 때 풀 수 있는 문제의 최대 크기를 찾아내는 식이기 때문이다.

이 퍼즐은 Joseph Konhauser 등이 쓴 책[Kon96, Problem 166]에서 처음 소개된 후 인기가 매우 높았다. Peter Winkler의 〈Mathematical Mind-Benders〉[Win07, p.10] 나 Moshe Sniedovich의 [Sni03]과 같은 논문도 살펴볼 만하다.

2.122 의회의 평화

한 의회에 각 의원마다 세 명의 적이 있다(적대 관계는 쌍방향이어서 서로 적으로 인식한다). 다음 명제가 참인지 거짓인지 판단하라. 어떤 의원도 자신이 속한 원 안에 두 명 이상의 적이 없도록 전체 의회를 두 원으로 분할할 수 있다.

2.122.1 힌트

먼저 의원들을 임의로 두 원으로 나눈 후 원하는 상태로 원 구성을 바꾸는 방법을 찾아보자.

2.122.2 풀이

정답은 "참"이다. 다음과 같은 알고리즘으로 어떤 의원도 자신이 속한 원 안에 두 명 이상의 적이 없도록 전체 의회를 두 원으로 분할할 수 있다.

우선 모든 의원들을 임의로 두 원으로 나눈다(전체를 대략 절반씩 나눠도 상관없다). 양쪽 원에 같은 원에 소속된 적의 쌍 수를 p라고 하자. 같은 원 안에 적이 최소 두 명 이상인 의원이 있으면 그를 다른 원으로 옮긴다. 그러면 옮겨간 의원은 새 원에서는 적이 한 명 이하이고 전체 적 쌍의 수는 최소 1 줄어든다. 이 작업은 최대 p번 안에 끝나고 작업이 모두 끝나면 최종적으로 어떤 의원도 같은 원 안에 두 명 이상의 적이 없어진다.

2.122.3 참고사항

이 퍼즐을 푸는 알고리즘은 이 책의 첫 번째 튜토리얼에서 설명한 반복 개선 전략을 바탕으로 한다. 이 전략의 자세한 설명과 이 전략을 사용하는 몇 가지 중요한 알고리즘 예를 A. Levitin의 교과서[Lev06, Chapter 10]에서 찾아볼 수 있다.

이 퍼즐에 대해 우리가 찾아낸 가장 오래된 문헌은 학생용 및 교사용인 러시아 물리학과 수학 관련 과학 잡지 〈Kvant〉의 1979년 8월호 580페이지에 실린 M580 문제다. 이후 S. Savchev와 T. Andreescu가 쓴 〈Mathematical Miniatures〉[Sav03, p.1, Problem 4]와 같이 영어로 된 책에도 소개되었다.

2.123 / 네덜란드 국기 문제

빨간색, 흰색, 파란색 세 가지 색의 n개의 체커가 한 줄로 놓여 있다. 빨간색 체커가 맨 앞, 흰색 체커가 그 다음, 파란색 체커가 마지막에 오도록 재배치하는 알고리즘을 구하라. 체커의 색을 확인하고 두 체커를 맞바꾸는 작업만으로 목표를 달성해야 한다. 체커를 맞바꾸는 횟수는 어떻게 최소화할 수 있을까?

2.123.1 힌트

두 가지 색으로 구성된 체커를 다루는 폴란드 국기 문제(2.023)를 먼저 풀어보면 도움이 될 수 있다.

2.123.2 풀이

다음과 같이 체커들이 네 개 섹션에 배치되어 있다고 가정하자. 각 섹션은 비어 있을 수도 있다. 맨 왼쪽 섹션에는 모두 빨간색 체커만, 그 다음 섹션에는 흰색 체커만, 그 다음 섹션에는 색을 모르는 체커들, 마지막 섹션에는 파란색 체커만 들어 있다.

▼ 그림 2-115 체커 배치

모두 빨간색 체커	모두 흰색 체커	색 모름	모두 파란색 체커

처음에는 빨간색 섹션, 흰색 섹션, 파란색 섹션이 비어 있고 모든 체커가 "색 모름" 섹션에 들어 있다. 이 알고리즘은 각 단계가 진행될 때마다 "색 모름" 섹션의 왼쪽이나 오른쪽에 있는 체커 한 개가 빠져나가는 식으로 진행된다. "색 모름" 섹션에 있는 첫 번째(맨 왼쪽) 체커가 빨간색이면 빨간색 섹션 오른쪽에 있는 첫 번째 체커와 맞바꾸고 다음 체커로 넘어 간다. "색 모름" 섹션에 있는 첫 번째(맨 왼쪽) 체커가 흰색이라면 다음 체커로 넘어간다. "색 모름" 섹션에 있는 첫 번째(맨 왼쪽) 체커가 파란색이면 파란색 섹션 왼쪽에 있는 마지막 체커와 맞바꾼다(그림 2-116 참조). "색 모름" 섹션에 체커가 남아 있는 동안 이 과정을 계속 반복한다.

❤ 그림 2-116 네덜란드 국기 문제의 세 가지 경우에 대한 알고리즘

"색 모름" 섹션에 있는 첫 번째(맨 왼쪽) 체커가 빨간색인 경우

"색 모름" 섹션에 있는 첫 번째(맨 왼쪽) 체커가 흰색인 경우

"색 모름" 섹션에 있는 첫 번째(맨 왼쪽) 체커가 파란색인 경우

2.123.3 참고사항

이 문제와 알고리즘은 둘 다 W. H. J. Feijen이 처음 제안했으며 저명한 전산학자 Edsger Dijkstra가 〈A Discipline of Programming〉[Dij76, Chapter 14]에서 소개하면서 전산학 분야에서 유명해졌다. 이 문제에 "네덜란드 국기" 문제라는 이름이 붙은 것은 이 문제를 만든 Feijen과 문제를 널리 알린 Dijkstra 둘 다 네덜란드 사람이고 네덜란드 국기가 빨간색, 흰색, 파란색으로 되어 있기 때문이다.

2.124 / 사슬 자르기

n개($n > 1$)의 클립이 줄줄이 사슬로 엮여 있다. 클립을 한 개씩 빼 길이가 1 이상, n 이하의 정수인 사슬을 모두 만들려면 최소 몇 개의 클립을 빼야 할까?

2.124.1 힌트

질문을 반대로 뒤집어 k개의 클립을 제거했을 때 이 문제를 풀 수 있는 사슬의 최대 길이를 구하는 것부터 시작해보자. $k = 1$일 때 사슬의 최대 길이는 클립 일곱 개다.

2.124.2 풀이

정답은 $(k + 1)2^{k+1} - 1 \geq n$을 만족시키는 가장 작은 정수 k다.

이 퍼즐의 힌트에서 말했듯이 문제를 반대로 뒤집어 어떤 양의 정수 k가 주어졌을 때 k개의 클립을 제거해 이 문제가 풀릴 수 있는 최대 사슬 길이 $n_{max}(k)$를 먼저 구하는 것이 더 쉽다. 사슬 곳곳에서 k개의 클립을 제거하면 사슬은 $k + 1$ 조각으로 나뉜다. 그중 가장 짧은 조각 S_1의 길이는 클립 $k + 1$개여야 한다. 그러면 제거된 클립 k개와 함께 1 이상, $k + (k + 1) = 2k + 1$ 이하의 어떤 길이의 사슬이든 만들 수 있다. 두 번째로 짧은 조각

S_2의 길이는 하나 더 길어야 하므로 최대 $(2k + 1) + 1 = 2(k + 1)$ 길이까지 만들 수 있어야 한다. 이 조각까지 이용하면 1 이상, $(2k + 1) + 2(k + 1) = 4k + 3$ 이하의 모든 길이의 사슬을 만들 수 있다. 비슷한 방식으로 세 번째로 짧은 조각 S_3의 길이는 $(4k + 3) + 1 = 2^2(k + 1)$이고 이 과정을 반복하면 가장 긴 조각 S_{k+1}의 길이는 $2^k(k + 1)$이 된다(이렇게 된다는 것을 수학적 귀납법으로 증명할 수 있다). 제거한 클립 k개와 남은 $k + 1$ 조각을 이용하면 1 이상, $n_{max}(k)$ 이하의 모든 길이의 사슬을 만들 수 있다. 이때 $n_{max}(k)$에 대해 다음과 같은 식을 세울 수 있다.

$$n_{max}(k) = k + (k + 1) + 2(k + 1) + 2^2(k + 1) + \cdots + 2^k(k + 1)$$
$$= k + (k + 1)(1 + 2 + 2^2 + \cdots + 2^k) = k + (k + 1)(2^{k+1} - 1)$$
$$= (k + 1)2^{k+1} - 1$$

예를 들어 $k = 2$일 때는 그림 2–117과 같이 1 이상, 23 이하의 모든 길이의 사슬을 만들어낼 수 있다.

❤ 그림 2–117 k = 2일 때 1 이상, 23 이하의 모든 길이의 사슬

1	2	3	4	5	6	7	8	9	10	11	12	13	14	15	16	17	18	19	20	21	22	23
			X							X												

이제 원래 주어진 문제로 돌아가 1보다 큰 사슬의 길이 n이 주어졌다고 하자. $n_{max}(k) = (k + 1)2^{k+1} - 1$일 때 다음 식을 만족시키는 양의 정수 k가 반드시 유일하게 존재한다.

$$n_{max}(k - 1) < n \leq n_{max}(k)$$

위에서 설명한 내용에 따르면 주어진 문제를 풀려면 최소 k개의 클립을 사슬에서 빼내야 한다. 이제 위에서 설명한 방식으로 k개의 클립을 제거하는 것만으로도 다음과 같은 식으로 조금만 손보면 우리가 의도한 목표를 달성할 수 있다는 것을 증명해보자. $n = n_{max}(k)$이면 위에서 설명했듯이 k개의 클립을 제거만 하면 문제는 해결된다. 위에서 논의한 첫 k 사슬의 길이를 각각 $|S_1|, \cdots, |S_k|$이라고 하고 $|S_1| + \cdots + |S_k| + k \leq n < n_{max}(k)$일 때 마지막 조각의 길이 $\tilde{S}_{k+1}$은 위의 풀이에 있는 마지막 조각 S_{k+1}보다 짧을 것이다. 하지만 주어진 사슬을 이런 식으로 갈라도 여전히 문제가 풀린다는 것을 쉽게 알 수 있다. 예를

들어 $n = 20$이고 $k = 2$인 경우에는 방금 설명한 풀이 방법대로 4번과 11번 클립을 제거하면 된다는 것을 알 수 있다.

▼ 그림 2-118 $n = 20$이고 $k = 2$인 경우

1	2	3	4	5	6	7	8	9	10	11	12	13	14	15	16	17	18	19	20
			X							X									

1 이상, $|S_1| + |S_2| + 2 = 3 + 6 + 2 = 11$ 이하의 모든 길이의 사슬을 S_1, S_2, 그리고 클립 두 개를 조합해 만들어낼 수 있다. 거기에 $\tilde{S}_3$을 더하면 $|\tilde{S}_3| = 9$ 이상, $|\tilde{S}_3| + 11 = 20$ 이하의 어떤 길이의 사슬이든 만들어낼 수 있다.

$n_{max}(k - 1) < n < |S_1| + \cdots + |S_k| + k$이면 k번째 클립은 주어진 사슬의 오른쪽 끝에서 뺄 수 있고 첫 번째부터 $k - 1$번째까지의 개별 클립은 위와 같은 위치에서 제거된다. 예를 들어 $n = 10$이고 $k = 2$일 때 제거할 클립의 위치는 4와 10이 된다.

▼ 그림 2-119 $n = 10$이고 $k = 2$인 경우

1	2	3	4	5	6	7	8	9	10
			X						X

S_1과 두 개의 클립 조합으로 1 이상, $|S_1| + 2 = 3 + 2 = 5$ 이하의 임의의 길이의 사슬을 만들어낼 수 있다. 따라서 길이가 5인 $\tilde{S}_2$를 곁들이면 5부터 10까지 어떤 길이의 사슬이든 만들어낼 수 있다.

2.124.3 참고사항

위의 풀이(예를 들어 [Sch80, pp.128–130])는 알고리즘 설계를 위한 탐욕 접근법을 보여주는 훌륭한 예다.

이런 종류의 퍼즐 중에 가장 널리 알려진 문제로 일곱 칸짜리 황금 사슬 문제(여관에 묵는 사람이 매일 숙박비로 황금 사슬을 한 칸씩 지불해야 하는데 매일 한 칸씩 지불하기 위해 잘라야 하는 최소 횟수를 구하는 문제)를 들 수 있다. David Singmaster의 참고문헌 [Sin10, Section 5.S.1]에서 관련 자료를 찾아볼 수 있다.

2.125 다섯 개를 일곱 번 안에 정렬하는 방법

무게가 서로 다른 물건 다섯 개와 양팔 저울이 주어진다. 무게 추는 없다. 양팔 저울 사용 횟수를 일곱 번 안에서 유지하면서 모든 물건을 무게 기준 오름차순으로 정렬하라.

2.125.1 힌트

물건 두 개의 무게를 비교하는 식으로 저울을 사용해 일곱 번 만에 문제를 풀 수 있지만 이 목적을 달성하는 올바른 접근법을 제공하는 일반적인 정렬 알고리즘은 없다.

2.125.2 풀이

우선 네 개를 정렬한 다음 다섯 번째가 어느 위치에 들어가는지 알아내는 방법을 생각해보자(궁극적으로 별 도움이 안 되지만 일단 따져보자). 무게를 비교하는 방식으로 네 개의 물건을 정렬하려면 반드시 다섯 번 이상 비교해야 한다(이것을 직접 증명하기는 쉽다. n개의 임의의 실수를 비교해 정렬하려면 최악의 경우, 최소 $\lceil \log_2 n! \rceil$번 비교해야 한다는 일반적인 정리로부터도 알 수 있다). 게다가 다섯 번째 물건이 들어갈 자리를 알아내려면 최소 세 번 더 비교해야 한다는 것도 쉽게 알 수 있다(정렬된 수를 직선 위의 점으로 생각하면 더 분명히 알 수 있다). 이런 식으로는 일곱 번 안에 정렬하는 것이 불가능하다는 것을 파악했으니 물건 네 개가 먼저 정렬되기 전에 다섯 번째 물건까지 포함시켜 정렬하는 알고리즘을 만들어야 한다는 결론을 내릴 수 있다.

이 문제를 푸는 알고리즘은 이렇다. 물건들을 임의로 1번부터 5번까지로 정렬한다. 각 물건의 무게를 (어느 쪽이 더 큰지 아직 모르지만) 각각 $w_1, \cdots, w_5$라고 하자. 1번과 2번, 그리고 3번과 4번의 무게부터 재자. 일반성을 잃지 않고 $w_1 < w_2$, $w_3 < w_4$라고 가정할 수 있다. 다음으로 첫 번째, 두 번째 측정에서 더 무거웠던 물건끼리, 즉 w_2와 w_4를 비교한다. 이렇게 세 번의 측정 결과로부터 두 가지 경우가 나올 수 있다.

경우 1: $w_1 < w_2 < w_4$ 그리고 $w_3 < w_4$

경우 2: $w_3 < w_4 < w_2$ 그리고 $w_1 < w_2$

처음 두 측정에서 첫 번째 쌍과 두 번째 쌍의 역할이 바뀐 부분을 제외하면 경우 2는 경우 1과 거의 똑같다. 따라서 일반성을 잃지 않고 두 경우 모두를 대표해 경우 1에 대해서만 생각해보자. 위에서 말했듯이 정렬되는 수를 직선 위의 점으로 생각하면 도움이 된다. 방금 설명한 세 번의 비교를 마치면 다음과 같은 식으로 그림을 그릴 수 있다.

$- w_1 - w_2 - w_4 -$ 그리고 $w_3 < w_4$ (w_3 점은 w_4 점 왼쪽에 있다)

네 번째로 w_5와 w_2를 비교해보자. $w_5 < w_2$이면 다섯 번째에는 w_5와 w_2을 비교해 다음 둘 중 한 가지 결과를 얻을 수 있다.

$w_5 < w_1$인 경우: $- w_5 - w_1 - w_2 - w_4 -$ 그리고 $w_3 < w_4$ (w_3가 w_4 왼쪽에 있음)

$w_5 > w_1$인 경우: $- w_1 - w_5 - w_2 - w_4 -$ 그리고 $w_3 < w_4$ (w_3가 w_4 왼쪽에 있음)

이 두 경우는 w_1과 w_5의 상대 위치만 다른 것이므로 둘 중 첫 번째 상황만 잘 따져보자. 여섯 번째로는 w_3와 w_1을 비교한다. $w_3 < w_1$이면 일곱 번째로 w_3와 w_5를 비교한다. $w_3 < w_5$이면 $w_3 < w_5 < w_1 < w_2 < w_4$이고 $w_3 > w_5$이면 $w_5 < w_3 < w_1 < w_2 < w_4$이다. 이와 비슷하게 여섯 번째 비교에서 $w_3 > w_1$이면 일곱 번째로 w_3와 w_2를 비교한다. 이때 $w_3 < w_2$이면 $w_5 < w_1 < w_3 < w_2 < w_4$이고 $w_3 > w_2$이면 $w_5 < w_1 < w_2 < w_3 < w_4$이다.

이번에는 네 번째 비교에서 $w_5 > w_2$인 상황을 생각해보자. 이 경우에는 다섯 번째로 w_5와 w_4를 비교하고 그 결과로 다음 둘 중 한 가지 상황이 만들어진다.

$w_5 < w_4$인 경우: $- w_1 - w_2 - w_5 - w_4 -$ 그리고 $w_3 < w_4$ (w_3가 w_4 왼쪽에 있음)

$w_5 > w_4$인 경우: $- w_1 - w_2 - w_4 - w_5 -$ 그리고 $w_3 < w_4$ (w_3가 w_4 왼쪽에 있음)

둘 중 첫 번째 상황에서는 여섯 번째로 w_3와 w_2를 비교한다. $w_3 < w_2$이면 일곱 번째로 w_3와 w_1을 비교한다. $w_3 < w_1$이면 $w_3 < w_1 < w_2 < w_5 < w_4$이고 $w_3 > w_1$이면 $w_1 < w_3 < w_2 < w_5 < w_4$가 된다. 두 번째 상황에서도 여섯 번째로 비교할 것은 w_3와 w_2이다.

$w_3 < w_2$이면 일곱 번째로 w_3와 w_1을 비교한다. $w_3 < w_1$이면 $w_3 < w_1 < w_2 < w_4 < w_5$이고 $w_3 > w_1$이면 $w_1 < w_3 < w_2 < w_4 < w_5$가 된다. 마지막 여섯 번째 비교에서 $w_3 > w_2$이면 이미 $w_3 < w_4$라는 것을 알고 있으므로 더 이상 비교할 필요 없이 $w_1 < w_2 < w_3 < w_4 < w_5$라는 결론을 내릴 수 있다.

2.125.3 참고사항

이 퍼즐은 크기가 작은 파일을 정렬하는 것과 관련해 잘 알려진 문제로 Donald Knuth는 그의 책 〈The Art of Computer Programming〉의 Volume 3, Section 5.3.1[Knu98] 에서 이 문제를 다뤘다. 특히 책에서 그는 H. B. Demuth가 발견한 위의 알고리즘을 매우 우아한 다이어그램을 통해 설명하고 있다(pp.183−184).

2.126 케이크를 공평하게 나누는 방법

n명($n > 1$)의 친구들이 모두 자신이 받은 양에 만족하도록 케이크를 나눠야 한다. 이 목적을 달성하는 알고리즘을 고안하라.

2.126.1 힌트

$n = 2$인 경우를 따져보면 간단하지만 기발한 풀이를 만들어낼 수 있는데 이 풀이를 일반적인 경우로 확장할 수 있다.

2.126.2 풀이

두 명일 때는 한 명이 케이크를 두 조각으로 자르고 다른 한 명이 자신이 먹을 조각을 고르게 하면 된다. 세 명 이상일 때는 이 과정을 다음과 같은 식으로 일반화시킬 수 있다. 우선 모두에게 1부터 n까지 번호를 부여한다. 1번이 케이크에서 X 조각을 잘라낸다. 1번 입장에서는 케이크의 $1/n$에 최대한 가깝게 자르려고 노력한다. $1/n$보다 작게 잘랐다면 그것을 자신이 받고 크게 잘랐다면 다른 사람이 더 작게 줄일 것이기 때문이다. 2번은 혹시 X가 $1/n$보다 크다고 생각한다면 X를 조금 잘라내 나머지 부분에 더할 수 있다. X가 $1/n$보다 크지 않다고 생각한다면 아무 일도 하지 않고 넘어가면 된다. 마찬가지로 3, 4, $\cdots$, n번까지 전원이 X를 더 작게 만들거나 아무 일도 하지 않고 넘어가는 것 중 하나를 선택할 수 있다. 그러고 나면 1번이 그 조각 X를 가져가고 나머지 $n-1$명이 똑같은 과정을 거쳐 남은 케이크를 한 조각씩 덜어간다. 마지막으로 남은 두 명 중 한 명이 남은 케이크를 자르고 다른 한 명은 자신이 가져갈 케이크를 고르면 된다.

2.126.3 참고사항

이 알고리즘은 1씩 감소시키는 전략을 바탕으로 한다.

Ian Stewart[Ste06, pp.4-5]에 의하면 두 명인 경우에 대한 위의 풀이 방법은 2800년 전부터 알려져 있었고 그 문제를 세 명인 경우로 확장한 문제를 폴란드 수학자 Hugo Steinhaus가 1944년 소개했다고 한다. 이후 원래 문제와 변형되고 확장된 또 다른 문제에 대해 다양한 알고리즘이 제안되었다. 더 자세한 내용을 공부하고 싶다면 Jack Robertson과 William Webb이 쓴 논문[Rob98]을 찾아보자.

2.127 나이트의 여행

ALGORITHMIC PUZZLES

8×8 체스판에서 나이트로 체스판의 모든 칸을 정확히 한 번씩 방문하고 처음 시작한 위치로부터 나이트로 한 번에 갈 수 있는 위치에서 끝나는 경로를 만들 수 있을까?(이런 경로를 닫힌 경로 또는 재진입 경로라고 부른다. 어떤 칸에 나이트가 방문했다고 할 수 있으려면 나이트가 그 칸 위로 통과하는 것만으로는 안 되고 실제로 그 칸에 머물렀다가 다른 칸으로 옮겨가야 한다)

2.127.1 힌트

이 문제의 풀이 방법은 매우 다양한데 모두 판의 구석에서부터 시작하는 것을 가정할 수 있다. 나이트가 판의 가장자리에 최대한 가까운 방식으로 움직이는 풀이 방법을 찾아보자.

2.127.2 풀이

판의 대칭성을 감안하면 일반성을 잃지 않고 나이트의 여행이 그림 2–120과 같이 판의 왼쪽 위 구석에서 시작해 64번으로 표시된 위치에서 끝난다고 할 수 있다. 항상 판의 테두리에 최대한 가까우면서 아직 들르지 않은 칸으로 움직인다고 가정하자. 더 정확히 말하면 가능하면 판의 바깥쪽 두 층으로 가는 것을 원칙으로 하되 도저히 방법이 없다면 중앙에 있는 16개 칸 안으로 들어가자. 여기에 한 가지 규칙을 덧붙이자면 가능하면 네 귀퉁이의 칸부터 맨 먼저 방문하게 하자. 이런 규칙을 적용한 이동 경로를 그림 2–120에서 찾아볼 수 있는데 각 숫자는 나이트가 방문한 순서를 나타낸다.

▼ 그림 2–120 표준 체스판에서의 나이트의 닫힌 여행

1	38	17	34	3	48	19	32
16	35	2	49	18	33	4	47
39	64	37	54	59	50	31	20
36	15	56	51	62	53	46	5
11	40	63	60	55	58	21	30
14	25	12	57	52	61	6	45
41	10	27	24	43	8	29	22
26	13	42	9	28	23	44	7

2.127.3 참고사항

나이트의 여행은 체스판과 관련해 가장 많이 연구된 퍼즐이다(비슷한 급으로 꼽을 수 있는 문제로 첫 번째 튜토리얼과 2.140번 문제에 나왔던 n-퀸 문제가 있다). David Singmaster가 설명을 곁들인 참고문헌[Sin10, Section 5.F.1]만 해도 8페이지에 달할 정도로 과거 기록이 방대할 뿐만 아니라 무려 9세기까지 거슬러 올라간다. 오랫동안 이 문제는 위대한 Leonhard Euler나 Carl Friedrich Gauss를 비롯한 여러 수학자의 주목을 받았다. 8×8판 안에 들어갈 수 있는 닫힌 나이트의 여행의 경우 수만 해도 10^{13}을 넘어가므로 컴퓨터의 도움 없이 그중 하나를 찾아내는 것조차 만만치 않다.

위에 주어진 나이트의 여행은 18세기 초 Montmort와 De Moivre가 제안한 열린 여행, 즉 시작점으로 돌아오지 않아도 되는 여행을 구축하는 개념을 바탕으로 한다. 그 아이디어는 더 작은 수의 다른 칸으로부터 도달할 수 있는 칸을 선호하는 방식으로 탐욕 접근법의 성격을 띤다. 이런 탐욕 접근법은 한 세기 후 Warnsdorff가 제안한 방법에서 더 형식을 갖춘 방식으로 적용되었다. 여러 가능한 대안 중에서 다음 차례에서 움직일 수 있는 칸이 가장 적은 칸으로 이동하는 것이다. Warnsdorff의 방법은 두 가지 탐욕적 방법 중에서 더 강력하지만 계산량이 더 많이 필요하다. 이 두 방법 모두 발견적 방법이라는 점에 주목해야 한다. 논리적 경험칙에서 나온 것이므로 풀이가 제대로 완성되지 않을 수도 있다. 일반적으로 경험칙을 기반으로 하는 알고리즘이라는 아이디어는 어려운 계산 문제에서 매우 중요하다. 나이트의 여행을 만들어내는 다른 알고리즘(그중에는 일종의 분할 정복 전략을 바탕으로 한 것도 있다)을 찾아보고 싶다면 [Bal87, pp.175−186], [Kra53, pp.257−266], [Gik76, pp.51−67]과 나이트의 여행을 전문으로 취급하는 웹 사이트 등을 찾아보자.

나이트의 여행 문제는 해밀턴 회로를 찾아내는 문제의 특별한 경우에 해당하며 Warnsdorff의 발견적 접근법은 해밀턴 회로를 찾을 때 널리 사용되는 방식이라는 점에도 주목해야 한다.

2.128 / 보안 스위치

한 군사시설의 출입구를 보호하는 n개의 보안 스위치가 줄줄이 설치되어 있다. 이 스위치들은 다음과 같은 식으로 켜고 끈다.

(i) 맨 오른쪽 스위치는 마음대로 켜고 끌 수 있다.

(ii) 다른 모든 스위치는 바로 오른쪽에 있는 스위치가 켜져 있고 그보다 더 오른쪽에 있는 스위치가 모두 꺼져 있을 때만 켜거나 끌 수 있다.

(iii) 스위치는 한 번에 한 개만 켜거나 끌 수 있다.

스위치가 모두 켜진 상태에서 시작했을 때 가장 적은 이동 횟수로 모든 스위치를 끄는 알고리즘을 구하라(스위치 한 개를 토글하는 것은 1회 이동하는 것으로 간주한다). 이때 이동 횟수도 함께 구하라.

2.128.1 힌트

작은 n에 대해 풀어보면 도움이 되겠지만 일반적인 경우의 풀이를 구하려면 감소 정복 전략을 사용하는 것이 낫다.

2.128.2 풀이

이 문제는 스위치를 최소 $\frac{2}{3}2^n - \frac{1}{6}(-1)^n - \frac{1}{2}$번 토글하는 것으로 풀 수 있다.

왼쪽 스위치부터 오른쪽으로 1부터 n까지 번호를 매기고 켜진 상태와 꺼진 상태를 1과 0으로 표기하자. 이 퍼즐의 일반적인 경우를 해결하기 전에 가장 작은 네 가지 경우를 따져보자(그림 2-121 참조).

$n = 1$　　　　$n = 2$　　　　$n = 3$　　　　　$n = 4$

이제 n개의 1이 있는 비트열(111…1)로 표현되는 일반적인 퍼즐을 생각해보자. (맨 왼쪽의) 첫 번째 스위치를 끌 수 있으려면 스위치들은 110…0 상태여야 한다. 따라서 최적 알고리즘을 만들어내려면 오른쪽의 n − 2개의 스위치를 최소 이동만으로 모두 끌 수 있어야 한다. 바꿔 말해 마지막 n − 2개의 스위치에 대해 똑같은 문제를 먼저 풀어야 한다. n = 1과 n = 2인 경우에 대해 그림 2-121과 같이 직접 문제를 푼 후라면 재귀적으로 문제를 풀 수 있다. 그 작업이 모두 끝나면 첫 번째 스위치를 토글해 010…0을 만들어낼 수 있다. 이제 두 번째 스위치를 토글할 수 있게 되기 전에 그 뒤에 있는 모든 스위치가 "켜진" 상태를 거쳐야 하는데 이것은 수학적 귀납법으로 쉽게 증명할 수 있다. 세 번째부터 마지막까지 모든 스위치를 "켜진" 상태로 만들려면 마지막 n − 2개의 스위치를 "켜진" 상태에서 "꺼진" 상태로 토글하기 위해 이전에 거쳐온 최적의 움직임을 뒤집어주면 된다. 이렇게 하면 011…1이 만들어진다. 맨 앞에 있는 0을 무시하면 원래 퍼즐의 n − 1 인스턴스가 만들어지는 셈이고 재귀적으로 문제를 풀 수 있게 된다.

위의 알고리즘으로 만들어지는 이동(스위치 토글) 횟수를 $M(n)$이라고 하자. $M(n)$에 대해 다음과 같은 점화식을 세울 수 있다.

$$M(n) = M(n - 2) + 1 + M(n - 2) + M(n - 1) \text{ 또는}$$

$$n \geq 3 \text{일 때 } M(n) = M(n - 1) + 2M(n - 2) + 1, M(1) = 1, M(2) = 2$$

상수 계수 2차 선형 비균질 점화 관계에 대한 표준적인 기법으로 점화식을 풀면 (예를 들어 [Lev06, pp.476-478] 또는 [Ros07, Section 7.2] 참조) 다음과 같은 닫힌 형식의 풀이를 구할 수 있다.

$$M(n) = \frac{2}{3}2^n - \frac{1}{6}(-1)^n - \frac{1}{2}, \; n \geq 1$$

n이 짝수인 경우에는 $M(n) = (2^{n+1} - 2)/3$으로 n이 홀수인 경우에는 $M(n) = (2^{n+1} - 1)/3$으로 줄여 쓸 수 있다.

2.128.3 참고사항

이 퍼즐을 푸는 알고리즘은 감소 정복 전략을 바탕으로 한다. 표준적 기법을 적용해 이동 횟수에 대한 2차 점화식을 푸는 과정이 자연스럽고 쉽지만 Ball과 Coxeter의 방법[Bal87, pp.318-320]이나 Averbach와 Chein의 방법[Ave00, p.414]을 따르면 그 과정마저 피할 수 있다. 우리가 보기에는 두 방법 모두 2차 점화식을 푸는 방법보다 번잡해 보인다. 1872년 프랑스 수학자 Louis Gros는 근대 그레이 코드와 비슷한 식으로 스위치 상태를 비트열로 표현하는 새로운 접근법을 제안했다. 자세한 내용은 [Bal87, pp.320-322]와 [Pet09, pp.182-184]에서 찾아보자.

2.129 리브의 퍼즐

ALGORITHMIC PUZZLES

크기가 서로 다른 원판 여덟 장과 말뚝 네 개가 있다. 처음에 모든 원판은 가장 큰 원판이 맨 아래, 가장 작은 원판이 맨 위에 가도록 한 말뚝에 순서대로 꽂혀 있다. 이 문제의 목표는 모든 원판을 다른 말뚝으로 옮기는 것이다. 원판은 한 번에 한 개씩만 옮길 수 있고 더 큰 원판을 더 작은 원판 위에 올릴 수 없다. 원판을 33번 옮겨 이 퍼즐을 푸는 알고리즘을 구하라.

2.129.1 힌트

하노이의 탑 퍼즐을 풀 때 사용한 것과 비슷한 접근법을 사용해보자(앞에서 알고리즘 분석에 대해 알아본 튜토리얼을 참조하자).

2.129.2 풀이

누가 보아도 이 문제는 하노이의 탑 퍼즐을 확장한 것이므로 그 퍼즐과 마찬가지로 재귀적 접근법을 사용하는 것이 자연스러워 보인다. 즉, $n > 2$이면 네 개의 말뚝을 모두 사용해 가장 작은 k개의 원판을 가운데 말뚝으로 옮긴 다음 기존 재귀적 하노이의 탑 퍼즐 알고리즘(두 번째 튜토리얼 등 참조)으로 나머지 $n - k$개의 원판을 최종 말뚝으로 옮기고 마지막으로 네 개의 말뚝을 모두 활용해 k개의 가장 작은 원판들을 재귀적으로 최종 말뚝으로 옮겨주면 된다. $n = 1$ 또는 2인 경우에는 말뚝이 세 개 있는 하노이의 탑 퍼즐과 같은 식으로 각각 한 번, 또는 세 번 재귀적으로 움직여 문제를 풀 수 있다. 매개변수 k값은 이 알고리즘에 의한 원판 이동 횟수를 최소화할 수 있는 값으로 고르면 된다. 따라서 이 알고리즘에 따른 이동 횟수 $R(n)$에 대해 다음과 같은 점화식을 세울 수 있다.

$$n > 2\text{에 대해 } R(n) = \min_{1 \leq k < n} [2R(k) + 2^{n-k} - 1], \; R(1) = 1, \; R(2) = 3$$

$R(1) = 1$, $R(2) = 3$에서 시작해 위의 점화식을 이용해 $R(3)$, $R(4)$, $\cdots$, $R(8)$의 값을 쭉 구할 수 있다. 각각의 값은 아래 표에서 빨간색으로 표시했다.

n	k	$2R(k) + 2^{n-k} - 1$	n	k	$2R(k) + 2^{n-k} - 1$
3	1	$2 \cdot 1 + 2^2 - 1 = 5$	5	1	$2 \cdot 1 + 2^4 - 1 = 17$
	2	$2 \cdot 3 + 2^1 - 1 = 7$		2	$2 \cdot 3 + 2^3 - 1 = 13$
				3	$2 \cdot 5 + 2^2 - 1 = 13$
4	1	$2 \cdot 1 + 2^3 - 1 = 9$		4	$2 \cdot 9 + 2^1 - 1 = 19$
	2	$2 \cdot 3 + 2^2 - 1 = 9$			
	3	$2 \cdot 5 + 2^1 - 1 = 11$			

n	k	$2R(k) + 2^{n-k} - 1$	n	k	$2R(k) + 2^{n-k} - 1$
6	1	$2 \cdot 1 + 2^5 - 1 = 33$	7	1	$2 \cdot 1 + 2^6 - 1 = 65$
	2	$2 \cdot 3 + 2^4 - 1 = 21$		2	$2 \cdot 3 + 2^5 - 1 = 37$
	3	$2 \cdot 5 + 2^3 - 1 = 17$		3	$2 \cdot 5 + 2^4 - 1 = 25$
	4	$2 \cdot 9 + 2^2 - 1 = 21$		4	$2 \cdot 9 + 2^3 - 1 = 25$
	5	$2 \cdot 13 + 2^1 - 1 = 27$		5	$2 \cdot 13 + 2^2 - 1 = 29$
				6	$2 \cdot 17 + 2^1 - 1 = 35$

n	k	$2R(k) + 2^{n-k} - 1$
8	1	$2 \cdot 1 + 2^7 - 1 = 129$
	2	$2 \cdot 3 + 2^6 - 1 = 69$
	3	$2 \cdot 5 + 2^5 - 1 = 41$
	4	$2 \cdot 9 + 2^4 - 1 = 33$
	5	$2 \cdot 13 + 2^3 - 1 = 33$
	6	$2 \cdot 17 + 2^2 - 1 = 37$
	7	$2 \cdot 25 + 2^1 - 1 = 51$

결과적으로 위의 계산에 따르면 여러 가지 방법으로 여덟 장의 원판을 33번 만에 다른 말뚝으로 옮길 수 있다. 특히 원판 여덟 개를 옮기는 퍼즐을 풀 때는 알고리즘의 각 단계를 반복할 때 항상 $k = n/2$을 이용할 수 있다.

2.129.3 참고사항

이 풀이의 알고리즘 아이디어는 감소 정복을 바탕으로 한다. 이 알고리즘은 매번 반복 때마다 최적 크기를 줄이는 것을 명시적으로 추구하도록 되어 있다.

하노이의 탑 퍼즐을 네 개 이상의 말뚝으로 확장한 문제는 1889년 프랑스 수학자 Édouard Lucas가 제안했는데 Lucas는 그 몇 년 전에 말뚝 세 개짜리 오리지널 문제의 답을 고안했다. 이 문제는 Henry Ernest Dudeney의 첫 번째 퍼즐 책 〈The Canterbury Puzzles〉[Dud02]에 The Reve's Puzzle이라는 이름으로 소개되었고 $n = 8$, 10, 21인 경우의 풀이도 함께 실렸다. 위의 알고리즘에 대한 더 상세한 분석 결과, 분할 매개변수 k의 최적값을 나타내는 또 다른 식이 만들어졌는데 Ted Roth[Schw80, pp.26−29]는

$$k = n - 1 - m, \text{이때 } m = \lfloor (\sqrt{8n - 7} - 1)/2 \rfloor,$$

$$R(n) = [n - 1 - m(m - 1)/2] \, 2^m + 1$$

이라는 식으로 정리했고 Michael Rand[Ran09]는 더 단순화해

$$k = n - \lfloor \sqrt{2n} + 0.5 \rfloor$$

라는 식을 구했다.

이 알고리즘을 말뚝 개수가 임의로 주어진 경우로 확장한 것을 Frame-Stewart algorithm이라고 부른다. 이 알고리즘은 임의의 말뚝 개수에 대해 최적으로 추정되지만 아직 이 추측이 증명된 것은 아니다. 좀 다른 참고문헌을 찾아보고 싶다면 David Singmaster가 설명을 곁들인 참고문헌 [Sin10, Section 7.M.2.a]을 참조하자.

2.130 독이 든 와인

한 사악한 군주에게 그가 가진 1000개 와인 통 중 하나에 독이 들었다는 소식이 전해졌다. 독성이 엄청나게 강해 아무리 묽게 희석시켜도 그것을 마시면 정확히 30일 후에 죽는다고 한다. 왕은 독이 든 와인 통을 찾아내기 위해 노예 10명을 희생시킬 준비가 되어 있다.

a. 5주 후로 예정된 축제가 시작되기 전에 독이 든 와인 통을 찾아낼 수 있을까?
b. 노예 여덟 명만으로 목적을 달성할 수 있을까?

2.130.1 힌트

둘 다 답은 "예"다. 주어진 목적을 주어진 제약 조건 안에서 달성할 수 있을 만큼 효율적인 알고리즘을 찾아야 하는 문제다. 실제로는 5주를 다 채우지 않고도 독이 든 와인 통을 찾아낼 수 있다.

2.130.2 풀이

a. 다음과 같은 식으로 독이 든 술통을 30일 만에 찾아낼 수 있다. 0번부터 999번까지 번호를 술통에 붙이고 그 번호를 10비트짜리 비트열로 표기한다. 필요하다면 앞에 0을 붙여 열 비트를 채운다. 예를 들어 0번 술통과 999번 술통은 각각 0000000000과 1111100111로 표기한다. 첫 번째 노예에게 맨 오른쪽 비트가 1인 통에 있는 모든 통의 술을 마시게 하고 두 번째 노예에게는 오른쪽에서 두 번째 비트가 1인 통에 있는 모든 통의 술을 마시게 하고 이와 비슷하게 i번째 노예에게는 오른쪽에서 i번째 비트가 1인 통에 있는 모든 통의 술을 마시게 한다. 아무리 희석시켜도 독성이 약해지지는 않으므로 각 노예가 마실 술통에 있는 술들을 조금씩 섞어 "칵테일"을 만들어 마시게 해도 상관없다. 30일 후에 비트열을 이용해 독이 든 통을 결정할 수 있다. 오른쪽에서 i번째 비트를 담당하는 i번째 노예($1 \leq i \leq 10$)가 독으로 죽으면 독이 든 술통의 i번째 비트를 1, 그렇지 않으면 0으로 설정한다. 30일 후에 1번, 3번, 10번 노예만 그 독으로 죽는다면 독이 든 술통 번호는 $2^0 + 2^2 + 2^9 = 517$이다.

b. 노예 여덟 명만으로 목적을 달성하고 싶다면 술통을 250개씩 네 그룹으로 나눌 수 있다. $2^8 > 250$이므로 a에서 설명한 절차와 비슷한 알고리즘으로 30일 만에 한 그룹의 통 중에서 어느 통에 독이 들어 있는지 알아낼 수 있다. 독이 든 술을 마시면 정확히 30일 후에 죽으므로 하루, 이틀, 사흘 후에 각각 두 번째, 세 번째, 네 번째 그룹에 똑같은 알고리즘을 적용할 수 있다. 독이 든 통은 한 개뿐이므로 노예가 죽는 날에 따라 어느 그룹의 통에 독이 들었는지 정확히 알 수 있고 통 번호로부터 그 그룹 안에서 독이 든 통을 찾아낼 수 있다.

2.130.3 참고사항

이진수 표기 중 일부를 이용해 수를 구하는 아이디어는 최소 500년 전으로 거슬러 올라갈 만큼 오래되었다([Sin10, Section 7.M.4] 참조). 이 아이디어는 병렬적으로 돌아가는 반복의 장점을 활용하는 이진 검색(예 [Lev06, Section 4.3])과 밀접한 연관이 있다. b 부분에서는 병렬화 개념을 한 단계 더 발전시켰다.

이 퍼즐의 또 다른 버전으로 Martin Gardner가 〈Scientific American〉 1965년 11월 호에 쓴 칼럼([Gar06, Problem 9.23]에 재출간)과 Dennis Shasha의 Doctor Eco's Cyberpuzzles[Sha02, pp.16–22]에서 소개한 문제가 있다. 이 퍼즐은 인터넷에서 찾을 수 있는 인터뷰 퍼즐 사이트에도 자주 등장한다.

2.131 / 테이트의 카운터 퍼즐

$2n$개의 카운터가 한 줄로 놓여 있고 인접한 카운터 사이에는 빈 공간이 없다. 각 카운터는 검은색과 흰색이 BWBW…BW 식으로 번갈아 배치되어 있다. 이 퍼즐의 목적은 WW… WBB…B 식으로 흰색 카운터가 모두 검은색 카운터 앞쪽으로 가되 카운터 사이에 빈틈이 없도록 하는 것이다. 카운터는 항상 두 개씩 쌍으로 옮길 수 있는데 인접한 한 쌍의 카운터 를 좌우가 바뀌지 않도록 유지한 채 빈 위치로 옮겨야 한다. 모든 $n \geq 3$에 대해 카운터 쌍 을 n번 이동해 이 문제를 푸는 알고리즘을 설계하라.

2.131.1 힌트

이 퍼즐의 몇 가지 인스턴스를 풀어본 후에야 쓸 만한 패턴을 알아낼 수 있다. 특히 $n = 3$ 인 경우의 풀이에서 뭔가 잘못된 방향으로 흐를 수 있는데 $n = 4$인 경우의 풀이를 구하고 나면 더 큰 인스턴스 풀이에 대한 중요한 힌트를 얻을 수 있다. 일반적인 인스턴스를 감소 정복 알고리즘으로 풀 수 있지만 더 작은 인스턴스로 환원하기는 무척 까다롭다.

2.131.2 풀이

$n = 3$일 때의 풀이는 다음과 같다. 이 퍼즐의 인스턴스 중 이 풀이에서만 주어진 선의 왼 쪽으로 네 칸을 사용하고 다른 인스턴스에서는 모두 두 칸만 사용한다.

```
            1   2   3   4   5   6
            B   W   B   W   B   W
    W   B   B               W   B   W
    W   B   B   B   W   W
W   W   W   B   B   B
```

$n = 4$일 때는 다음과 같이 풀 수 있다. WBBW__BBWW 패턴에서 마지막 두 움직임이 만들어지는 과정에 주목하자.

```
        1   2   3   4   5   6   7   8
        B   W   B   W   B   W   B   W
    W   B   B   W   B   W   B           W
    W   B   B   W               B   B   W   W
    W               W   B   B   B   B   W   W
    W   W   W   W   B   B   B   B
```

$n = 5$일 때는 다음과 같이 풀 수 있다.

```
        1   2   3   4   5   6   7   8   9   10
        B   W   B   W   B   W   B   W   B   W
    W   B   B   W   B   W   B   W   B           W
    W   B   B   W               B   W   B   B   W   W
    W   B   B   W   W   B   B               B   W   W
    W               W   W   B   B   B   B   B   W   W
    W   W   W   W   W   B   B   B   B   B
```

$n = 6$일 때는 다음과 같이 풀 수 있다.

```
        1   2   3   4   5   6   7   8   9   10  11  12
        B   W   B   W   B   W   B   W   B   W   B   W
    W   B   B   W   B   W   B   W   B   W   B           W
    W   B   B   W   B   W   B   W               B   B   W   W
    W   B   B               W   B   W   W   B   B   B   W   W
    W   B   B   W   W   W   B               B   B   B   W   W
    W               W   W   W   B   B   B   B   B   B   W   W
    W   W   W   W   W   W   B   B   B   B   B   B
```

$n = 7$일 때는 다음과 같이 풀 수 있다.

```
              1   2   3   4   5   6   7   8   9  10  11  12  13  14
              B   W   B   W   B   W   B   W   B   W   B   W   B   W
      W   B   B   W   B   W   B   W   B   W   B   W   B               W
      W   B   B   W           B   W           B   W   B   W   B   W   W
      W   B   B   W   B   W   W   B   B               W   B   W   B   W   W
      W   B   B   W   W   W   W   B   B   B           B   B   W   W
      W                   W   W   W   B   B   B   B   B           B
      W   W   W   W   W   W   W   B   B   B   B   B   B   B
```

$n \geq 8$이면 $n - 4$에 대한 풀이로 환원시키는 방식으로 재귀적 풀이를 구할 수 있다. 첫 두 움직임을 통해 WBBW 뒤에 빈칸 두 개가 있고 그 뒤에 검은색 카운터와 흰색 카운터 총 $2n - 8$개가 반복되다가 마지막에 BBWW가 배치되는 모양을 만들어낸다.

```
    1   2   3   4   5   6   7   8        2n-5  2n-4  2n-3  2n-2  2n-1   2n
    B   W   B   W   B   W   B   W  ...    B     W     B     W     B     W
W   B   B   W   B   W   B   W   B   W ... B     W     B                 W
W   B   B   W  [    B   W   B   W ...  B     W  ]   B     B     W     W
```

빈칸 두 개 뒤로 검은색 카운터와 흰색 카운터 총 $2n - 8$개가 반복되는 시퀀스로 크기가 $n - 4 \geq 4$인 퍼즐 인스턴스가 만들어진다. 그 풀이를 (뒤에 빈칸 두 개가 만들어지는 형태로) 재귀적으로 만들어내고 두 번만 움직이면 크기가 n인 인스턴스의 풀이를 완성할 수 있다.

```
    1   2   3   4   5   6              2n-5  2n-4  2n-3  2n-2  2n-1   2n
W   B   B   W  [ W  ...  W   B  ...  B     ]      B     B     W     W
W               W  ...  W   B  ...  B     B      B     B     B     W     W
W   W   W   W   W  ...   W   B  ...  B     B      B     B     B
```

위의 알고리즘으로 $2n$개의 카운터 문제를 n번의 행마로 풀 수 있다. 이것은 강한 수학적 귀납법을 사용하거나 이동 횟수에 대해 $n > 7$에 대해 $M(n) = M(n - 4) + 4$, $3 \leq n \leq 7$에 대해 $M(n) = n$이라는 점화식을 풀어 쉽게 증명할 수 있다.

2.131.3 참고사항

위에서 소개한 알고리즘은 4씩 줄이는 감소 정복을 바탕으로 한다.

이 퍼즐 및 이 퍼즐을 변형한 문제에 대한 다양한 참고문헌은 David Singmaster의 참고문헌[Sin10, Section 5.O]에서 찾아볼 수 있다. 이와 관련된 가장 오래된 논문은 1884년 P. G. Tait가 발표했고 일반적인 경우에 대한 풀이는 프랑스 군인이자 수학자였던 Henri Delannoy가 최초로 찾아냈다는 기록을 여러 출처에서 볼 수 있다.

2.132 / 솔리테어 군대

크기가 무한하고 수평 방향의 한 직선에 의해 두 부분으로 나뉜 2차원 판에서 진행하는 말뚝 솔리테어 게임을 생각해보자. 초기 위치에서는 말뚝("솔리테어 군대의 군인") 몇 개가 그 수평선 아래쪽에 배치되어 있다. 이 게임의 목적은 수평이나 수직으로 점프해 말뚝 중 하나(그 군대의 "정찰병")를 최대한 선 너머 멀리 위쪽으로 전진시키는 것이다. 매번 말뚝 한 개를 수직이나 수평 방향에 인접한 이웃 위로 건너뛰어 빈칸으로 점프할 수 있다. 이렇게 점프하고 나면 점프할 때 밑에 있던 "점프당한" 이웃은 판에서 제거한다. 예를 들어 수평선 위 첫째 줄에 있는 칸으로 말뚝을 넘기고 싶다면 그림 2-122 (a)와 같이 말뚝 두 개면 충분하다. 수평선 위 둘째 줄에 있는 칸으로 말뚝을 전진시키고 싶다면 그림 2-122 (b)와 같이 말뚝 네 개가 필요충분 조건이다.

다음의 각각에 필요한 초기 구성을 구하라.

a. 말뚝 한 개를 수평선 위 셋째 줄에 있는 칸으로 옮기기 위한 여덟 개 말뚝

b. 말뚝 한 개를 수평선 위 넷째 줄에 있는 칸으로 옮기기 위한 20개 말뚝

❤ 그림 2-122 솔리테어 군대 퍼즐의 풀이. (a) 말뚝 한 개를 한 줄 위로 전진시키는 경우, (b) 말뚝 한 개를 적진 두 줄 위로 전진시키는 경우. X는 목표 칸을 나타낸다.

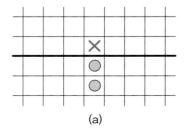

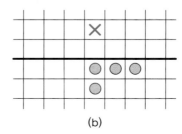

(a)   (b)

2.132.1 힌트

풀이 방법을 이미 알고 있는 퍼즐의 인스턴스를 활용해보자.

2.132.2 풀이

a. 말뚝 한 개를 선 위 셋째 줄에 있는 칸까지 전진시키려면 자연스럽게 어떤 구성을 한 줄 위로 올렸을 때 말뚝을 두 줄 위로 전진시킬 수 있는 이미 알려진 구성이 만들어지는 것 (그림 2-123 (a))을 목표로 하는 방법을 생각할 수 있다. 말뚝 여덟 개로 그런 구성을 만들어내는 방법이 그림 2-123 (b)에 나와 있다. 말뚝 여덟 개로 말뚝 한 개를 선 위 세 번째 줄에 있는 칸으로 전진시키는 또 다른 구성은 그림 2-123 (c)와 같다.

❤ 그림 2-123 (a) 중간 목표 구성(X는 목표 칸을 나타낸다). (b)와 (c)는 목표 구성에 다다를 수 있는 말뚝 여덟 개로 이 뤄진 초기 구성을 보여준다.

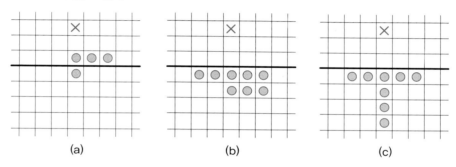

b. 여기서 (a)에 주어진 풀이를 활용하는 방법이 자연스럽게 떠오를 수 있다. 그 풀이를 한 줄 위로 올린 다음 선 아래에서 그 구성에 다다를 수 있는 20개 말뚝으로 이뤄진 초기 구성을 찾아내는 식이다. 이 계획대로 하면 그림 2-124와 같이 된다. 그림 2-124 (a) 는 (a)에서 구한, 세 줄 위에 X로 표시된 칸에 다다를 수 있는 구성(그림 2-123 (b))을 보여준다. 이 여덟 개 말뚝이 꽂힌 칸은 다섯 개 영역으로 나눌 수 있는데 각 영역은 1 부터 5까지 숫자로 표기했다. 그림 2-124 (b)는 그림 2-124 (a)에 있는 구성으로 변 환함으로써 이 문제를 해결하는 20개 말뚝 구성을 보여준다. 그림 2-124 (b)의 구성도 다섯 영역으로 이뤄져 있고 각 영역은 숫자로 표기했다. 그림 2-124 (b)에서 1과 2로 표기된 말뚝 두 쌍은 그림 2-124 (a)에서 1과 2로 표기된 말뚝 한 개짜리 영역으로 변 환되고 그림 2-124 (b)에서 3으로 표기된 여덟 개 말뚝은 그림 2-124 (a)에서 3으로 표기된 네 개 말뚝이 있는 영역으로 변환되는 식이다.

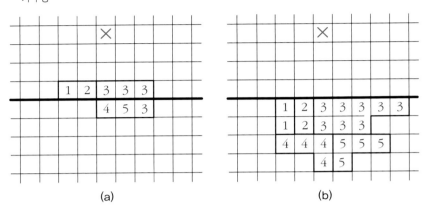

(a)   (b)

그림 2-124 (b)에 나와 있는 20개짜리 말뚝 풀이는 유일한 풀이가 아니다. Beasley [Bea92, p.212]가 그림 2-125에 나와 있는 두 가지 풀이를 소개한 적이 있다.

▼ 그림 2-125 선 위로 네 번째 줄에 있는 칸에 다다를 수 있는 20개짜리 두 가지 말뚝 구성

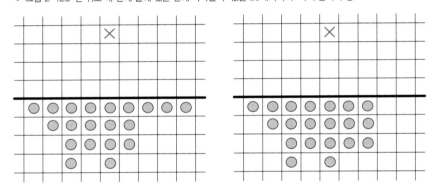

2.132.3 참고사항

위의 풀이는 주로 변환 정복 전략을 바탕으로 하고 있고 일부는 분할 정복 사고법의 도움을 받는다.

이 책에서는 이 퍼즐에서 주어진 말뚝 개수가 목표 칸에 도달하는 데 필요한 최소 개수라는 것을 증명하라고 요구하지는 않았다. 이 증명을 위해서는 1961년 J. H. Conway와 J.

M. Boardman이 발명한 [Bea92, p.71] 자원 카운트(resource count) 또는 탑 함수(pagoda function)라고 부르는 특별한 함수를 활용해야 한다. 자원 카운트는 판의 각 칸마다 숫자 값을 할당하는 함수로, 말뚝을 합당하게 점프시켰을 때 점프 후에 말뚝이 꽂힌 칸에 할당된 값의 합이 점프 전에 말뚝이 꽂힌 칸에 할당된 값의 합보다 작아야 한다. 자원 카운트는 무한한 다양한 방법으로 부여할 수 있는데 J. D. Beasley가 [Bea92, p.212]에서 제시한 그림 2-126의 자원 카운트로부터 선 위 세 번째 줄에 있는 칸에 도달하려면 말뚝이 여덟 개보다 적으면 안 된다는 것을 알 수 있다(선 아래쪽의 칸에 대해 그림에 표시되지 않은 모든 값은 1로 가정할 수 있고 선 위의 칸은 바로 아래 두 칸의 값을 합한 값으로 계산된다). 선 아래에 있는 일곱 개 이하의 칸을 어떤 식으로 고르더라도 자원 카운트는 최대 $5 \cdot 1 + 3 \cdot 3 + 2 \cdot 3 = 20$이므로 자원 카운트가 21인 목표 칸에 있는 말뚝 한 개로 변환될 수 없다.

▼ 그림 2-126 선 위 세 번째 줄에 있는 칸에 도달하려면 최소 여덟 개의 말뚝이 필요하다는 것을 증명하는 자원 카운트

			21					
			13					
			8					
1	1	2	3	5	3	2	1	1
1	1	1	2	3	2	1	1	1
1	1	1	1	2	1	1	1	1
1	1	1	1	1	1	1	1	1

자원 카운트를 가장 극적으로 응용한 예는 1961년 J. H. Conway 자신이 말뚝이 아무리 많아도 선 위로 다섯 번째 줄에 있는 칸으로 전진시키는 것이 불가능하다는 것을 보여준 것이다. 직관적으로는 믿기 힘든 이 사실을 증명하기 위해 콘웨이는 황금률이라는 $(\sqrt{5} + 1)/2$의 역수인 $(\sqrt{5} - 1)/2$의 거듭제곱을 이용했다. 이 놀라운 증명의 더 자세한 내용은 콘웨이가 공저한 수학 게임의 고전인 [Ber04]와 일부 웹 사이트에서 찾아볼 수 있다(이 퍼즐을 **콘웨이의 병사들**(Conway's Soldiers) 또는 **사막으로 정찰병 보내기**(Sending Scouts into the Desert)라고 부르기도 한다). J. Tanton은 똑같은 사실을 피보나치 수를 기반으로 하는 자원 카운트를 이용해 증명했다.[Tan01, pp.197-198]

2.133 / 라이프 게임

라이프 게임은 정사각형 세포가 2차원 격자 형태로 배치된 무한히 큰 판에서 혼자 하는 게임이다. 각 세포는 살아 있거나 죽은 두 가지 상태 중 하나다. 검은색 점으로 표시해 살아 있는 세포의 초기 구성을 지정하면 "세대"라는 새로운 구성의 시퀀스가 다음과 같은 규칙에 의해 만들어지는데 이 규칙들은 현세대의 모든 세포에 한꺼번에 적용된다. 모든 세포는 (수평, 수직, 대각선 방향으로 인접한) 여덟 개의 이웃 세포와 상호작용한다. 각 단계마다 다음과 같은 작업이 진행된다.

(i) 인구 부족으로 사망 – 살아 있는 이웃이 한 개 이하인 살아 있는 세포는 모두 죽는다.

(ii) 인구 과다로 사망 – 살아 있는 이웃이 네 개 이상인 살아 있는 세포는 모두 죽는다.

(iii) 생존 – 살아 있는 이웃이 둘 또는 셋인 살아 있는 세포는 다음 세대에서도 살아 남는다.

(iv) 탄생 – 살아 있는 이웃이 정확히 세 개인 죽은 세포는 살아 있는 세포가 된다.

a. 모든 세대에서 똑같은 상태로 남을 수 있는 가장 작은 살아 있는 세포의 초기 구성을 구하라(이런 구성은 모양이 바뀌지 않으므로 "정물(still lifes)"이라고 부른다).

b. 두 상태를 오가며 진동하는, 가장 작은 살아 있는 세포의 초기 구성을 구하라(이런 구성을 "진동자(oscillator)"라고 부른다).

c. 판 위에서 움직이는, 가장 작은 살아 있는 세포의 초기 구성을 구하라(이런 구성을 "우주선(spaceships)"이라고 부른다).

2.133.1 힌트

정물, 진동자, 우주선의 살아 있는 최소 칸 수는 각각 4, 3, 5다.

2.133.2 풀이

가장 작은 정물("블록"과 "터브"), 진동자("깜빡이"), 우주선("글라이드")은 그림 2-127과 같다.

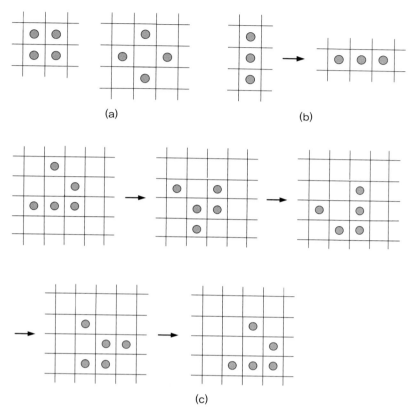

▼ 그림 2-127 라이프 게임의 구성: (a) "블록"과 "터브", (b) "깜빡이", (c) 네 세대 만에 대각선 방향으로 한 칸 아래 오른쪽으로 내려가는 "글라이더"

(a)　　　　　　　　　　(b)

(c)

2.133.3 참고사항

이 퍼즐에서는 퍼즐에서 주어지는 알고리즘에 의해 정해진 출력을 만들어내는 입력을 결정할 수 있는지 묻는다.

라이프 게임은 1970년 영국 수학자 John Conway가 만들었는데 Martin Gardner가 〈Scientific American〉 칼럼[Gar83, Chapters 20-22]에서 이 게임을 소개한 후 널리 알려졌다. 이 게임에 대한 웹 사이트 개수만 봐도 알 수 있듯이 여전히 큰 관심을 끄는 문제다. 이 게임은 몇 가지 면에서 흥미롭다. 첫째, 간단한 규칙으로부터 신기하고 예상하지 못한 패턴이 만들어진다. 둘째, 범용 컴퓨터[Ber04, Chapter 25]의 모형으로 사용할 수 있으며 진화의 동역학부터 우주의 본성에 이르기까지 심오한 질문으로 이어질 수도 있다.

2.134 점 색칠하기

n개의 임의의 점이 격자에 주어져 있다. 수직이나 수평 방향의 모든 직선에 대해 한 직선 위에 있는 검은색 점과 흰색 점의 개수가 같거나 개수 차이가 1이 되도록 점에 색칠하려고 한다. 이 작업을 처리하는 알고리즘을 설계하라.

2.134.1 힌트

감소 정복 전략을 적용하자.

2.134.2 풀이

이 문제는 다음과 같은 재귀 알고리즘으로 풀 수 있다. $n = 1$일 때는 아무 색으로든 칠할 수 있다. 편의상 검은색으로 칠한다고 가정하자. $n > 1$일 때는 다음과 같은 식으로 진행한다. 짝수 개의 점이 있는 어떤 (수평 또는 수직 방향) 선 l을 선택한다. 그런 선이 없다면 점이 최소 한 개 있는 아무 선이나 고른다. 그 선 l 위에 있는 한 점 P를 선택한다. 재귀적으로 P를 제외한 모든 점을 문제에서 요구하는 대로 색칠한다. 이제 P는 항상 문제가 요구하는 대로 색칠할 수 있다는 것을 증명하자. P를 지나가는 또 다른 격자선을 m이라고 하자. l과 m의 각 선 위에 색칠된 점의 개수가 모두 짝수라면 각각 절반은 검은색, 절반은 흰색이어야 한다. 따라서 P는 아무 색으로 칠해도 상관없다. 둘 중 한 선에 색칠된 점의 개수가 짝수이고 다른 선에 색칠된 점의 개수가 홀수라면 P는 색칠된 점의 개수가 홀수인 선의 각 색 점의 수가 똑같아지는 쪽의 색으로 칠해야 한다. l과 m 각 선 위에 있는 색칠된 점의 개수가 모두 홀수이고 두 선 모두에서 같은 색의 점이 한 개 더 많다면 P는 두 선 모두 각 색 점의 수가 똑같아지는 쪽의 색으로 칠하면 된다.

마지막으로 l과 m 각 선 위에 있는 색칠된 점의 개수가 모두 홀수일 때 l에는 한 가지 색 – 편의상 검은색이라고 하자 – 점이 더 많고 m에는 다른 색 – 편의상 흰색이라고 하자 – 점이 더 많은 상황은 있을 수 없다는 것을 보여줘야 한다. 실제로 그런 상황에서는 l에 있는 모든 점의 개수는 짝수(이미 색이 칠해진 점 홀수 개에 P 점이 추가됨)였어야 한다. l을 선택한 방법을 생각해보면 모든 선에 있는 점의 개수가 짝수이고 l과 m을 제외한 모든 선의 점들이 절반은 검은색, 나머지 절반은 흰색으로 칠해져 있어야 한다. 이때 l과 l에 평행인 모든 선에 있는 점의 색을 따져보면 검은색 점의 개수는 흰색 점의 개수보다 한 개 더 많아야 한다. 반면, m과 m에 평행인 모든 선에 있는 점의 색을 따져보면 흰색 점의 개수가 검은색 점의 개수보다 한 개 더 많아야 한다는 결과가 나온다. 이런 모순으로부터 이 알고리즘이 올바르다는 증명이 완성된다.

2.134.3 참고사항

제27회 국제 수학 올림피아드에 출제되었던 이 문제는 소비에트연합 학생과 교사용 물리 및 수학 잡지 〈Kvant〉의 1986년 12월호(p.26, Problem M1019)에 실렸다. 위의 풀이는 A. P. Savin이 만든 것으로 1987년 4월호(pp.26−27)에 실렸다. 이 책에서 설명하는 방식대로 설명하자면 이 풀이는 감소 정복 중에서 1씩 감소시키는 방식을 바탕으로 한다.

2.135 / 서로 다른 짝

한 유치원 선생님이 $2n$명의 어린이를 산책시켜 주기 위해 n쌍의 짝을 맺어줘야 한다. $2n - 1$일 동안 매일 서로 다르게 짝을 맺어주는 알고리즘을 설계하라.

2.135.1 힌트

이 문제는 $2 \times n$ 표를 이용하거나 원 둘레에 등간격으로 점을 찍어 풀 수 있다.

2.135.2 풀이

서로 다른 $2n - 1$가지 쌍을 만들어내는 방법 중 한 가지를 설명하자면 이렇다. 편의상 어린이들에게 1부터 $2n$까지 번호를 매기고 이 번호들을 $2 \times n$ 표 위에 배치한다. 첫 번째 집합의 각 쌍들은 이 표의 각 열로 주어진다. 나머지 $2n - 2$개 집합은 방금 만든 표에서 1을 제외한 나머지를 시계 방향으로 돌려가며 만들 수 있다. 그림 2-128에 $n = 3$인 경우의 예를 만들어봤다.

▼ 그림 2-128 세 쌍의 짝의 다섯 가지 경우

1	2	3
6	5	4

1	6	2
5	4	3

1	5	6
4	3	2

1	4	5
3	2	6

1	3	4
2	6	5

이 알고리즘을 설명하는 또 다른 방법은 원의 중심을 1로 표시한 다음 그 원의 둘레를 따라 일정한 간격으로 2부터 $2n$까지 $2n - 1$개의 점을 시계 방향으로 배치하는 것이다. 원의 중심과 원 위의 한 점을 지나는 지름을 그리면 한 쌍이 만들어지고 나머지 $n - 1$쌍은 이 지름에 수직이면서 두 점을 연결하는 현에서 만들 수 있다. 그림 2-129에 $n = 3$인 경우의 예를 그려놨다. 지름을 돌려가면서 중심과 다른 점을 이어주고 거기에 수직인 현들을 이어주면 나머지 쌍들을 만들 수 있다.

▼ 그림 2-129 $n = 3$인 경우에 기하학적으로 짝을 만드는 방법

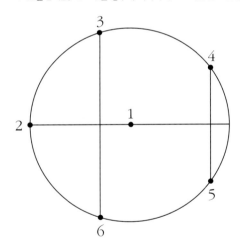

2.135.3 참고사항

이 알고리즘은 표현 변경 전략을 바탕으로 한 것으로 생각할 수 있다.

여기서 소개한 이 알고리즘에 대한 두 가지 해석법은 Maurice Kraitchik이 〈Mathematical Recreations〉[Kra53, pp.226-227]에서 소개한 방법이다. 이 문제는 n명이 참가하는 라운드-로빈 토너먼트 경기 일정을 수립하는 것과 같은 문제다.

2.136 / 스파이 잡기

한 컴퓨터 게임에서 스파이가 1차원 선 위의 점에 있다. 시간이 0일 때 스파이의 위치를 a라고 하자. 매시간 간격마다 그 스파이는 움직이는데 $b \geq 0$이면 b칸만큼 오른쪽으로, $b < 0$이면 $|b|$칸만큼 왼쪽으로 움직인다. a와 b는 모두 고정된 정수이지만 그 값을 모르는 상태에서 시작한다. 시간이 0일 때부터 시작해 각 시간 간격마다 스파이가 현재 내가 고른 특정 위치에 있는지 질문해 스파이의 위치를 알아내는 것이 우리의 목표다. 예를 들어 스파이가 현재 19 위치에 있는지 물어보면 스파이의 위치에 따라 '예', '아니오'라는 대답을 들을 수 있다. 대답이 '예'이면 목표를 달성한 것이고 '아니오'이면 다음 차례에 스파이가 같은 위치나 다른 위치에 있는지 다시 물어볼 수 있다. 유한한 횟수만큼 질문해 스파이의 위치를 찾아내는 알고리즘을 고안하라.

2.136.1 힌트

스파이가 0 위치에서 시작하고 시간이 1일 때부터 스파이의 위치를 물어볼 수 있다고 가정해 더 쉬운 문제부터 먼저 풀어보자.

2.136.2 풀이

$t = 0$일 때 a 위치에 있고 매시간 간격마다 b씩 움직이므로 시간 t일 때 스파이의 위치는 $x_0(t) = a + bt$ 식으로 표현할 수 있다. 따라서 모든 정수 쌍 (a, b) 집합에 대해 순환문을 돌리면서 연속된 시간 간격 $t = 0, 1, \cdots$에 주어진 (a, b)에 대해 앞의 식으로 구한 위치에

스파이가 있는지 구하는 알고리즘이라면 어느 것을 쓰든지 이 문제를 풀 수 있다. 그 스파이의 움직임을 정의하는 매개변수 a, b가 어떤 값이든 그 알고리즘에서는 스파이의 정확한 위치를 계산하는 유한한 단계 수 안에 이 조합에 도달할 수 있다. 스파이가 $t = 0$일 때 0 위치에 있으면 b가 어떤 값을 갖든 $t = 0$일 때 이 위치를 확인해 스파이를 찾을 수 있다. 따라서 $t = 0$일 때 $(0, 0)$ 쌍을 확인한 이후에는 다른 $(0, b)$ 쌍을 확인할 필요가 없다.

▼ 그림 2-130 스파이 잡기 퍼즐의 나선형 풀이 방법

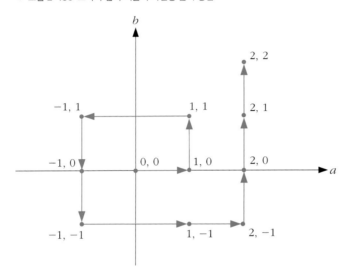

정수 쌍 (a, b)에 대해서는 여러 가지 방법으로 반복작업을 할 수 있다. 특히 이 정수 쌍은 데카르트 평면 위의 정수 점으로 생각할 수 있고 그림 2-130과 같이 $(0, 0)$에서 시작해 나선형으로 움직이는 식으로 정수 쌍 (a, b)에 대해 반복작업을 할 수 있다. 이렇게 하면 다음과 같은 스파이의 위치를 확인하게 된다.

$$0 + 0 \cdot 0 = 0, \ 1 + 0 \cdot 1 = 1, \ 1 + 1 \cdot 2 = 3, \ -1 + 1 \cdot 3 = 2,$$

$$-1 + 0 \cdot 4 = -1, \ -1 - 1 \cdot 5 = -6, \ 1 - 1 \cdot 6 = -5, \cdots$$

또는 수학 집합 이론의 표준 열거 방법을 따를 수도 있다. 이 방법은 (a, b) 쌍을 행과 열이 각각 서로 다른 a값($a = 0, \pm1, \pm2, \cdots$)과 b값($b = 0, \pm1, \pm2, \cdots$)에 대응하는 무한 행렬의 원소로 생각하는 방식이다(그림 2-131 참조). 이 방법에서는 행렬의 원소들을 오른쪽 위에서 왼쪽 아래로 향하는 대각선을 따라가는 순서대로 열거한다.

▼ 그림 2-131 스파이 잡기 퍼즐의 행렬 풀이 방법. x_{00}을 제외한 0번 행의 원소는 이 알고리즘에서는 사용하지 않으므로 *
로 표시했다.

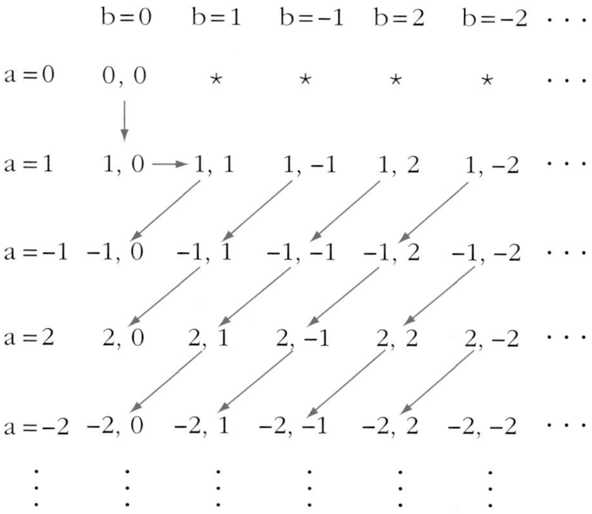

	b = 0	b = 1	b = -1	b = 2	b = -2 $\cdots$
a = 0	0, 0	$\star$	$\star$	$\star$	$\star$ $\cdots$
a = 1	1, 0 →	1, 1	1, -1	1, 2	1, -2 $\cdots$
a = -1	-1, 0	-1, 1	-1, -1	-1, 2	-1, -2 $\cdots$
a = 2	2, 0	2, 1	2, -1	2, 2	2, -2 $\cdots$
a = -2	-2, 0	-2, 1	-2, -1	-2, 2	-2, -2 $\cdots$

이 알고리즘에서 확인하는 위치는 다음과 같은 식으로 이어진다.

$$0 + 0 \cdot 0 = 0, \ 1 + 0 \cdot 1 = 1, \ 1 + 1 \cdot 2 = 3, \ -1 + 0 \cdot 3 = -1,$$
$$1 + (-1) \cdot 4 = -3, \ -1 + 1 \cdot 5 = 4, \ 2 + 0 \cdot 6 = 2$$

2.136.3 참고사항

위의 첫 번째 풀이는 이 책의 검수자 중 한 명인, 제임스 매디슨대학의 Stephen Lucas가 제안했다. 우리가 처음 만들었던 무한 행렬을 대각선 방향으로 열거하는 방식보다 더 쉬워 보인다.

위의 풀이 방법은 우리가 설명한 방법으로는 표현 변경 유형에 속한다.

이 문제는 Microsoft Research의 K. R. M. Leino가 만든 인터넷 퍼즐 모음[Leino]을 살펴보다가 알게 되었다. 이 문제의 원래 출처를 찾을 수 없었는데 스파이 관련 문제라는 것을 생각하면 그럴 만도 하다.

2.137 점프해 쌍 만들기 II

n개의 동전이 한 줄로 놓여 있다. 우리의 목적은 동전들을 움직여 $n/2$쌍으로 만드는 것이다. 처음에는 동전 한 개로 인접한 동전 한 개를 뛰어넘는다. 그런 후 동전 한 개로 인접한 동전 두 개를 뛰어넘는다. 그리고 나서 동전 한 개로 인접한 동전 세 개를 뛰어넘는다. 이런 식으로 $n/2$번 이동하면 $n/2$개의 동전 쌍이 만들어진다(각 단계마다 동전 한 개를 왼쪽이나 오른쪽으로 옮길 수 있지만 그 동전은 다른 동전 위에 올라가야 한다. 겹친 한 쌍의 동전을 뛰어넘는 것은 동전 두 개를 뛰어넘는 것으로 간주한다. 인접한 동전 사이의 빈칸은 모두 무시한다). 이 문제의 풀이가 존재하는 모든 n값을 구하고 그런 n에 대해 최소 이동 횟수로 문제를 푸는 알고리즘을 설계하라.

2.137.1 힌트

역으로 생각하면 주어진 질문에 답하고 필요한 알고리즘을 설계하는 데도 도움이 된다.

2.137.2 풀이

이 퍼즐은 n이 4의 배수인 경우에만 풀 수 있다.

동전 개수가 홀수일 때 이 문제를 풀 수 없는 것은 자명하다. 마지막 상태에서 모든 동전이 쌍을 이뤄야 하므로 동전 개수는 짝수여야 하기 때문이다. 또한, n은 4의 배수여야 한다. 이것을 증명하기 위해 마지막으로 움직이기 직전의 퍼즐 상태를 생각해보자. $n - 2$개의 동전은 이미 쌍을 이루고 있다. 남은 쌍을 이루지 않은 동전 두 개 중 한 개가 짝수 개의 동전을 뛰어넘어 다른 동전 위에 올라가야 한다. i가 짝수일 때만 i번째 이동($1 \leq i \leq n/2$)에서 짝수 개의 동전을 뛰어넘어야 하므로 마지막 이동, 즉 $n/2$번째 이동에서 뛰어넘어야 하는 동전 개수가 짝수가 되려면 $n/2$가 짝수여야 한다. 결과적으로 n은 4의 배수여야 한다.

역으로 생각해 이 문제를 푸는 알고리즘을 다음과 같이 만들어낼 수 있다. 동전 n개($n = 4k$, $k > 0$)가 쌍을 이루는 이 퍼즐의 최종 상태를 생각해보자. 각 쌍에는 왼쪽부터 오른쪽으로 1부터 $n/2$까지 번호가 붙어 있다. n개의 동전이 한 개씩 한 줄로 놓인 초기 상태로 가기 위해 먼저 $n/4 + 1$번 쌍의 위쪽 동전을 집어 $n/2$개의 동전을 모두 뛰어넘어 왼쪽으로 옮긴다. 그런 다음 $n/4$번 쌍의 위쪽 동전을 집어 $n/2 - 1$개의 동전을 뛰어넘어 왼쪽으로 옮긴다. 이렇게 쌍으로 놓인 동전 중 위쪽 동전을 집어 왼쪽에 있는 모든 동전을 뛰어넘어 옮겨놓는 작업을 맨 왼쪽에 있는 쌍의 위쪽 동전이 $n/4$개의 동전을 뛰어넘어 왼쪽 끝으로 옮겨질 때까지 반복한다. 그러고 나면 맨 왼쪽에 남은 쌍(처음에 번호가 $n/4 + 2$였던 쌍)에서 시작해 맨 오른쪽에 남은 쌍(처음에 번호가 $n/2$이었던 쌍)에 이를 때까지 각 쌍의 위쪽 동전을 각각 $n/4 - 1, \cdots, 1$개의 동전을 뛰어넘은 위치로 옮긴다. 쌍의 위쪽에 있는 동전은 방금 설명한 대로 낱개 동전으로 내려놔야 한다. 문제에서 설명했듯이 인접한 동전 사이의 빈 공간은 모두 무시해도 된다.

이 과정을 "뒤집으면" 한 줄로 놓인 n개의 동전(왼쪽부터 오른쪽으로 1부터 n까지 번호를 붙이자)을 $n/2$개의 쌍으로 만드는, 다음과 같은 알고리즘을 만들어낼 수 있다. 첫째, $i = 1, 2, \cdots, n/4 - 1$에 대해 다음과 같은 작업을 수행한다. 맨 오른쪽에 있는 낱개 동전 왼쪽에 있는 동전 중 맨 오른쪽 낱개 동전과 왼쪽에 있는 동전 사이에 있는 동전 개수가 i개가 되는 동전을 찾아 그 동전을 맨 오른쪽 낱개 동전 위로 옮긴다. 그런 다음 $i = n/4$, $n/4 + 1, \cdots, n/2$에 대해 다음과 같은 작업을 반복한다. 맨 왼쪽에 있는 낱개 동전을 집어 오른쪽으로 동전 i개를 뛰어넘어 낱개 동전 위에 올려놓는다. $n = 8$인 경우에 이 알고리즘이 작동하는 과정을 그림 2–132에 정리했다.

▼ 그림 2–132 $n = 8$인 경우의 점프해 쌍 만들기 II 퍼즐 풀이 방법. 옮기는 동전은 회색으로 표시했다.

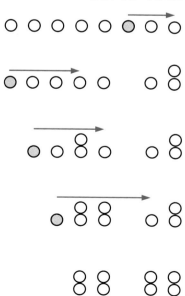

이 알고리즘에서는 동전을 옮길 때마다 동전 쌍이 새로 만들어지므로 이동 횟수를 더 이상 줄이는 것은 불가능하다.

2.137.3 참고사항

이 퍼즐의 풀이는 알고리즘 설계에서 역으로 생각하는 것의 유용성을 보여주는 대표적인 예다.

Martin Gardner에 의하면 이 퍼즐과 풀이 방법은 W. Lloyd Milligan이 만들었다고 한다([Gar83, p.172, p.180] 참조).

2.138 사탕 나누기

한 유치원에서 n명의 어린이들이 가운데 있는 선생님을 바라보며 원형으로 둘러앉아 있다. 어린이들은 각자 짝수 개의 사탕 조각을 갖고 있다. 선생님이 호루라기를 불면 어린이들은 자신이 가진 사탕 조각의 절반을 왼쪽에 있는 이웃 어린이에게 동시에 전달한다. 그렇게 해 가지고 있는 사탕 조각 개수가 홀수가 되는 어린이에게는 선생님이 사탕 조각을 한 개씩 더 준다. 그러고 나면 모든 어린이가 가진 사탕 개수가 같지 않은 이상, 선생님은 다시 호루라기를 분다. 모든 어린이가 가진 사탕 개수가 같아지면 게임이 끝난다. 이 게임은 영원히 계속될까? 아니면 결국 끝나고 어린이들은 각자 자기 인생을 살아갈 수 있을까?

2.138.1 힌트

가장 많은 사탕 조각과 가장 적은 사탕 조각 개수가 어떻게 달라지는지 살펴보자.

2.138.2 풀이

선생님이 호루라기를 불기 전에 한 어린이와 그 어린이의 오른쪽에 있는 어린이가 가지고 있던 사탕 조각 개수를 각각 i, j라고 하자. 선생님이 호루라기를 분 후 원래 i개의 사탕 조각을 가지고 있던 아이와 원래 j개의 사탕 조각을 가지고 있던 아이가 가진 사탕 조각 개수를 각각 i', j'이라고 하자. 그러면 다음과 같은 식을 세울 수 있다.

$$i' = \begin{cases} i/2 + j/2, & \text{이 값이 짝수인 경우} \\ i/2 + j/2 + 1, & \text{그렇지 않은 경우} \end{cases}$$

위의 식으로부터 처음 상태에서 가장 많은 사탕 조각 개수를 M이라고 할 때 (문제의 조건상 이 값은 짝수다) $i = M$이면 $i' \leq M$이라는 것을 알 수 있다. 따라서 한 아이가 가진 사탕 조각 개수도 M보다 커질 수는 없다. 이제 언젠가 선생님이 호루라기를 불기 전 가장 적은 사탕 조각 개수를 m이라고 하자. 선생님이 호루라기를 불면 모든 어린이는 최소한 $m/2 + m/2 = m$개의 사탕 조각을 갖게 되고 선생님이 호루라기를 불기 전에 그 어린이와 바로 오른쪽에 있는 어린이가 가졌던 사탕 조각 개수가 모두 m개가 아닌 이상, 최소 $m + 1$개의 사탕 조각을 갖게 된다. 더 일반적으로 k명의 어린이($1 \leq k < n$)가 연속으로 사탕 조각 m개를 갖고 있고 (반시계 방향으로) $(k + 1)$번째 어린이가 사탕 조각을 m개보다 많이 가지고 있었다면 왼쪽의 $k - 1$명의 사탕 조각 개수는 여전히 m이겠지만 k번째 어린이의 사탕 조각 개수는 m보다 커진다. 선생님이 호루라기를 k번 불고 나면 이 어린이들이 가진 최소 사탕 조각 개수는 증가한다. 한 어린이가 가질 수 있는 사탕 조각 개수는 위쪽으로도 제한되어 있으므로 결과적으로 어린이들 각자가 가진 사탕 조각 개수는 유한 번 반복된 후 똑같아진다.

2.138.3 참고사항

이 문제에서는 호루라기를 불기 전의 사탕 조각 분포에서의 최솟값을 일변량으로 하는 일변량 아이디어를 활용한다(일변량에 대해서는 이 책의 알고리즘 설계 기법 관련 튜토리얼에서 논의했다).

이 문제는 무척 유명한데 1962년 올림피아드와 1983년 Leningrad All-City Mathematical Olympiad에서 출제되었는데 이 문제를 변형한 몇 가지 문제를 G. Iba와 J. Tanton의 논문[Iba03]에서 찾아볼 수 있다.

2.139 / 아서왕의 원탁

아서왕이 $n > 2$명의 기사를 원탁에 앉히려고 한다. 적끼리는 서로 띄어 앉히려고 한다. 기사마다 친구 수가 $n/2$보다 적지 않다고 할 때 기사들을 의도대로 앉히는 방법을 구하라. 친구와 적 관계는 항상 상호적이라고 가정해도 된다.

2.139.1 힌트

나란히 앉은 적 쌍의 수를 일변량으로 하는 반복 향상 전략을 사용하자.

2.139.2 풀이

최소한 $n/2$명의 친구가 모든 기사에게 있으므로 적의 수는 $n - 1 - n/2 = n/2 - 1$을 초과할 수 없다. $n = 3$이면 세 기사가 모두 두 명의 다른 기사와 친구이므로 아무렇게나 앉혀도 된다. $n > 3$이면 일단 기사들을 아무렇게나 앉힌 다음 나란히 앉은 적의 쌍을 세면서 시작할 수 있다. 이 값이 0이면 할 일이 없다. 그렇지 않다면 다음과 같은 식으로 적어도 1을 줄일 수 있다. 기사 A와 B는 서로 적인데 그림 2-133과 같이 B가 A의 왼쪽에 나란히 앉았다고 가정하자. 그리고 A의 친구 중에 기사 C가 있는데 C는 B와 친구인 D의 왼쪽에 앉았다고 가정하자(만약 그렇지 않다면 B와 적대적인 기사의 수가 최소 $n/2$명이어야 했을 것이다). 이제 (그림 2-133 (a)에서 화살표로 표시한 식으로) B와 C 사이의 기사들의 자리를 (B, C를 포함해) 시계 방향으로 모두 맞바꾸면 인접한 적 쌍의 수가 최소 1이 줄어든 자리 배치를 얻을 수 있다(그림 2-133 (b)).

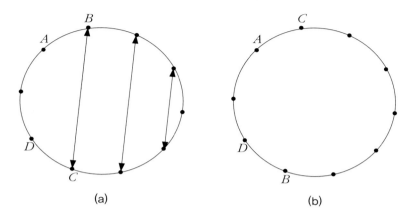

(a)　　　　　　　　　　　　(b)

2.139.3 참고사항

어 퍼즐과 풀이는 1989년 〈Kvant〉에 발표된 일변량 관련 논문[Kur89]에서 소개되었다 (기사 수가 짝수여야 한다는 가정은 불필요해 생략했다). 이 퍼즐의 풀이가 존재한다는 사실은 디락의 정리, 즉 꼭짓점이 n개($n \geq 3$)인 그래프에서 각 꼭짓점의 차수(즉, 한 꼭짓점에 변으로 연결된 다른 꼭짓점의 개수)가 최소 $n/2$ 이상이면 해밀턴 회로가 존재한다는 정리로부터 알 수 있다. 이 퍼즐에서는 그래프의 꼭짓점이 나이트이고 나이트가 서로 친구일 때만 그 사이에 변이 존재한다.

ALGORITHMIC PUZZLES

2.140 n-퀸 문제 다시 보기

어떤 두 퀸도 같은 행, 같은 열, 같은 대각선 위에 놓이지 않도록 $n \times n$ 체스판에 n개의 퀸을 배치하는 문제를 생각해보자. 3보다 큰 임의의 n에 대해 이 문제의 풀이를 찾아내는 선형 시간 알고리즘을 설계하라.

2.140.1 힌트

n을 6으로 나눈 나머지에 따라 여섯 가지 경우로 나눠 따져보자. $n \bmod 6 = 2$와 $n \bmod 6 = 3$인 경우가 다른 경우보다 더 어렵다. 이런 경우, 퀸의 탐욕적 배치법을 조정해야 한다.

2.140.2 풀이

그림 2–134 (a)에 있는 $n = 4$인 경우의 풀이를 보면 다른 짝수 n에 대해 다음과 같은 구조일 것으로 추정할 수 있다. 왼쪽 $n/2$열에서는 퀸을 2, 4, …, $n/2$행에 배치한다. 오른쪽 $n/2$열에서는 퀸을 1, 3, …, $n - 1$행에 배치한다. 이런 방식은 $n = 4 + 6k$인 경우뿐만 아니라 $n = 6k$인 경우에도 적용된다(예 그림 2–134 (b)). 이렇게 하면 주대각선 위에는 퀸이 올라가지 않으므로 이 풀이를 연장해 마지막 열의 마지막 행에 퀸 한 개를 더해 다음 n값에 대한 풀이도 만들 수 있다(예 그림 2–134 (c)).

▼ 그림 2–134 (a) $n = 4$, (b) $n = 6$, (c) $n = 7$인 경우의 n–퀸 문제 풀이

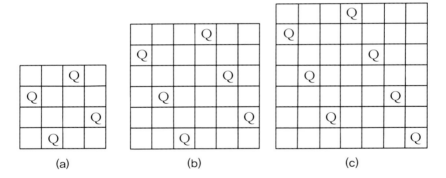

(a)　　　　　　(b)　　　　　　(c)

안타깝게도 이 방법은 $n = 8 + 6k$인 경우에는 통하지 않는다. 위의 방법으로 퀸을 배치한 후 재배치하는 것도 가능하지만 왼쪽 $n/2$개의 열에 대해서는 퀸을 홀수 행에 놓고 오른쪽 절반에 대해서는 퀸을 짝수 행에 놓아 시작하는 것이 더 쉽다. 그런 다음 1번 열과 $n/2 - 1$번 열에 있는 퀸의 행을 맞바꾸고 $n/2 + 2$번 열과 n번 열에 있는 퀸의 행을 맞바꾸면 (그림 2–135 (a)의 $n = 8$인 예 참조) 퀸끼리 서로 공격할 수 없는 배치를 만들어낼 수 있다. 이런 식으로 만들어낸 풀이에서도 주대각선 위에는 퀸이 없으므로 이 풀이를 연장해 마지막 열, 마지막 행에 퀸을 추가하면 $n = 9 + 6k$인 경우의 풀이를 만들어낼 수 있다(그림 2–135 (b)).

❤ 그림 2–135 (a) $n = 8$, (b) $n = 9$인 경우의 n–퀸 문제 풀이

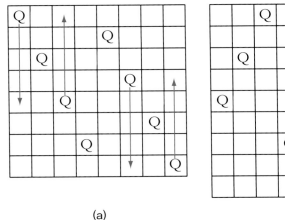
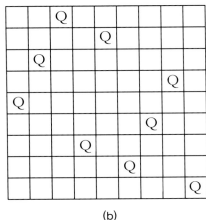

(a) (b)

따라서 $n \times n$ 체스판에 n개($n > 3$)의 퀸을 배치할 때 첫 번째 열부터 마지막 열까지 퀸이 놓일 행을 다음과 같은 알고리즘으로 생성할 수 있다.

n을 6으로 나눈 나머지 r을 계산한다.

첫 번째 경우(r이 2나 3이 아닌 경우): 2 이상, n 이하의 짝수를 순서대로 모두 적은 다음 1 이상, n 이하의 홀수를 순서대로 모두 적는다.

두 번째 경우(r이 2인 경우): 1 이상, n 이하의 홀수를 순서대로 모두 적은 다음 첫 번째와 마지막에서 두 번째 수를 맞바꾼다. 그 뒤에 2 이상, n 이하의 짝수를 순서대로 모두 적은 다음 4와 마지막 수를 맞바꾼다.

세 번째 경우(r이 3인 경우): 두 번째 경우의 방법을 n이 아닌 $n - 1$에 대해 적용한 다음 맨 뒤에 n을 추가한다.

2.140.3 참고사항

D. Ginat[Gin06]가 제안한 방법을 따른 위의 알고리즘은 판의 각 열에서 첫 번째 배치 가능한 곳에 퀸을 놓는 간단한 방법이다. 까다로운 부분은 어떤 n에 대해서는 첫 번째 열의 두 번째 행에서 시작하고 어떤 n에 대해서는 서로 공격할 수 없는 위치에 놓기 위해 두 쌍의 퀸의 행을 맞바꿔야 한다는 점이다. 그리고 n이 홀수인 경우, $n \times n$판에 대한 풀이는 사실 $(n - 1) \times (n - 1)$판에 대한 풀이의 연장으로 만들어진다는 것도 무척 특이하다.

n-퀸 문제는 수학 퀴즈에서 가장 유명한 문제 중 하나로, 19세기 중반부터 수학자들의 관심을 끌었다. 물론 이 문제를 푸는 효율적인 알고리즘을 찾는 작업은 훨씬 나중에서야 시작되었다. 여러 접근법 중에서 – 이 책의 첫 번째 튜토리얼에서 했듯이 – 이 문제를 역추적으로 푸는 방법은 알고리즘은 교과서에서 역추적 기법을 소개하는 표준적인 방법으로 자리잡았다. 역추적은 교육용으로 사용하기에 좋다는 장점 외에도 적어도 원칙적으로는 이 문제의 모든 풀이를 찾아낼 수 있다는 장점이 있다. 한 가지 풀이를 찾아내기만 하면 되는 경우라면 훨씬 간단한 방법을 사용해도 된다. J. Bell과 B. Stevens가 조사한 문헌[Bel09]을 보면 1874년 E. Pauls가 출간한 첫 번째 결과를 포함해 퀸의 위치를 직접 계산하는 여러 공식이 소개되어 있다. 놀랍게도 B. Bernhardsson이 이런 방법들을 발표[Ber91]하기 전까지 전산학계에서는 다른 방법들을 모르고 있었다고 한다.

2.141 요세푸스 문제

1번부터 n번까지 번호가 붙은 n명이 원형으로 서 있다. 1번부터 시작해 순서대로 번호를 부르는데 매 두 번째 사람이 탈락한다. 최후의 한 명이 남을 때까지 이 과정을 반복한다. 마지막까지 살아남으려면 원에서 어느 위치에 서야 할까?

2.141.1 힌트

생존자의 위치에 대해 두 가지 점화식 $J(n)$에 대해 n이 짝수인 경우와 홀수인 경우로 나눠 점화식을 세워보자.

2.141.2 풀이

생존자 번호를 $J(n)$이라고 하자. n이 짝수인 경우와 홀수인 경우로 나눠 생각하면 편하다. n이 짝수, 즉 $n = 2k$인 경우에는 첫 한 바퀴를 돌고 나면 크기가 절반으로 줄었을 뿐 똑같은 문제로 돌아온다. 달라진 것은 위치 번호뿐이다. 예를 들어 처음에 3번 위치에 있던 사람은 두 번째 바퀴에서는 2번 위치에 오게 되고 처음에 5번 위치에 있던 사람은 3번 위치에 오는 식이다. 따라서 한 명의 새로운 위치에 2를 곱하고 1을 빼면 원래 위치를 구할 수 있다. 따라서 생존자에 대해 다음과 같은 식을 세울 수 있다.

$$J(2k) = 2J(k) - 1$$

이제 n이 1보다 큰 홀수, 즉 $n = 2k + 1$인 경우를 생각해보자. 첫 바퀴를 돌고 나면 짝수 위치에 있는 사람들은 모두 탈락한다. 거기에 1번 위치에 있는 사람이 두 번째 바퀴에서 처음으로 탈락하는 것까지 더하면 크기가 k인 문제가 남는다. 이 상태에서 새로운 위치 번호에 2를 곱하고 1을 더하면 거기에 대응하는 원래 위치의 번호를 구할 수 있다. 따라서 n이 홀수인 경우에는 다음과 같은 점화식을 세울 수 있다.

$$J(2k + 1) = 2J(k) + 1$$

$J(n)$의 일반항을 구하기 위해 [Gra94, Section 1.3]에 소개된 방법을 따라해보자. 초기 조건 $J(1) = 1$과 위에 있는 짝수와 홀수 n에 대한 점화식들을 이용하면 $n = 1, 2, \cdots, 15$에 대해 다음과 같은 값들을 구할 수 있다.

n	1	2	3	4	5	6	7	8	9	10	11	12	13	14	15
$J(n)$	1	1	3	1	3	5	7	1	3	5	7	9	11	13	15

이 값들을 잘 살펴보면 연속된 2의 거듭제곱 사이에 있는 n의 값에 대해서는, 즉 $2^p \leq n < 2^{p+1}$ 또는 $n = 2^p + i$ $(i = 0, 1, \cdots, 2^p - 1)$에 대해서는 거기에 대응하는 $J(n)$이 1부터 $2^{p+1} - 1$까지의 홀수라는 것을 알 수 있다. 이 내용은 다음과 같은 공식으로 표현할 수 있다.

$$J(2^p + i) = 2i + 1, \ i = 0, 1, \cdots, 2^p - 1$$

p에 대해 수학적 귀납법을 적용하면 음이 아닌 모든 정수 p에 대해 이 공식으로 요세푸스 문제에 대한 점화식의 일반항을 만족시킬 수 있다는 것을 증명할 수 있다. $p = 0$일 때는 $J(2^0 + 0) = 2 \cdot 0 + 1 = 1$이며 초기 조건에 해당한다. 음이 아닌 어떤 정수 p와 $i = 0, 1, \cdots, 2^p - 1$에 대해 $J(2^p + i) = 2i + 1$이라고 가정할 때 다음을 증명해야 한다.

$$i = 0, 1, \cdots, 2^{p+1} - 1$$에 대해 $J(2^{p+1} + i) = 2i + 1$

i가 짝수이면 $i = 2j$로 쓸 수 있으며 이때 $0 \leq j < 2^p$이다. 그러면 귀납적 가정에 의해 다음과 같은 관계를 구할 수 있다.

$$J(2^{p+1} + i) = J(2^{p+1} + 2j) = J(2(2^p + j)) = 2J(2^p + j) - 1$$
$$= 2(2j + 1) - 1 = 2i + 1$$

i가 홀수이면 $i = 2j + 1$로 쓸 수 있으며 이때 $0 \leq j < 2^p$이다. 그러면 귀납적 가정에 의해 다음과 같은 관계를 구할 수 있다.

$$J(2^{p+1} + i) = J(2^{p+1} + 2j + 1) = J(2(2^p + j) + 1) = 2J(2^p + j) + 1$$
$$= 2(2j + 1) + 1 = 2i + 1$$

마지막으로 $J(n)$을 n의 이진수 표현을 왼쪽으로 한 비트 순환이동해 구할 수도 있다. [Gra94, p.12] 예를 들어 $n = 40 = 101000_2$이면 $J(101000_2) = 10001_2 = 17$이다. $J(n)$을 [Weiss]에서 언급한 식으로 다음과 같은 식으로 구할 수도 있다.

$$J(n) = 1 + 2n - 2^{1 + \lfloor \log 2\, n \rfloor}$$

위와 같이 똑같이 40을 가지고 계산해보면 $J(40) = 1 + 2 \cdot 40 - 2^{1 + \lfloor \log 2\, 40 \rfloor} = 17$이다.

2.141.3 참고사항

이 문제는 기원후 66–70년 로마인들에 대항해 발생한 유다이아 전쟁에 참전하고 그 전쟁 기록을 남긴 유대인 역사가 Flavius Josephus의 이름에서 따온 퍼즐이다. 그는 요타파타 요새를 47일 동안 지켜냈지만 도시가 함락된 후 40명의 결사대와 함께 근처 동굴로 피신했다. 그곳에서 반군은 투표해 항복보다 자살하기로 결정했다. 요세푸스는 생존자들이 원형으로 둥글게 서 한 명만 남을 때까지 세 명마다 한 명씩 죽이고 마지막 남은 한 명이 자살할 것을 제안했다. 요세푸스는 마지막에 살아남을 수 있는 자리를 잡았지만 마지막에 자신과 자신이 죽일 한 명만 남았을 때 상대방을 설득해 로마인들에게 항복했다.

이 퍼즐은 두 명마다 한 명씩 탈락시키는 식으로 변형된 문제여서 더 쉽게 풀 수 있다. 변형된 다른 문제나 역사적 내용은 David Singmaster가 설명을 곁들인 참고문헌[Sin10, Section 7.B]이나 Ball과 Coxeter의 책[Bal87, pp.32–36]에서 찾아보자.

2.142 12개의 동전

모양이 똑같은 12개의 동전이 있다. 모두 진짜이거나 그중 한 개만 가짜일 수 있다. 가짜 동전이 진짜 동전보다 무거운지 가벼운지는 아무도 모른다. 우리는 양팔 저울 한 개만 있고 무게 추는 없다. 동전이 모두 진짜인지 판별하고 가짜 동전이 있다면 찾아내 진짜 동전보다 가벼운지 무거운지 알아내야 한다. 양팔 저울을 최소로 사용해 이 문제를 푸는 알고리즘을 설계하라.

2.142.1 힌트

매우 어려운 문제인데 양팔 저울을 최소 세 번 사용해 문제를 풀 수 있다.

2.142.2 풀이

12개 동전 중에서 가짜 동전을 찾아내는 문제를 해결하는 알고리즘이 그림 2–136의 의사 결정 트리에 표시되어 있다. 이 트리에서 동전은 1부터 12까지 번호로 표기했다. 내부 노드는 무게를 재는 것을 나타내며 무게를 잴 동전을 노드 안에 열거했다. 예를 들어 루트는 맨 처음에 1, 2, 3, 4번 동전과 5, 6, 7, 8번 동전을 왼쪽과 오른쪽에 놓고 무게를 재는 것에 대응한다. 노드의 자식으로 연결되는 변은 노드에서 무게를 잰 결과에 따라 표시했는데 <는 왼쪽이 더 가벼운 것, =는 왼쪽과 오른쪽의 무게가 같은 것, >는 왼쪽이 더 무거운 것을 뜻한다. 잎은 최종 결과를 뜻한다. =는 동전이 모두 진짜라는 뜻이고 숫자 뒤에 +나 −가 붙어 있으면 그 번호에 해당하는 동전이 더 무겁거나 가볍다는 뜻이다. 내부 노드 위의 목록은 무게를 재기 전에 나올 수 있는 결과를 나타낸다. 예를 들어 첫 번째 무게를 재기 전에는 모든 동전이 진짜이거나(=) 각각의 동전이 더 무겁거나(+) 더 가벼울(−) 수 있다.

▼ 그림 2-136 12개 동전 문제의 의사결정 트리

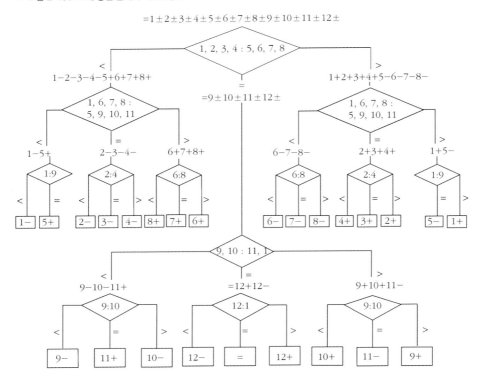

이 문제는 양팔 저울을 두 번 이하로만 사용해 풀 수는 없다. 이 문제를 푸는 어떤 알고리즘의 의사결정 트리라도 모든 가능한 결과를 반영하려면 잎이 최소 $2 \cdot 12 + 1 = 25$개 있어야 한다. 따라서 알고리즘에서 최악의 경우에 양팔 저울을 사용하는 횟수에 해당하는 이 트리의 높이 W는 $W \geq \lceil \log_3 25 \rceil$, 즉 $W \geq 3$이라는 부등식을 만족시켜야 한다.

2.142.3 참고사항

위의 풀이는 그 대칭성이 매우 매력적이다. 첫 번째 무게를 잴 때 저울이 한쪽으로 기울면 두 번째 무게를 잴 때 사용하는 동전들은 똑같다. 그 다음 번에 무게를 잴 때도 같은 동전 쌍을 비교해 결론을 도출한다. 실제로 이 문제의 풀이 방법은 완전히 비적응형이다. 저울이 한쪽으로 기울었을 때 두 번째 저울에 올리는 동전이 최초의 측정 결과와 무관하게 결정되고 세 번째 저울에 올리는 동전도 첫 번째나 두 번째 측정에서 발생한 사건과 무관하게 결정된다(예를 들어 [OBe65, pp.22-25] 참조). 한 번에 세 개씩 올려놓는 방식 등을 포함한 다른 풀이 방법이 궁금하다면 [Bogom]에 있는 "Weighing 12 coins, an Odd Ball(A Selection of Treatments) puzzle" 페이지의 참고문헌을 찾아보자.

n개($n \geq 3$)의 동전이 있는 일반적인 경우의 최적 알고리즘에서는 양팔 저울을 $\lceil \log_3 (2n + 3) \rceil$번 써야 한다. 이것은 여러 수학자들의 독립적인 연구 결과로부터 확인되었는데 1946년 Mathematical Gazette에 그 결과들이 출간되었다.

이 퍼즐에 대한 문헌은 1945년 처음 출간된 [Sin10, Section 5.C] 것으로 보인다. 이 문제는 제2차 세계대전 직전 또는 도중에 만들어진 것으로 보인다. T. H. O'Beirne가 쓴 책을 보면 "이 문제 때문에 제2차 세계대전 중에 과학자들이 연구에 필요한 시간을 너무 많이 뺏기다 보니 적진에 이 문제를 뿌려 적에게도 피해를 주자는 주장이 나왔을 정도다"라는 기록이 남아 있다. [OBe65, p.20] 이 퍼즐은 퍼즐 책이나 인터넷 퍼즐 사이트 등에서 가장 널리 알려진 퍼즐 중 하나다.

2.143 감염된 체스판

$n \times n$ 체스판의 각 칸을 통해 바이러스가 퍼지고 있다. 감염된 이웃이 두 명이면 전염된다(이때 수직이나 수직 방향으로 인접한 칸만 이웃으로 간주하고 대각선 방향의 칸은 이웃으로 간주하지 않는다). 바이러스가 판 전체로 퍼지기 위해 처음에 감염되어 있어야 하는 칸 수는 최소 몇 개인가?

2.143.1 힌트

정답은 n이다. 판 전체를 감염시키는 데 이 값으로 필요충분하다는 것을 증명하자.

2.143.2 풀이

정답은 n이다.

$n \times n$판 전체를 감염시킬 수 있는 감염된 n칸의 초기 구성은 다양한데 그중 두 가지를 그림 2-137에 그려놨다.

▼ 그림 2-137 판 전체로 퍼질 수 있는 초기 구성의 두 가지 예

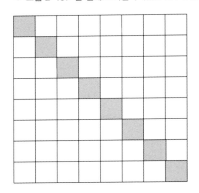
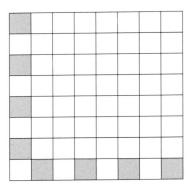

초기 감염된 최소 n개의 칸이 필요하다는 것을 증명하기 위해 바이러스가 판 위에서 퍼져나가는 동안 감염된 영역의 총 둘레 길이(일반적으로 바이러스에 감염된, 인접한 부분 영역의 둘레의 합과 같다)가 증가할 수 없다는 점에 주목하자. 실제로 어떤 칸이 새로 감염되면 그 칸의 경계선 중 최소 두 개가 감염된 영역 안으로 흡수되고 최대 두 개의 경계선이 새로 추가된다. 따라서 처음에 감염되어 있던 칸이 n개 미만이면 감염된 영역의 총 둘레 길이는 처음에 $4n$ 미만이므로 바이러스가 퍼져도 총 둘레 길이는 $4n$ 미만으로 유지된다. 따라서 둘레 길이가 총 $4n$인 판 전체를 감염시키는 것은 불가능하다.

2.143.3 참고사항

이 퍼즐에서는 첫 번째 튜토리얼에서 반복 향상에 대해 논의할 때 언급했던 일변량 개념을 활용하지만 여기서는 그런 종류의 풀이가 불가능하다는 것을 증명하기 위해, 즉 감염된 칸이 n개 미만인 초기 구성으로 $n \times n$판 전체를 감염시킬 수 없다는 것을 증명하는 용도로 쓴다.

이 퍼즐은 Peter Winkler의 〈Mathematical Puzzles〉[Win04, p.79]에 실려 있다. Béla Bollobás[Bol07, p.171]는 한 칸을 새로 감염시키기 위해 최소 세 개의 인접한 칸이 감염되어 있어야 하는 버전의 퍼즐을 논의했다.

2.144 정사각형 죽이기

그림 2-138의 식으로 $2n(n + 1)$개의 이쑤시개를 배치해 $n \times n$ 체스판을 만든다고 가정하자. 최소한의 이쑤시개를 제거해 임의의 크기의 모든 정사각형 둘레를 부수는 알고리즘을 설계하라.

▼ 그림 2-138 4×4 체스판에 대한 정사각형 죽이기 문제

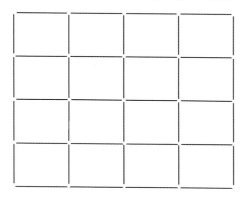

2.144.1 힌트

판을 도미노 타일로 특정한 방법으로 덮어보면 문제를 푸는 데 도움이 된다. 4×4판의 경우, 최소 아홉 개의 이쑤시개를 제거해야 한다.

2.144.2 풀이

다음과 같은 재귀 알고리즘으로 최소한의 이쑤시개만 제거하면서 퍼즐을 풀 수 있다. 이때 제거해야 할 이쑤시개 개수는 1보다 큰 n에 대해 $[n^2/2] + 1$이다(물론 $n = 1$일 때는 1이다). $n = 1, 2, 3$인 경우의 풀이를 그림 2-139에서 찾아볼 수 있다.

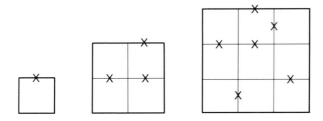
▼ 그림 2-139 $n = 1, 2, 3$인 경우의 정사각형 죽이기 퍼즐 풀이

$n > 3$이면 다음과 같이 하면 된다. 주어진 전체 정사각형의 테두리에 의해 만들어지는 너비 1짜리 틀과 그 안에 있는 크기 $n - 2$인 정사각형을 생각해보자. 틀의 맨 왼쪽 위에서 시작해 반시계 방향으로 움직이면서 틀을 채우는 도미노 고리의 중간 선에 해당하는 이쑤시개를 제거하되 마지막 도미노 고리의 중간 선에 해당하는 이쑤시개는 그대로 둔다. 그 마지막 도미노에 대해서는 주어진 정사각형의 위쪽 변 중 두 번째 수평 방향 이쑤시개를 제거한다. 그리고 틀의 안쪽 경계 안에 있는, 크기가 $n - 2$인 정사각형에 대해 재귀적으로 퍼즐을 풀면 된다.

이 알고리즘을 n이 짝수인 경우와 홀수인 경우에 $n \times n$판에 적용한 예를 그림 2-140에서 볼 수 있다.

▼ 그림 2-140 정사각형 죽이기 풀이 방법 (a) $n = 6$, (b) $n = 7$

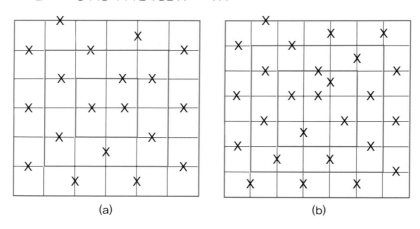

(a)   (b)

이 알고리즘이 작동하는 원리를 간단히 설명하자면 틀을 채우는 도미노의 중간 선이 판 내부에 있는 직선을 끊고 그 틀의 테두리는 마지막에 제거하는 이쑤시개 한 개로 처리할 수 있기 때문이다. 수학적 귀납법으로 이 내용을 쉽게 정리할 수 있다.

도미노 타일을 이용하는 방법으로부터 이 알고리즘에서 제거할 이쑤시개 개수 $K(n)$ 공식을 바로 만들 수 있다. 실제 n이 짝수이면 판 전체를 덮는 도미노 개수는 총 $n^2/2$개이고 중앙의 2×2 정사각형에 들어 있는 도미노 중 한 개를 제외한 모든 도미노에서 이쑤시개 한 개씩을 제거해야 하고 가운데 있는 도미노 한 개에서는 이쑤시개 두 개를 제거해야 한다. 따라서 n이 짝수일 때 제거한 이쑤시개 개수는 총 $n^2/2 + 1$이다. n이 1보다 큰 홀수이면 틀을 채우는 도미노 개수는 $(n^2 - 1)/2$개다. 도미노 한 개마다 이쑤시개를 한 개씩 제거해야 하고 중앙에 있는 3×3 정사각형을 덮는 수평 방향의 도미노 중 한 개에서는 예외적으로 두 개를 제거해야 한다. 거기에 더해 중앙에 있는 1×1 정사각형에서도 이쑤시개 한 개를 빼야 한다. 결과적으로 n이 홀수일 때 제거해야 할 이쑤시개 개수는 총 $(n^2 - 1)/2 + 2 = [n^2/2] + 1$이다.

n이 짝수일 때 정사각형을 모두 없애기 위해 제거해야 할 이쑤시개 개수가 $K(n) = [n^2/2] + 1$이라는 것을 쉽게 증명할 수 있다. 판에 있는 각 칸을 체스판과 같이 검은색과 흰색으로 번갈아 칠한다면 검은색 칸은 $n^2/2$개, 흰색 칸은 $n^2/2$개다. 검은색 칸의 둘레로 만들어지는 단위 정사각형을 없애려면 최소 $n^2/2$개의 이쑤시개를 제거해야 한다. 이때 제거한 $n^2/2$개의 이쑤시개로 흰색 칸도 없어지는데 그러려면 제거한 이쑤시개는 흰색 칸과 검은색 칸 사이에 있어야 한다. 판의 테두리에는 흰색 칸과 검은색 칸 사이를 가르는 이쑤시개가 없으므로 이쑤시개를 최소 한 개 더 제거해야 하며 제거해야 할 이쑤시개의 전체 개수는 최소 $n^2/2 + 1$이 된다. n이 1보다 큰 홀수일 때는 다소 더 복잡한 과정([Gar06, pp.31-32] 참조)을 거쳐 똑같은 식을 가장 가까운 정수로 올리면 제거해야 할 최소 이쑤시개 개수가 된다는 것을 알 수 있다.

2.144.3 참고사항

이 문제를 푸는 알고리즘은 감소 정복을 바탕으로 한다. 이 퍼즐을 $n = 1, 2, 3$인 경우에 대해 풀다 보면 '제거해야 할 이쑤시개 개수가 삼각수(1, 3, 6, 10, …) 아닐까?'라는 잘못된 추측을 할 수 있다.

이 퍼즐은 Martin Gardner가 Sam Loyd의 퍼즐 모음집에서 발견했다. 가드너는 〈Scientific American〉 1965년 11월호 칼럼에 이 문제를 사용했고 훗날 〈Colossal Book of Short Puzzles and Problems〉[Gar06, Problem 1.20]에 실었다.

2.145 퍼즐

15 퍼즐은 1부터 15까지 번호가 적힌 정사각형 타일 15개가 4×4 박스 안에 배치되어 있고 빈칸 한 개가 있는 형태다. 이 퍼즐의 목적은 초기 배치가 주어졌을 때 타일을 한 번에 한 개씩 옮겨 모든 타일을 순서대로 배치하는 것이다. 그림 2-141에 있는 초기 구성에서 퍼즐을 푸는 것이 가능할까?

▼ 그림 2-141 15 퍼즐의 초기 위치와 최종 위치

1	2	3	4
5	6	7	8
9	10	11	12
13	15	14	

→

1	2	3	4
5	6	7	8
9	10	11	12
13	14	15	

2.145.1 힌트

주어진 구성에서 퍼즐을 푸는 것이 불가능하다는 판단을 내리려면 어떤 불변량을 활용할 수 있을까?

2.145.2 풀이

타일 번호를 위에서 아래로, 왼쪽에서 오른쪽으로 읽으면 1부터 15까지의 숫자 리스트를 게임에서의 모든 위치와 연관지을 수 있다. 그렇게 하면 이 게임의 목적은 허용된 움직임을 통해 다음과 같은 초기 리스트에서

$$1, 2, 3, 4, 5, 6, 7, 8, 9, 10, 11, 12, 13, 15, 14 \quad (1)$$

다음과 같은 순열(permutation)로 옮겨가는 것이다.

$$1, 2, 3, 4, 5, 6, 7, 8, 9, 10, 11, 12, 13, 14, 15 \tag{2}$$

판에 있는 위치를 나타내는 순열의 홀짝성(parity)을 따져보는 것이 효과적이다. 일반적으로 순열의 홀짝성을 따질 때는 순서가 어긋난 원소의 쌍, 즉 더 큰 원소가 더 작은 원소 앞에 오는 원소의 쌍인 반전(inversion) 개수를 센다. 예를 들어 순열 32154에는 반전이 (3, 2), (3, 1), (2, 1), (5, 4) 네 개 있다. 4는 짝수이므로 순열 32154는 짝순열이다. 반면, 23154라는 순열은 반전이 (2, 1), (3, 1), (5, 4) 세 개 있으므로 홀순열이다. 순열에서 인접한 두 개의 원소를 맞바꾸면 홀짝이 바뀌는데 순열의 홀짝의 이런 성질은 당연해 보이지만 매우 중요하다.

원래 퍼즐로 돌아가면 처음 위치와 최종 위치의 홀짝이 다르다는 것을 알 수 있다. (1)번 식은 홀이고 (2)번 식은 짝이다. 이 게임에서 가능한 움직임을 통해 판의 위치를 나타내는 순열의 홀짝이 어떻게 바뀔 수 있는지 조사해보자. 이 퍼즐에서는 타일을 인접한 빈 위치로 수평, 수직 두 방향으로 밀어 움직일 수 있다. 수평 방향으로 밀 때는 순열이 달라지지 않으므로 홀짝도 바뀌지 않는다. 타일을 수직 방향으로 밀 때는 순열에 있는 네 개의 연속된 원소들이 순환 이동을 한다. 예를 들어 그림 2-142를 보면 타일 j, k, l, m의 순서가 k, l, m, j로 바뀐다.

▼ 그림 2-142 j 타일을 아래로 밀었을 때 생기는 변화

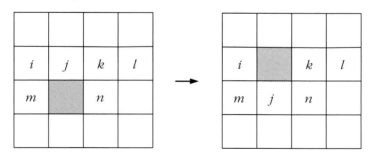

이 순환 이동은 이 네 개의 수에서 인접한 원소를 맞바꾸는 작업을 세 번 반복해 얻을 수도 있다.

$$...jklm... \rightarrow ...kjlm... \rightarrow ...kljm... \rightarrow ...klmj\cdots$$

(이 퍼즐의 규칙으로는 이런 식으로 맞바꿀 수 없지만 타일을 수직으로 움직일 때 위치의 홀짝이 어떤 식으로 바뀌는지 파악하는 데 효과적이다) 인접한 수를 한 번 맞바꿀 때마다 홀짝이 반대로 바뀌므로 세 번 맞바꾸면 홀짝은 처음의 반대가 된다.

이 게임의 움직임은 빈칸이 밀려 움직이는 것으로도 해석할 수 있다. 이 퍼즐에서 빈칸은 처음 위치와 최종 위치에서 모두 같은 곳에 있다. 따라서 이 퍼즐을 어떤 식으로 풀든 빈칸이 왼쪽으로 간 횟수와 오른쪽으로 간 횟수는 같아야 하고 위쪽으로 간 횟수와 아래쪽으로 간 횟수도 같아야 한다. 타일을 수평 방향으로 밀거나 수직 방향으로 짝수번 밀면 위치의 홀짝이 바뀌지 않으므로 초기 위치와 최종 위치의 홀짝은 같아야 한다. 이 문제에서 주어진 초기 위치와 최종 위치에서는 이 필요조건이 만족되지 않으므로 이 퍼즐은 풀 수 없다.

2.145.3 참고사항

이 퍼즐은 초기 위치와 최종 위치의 홀짝을 비교해 풀 수 있는데 불변량 개념을 응용하는 표준적인 예다(불변량에 대한 논의와 기타 예는 알고리즘 분석 기법 관련 튜토리얼 참조). 행 번호에 반전 횟수를 더하면 그 합의 홀짝은 타일을 수직 방향으로 밀었을 때도 바뀌지 않는다. 또 다른 방법으로 빈칸을 16번으로 취급할 수도 있다.

홀순열에 대해서는 이 퍼즐을 풀 수 없지만 모든 짝순열에 대해서는 풀 수 있다. 퍼즐을 푸는 효율적인 알고리즘을 고안하는 것은 쉽지 않다. 특히 $n \times n$판에서 풀이를 만들어내기 위한 최단 이동 순서를 찾아내는 작업은 특히 어려운(NP-완전) 문제인 것으로 증명되었다.

15 퍼즐은 **14-15 퍼즐**, **보스 퍼즐**이라고도 하는데 워낙 유명한 문제여서 웬만한 퍼즐 모음에는 거의 항상 들어간다. 이 퍼즐은 1880년대에 전 세계적으로 유행했는데 (푸는 것이 불가능한) 이 문제를 푸는 사람에게 상금 1000달러를 주겠다는 사람도 있었다. 미국의 대표적인 퍼즐 발명가이자 체스 문제 제작자 Sam Loyd(1841-1911)가 이 문제를 최초로 발명했다는 주장도 있었다. 로이드 자신도 비슷한 주장을 했는데 실제 발명자는 따로 있었다. 이 퍼즐은 뉴욕주 캐너스토타 우체국장 Noyes Chapman이 발명해 1880년 3월 특허 출원을 했지만 거절당했는데 2년 전 Ernest U. Kinsey가 등록한 특허와 유사했기 때문인 것으로 추정된다. 이 일화와 퍼즐 관련 여러 이야기는 J. Slocum과 D. Sonneveld가 쓴 글[Slo06]에서 찾아볼 수 있다.

2.146 움직이는 목표물 맞히기

한 컴퓨터 게임에 저격수와 움직이는 목표물이 있다. 한 직선 위에 목표물이 숨어 있을 수 있으며 저격수는 두 개 이상의 목표물의 은신처 중 어느 위치로든 총을 쏠 수 있다. 저격수는 목표물을 절대로 볼 수 없다. 저격수는 총을 쏠 때마다 목표물이 인접한 은신처로 이동한다는 것만 알고 있다. 목표물을 반드시 명중시키는 알고리즘을 설계하거나 그런 알고리즘이 존재하지 않는다는 것을 증명하라.

2.146.1 힌트

그런 알고리즘은 존재한다. 목표물이 숨을 수 있는 위치에 1부터 n까지 번호를 붙이고 목표물이 어떤 짝수번 위치에 있는 경우부터 생각해보자.

2.146.2 풀이

목표물이 숨을 수 있는 위치에 왼쪽에서 오른쪽으로 1부터 n까지 번호부터 붙이자. 저격수 입장에서는 처음에 2번 은신처(또는 대칭적으로 $n - 1$번 은신처)에 쏘는 것이 합리적인 선택이다. 목표물을 맞히거나 특정 위치(1번 또는 대칭적으로 n번 은신처)로 목표물이 움직일 수 없도록 할 수 있는 유일한 곳이기 때문이다. 우선 목표물이 원래 짝수번 은신처에 있는 경우를 생각해보자. 그런 경우, 첫 번째 발사했을 때 목표물을 맞히거나 목표물은 3 이상의 홀수번 은신처로 도망갈 것이다. 따라서 3번에 두 번째로 발사하면 목표물을 맞히거나 목표물은 4 이상의 짝수번 은신처로 도망간다. 이렇게 4, 5, ⋯, $n - 1$번 은신처까지 순서대로 발사하면 목표물을 명중시킬 수 있다.

첫 번째 총을 발사하기 전에 목표물이 홀수번 은신처에 있었다면 위에서 설명한 식으로 $n - 2$번 발사하면 맞힐 수 없다. 목표물의 위치와 총을 쏘는 위치의 홀짝이 항상 반대이기 때문이다. 하지만 $n - 1$번 위치에 쏜 후에는 목표물이 $n - 1$과 홀짝이 같은 위치로 움직인다. 따라서 대칭적으로 $n - 1$, $n - 2$, ⋯, 2 위치에 연속으로 발사하면 이 경우에도 목표물을 맞힐 수 있다.

정리하자면 다음과 같이 $2(n-2)$번 발사하면 2보다 큰 모든 n에 대해 목표물을 명중시킬 수 있다.

$$2, 3, \cdots, n-1, n-1, n-2, \cdots, 2$$

$n = 2$일 때는 같은 위치에 두 발을 쏘면 문제가 해결된다.

이 풀이는 그림 2-143의 변환 도표로 표현할 수 있고 사실 이 도표로부터 풀이를 유도할 수도 있다. 이 도표에는 $n = 5$인 경우와 $n = 6$인 경우, 매번 총을 쏘기 전에 목표물이 있을 수 있는 장소와 있을 수 없는 장소가 표시되어 있다.

❤ 그림 2-143 $n = 5$인 경우와 $n = 6$인 경우의 움직이는 목표물 맞히기 알고리즘. i번째 행($i = 1, \cdots, 2n - 4$)에 i번째 총을 쏘기 전에 움직이는 목표물이 있을 수 있는 위치(검은색 작은 원으로 표시했다)와 목표물이 있을 수 없는 위치(X로 표시했다)가 표시되어 있고 실제 총을 발사한 곳은 그 위치의 주변에 고리 모양으로 동그랗게 표시했다.

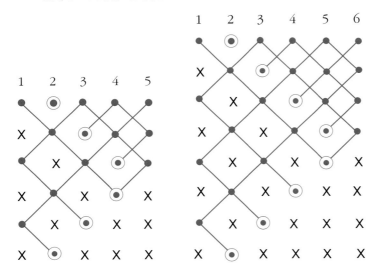

2.146.3 참고사항

이 풀이에서 목표물이 있을 수 있는 위치의 개수는 일변량 역할을 한다. 그림 2-143에 있는 변환 도표를 사용하는 방법은 표현 변경 전략의 훌륭한 예다.

이 문제의 $n = 1000$인 인스턴스가 1999년 러시아 수학 경시대회에 출제되었고 2000년에는 〈Kvant〉에 발표되었다(no. 2, p.21).

2.147 번호 달린 모자

한 대학의 신년 전야제에 n명($n > 1$)의 수학자들이 있었다. 수학과 교수들은 파티에 참석한 총장을 상대로 다음과 같은 내기를 하기로 했다. 총장은 수학자들이 쓰고 있는 파티 모자에 0 이상, $n - 1$ 이하의 수를 임의로 적는다. 숫자는 모두 다를 수 있지만 반드시 그래야만 하는 것은 아니다. 수학자들은 자신이 쓰고 있는 모자를 제외한 다른 모든 수학자들의 모자에 적힌 숫자를 확인한 다음 다른 누구와도 의견을 교환하지 않은 채 자신의 모자에 적힌 숫자를 쪽지에 적어 총장에게 건네준다. 물론 다른 수학자가 어떤 숫자를 적었는지도 볼 수 없다. 이렇게 제출한 숫자 중에 한 개라도 맞는 것이 있으면 수학자들이 내기를 이기고 총장은 수학과의 내년 예산을 5% 올려주기로 한다. 자기 모자의 숫자를 아무도 맞히지 못하면 향후 5년간 예산을 동결하기로 한다. 이 수학자들이 내기를 이길 방법이 정말 있는 것일까? 아니면 단지 엄포를 놓는 것일까?

2.147.1 힌트

수학자들 각자가 보는 모자 번호의 합을 활용해보자.

2.147.2 풀이

다음과 같은 식으로 수학자들이 내기를 이길 수 있다.

수학자들끼리 사전에 0부터 $n - 1$까지 (이름, 알파벳 순 등으로) 개인 번호를 매긴다. 다른 모든 수학자들의 모자에 적힌 숫자를 확인한 다음 i번째 수학자는 ($0 \leq i \leq n - 1$) 그 수의 합 S_i를 계산한 다음 아래 방정식에 대한 음이 아닌 가장 작은 해를 구해 자신의 모자에 적힌 숫자를 유추한다.

$$(S_i + x_i) \bmod n = i$$

해는 다음과 같다.

$$x_i = (i - S_i) \bmod n$$

(즉, x_i는 수학자의 개인 번호와 다른 수학자의 모자에 적힌 숫자의 총합의 차이를 수학자수로 나눈 나머지다)

모든 모자에 적힌 숫자의 합을 $S = b_1 + b_2 + \cdots + b_n$이라고 하자. 0 이상, $n - 1$ 이하인 모든 i에 대해 $S = S_i + b_i$다. 0, 1, $\cdots$, $n - 1$을 n으로 나눈 나머지에는 0 이상, $n - 1$ 이하의 모든 자연수가 들어 있으므로 다음과 같은 식을 만족시키는 한 개의 정수 j가 반드시 존재한다.

$$j \bmod n = S \bmod n$$

따라서 위의 식을 만족시키는 j번째 수학자는 자신의 모자에 적힌 숫자를 제대로 맞힐 수 있다.

$$j = j \bmod n = S \bmod n = (S_j + b_j) \bmod n = (S_j + x_j) \bmod n$$

이것은 $b_j \bmod n = x_j \bmod n$이라는 것을 뜻하고 b_j와 x_j는 모두 0 이상, $n - 1$ 이하이므로 $x_j = b_j$다.

예를 들어 $n = 5$이고 모자 번호가 각각 3, 4, 0, 3, 2라고 가정하자. 그러면 다음과 같은 표를 만들 수 있다.

i	b_i	S_i	x_i	정답 여부
0	3	9	1	정답 아님
1	4	8	3	정답 아님
2	0	12	0	정답($j = 2$)
3	3	9	4	정답 아님
4	2	10	4	정답 아님

2.147.3 참고사항

이 퍼즐은 최근 들어 Rainbow Hats, 88 Hats와 같은 이름으로 기술 인터뷰 질문에 대한 여러 인터넷 사이트와 책(예 [Zho08, p.31])에서 많이 소개되고 있다. 이 문제의 원래 출처는 알아내지 못했다.

2.148 자유를 위한 동전 한 개

교도소장이 감옥에 갇혀 있는 두 명의 프로그래머(각각 A와 B라고 하자)에게 다음 문제를 맞히면 석방시켜 주겠다고 제안한다. 교도소장은 한 방에 각 칸마다 동전이 한 개씩 놓인 8×8판을 준비했다. 그중 어떤 동전은 위를 향하고 어떤 동전은 아래를 향하고 있다. B가 없는 상태에서 교도소장이 A에게 판의 특정 칸을 지정해주고 B는 그 칸을 맞혀야 한다. 죄수 A는 동전을 단 한 개만 뒤집은 후 그 방을 떠나야 한다. 그러고 나면 B가 방에 들어와 교도소장이 지정한 칸을 맞힌다. A와 B는 사전에 전략을 짤 수 있지만 게임이 시작된 후에는 의사소통이 불가능하다. 물론 B는 방에 들어온 후 판을 볼 수 있고 원한다면 필요한 만큼 계산도 할 수 있다. 이 두 명의 죄수는 자유를 찾을 수 있을까? 아니면 이 게임은 이길 수 없는 게임일까?

2.148.1 힌트

비트열에 대한 표준적인 계산 작업을 이용해 게임을 이길 수 있다.

2.148.2 풀이

죄수들은 교도소장이 고른 칸을 죄수 A가 동전 한 개만 뒤집어 B에게 알려줄 수 있는 방법을 고안해야 한다. 뒤집힌 동전, 즉 뒷면이 위를 향하는 동전의 위치를 활용해 위치를 알려줄 수 있다. 더 구체적으로 말하면 뒷면이 위를 향하는 모든 동전의 위치를 교도소장이 고른 칸의 위치로 대응시킬 수 있는 함수를 찾아내야 한다. A는 동전 한 개를 뒤집어 그 대응을 완성시켜야 하고 B는 자신에게 주어진 판으로 함수 값을 계산하기만 하면 된다. 그 방법은 다음과 같다.

우선 판의 칸에 0부터 63까지, 예를 들어 왼쪽 위에서 시작해 왼쪽에서 오른쪽으로, 위에서 아래로 번호를 붙인다. A에게 주어진 판에서 뒷면이 위를 향한 모든 칸의 번호를 6-비트 이진수로 표기한 것을 $T_1, T_2, \cdots, T_n$이라고 하고 교도소장이 선택한 칸에 해당하는 번호를 6-비트 이진수로 표기한 것을 J라고 하자. A가 뒤집을 동전에 할당된 번호를 6-비트 이진수로 표기한 것을 X라고 하자. X는 XOR 연산($\oplus$로 표기)으로 계산한 합

$T = T_1 \oplus T_2 \oplus \cdots \oplus T_n$의 J에 대한 XOR 보수로 구할 수 있다.

$$T \oplus X = J \text{ 또는 } X = T \oplus J \tag{1}$$

($n = 0$이면 $T = \text{O}$, 즉 모두 0인 비트열로 가정하면 되므로 $X = \text{O} \oplus J = J$다)

❤ 그림 2-144 자유를 위한 동전 한 개 퍼즐의 두 가지 인스턴스. 초기 구성에서 뒷면이 위를 향하는 동전과 앞면이 위를 향하는 동전을 각각 검은색 원과 흰색 원으로 표시했다. 교도소장이 선택한 칸은 X자로 표시했다. 죄수 A가 뒤집어야 할 동전은 동전 주위에 큰 동그라미로 표시했다.

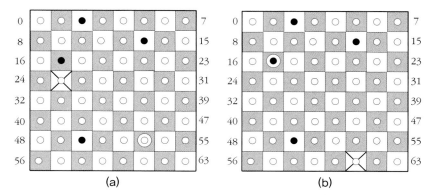

그림 2-144 (a)에 있는 판의 경우에는 다음과 같이 계산할 수 있다.

$$\begin{aligned}
T_1 &= 2_{10} = 000010 \\
T_2 &= 13_{10} = 001101 \\
T_3 &= 17_{10} = 010001 \qquad\qquad J = 25_{10} = 011001 \\
T_4 &= 50_{10} = 110010 \\
\hline
T &= 101100
\end{aligned}$$

따라서 X는 다음과 같이 구할 수 있다.

$$X = T \oplus J = 101100 \oplus 011001 = 110101 = 53_{10}$$

그러므로 죄수 A가 53번 위치에 있는 동전을 뒷면이 위를 향하도록 뒤집고 나가면 죄수 B는 2, 13, 17, 50, 53번 동전의 뒷면이 위를 향한 채 놓인 것을 보고 교도소장이 고른 동전의 위치를 다음과 같이 계산할 수 있다.

$$T_1 \oplus T_2 \oplus \cdots \oplus T_n \oplus X = T \oplus X = J = 011001 = 25_{10}$$

위의 예는 두 가지 가능한 경우 중 첫 번째, 즉 (1)번 식으로 계산한 위치 X에 있는 동전의 앞면이 위를 향하도록 놓은 경우다. 이런 경우, 위치 X에 있는 동전을 뒤집으면 전에 뒷면이 위를 향했던 동전에 X가 추가된다. 하지만 그 위치에 있는 동전이 원래 뒷면이 위를 향하도록 놓여 있었다면, 즉 그 동전이 뒷면이 위를 향하도록 놓여 있었던 i번째$(1 \le i \le n)$ 동전이었다면 어떻게 될까? 이런 경우, 뒤집힌 동전은 앞면이 위를 향하게 되어 죄수 B는 선택된 칸을 $T_1 \oplus \cdots \oplus T_{i-1} \oplus T_{i+1} \oplus \cdots \oplus T_n$으로 계산하게 된다. 다행히 어떤 비트열 S에 대해서든 $S \oplus S = \mathrm{O}$이므로 이 경우에도 (1)번 식은 제대로 된 결과를 내놓는다. 사실 죄수 A가 $X = T \oplus J = T_i$라고 계산하면 죄수 B는 죄수 A가 사용한 것과 똑같은 선택된 칸의 위치를 구하게 된다.

$$J = T \oplus X = T_1 \oplus \cdots \oplus T_{i-1} \oplus T_i \oplus T_{i+1} \oplus \cdots \oplus T_n \oplus T_i$$

$$= T_1 \oplus \cdots \oplus T_{i-1} \oplus T_{i+1} \oplus \cdots \oplus T_n \oplus T_i \oplus T_i$$

$$= T_1 \oplus \cdots \oplus T_{i-1} \oplus T_{i+1} \oplus \cdots \oplus T_n$$

예를 들어 교도소장이 전과 같이 네 개의 동전의 뒷면이 위를 향하도록 놓은 판에서 61번 칸을 선택한다면 (그림 2-144 (b) 참조) 다음과 같이 계산할 수 있다.

$$
\begin{aligned}
T_1 &= 2_{10} = 000010 \\
T_2 &= 13_{10} = 001101 \\
T_3 &= 17_{10} = 010001 \qquad\qquad J = 61_{10} = 111101 \\
T_4 &= 50_{10} = 110010 \\
\hline
T &= 101100
\end{aligned}
$$

그러면 X는 다음과 같이 계산된다.

$$X = T \oplus J = 101100 \oplus 111101 = 010001 = T_3 = 17_{10}$$

죄수 A가 17번 칸에 있는 동전의 앞면이 위를 향하도록 뒤집으면 죄수 B는 뒷면이 위를 향하는 동전이 2, 13, 50번 위치에 있는 판을 보게 될 것이고 선택된 칸의 위치를 다음과 같은 식으로 계산하게 된다.

$$000010 \oplus 001101 \oplus 110010 = 111101 = 61_{10}$$

2.148.3 참고사항

이 퍼즐의 풀이는 이진 숫자를 활용하는 또 다른 예를 보여준다.

이 퍼즐의 1차원 버전이 2007년 가을에 개최된 International Mathematics Tournament of Towns에 나왔다. 그 대회 참가자들은 전체 알고리즘까지 제공할 필요는 없었다. 이후 위에서 소개한 것과 같은 형식으로 일부 웹 사이트에 이 문제가 소개되었다.

2.149 자갈 펼치기

평면 위의 1사분면을 정사각형 칸으로 나눠 만들 수 있는 무한한 판에서 다음과 같은 1인용 게임을 한다. 처음에 판의 구석에 놓인 자갈 한 개로 시작한다. 각 단계마다 자갈 한 개를 빼고 그 오른쪽과 위쪽에 인접한 칸에 자갈 두 개를 놓는 식으로 자갈을 교체할 수 있다. 이렇게 자갈을 교체하려면 그 두 칸은 비어 있어야 한다. 이 게임의 목적은 구석에 있는 n개의 연속적인 대각선으로 구성된 계단 영역 S_n에서 모든 자갈을 제거하는 것이다(그림 2-145의 예 참조).

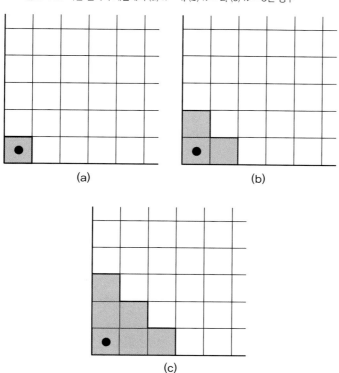

(a)   (b)

(c)

예를 들어 $n = 1$인 경우에는 처음 한 번, 가능한 유일한 움직임을 하고 나면 S_1에서 모든 자갈이 제거된다(그림 2-146).

❤ 그림 2-146 자갈 펼치기 게임에서 $n = 1$인 경우에는 한 번만 움직이면 회색으로 칠해진 계단 영역 S_1에서 자갈을 모두 제거할 수 있다.

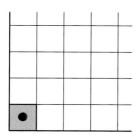 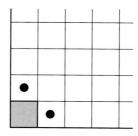

이 게임의 목적을 달성할 수 있는 모든 n값을 구하라.

2.149.1 힌트

이 게임의 목적은 $n = 1$, $n = 2$인 경우에만 달성할 수 있다. 어떤 불변량을 이용하면 $n > 2$인 경우에 목적을 달성할 수 없다는 것을 보여줄 수 있을까?

2.149.2 풀이

이 퍼즐은 $n = 1$, $n = 2$인 경우에만 풀 수 있다.

$n = 1$일 때는 유일하게 가능한 방법대로 자갈을 퍼뜨리면 문제가 풀린다. $n = 2$인 경우의 풀이 방법을 그림 2-147에 그려봤다.

▼ 그림 2-147 자갈 펼치기 퍼즐에서 (회색으로 표시된) 계단 영역 S_2에서 자갈을 모두 치우는 과정

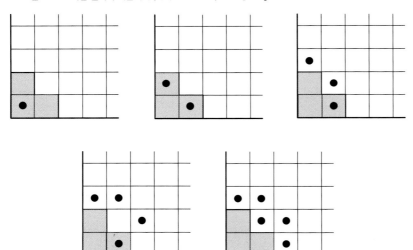

이제 $n > 2$인 경우에는 문제에서 허용된 움직임을 유한번 반복해서는 계단 영역 S_n에 있는 자갈을 모두 제거할 수 없다는 것을 보여주자. 판에 있는 각 칸 (i, j) (이때 $i, j \geq 1$)에 대해 $\mathrm{w}(i, j) = 2^{2-i-j}$라는 무게를 할당하자(그림 2-148 참조).

그러면 $i + j = d + 1$, $d = 1, 2, \cdots$일 때 d번째 대각선 위에 있는 칸의 무게는 모두 똑같아지고 모든 칸의 무게를 더하면 — 다음과 같이 각 행별 무게의 합을 구한 다음 모두 더해 구할 수 있다 — 그 합이 4라는 것을 알 수 있다.

$$(1 + 1/2 + 1/4 + \cdots) + (1/2 + 1/4 + \cdots) + \cdots + (1/2^{j-1} + 1/2^{j} + \cdots) + \cdots$$

$$= \frac{1}{1 - 1/2} + \frac{1/2}{1 - 1/2} + \cdots + \frac{1/2^{j-1}}{1 - 1/2} + \cdots = 2(1 + 1/2 + \cdots + 1/2^{j-1} + \cdots)$$

$$= 2 \cdot \frac{1}{1 - 1/2} = 4$$

이제 한 위치의 무게를 자갈이 놓인 모든 칸의 위치의 합으로 정의할 수 있다. 처음 위치의 무게는 1 이상의 임의의 n에 대해 1이다. 한 번 — 즉 유한번 — 움직이는 것으로는 위치의 무게가 달라지지 않는다. (i, j)칸에서 제거된 자갈의 무게가 $(i + 1, j)$와 $(i, j + 1)$칸에 새로 생긴 자갈의 무게로 상쇄되기 때문이다. $(2^{2-(i+j)} = 2^{2-(i+1+j)} + 2^{2-(i+j+1)})$

이 결과로부터 n이 4 이상일 때는 어떤 계단 영역 S_n에서도 유한번 움직여 자갈을 모두 제거할 수 없다는 것을 알 수 있다. 만약 그것이 가능하다면 그 최종 위치에서 S_n 외부의 유한한 영역 R_n에 자갈이 깔려 있을 것이다. 그 영역의 무게의 합 $W(R_n)$은 S_4 밖에 있는 모든 칸의 무게의 총합보다 작아야 할 것이다. S_4 밖에 있는 모든 칸의 무게의 총합은 판에 있는 모든 칸의 무게의 합에서 S_4를 구성하는 칸의 무게의 합을 빼면 구할 수 있으므로 다음과 같이 쓸 수 있다(그림 2-149 참조).

$$S(R_4) < 4 - W(S_4) = 4 - (1 + 2 \cdot 1/2 + 3 \cdot 1/4 + 4 \cdot 1/8) = 3/4$$

따라서 4 이상의 n에 대해 $W(R_n) \leq W(R_4) < 1$이므로 4 이상의 n에 대해 계단 영역 S_n에 있는 자갈을 유한한 이동 횟수 안에 완전히 제거하는 것은 불가능하다.

계단 S_3에서 자갈을 완전히 제거하는 것도 불가능하다. 주어진 판의 첫 번째 행과 첫 번째 열에는 항상 자갈이 한 개씩 있다. 따라서 S_3에 있던 모든 자갈을 S_3 밖에 있는 영역 R_3를 차지하도록 변환한다면 R_3는 첫 번째 행의 한 칸, 첫 번째 열의 한 칸, 다른 행과 열에 있는 칸의 집합 Q_3으로 이뤄질 것이다(그림 2-149 (b)). $W(Q_3)$의 상한은 1사분면 전체의 무게에서 첫 번째 열에 있는 칸의 무게, 첫 번째 행에 있는 칸의 무게, (2, 2)칸의 무게의 합을 빼 구할 수 있다.

$$W(Q_3) < 4 - [1 + 2(1/2 + 1/4 + \cdots) + 1/4] = 3/4$$

▼ 그림 2-149 자갈 펼치기 퍼즐에서 (a) 계단 영역 S_4의 각 칸의 무게. (b) 계단 영역 S_3의 각 칸과 1행 및 1열에 있는 S_3 외부 칸의 무게

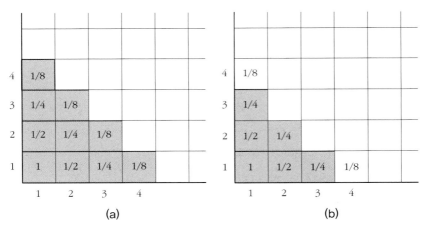

따라서 $W(R_3)$의 상한은 다음과 같이 구할 수 있다.

$$W(R_3) < 1/8 + 1/8 + 3/4 = 1$$

$W(R_3) < 1$이므로 S_3에 있는 자갈은 R_3를 차지하도록 변환될 수 없다.

2.149.3 참고사항

이 문제에서 사용한 현재 위치의 무게라는 불변량 개념은 J. Conway의 **솔리테어 군대** 퍼즐(2.132)에서 사용한 것과 비슷하다.

이 퍼즐은 M. Kontsevich가 〈Kvant〉 1981년 11월호(p.21, Problem M715)에서 제안한 문제이며 A. Khodulev는 이 퍼즐의 상세한 풀이와 일반화 과정을 1982년 7월호에 공개했다.

2.150 불가리아식 솔리테어

n개의 동전이 있다. n은 삼각수(예를 들어 어떤 양의 정수 k에 대해 $n = 1 + 2 + \cdots + k$)다. 이 동전들은 $s \geq 1$개의 무더기로 나눠져 있다. 무더기의 수나 각 무더기에 있는 동전 개수에는 제한이 없고 다음과 같은 작업을 반복한다. 각 무더기에서 동전을 한 개씩 빼 모든 동전을 새로운 한 무더기로 쌓는다. n개의 동전을 처음에 어떻게 갈랐는지와 상관없이 이 작업을 유한한 횟수만큼 반복하면 동전 개수가 각각 1, 2, …, k개인 k개의 무더기가 만들어진다는 것을 증명하라(일단 이 상태에 도달하면 그 상태는 유지된다). 예를 들어 그림 2-150에는 처음에 동전 10개가 여섯 개와 네 개의 두 무더기로 나눠져 있는 경우를 보여준다. 불가리아 솔리테어에서는 무더기 순서를 구분하지 않으므로 그림 2-150에 나와 있듯이 무더기를 크기가 증가하지 않는 순서로 놓으면 편리하다.

2.150.1 힌트

먼저 주어진 알고리즘으로 각 무더기의 크기가 증가하지 않는 순서로 형성되는 동전 분할의 루프가 만들어진다는 것을 보여주자. 그런 다음 그 루프에서 각 동전의 궤적을 추적해 동전 개수가 삼각수일 때는 그 루프에 단 한 가지 분할만 포함될 수 있다는 것을 보여주자.

2.150.2 풀이

각 무더기를 동전이 쌓인 스택이라고 생각하면 편리하다. 이 알고리즘에서는 매 반복마다 각 스택을 돌면서 동전을 한 개씩 꺼낸다(이때 일반성을 잃지 않고 각 스택의 맨 밑에서 동전을 꺼낸다고 가정하자). 그리고 꺼낸 순서대로 새로운 스택에 집어넣는다. 처음에는 새 스택을 다른 스택보다 앞에 놓은 다음 무더기 크기가 증가하지 않는 순서대로 정렬되도록 적합한 위치를 찾아 옮긴다. 이 과정을 그림 2-151에 정리했다. 각 동전은 알파벳 문자 레이블로 표시했다.

n을 양의 정수(무더기 크기)의 합으로 가르는 방법은 유한하므로 유한번 반복하면 루프를 돌게 된다. 우리가 할 일은 동전 $n = 1 + 2 + \cdots + k$개를 모두 한 무더기로 쌓을 가능성을 포함해 초기에 어떤 식으로 무더기를 갈라 놓더라도, 즉 n을 어떤 양의 정수의 합으로 갈라 놓더라도 이 알고리즘을 돌리면 반드시 $(k, k - 1, \cdots, 1)$ 형태의 분할에 다다른다는 것을 보여주는 것이다. 이 분할은 상태가 한 개뿐인 루트로 주어진 알고리즘에 의해 원래 상태로 변환된다. 상태가 한 개뿐인 루프는 이 분할뿐이다. 알고리즘에서 $(n_1, n_2, \cdots, n_s)$를 (이때 $n_1 \geq n_2 \geq \cdots \geq n_s$) $(s, n_1 - 1, n_2 - 1, \cdots, n_{s-1} - 1)$로 변환하는데 그 두 튜플이 같다면 s는 두 번째 튜플에서 가장 큰 성분이어야 하고 $n_s = 1$이어야 한다(그렇지 않으

면 두 튜플의 크기는 같을 수 없다). 두 튜플에서 서로 대응하는 성분이 같다고 놓으면 n_1 = s이고 i = 2, ···, s에 대해 $n_i = n_{i-1} - 1$이라는 선형 연립방정식을 세울 수 있는데 후방 대입법을 이용해 $n_{s-1} = n_s + 1 = 2$와 같은 식으로 줄줄이 대입하면 $n_1 = n_2 + 1 = k$, $s = k$라는 결과를 얻을 수 있다.

▼ 그림 2-151 불가리아식 솔리테어의 예. 마지막 단계에서는 무더기를 정렬한다.

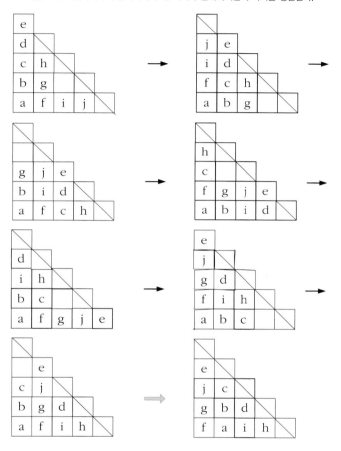

이제 두 개 이상의 분할을 포함하는 루프는 없다는 것을 증명해보자. 첫째, 루프에서는 무더기 정렬이 일어나지 않는다. 이것은 각 동전에 스택 번호와 스택 안에서 아래쪽부터 시작하는 위치 번호를 더한 "무게"를 할당해 증명할 수 있다. 예를 들어 그림 2-151의 맨 처음 분할에 있는 동전에는 $a(1 + 1)$, $b(1 + 2)$, ···, $j(4 + 1)$와 같은 식으로 무게를 할당할 수 있다. 그리고 나면 분할을 구성하는 모든 동전의 무게의 합으로 분할(반드시 정렬되어 있을 필요는 없다)의 무게를 정의할 수 있다. 예를 들어 그림 2-151에 있는 첫 번째 분할의 무게는 41이다. 알고리즘에서 정해진 작업을 적용해도 출력을 정렬하지 않아도 되는 경우라면 무게는 달라지지 않는다는 것을 쉽게 알 수 있다. i번 스택의 j번 위치에 있는 동전의 무게 $i + j$는 다음 단계에서 $j > 1$일 때는 $(i + 1) + (j - 1)$, $j = 1$일 때는 $j + i$가 되어 변하지 않기 때문이다. 하지만 어떤 분할을 이루는 스택들의 크기가 증가하지 않는 순서로 정렬되어 있지 않다면 스택들을 정렬했을 때 분할의 무게가 줄어든다. 따라서 동전 분할의 루프 안에서는 무더기 정렬이 일어날 수가 없다.

둘째, 주어진 알고리즘에 의해 만들어지는 정렬이 필요하지 않은 어떤 동전 분할 시퀀스에서든 각 동전은 대각선 방향을 따라 돌아가며 그 대각선에 빈칸이 있다면 그 빈칸도 대각선을 따라 움직인다(그림 2-151에서 그 예를 찾아볼 수 있다). 하지만 그러면 d번째 대각선에 동전이 최소 한 개라도 있다면 $(d - 1)$번째 대각선에는 빈칸이 있을 수 없다. 실제로 그것이 가능했다면 $(d - 1)$번째 대각선에 있는 빈칸과 d번째 대각선 위에 있는 동전이 유한 단계 후에 각자의 스택에서 같은 높이에 다다르게 되고 그러면 스택을 정렬해야 하는 상황이 된다(그림 2-151의 마지막 단계가 그런 상황이다).

그러면 루프를 구성하는 상태의 시퀀스에서 맨 위에 있는 대각선에만 빈칸이 있을 수 있다는 말이 된다. 하지만 $n = 1 + 2 + \cdots + k$이므로 k개의 대각선이 모두 가득 차 있어야 한다. k번째 대각선에 동전이 없었다면 동전의 총 개수는 $1 + 2 + \cdots + (k - 1)$보다 크지 않았을 것이다. 그리고 만약 $(k + 1)$번째 대각선에 동전 한 개가 있었다면 위에서 증명했듯이 그보다 밑에 있는 모든 대각선은 가득 차 있어야 할 것이므로 동전의 총 개수는 $1 + 2 + \cdots + k$보다 커야 할 것이다. 따라서 주어진 삼각수 n에 대해 단일 분할 루프가 만들어진다는 것을 알 수 있다.

2.150.3 참고사항

불가리아식 솔리테어는 1983년 Martin Gardner가 〈Scientific American〉 칼럼에서 소개한 이후 유명해졌다([Far97b, pp.36-43] 참조). 그 칼럼은 그보다 1년 전 덴마크 수학자 Jørgen Brandt가 발표한 논문을 바탕으로 했다. 그후 이 게임 및 이 게임을 변형시킨 게임에 대한 여러 가지 흥미로운 결과가 발표되었다(에 [Gri98]). 그중에는 어떤 초기 분할에서 시작하든 안정적인 분할인 $(k, k - 1, \cdots, 1)$에 다다르는 데 필요한 반복 횟수가 $k^2 - k$를 넘지 않는다는 결과도 있다.

[Ash04] Ash, J. M., and Golomb, S. W. Tiling deficient rectangles with trominoes. Mathematics Magazine, vol. 77, no. 1 (Feb. 2004), 46–55.

[Ash90] Asher, M. A river–crossing problem in cross–cultural perspective. Mathematics Magazine, vol. 63, no. 1 (Feb. 1990), 26–29.

[Ave00] Averbach, B., and Chein, O. Problem Solving Through Recreational Mathematics. Dover, 2000.

[Bac12] Bachet, C. Problèmes plaisans et delectables qui se font par les nombres. Paris, 1612.

[Backh] Backhouse, R. Algorithmic problem solving course website. www.cs.nott.ac.uk/~ rcb/G51APS/exercises/InductionExercises.pdf (accessed Oct. 4, 2010).

[Bac08] Backhouse, R. The capacity–C torch problem. Mathematics of Program Construction 9th International Conference (MPC 2008), Marseille, France, July 15–18, 2008, Springer–Verlag, 57–78.

[Bal87] Ball, W. W. Rouse, and Coxeter, H. S. M. Mathematical Recreations and Essays, 13th edition. Dover, 1987. www.gutenberg.org/ebooks/26839 (1905 edition; accessed Oct. 10, 2010).

[Bea92] Beasley, J. D. The Ins and Outs of Peg Solitaire. Oxford University Press, 1992.

[Bec97] Beckwith, D. Problem 10459, in Problems and Solutions, American Mathematical Monthly, vol. 104, no. 9 (Nov. 1997), 876.

[Bel09] Bell, J., and Stevens, B. A survey of known results and research areas for n–queens. Discrete Mathematics, vol. 309, issue 1 (Jan. 2009), 1–31.

[Ben00] Bentley, J. Programming Pearls, 2nd ed. Addison–Wesley, 2000.

[Ber04] Berlekamp, E. R., Conway, J. H., and Guy, R. K. Winning Ways for Your Mathematical Plays, Volume 4, 2nd ed. A K Peters, 2004.

[Ber91] Bernhardsson, B. Explicit solutions to the n-queens problem for all n. SIGART Bulletin, vol. 2, issue 2 (April 1991), 7.

[Bogom] Bogomolny, A. Interactive Mathematics Miscellany and Puzzles. www.cut-the-knot.org (accessed Oct. 4, 2010).

[Bog00] Bogomolny, A. The three jugs problem. The Mathematical Association of America, May 2000. www.maa.org/editorial/knot/water.html#kasner (accessed Oct. 10, 2010).

[Bol07] Bollobás, B. The Art of Mathematics: Coffee Time in Memphis. Cambridge University Press, 2007.

[Bos07] Bosova, L. L., Bosova, A. Yu, and Kolomenskaya, Yu. G. Entertaining Informatics Problems, 3rd ed., BINOM, 2007 (in Russian).

[Bro63] Brooke, M. Fun for the Money. Charles Scribner's Sons, 1963.

[CarTalk] Archive of the U.S. National Public Radio talk show Car Talk. www.cartalk.com/content/puzzler (accessed Oct. 4, 2010).

[Chr84] Christen, C., and Hwang, F. Detection of a defective coin with a partial weight information. American Mathematical Monthly, vol. 91, no. 3 (March 1984), 173-179.

[Chu87] Chu, I-Ping, and Johnsonbaugh, R. Tiling and recursion. ACM SIGCSE Bulletin, vol. 19, issue 1 (Feb. 1987), 261-263.

[Cor09] Cormen, T. H., Leiserson, C. E., Rivest, R. L., and Stein, C. Introduction to Algorithms, 3rd edition. MIT Press, 2009.

[Cra07] Crack, T. F. Heard on the Street: Quantitative Questions from Wall Street Job Interviews, 10th ed. Self-published, 2007.

[Cso08] Csorba, P., Hurkens, C. A., and Woeginger, G. J. The Alcuin number of a graph. Proceedings of the 16th Annual European Symposium on Algorithms. Lecture Notes in Computer Science, vol. 5193, 2008, 320-331.

[Dem02] Demaine, E. D., Demaine, M. L., and Verrill, H. Coin-moving puzzles. In R. J. Nowakowski, editor, More Games of No Chance. Cambridge University Press, 2002, 405–431.

[Dij76] Dijkstra, E. W. A Discipline of Programming. Prentice Hall, 1976.

[Dud02] Dudeney, H. E. The Canterbury Puzzles and Other Curious Problems. Dover, 2002. www.gutenberg.org/ebooks/27635 (1919 edition; accessed Oct. 10, 2010).

[Dud58] Dudeney, H. E. Amusements in Mathematics. Dover, 1958. www.gutenberg.org/ebooks/16713 (first published in 1917; accessed Oct. 10, 2010).

[Dud67] Dudeney, H. E. (edited by Martin Gardner). 536 Puzzles & Curious Problems. Charles Scribner's Sons, 1967.

[Dyn71] Dynkin, E. B., Molchanov, S. A., Rozental, A. L., and Tolpygo, A. K. Mathematical Problems, 3rd revised edition, Nauka, 1971 (in Russian).

[Eng99] Engel, A. Problem-Solving Strategies. Springer, 1999.

[Epe70] Eperson, D. B. Triangular (Old) Pennies. The Mathematical Gazette, vol. 54, no. 387 (Feb. 1970), 48–49.

[Fom96] Fomin, D., Genkin, S., and Itenberg, I. Mathematical Circles (Russian Experience). American Mathematical Society, Mathematical World, Vol. 7, 1996 (translated from Russian).

[Gar99] Gardner, A. Mathematical Puzzling. Dover, 1999.

[Gar61] Gardner, M. Mathematical Puzzles. Thomas Y. Crowell, 1961.

[Gar71] Gardner, M. Martin Gardner's 6th Book of Mathematical Diversions from Scientific American. W. H. Freeman, 1971.

[Gar78] Gardner, M. aha! Insight. Scientific American/W. H. Freeman, 1978.

[Gar83] Gardner, M. Wheels, Life, and Other Mathematical Amusements. W. H. Freeman, 1983.

[Gar86] Gardner, M. Knotted Doughnuts and Other Mathematical Entertainments. W. H. Freeman, 1986.

[Gar87] Gardner, M. The Second Scientific American Book of Puzzles and Games. University of Chicago Press, 1987.

[Gar88a] Gardner, M. Hexaflexagons and Other Mathematical Diversions: The First Scientific American Book of Puzzles and Games. University of Chicago Press, 1988.

[Gar88b] Gardner, M. Time Travel and Other Mathematical Bewilderments. W. H. Freeman, 1988.

[Gar89] Gardner, M. Mathematical Carnival. The Mathematical Association of America, 1989.

[Gar97a] Gardner, M. Penrose Tiles to Trapdoor Chiphers . . . and the Return of Dr. Matrix, revised edition. The Mathematical Association of America, 1997.

[Gar97b] Gardner, M. The Last Recreations: Hidras, Eggs, and Other Mathematical Mystifications. Springer, 1997.

[Gar06] Gardner, M. Colossal Book of Short Puzzles and Problems. W. W. Norton, 2006.

[Gik76] Gik, E. Ya. Mathematics on the Chessboard. Nauka, 1976 (in Russian).

[Gik80] Gik, E. The Battleship game. Kvant, Nov. 1980, 30–32, 62–63 (in Russian).

[Gin03] Ginat, D. The greedy trap and learning from mistakes. Proceedings of the 34th SIGCSE Technical Symposium on Computer Science Education, ACM, 2003, 11–15.

[Gin06] Ginat, D. Colorful Challenges column. inroads—SIGCSE Bulletin, vol. 38, no. 2 (June 2006), 21–22.

[Gol54] Golomb, S. W. Checkerboards and polyominoes. American Mathematical Monthly, vol. 61, no. 10 (Dec. 1954), 675–682.

[Gol94] Golomb, S. W. Polyominoes: Puzzles, Patterns, Problems, and Packings, 2nd edition. Princeton University Press, 1994.

[Graba] Grabarchuk, S. Coin triangle. From Puzzles.com. www.puzzles.com/PuzzlePlayground/CoinTriangle/CoinTriangle.htm (accessed Oct. 4, 2010).

[Gra05] Grabarchuk, S. The New Puzzle Classics: Ingenious Twists on Timeless Favorites. Sterling Publishing, 2005.

[Gra94] Graham, R. L., Knuth, D. E. and Patashnik, O. Concrete Mathematics: A Foundation for Computer Science, 2nd ed. Addison–Wesley, 1994.

[Gre73] Greenes, C. E. Function generating problems: the row chip switch. Arithmetic Teacher, vol. 20 (Nov. 1973), 545–549.

[Gri98] Griggs, J. R., and Ho, Chih–Chang. The cycling of partitions and compositions under repeated shifts. Advances in Applied Mathematics, vol. 21, no. 2 (1998), 205–227.

[Had92] Hadley, J., and Singmaster, D. Problems to sharpen the young. Mathematical Gazette, vol, 76, no. 475 (March 1992), 102–126.

[Hes09] Hess, D. All–Star Mathlete Puzzles. Sterling, 2009.

[Hof79] Hofstadter, D. Gödel, Escher, Bach: An Eternal Golden Braid. Basic Books, 1979.

[Hur00] Hurkens, C. A. J. Spreading gossip efficiently. NAW, vol. 5/1 (June 2000), 208–210.

[Iba03] Iba, G., and Tanton, J. Candy sharing. American Mathematical Monthly, vol. 110, no. 1 (Jan. 2003), 25–35.

[Ign78] Ignat'ev, E. I. In the Kingdom of Quick Thinking. Nauka, 1978 (in Russian).

[Iye66] Iyer, M., and Menon, V. On coloring the $n \times n$ chessboard. American Mathematical Monthly, vol. 73, no. 7 (Aug.–Sept. 1966), 721–725.

[Kho82] Khodulev, A. Relocation of chips. Kvant, July 1982, 28–31, 55 (in Russian).

[Kin82] King, K. N., and Smith–Thomas, B. An optimal algorithm for sink–finding. Information Processing Letters, vol. 14, no. 3 (May 1982), 109–111.

[Kle05] Kleinberg, J., and Tardos, E. Algorithm Design. Addison–Wesley, 2005.

[Knott] Knott, R. Fibonacci Numbers and the Golden Section. www.mcs.surrey.ac.uk/Personal/R.Knott/Fibonacci/ (accessed Oct. 4, 2010).

[Knu97] Knuth, D. E. The Art of Computer Programming, Volume 1: Fundamental Algorithms, 3rd ed. Addison–Wesley, 1997.

[Knu98] Knuth, D. E. The Art of Computer Programming, Volume 3: Sorting and Searching, 2nd ed. Addison–Wesley, 1998.

[Knu11] Knuth, D. E. The Art of Computer Programming, Volume 4A, Combinatorial Algorithms, Part 1. Pearson, 2011.

[Kon96] Konhauser J. D. E., Velleman, D., and Wagon, S. Which Way Did the Bicycle Go?: And Other Intriguing Mathematical Mysteries. The Dolciani Mathematical Expositions, No. 18, The Mathematical Association of America, 1996.

[Kor72] Kordemsky, B. A. The Moscow Puzzles: 359 Mathematical Recreations. Scribner, 1972 (translated from Russian).

[Kor05] Kordemsky, B. A. Mathematical Charmers. Oniks, 2005 (in Russian).

[Kra53] Kraitchik, M. Mathematical Recreations, 2nd revised edition. Dover, 1953.

[Kre99] Kreher, D. L., and Stinson, D. R. Combinatorial Algorithms: Generation, Enumeration, and Search. CRC Press, 1999.

[Kur89] Kurlandchik, L. D., and Fomin, D. B. Etudes on the semi−invariant. Kvant, no. 7, 1989, 63−68 (in Russian).

[Laa10] Laakmann, G. Cracking the Coding Interview, 4th ed. CareerCup, 2010.

[Leh65] Lehmer, D. H. Permutation by adjacent interchanges. American Mathematical Monthly, vol. 72, no. 2 (Feb. 1965), 36−46.

[Leino] Leino, K. R. M. Puzzles. research.microsoft.com/en−us/um/people/leino/puzzles.html (accessed Oct. 4, 2010).

[Lev06] Levitin, A. Introduction to the Design and Analysis of Algorithms, 2nd edition. Pearson, 2006.

[Lev81] Levmore, S. X., and Cook, E. E. Super Strategies for Puzzles and Games. Doubleday, 1981.

[Loy59] Loyd, S. (edited by M. Gardner) Mathematical Puzzles of Sam Loyd. Dover, 1959.

[Loy60] Loyd, S. (edited by M. Gardner) More Mathematical Puzzles of Sam Loyd. Dover, 1960.

[Luc83] Lucas, E. Récréations mathématiques, Vol. 2. Gauthier Villars, 1883.

[Mac92] Mack, D. R. The Unofficial IEEE Brainbuster Gamebook: Mental Workouts for the Technically Inclined. IEEE Press, 1992.

[Man89] Manber, U. Introduction to Algorithms: A Creative Approach. Addison−Wesley, 1989.

[Mar96] Martin, G. E. Polyominoes: A Guide to Puzzles and Problems in Tiling. The Mathematical Association of America, 1996.

[MathCentral] Math Central. mathcentral.uregina.ca/mp (accessed Oct. 4, 2010).

[MathCircle] The Math Circle. www.themathcircle.org/researchproblems.php (accessed Oct. 4, 2010).

[Mic09] Michael, T. S. How to Guard an Art Gallery. John Hopkins University Press, 2009.

[Mic08] Michalewicz, Z., and Michalewicz, M. Puzzle-Based Learning: An Introduction to Critical Thinking, Mathematics, and Problem Solving. Hybrid Publishers, 2008.

[Moo00] Moore, C., and Eppstein, D. One-dimensional peg solitaire and Duotaire. Proceedings of MSRI Workshop on Combinatorial Games, Berkeley, CA. MSRI Publications 42. Springer, 2000, 341–350.

[Mos01] Moscovich, I. 1000 Play Thinks: Puzzles, Paradoxes, Illusions, and Games. Workman Publishing, 2001.

[Nie01] Niederman, Hard-to-Solve Math Puzzles. Sterling Publishing, 2001.

[OBe65] O'Beirne, T. H. Puzzles & Paradoxes. Oxford University Press, 1965.

[Par95] Parberry, I. Problems on Algorithms. Prentice-Hall, 1995.

[Pet03] Peterson, Ivar. Measuring with jugs. The Mathematical Association of America, June 2003. www.maa.org/mathland/mathtrek_06_02_03.html (accessed Oct. 4, 2010).

[Pet97] Petkoviｃ, M. Mathematics and Chess: 110 Entertaining Problems and Solutions. Dover, 1997.

[Pet09] Petkoviｃ, M. Famous Puzzles of Great Mathematicians. The American Mathematical Society, 2009.

[Pic02] Pickover, C. A. The Zen of Magic Squares, Circles, and Stars: An Exhibition of Surprising Structures across Dimensions. Princeton University Press, 2002.

[Poh72] Pohl, I. A sorting problem and its complexity. Communications of the ACM, vol. 15, issue 6 (June 1972), 462–464.

[Pol57] Pólya, G. How to Solve It: A New Aspect of Mathematical Method, 2nd ed. Princeton University Press, 1957.

[Pou03] Poundstone, W. How Would You Move Mount Fuji? Microsoft's Cult of the Puzzle—How the World's Smartest Companies Select the Most Creative Thinkers. Little–Brown, 2003.

[Pre89] Pressman, I., and Singmaster, D. "The Jealous Husbands" and "The Missionaries and Cannibals." Mathematical Gazette, 73, no. 464 (June 1989), 73–81.

[ProjEuler] Project Euler. projecteuler.net (accessed Oct. 4, 2010).

[Ran09] Rand, M. On the Frame–Stewart algorithm for the Tower of Hanoi. www2.bc.edu/ ~ grigsbyj/Rand_Final.pdf (accessed Oct. 4, 2010).

[Rob98] Robertson, J., and Webb, W. Cake Cutting Algorithms. A K Peters, 1998.

[Ros07] Rosen, K. Discrete Mathematics and Its Applications, 6th edition. McGraw–Hill, 2007.

[Ros38] Rosenbaum, J. Problem 319, American Mathematical Monthly, vol. 45, no. 10 (Dec. 1938), 694–696.

[Rot02] Rote, G. Crossing the bridge at night. EATCS Bulletin, vol. 78 (Aug. 2002), 241–246.

[Sav03] Savchev, S., and Andreescu, T. Mathematical Miniatures. The Mathematical Association of America, Anneli Lax New Mathematical Library, Volume #43, Washington, DC, 2003.

[Sch68] Schuh, F. The Master Book of Mathematical Recreations. Dover, 1968 (translated from Dutch).

[Sch04] Schumer, P. D. Mathematical Journeys. Wiley, 2004.

[Sch80] Schwartz, B. L., ed. Mathematical Solitaires & Games. (Excursions in Recreational Mathematics Series 1), Baywood Publishing, 1980.

[Sco44] Scorer, R. S., Grundy, P. M., and Smith, C. A. B. Some binary games. Mathematical Gazette, vol. 28, no. 280 (July 1944), 96–103.

[Sha02] Shasha, D. Doctor Ecco's Cyberpuzzles. Norton, 2002.

[Sha07] Shasha, D. Puzzles for Programmers and Pros. Wiley, 2007.

[Sillke] Sillke, T. Crossing the bridge in an hour. www.mathematik.uni-bielefeld.de/ ~ sillke/PUZZLES/crossing-bridge (accessed Oct. 4, 2010).

[Sin10] Singmaster, D. Sources in Recreational Mathematics: An Annotated Bibliography, 8th preliminary edition. www.g4g4.com/MyCD5/SOURCES/SOURCE1.DOC (accessed Oct. 4, 2010).

[Slo06] Slocum, J. and Sonneveld, D. The 15 Puzzle: How It Drove the World Crazy. The Puzzle That Started the Craze of 1880. How America's Greatest Puzzle Designer, Sam Loyd, Fooled Everyone for 115 Years. Slocum Puzzle Foundation, 2006.

[Sni02] Sniedovich, M. The bridge and torch problem. Feb. 2002. www.tutor.ms.unimelb.edu.au/bridge (accessed Oct. 4, 2010).

[Sni03] Sniedovich, M. OR/MS Games: 4. The Joy of Egg-Dropping in Braunschweig and Hong Kong. INFORMS Transactions on Education, vol. 4, no. 1 (Sept. 2003), 48–64.

[Spi02] Spivak, A. V. One Thousand and One Mathematical Problems. Education, 2002 (in Russian).

[Ste64] Steinhaus, H. One Hundred Problems in Elementary Mathematics. Basic Books, 1964 (translated from Polish).

[Ste04] Stewart, I. Math Hysteria. Oxford University Press, 2004.

[Ste06] Stewart, I. How to Cut a Cake: And Other Mathematical Conundrums. Oxford University Press, 2006.

[Ste09] Stewart, I. Professor Stewart's Cabinet of Mathematical Curiosities. Basic Books, 2009.

[Tan01] Tanton, J. Solve This: Math Activities for Students and Clubs. The Mathematical Association of America, 2001.

[techInt] techInterviews. www.techinterview.org/archive (accessed Oct. 4, 2010).

[Ton89] Tonojan, G. A. Canadian mathematical olympiads. Kvant, 1989, no. 7, 75–76 (in Russian).

[Tri69] Trigg, C. W. Inverting coin triangles. Journal of Recreational Mathematics, vol. 2 (1969), 150–152.

[Tri85] Trigg, C. W. Mathematical Quickies. Dover, 1985.

[Twe39] Tweedie, M. C. K. A graphical method of solving Tartaglian measuring puzzles. Mathematical Gazette, vol. 23, no. 255 (July 1939), 278–282.

[Weiss] Weisstein, E. W. Josephus Problem. From MathWorld–A Wolfram Web Resource. mathworld.wolfram.com/JosephusProblem.html (accessed Oct. 4, 2010).

[Win04] Winkler, P. Mathematical Puzzles: Connoisseur's Collection. A K Peters, 2004.

[Win07] Winkler, P. Mathematical Mind–Benders. A K Peters, 2007.

[Zho08] Zhow, X. A Practical Guide to Quantitative Finance Interview. Lulu.com, 2008.

이 찾아보기에서는 퍼즐들을 설계 전략과 분석 유형별로 묶었다. 튜토리얼에 나왔던 퍼즐은 1장으로 표기했고 다른 퍼즐은 모두 문제 번호로 표기했다. 두 가지 이상의 범주에 포함되는 퍼즐도 있다.

분석

ALGORITHMIC PUZZLES

출력 분석

불변량

색칠

기타 불변량

역추적

감소 정복

ALGORITHMIC PUZZLES

동적 프로그래밍

완전 검색

탐욕 접근법

반복 향상

변환 정복

인스턴스 단순화

표현 변경

문제 환원

기타